微软 **Excel** 致用系列

Home
教你打造 **数字力**

U0734269

微课版

Excel
在会计中的应用

ExcelHome 编著

人民邮电出版社

北 京

图书在版编目（CIP）数据

Excel 在会计中的应用：微课版 / ExcelHome编著
. -- 北京：人民邮电出版社，2018.1（2021.1重印）
（微软Excel致用系列）
ISBN 978-7-115-46849-9

Ⅰ. ①E… Ⅱ. ①E… Ⅲ. ①表处理软件－应用－会计
Ⅳ. ①F232

中国版本图书馆CIP数据核字(2017)第289266号

内 容 提 要

Excel 是微软办公套装软件的重要组成部分，可以进行各种数据的处理、统计、分析等操作，被广泛应用于管理、财经、金融等众多领域。

本书以 Excel 在会计工作中的具体应用为主线，按照会计从业人员的日常工作特点谋篇布局，通过介绍典型应用案例，在讲解具体工作方法的同时，介绍相关的 Excel 2010 常用功能。

全书共 8 章，分别介绍了 Excel 应用基础和 Excel 在工资核算、应收账款管理、固定资产管理、成本费用统计分析以及进销存统计中的应用等内容。

本书讲解案例实用清晰，知识点安排深入浅出，注重理论与实际操作相结合，主要面向需要提高 Excel 应用水平的会计从业人员。本书既可作为各大中专院校讲授 Office 办公软件课程的教材，也可作为企业办公人员的自学教材和广大 Excel 爱好者的学习参考书。

◆ 编　　著　ExcelHome
责任编辑　刘向荣
责任印制　焦志炜

◆ 人民邮电出版社出版发行　　北京市丰台区成寿寺路 11 号
邮编　100164　电子邮件　315@ptpress.com.cn
网址　http://www.ptpress.com.cn
固安县铭成印刷有限公司印刷

◆ 开本：787×1092　1/16
印张：18　　　　　　　　　　2018 年 1 月第 1 版
字数：521 千字　　　　　　　 2021 年 1 月河北第 5 次印刷

定价：54.00 元（附光盘）

读者服务热线：(010)81055256　印装质量热线：(010)81055316
反盗版热线：(010)81055315
广告经营许可证：京东市监广登字20170147号

前言
PREFACE

在众多 Office 组件中，Excel 无疑是最具魅力的应用之一，使用 Excel 能帮助用户完成多种要求的数据运算、汇总、提取以及制作可视化图表等多项工作，帮助用户将复杂的数据转换为有用的信息。

本书从现代企业的会计实务工作出发，将 Excel 各项常用功能的使用方法与职业技能进行充分融合，让会计从业者能够更加高效地处理工作中的实际问题。

当下，绝大多数企业都引进了财务管理软件，用于处理最基本的会计核算工作和常用会计报表的自动编制工作。Excel 作为财务软件的无可替代的补充工具，可供企业根据自身的特点进行多种高效的经营分析。

针对这样的现实情况，本书的编者从实际应用出发，不过多重复会计理论和会计方法，也不过多着力于财务软件已经实现自动化处理的基本流程，而是以会计常用数据处理和分析任务的完成为目标，力求帮助读者掌握最实用的 Excel 用法。

本书秉承"授人以渔"的传授风格，操作步骤全部采用动画式的演绎图解，力争减轻读者的阅读压力，让学习过程变得轻松愉快。本书的最终目标，就是帮助读者开启 Excel 的学习之旅，让读者能够借助 Excel 提高工作效率。

读者对象

本书面向的读者群是所有需要使用 Excel 的财务会计从业人员。无论是在校学生、职场新人，还是中、高级用户，都可以从本书中找到值得学习的内容。当然，希望读者在阅读本书以前至少对 Windows 操作系统有一定的了解，并且知道如何使用键盘与鼠标。

关于光盘

本书附带光盘一张，内容为图书示例文件和重、难点的视频讲解。本书实例所涉及的源文件可供读者练习操作使用，也可稍加改动，应用到日常工作中；重、难点的视频讲解，可作为课堂讲解的补充。另外，本书也将视频以二维码形式嵌入文中，便于读者使用。

软件版本

本书内容适用于 Windows 7/8/10 操作系统上的中文版 Excel 2010，绝大部分内容也可以兼容 Excel 2007/2013/2016。

Excel 2010 在不同版本操作系统中的显示风格有细微差异，但操作方法完全相同。

声明

本书及本书附带光盘中所使用的数据均为虚拟数据，如有雷同，纯属巧合，请勿对号入座。

写作团队

本书由 ExcelHome 组织策划，由 ExcelHome 社交媒体主编、微软全球最有价值专家祝洪忠、微软全球最有价值专家李锐和 ExcelHome 站长、微软全球最有价值专家周庆麟编写完成。

感谢

特别感谢由 ExcelHome 会员刘钰、俞丹、张飞燕和戴雁青志愿组成的本书预读团队所做出的卓越贡献。他们用耐心和热情帮助作者团队不断优化书稿，让作为读者的您可以读到更优秀的内容。

衷心感谢 ExcelHome 论坛的四百万会员，是他们多年来不断地支持与分享，才营造出热火朝天的学习氛围，并成就了今天的 ExcelHome 系列图书。

衷心感谢所有 ExcelHome 微博粉丝、微信公众号关注者和 QQ 公众号好友，你们的"赞"和"转"是我们不断前进的新动力。

后续服务

在本书的编写过程中，尽管每一位团队成员都未敢稍有疏虞，但纰缪和不足之处仍在所难免。敬请读者提出宝贵的意见和建议，您的反馈将是我们继续努力的动力，本书的后继版本也将会更臻完善。

您可以访问网址 http://club.excelhome.net，在我们为本书开设的专门版块讨论与交流。您也可以发送电子邮件到 book@excelhome.net，我们将尽力为您服务。

此外，我们还特别准备了 QQ 学习群，群号为 593022430。在群中，您可以与作者和其他同学共同交流学习，并且获取超过 4GB 的学习资料。

入群密令：ExcelHome

最后祝广大读者在阅读本书后，能学有所成!

ExcelHome
2017 年 10 月

目录 CONTENTS

第1章

Excel 基础

Excel 是微软公司 Office 办公系列软件的重要组件之一，其不仅拥有强大的数据记录、处理、统计和分析功能，还可以通过图形、图表等多种可视化的形式呈现数据。除此之外，Excel 还可以很方便地与 Word、PowerPoint 和 Access 等软件相互调用数据。

本章主要介绍 Excel 的部分基础知识，使读者能够清晰认识构成 Excel 的基本元素，了解和掌握相关的基本功能和常用操作，旨在为读者深入学习 Excel 高级功能奠定坚实的基础。

1.1 Excel 工作界面介绍

工作簿文件是 Excel 操作的主要对象和载体。用户创建 Excel 表格、在表格中编辑以及编辑后保存等一系列操作过程，都是在工作簿中完成的。每个工作簿包含一个或多个工作表，组成工作表的基础元素是单元格，单元格中可以是数值、公式或文本等类型的数据。

Excel 窗口的主要构成元素包括标题栏、快速访问工具栏、功能区、编辑栏、工作表编辑区、状态栏、水平和垂直滚动条等部分，如图 1-1 所示。

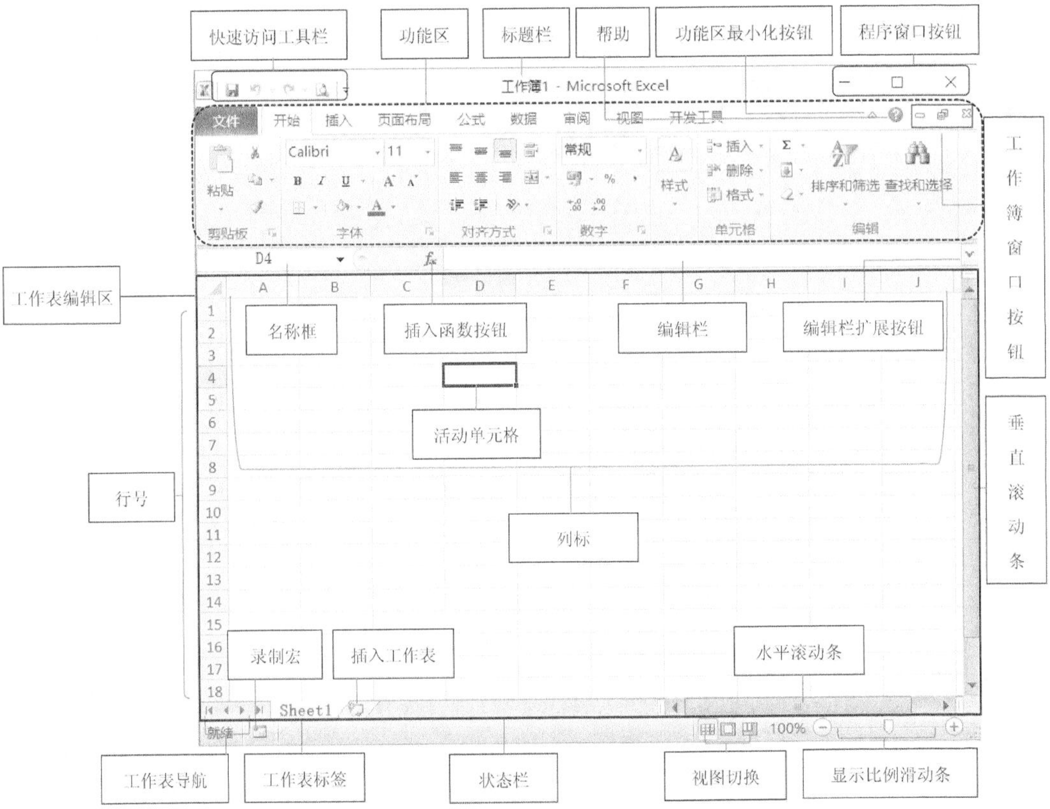

图 1-1　Excel 2010 窗口界面

1.1.1 快速访问工具栏

快速访问工具栏包括几个常用的命令快捷按钮，默认显示在 Excel【文件】选项卡的上方，包括【保存】、【撤销】和【恢复】3 个命令按钮。快速访问工具栏里的命令按钮不会因为功能选项卡的切换而隐藏，使用时会更加方便。用户还可以单击右侧的下拉按钮，添加其他常用命令按钮，如图 1-2 所示。

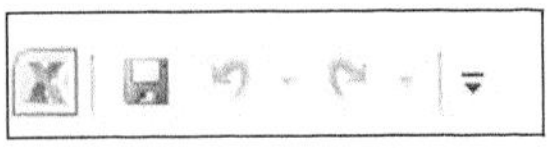

图 1-2　快速访问工具栏

1.1.2 功能区

功能区是 Excel 工作界面的重要组成部分，由一组选项卡面板组成。单击选项卡标签可以切换到不同的选项卡功能面板。默认情况下，功能区由【文件】【开始】【插入】【页面布局】【公式】【数据】【审阅】和【视图】等选项卡组成。每个选项卡中包含了多个命令组，每个命令组通常由一些密切相关的命令所组成，如图 1-3 所示。

图 1-3　Excel 功能区

需注意的是，功能区中的【文件】选项卡包含一组比较特殊的命令。在此选项卡下，可以执行与工作簿相关的各项操作，如图 1-4 所示。

图 1-4　【文件】选项卡

除了以上的常规选项卡之外，当在 Excel 中进行某些操作时，会在功能区自动显示与之有关的选项卡，因此也称为"上下文选项卡"。如图 1-5 所示，当在工作表中选中插入的图片对象时，功能区自动显示出【图片工具】选项卡，在【格式】子选项卡中，包含了与图片操作有关的命令。

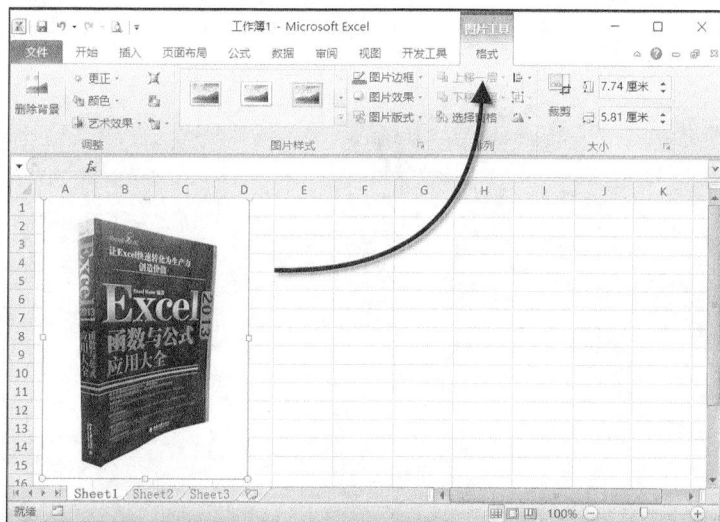

图 1-5　上下文选项卡

另外，当选中 Excel 中的不同对象时，还会有【图表工具】【绘图工具】【页眉和页脚工具】【数据透视表工具】【数据透视图工具】【表格工具】以及【SmartArt 工具】等上下文选项卡。

1.1.3 名称框和编辑栏

名称框位于功能区左下方，用于显示活动单元格的坐标，如图 1-6 所示。

编辑栏位于名称框右侧，用于显示活动单元格中的数据或公式，如图 1-7 所示。

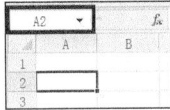

图 1-6 名称框

图 1-7 编辑栏

1.1.4 工作表编辑区

工作表编辑区是 Excel 的主要工作区，是由行和列组成的表格区域，用于显示或编辑工作表中的数据，如图 1-8 所示。

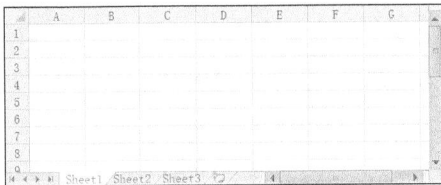

图 1-8 工作表编辑区

1.1.5 工作表标签和状态栏

工作表标签位于 Excel 工作界面的下方，用于标识工作表的名称。单击工作表标签，可以在各工作表之间切换，如图 1-9 所示。

状态栏位于 Excel 工作界面的最下方，用于显示选中的数据区域的信息。默认情况下，选中数值数据时会在状态栏显示平均值、计数和求和信息，如图 1-10 所示。如果选中数据文本内容，则只显示计数信息。

用户可以在状态栏上单击鼠标右键，从弹出的快捷菜单中单击选中相应的命令，根据需要自定义状态栏，如图 1-11 所示。

图 1-9 工作表标签

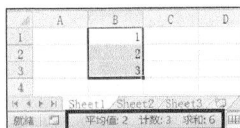

图 1-10 状态栏

图 1-11 自定义状态栏

扩展知识点

自定义选项卡和快速访问工具栏

1. 可定制的自定义选项卡

Excel 允许用户根据自己的需要和使用习惯，对选项卡和命令组进行显示、隐藏以及次序的调整。

（1）显示选项卡

依次单击【文件】→【选项】，打开【Excel 选项】窗口，切换到【自定义功能区】选项卡。在右侧的【自定义功能区】列表中，勾选相应的主选项卡复选框，点击【确定】按钮即可，如图 1-12 所示。

图 1-12　显示选项卡

（2）新建选项卡

在【Excel 选项】对话框中，选中【自定义功能区】选项卡，单击右侧下方的【新建选项卡】，自定义功能区列表中会显示新创建的自定义选项卡。

用户可以对新建的选项卡和其下的命令组重命名，并通过左侧的常用命令列表，向右侧命令组中添加命令，如图 1-13 所示。

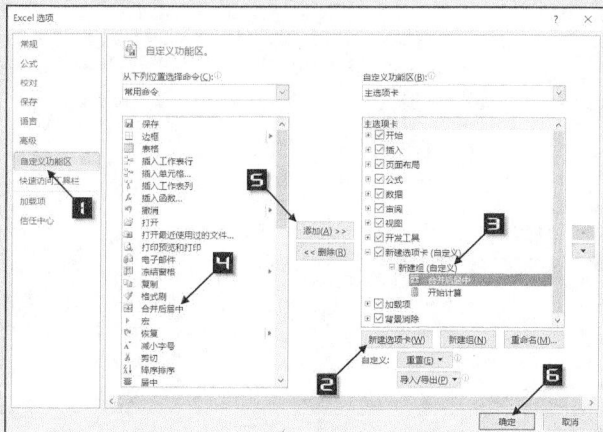

图 1-13　添加自定义选项卡和添加命令

（3）删除或重命名选项卡

如需删除自定义的选项卡，可以在选项卡列表中选中该选项卡，再单击左侧的【删除】按钮。

Excel 不允许用户删除内置的选项卡，但是可以通过勾选来显示或隐藏，也可以对所有选项卡重命名。在选项卡列表中选中需要重命名的选项卡，单击右下角的【重命名】按钮，在弹出的【重命名】对话框中输入显示名称，依次单击【确定】按钮，关闭【重命名】对话框和【Excel选项】对话框，即可在功能区中显示出自定义的选项卡名称，如图1-14所示。

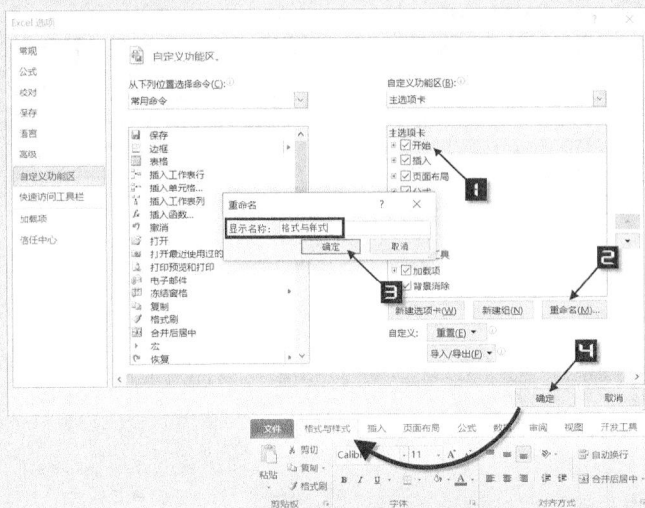

图1-14　重命名选项卡

（4）调整选项卡显示次序

用户可以根据需要，调整选项卡在功能区中的显示次序。选中待调整的选项卡，单击【主选项卡】列表右侧的微调按钮；或是选中待调整的选项卡，按住鼠标左键直接拖动到需要移动的位置，松开鼠标左键即可。

如果用户需要恢复Excel程序默认的选项卡设置，可以单击右侧下方的【自定义】下拉列表中的【重置所有自定义项】，或是单击【仅重置所选功能区选项卡】按钮，对所选定的选项卡进行重置操作，如图1-15所示。

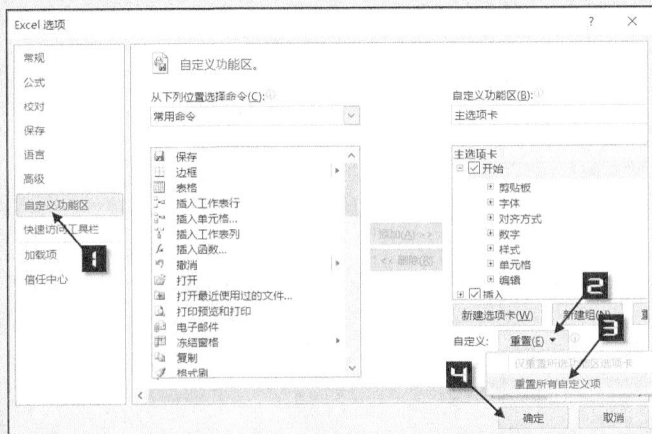

图1-15　重置所有自定义项

2. 可定制的快速访问工具栏

单击快速访问工具栏右侧的下拉按钮，可以在下拉菜单中显示更多的常用命令按钮。通过勾选，即可将常用命令添加到快速访问工具栏，如图 1-16 所示。

在图 1-16 所示的【自定义快速访问工具栏】下拉菜单中，勾选【在功能区下方显示】，可更改快速访问工具栏的显示位置。

除了【自定义快速访问工具栏】下拉菜单中的几项常用命令按钮外，用户也可以根据需要将其他命令按钮添加到添加到此工具栏。

以添加【数据透视表和数据透视图向导】命令按钮为例，操作步骤如下。

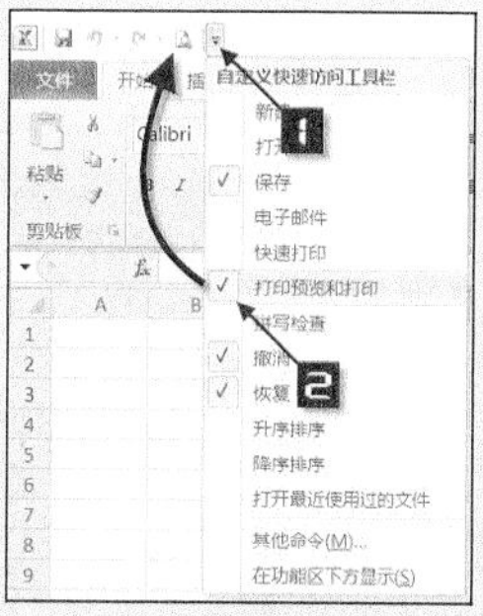

图 1-16　自定义快速访问工具栏

步骤 1　单击快速访问工具栏右侧的下拉按钮，在下拉菜单中单击【其他命令】，弹出【Excel 选项】对话框，并且自动切换到【快速访问工具栏】选项卡。

步骤 2　在左侧【从下列位置选择命令】下列列表中选择【所有命令】选项。然后在命令列表中找到【数据透视表和数据透视图向导】命令并选中，再单击中间的【添加】按钮，最后点击【确定】按钮，关闭【Excel 选项】对话框，如图 1-17 所示。

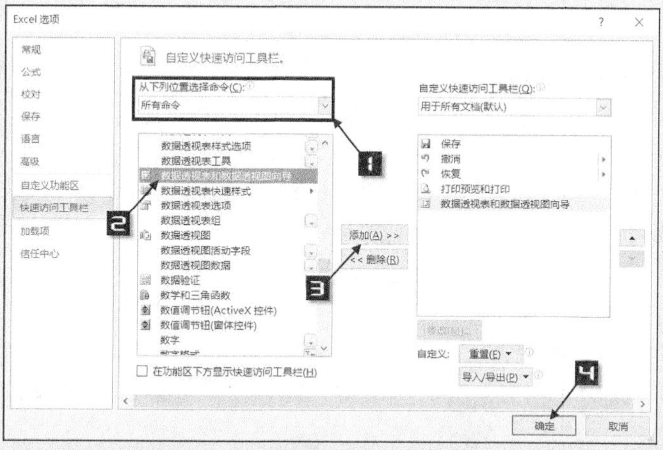

图 1-17　在快速访问工具栏上添加命令

需要删除快速访问工具栏上的命令时，只需右键单击命令按钮，在快捷菜单中单击【从快速访问工具栏删除】命令即可，如图 1-18 所示。

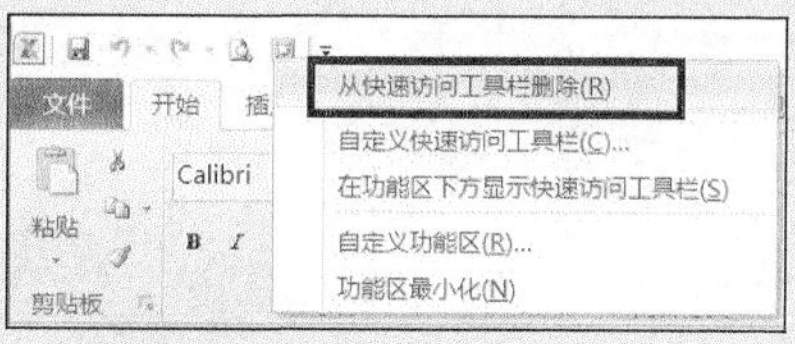

图 1-18　删除快速访问工具栏上的命令

1.2　工作簿与工作表

工作簿包含多种格式类型。当保存一个新的工作簿时，可以在【另存为】对话框的【保存类型】下拉菜单中选择所需要保存的文件格式，如图 1-19 所示。

图 1-19　工作簿类型

默认情况下，Excel 2010 文件保存的类型为 Excel 工作簿（*.xlsx），当工作簿中包含宏代码时，则需要保存为启用宏的工作簿 ".xlsm" 格式。

1.2.1　创建工作簿

使用以下几种方法可以创建一个新的工作簿。

方法1　在 Excel 工作窗口中创建

从系统左下角的 Windows 按钮或是桌面快捷方式启动 Excel。启动后的 Excel 就会自动创建一个名为 "工作簿 1" 的空白工作簿。如果重复启动 Excel，工作簿名称中的编号会依次增加。

也可以在已经打开的 Excel 窗口中，依次单击【文件】→【新建】，在可用模板列表中选择【空白工作簿】，单击右侧的【创建】按钮创建一个新工作簿，如图 1-20 所示。

在已经打开的 Excel 窗口中，按 <Ctrl+N> 组合键，也可以快速创建一个新工作簿。

以上方法创建的工作簿，在用户没有保存之前只存在于内存中，没有实体文件存在。

方法2　在系统中创建工作簿文件

在 Windows 桌面或是文件夹窗口的空白处单击数据右键，在弹出的快捷菜单中单击【新建】→【Microsoft Excel 工作表】，可在当前位置创建一个新的 Excel 工作簿文件，并处于重命名状态，如图 1-21 所示。

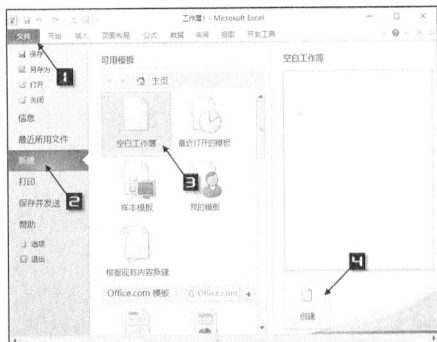

图 1-20　创建新工作簿

图 1-21　通过右键快捷菜单创建工作簿

使用该命令创建的新 Excel 工作簿文件是一个存在于系统磁盘内的实体文件。

1.2.2 保存工作簿

用户使用第一种方法新建工作簿或是对已有工作簿文件重新编辑后，要经过保存才能存储到磁盘空间，用于以后的编辑和读取。在使用 Excel 过程中，必须要养成良好的保存文件习惯，经常性的保存可以避免系统崩溃或是突然断电造成的损失，对于新建工作簿，一定要先保存，再进行数据编辑录入。

保存工作簿的方法有以下几种。

（1）单击快速访问工具栏的保存按钮 📙。

（2）依次单击功能区的【文件】→【保存】按钮或【另存为】按钮。

（3）按 <Ctrl+S> 组合键，或是按 <Shift+F12> 组合键。

当工作簿编辑修改后，如果未经保存就被关闭，Excel 会弹出提示信息，询问用户是否进行保存，单击【保存】按钮可以保存对该工作簿的更改，如图 1-22 所示。

图 1-22　Excel 提示对话框

对新建工作簿第一次保存时，会弹出【另存为】对话框，在【另存为】对话框左侧列表框中能够选择文件存放的路径。用户可以在【文件名】文本框中为工作簿命名，并可在【保存类型】对话框中选择文件保存的类型，然后单击【保存】按钮关闭【另存为】对话框，如图 1-23 所示。

图 1-23　【另存为】对话框

【提示】"保存"和"另存为"的名字和作用接近，但在实际使用时有一定的区别。

对于新建工作簿的首次保存，"保存"和"另存为"命令的作用完全相同。对于之前已经保存过的现有工作簿，再次执行保存操作时，【保存】命令直接将编辑修改后的内容保存到当前工作簿中，工作簿的文件名和保存路径不会有任何变化；【另存为】命令则会打开【另存为】对话框，允许用户对文件名和保存路径重新进行设置，得到当前工作簿的副本。

1.2.3 打开现有工作簿

打开现有工作簿的方法如下。

（1）双击 Excel 工作簿文件。

（2）在已打开的 Excel 工作簿中依次单击【文件】→【打开】命令，弹出【打开】对话框。选择文件的存放路径，找到要打开的工作簿文件，选中文件后单击【打开】按钮，如图 1-24 所示。

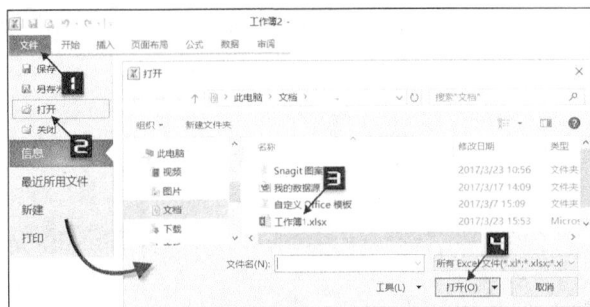

图 1-24 【打开】对话框

或是按 <Ctrl+O> 组合键，弹出【打开】对话框后选择文件。

1.2.4 关闭工作簿

当用户结束工作后，可以关闭 Excel 工作簿以释放计算机内存，以下几种方法都可以关闭工作簿。

（1）依次单击【文件】→【关闭】命令。

（2）在键盘上按 <Ctrl+W> 组合键。

（3）单击工作簿窗口上的【关闭】按钮。

1.2.5 创建工作表

工作表是工作簿的必要组成部分，一个工作簿可以包含一个或者多个工作表。工作表的创建通常情况下分为两种，一种是随着工作簿的创建而一同创建，另一种是从现有工作簿中创建新的工作表。

默认情况下，Excel 在创建工作簿时，会自动包含名为 "Sheet1" "Sheet2" "Sheet3" 的工作表。

在工作簿中创建新工作表有以下几种方法。

方法 1 单击【开始】选项卡，依次单击【插入】→【插入工作表】命令，如图 1-25 所示。这样可以在当前工作表左侧插入新工作表。

图 1-25 在功能区插入新工作表

方法 2 选中工作表标签，单击鼠标右键，从弹出的快捷菜单中单击【插入】命令，在弹出的【插入】对话框中选中【工作表】，单击【确定】按钮，如图 1-26 所示。

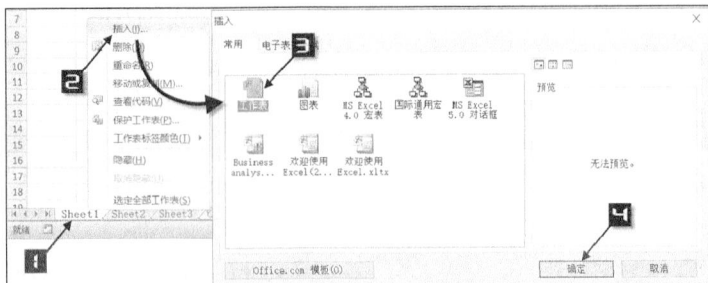

图 1-26 使用右键快捷菜单插入新工作表

方法 3 单击工作表标签右侧的【插入工作表】按钮，会在工作表的最后插入新工作表，如图 1-27 所示。

方法 4 在键盘上按 <Shift+F11> 组合键，可以在当前工作表左侧插入新工作表。

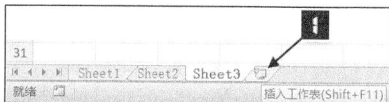

新创建的工作表，会依照现有工作表数目自动编号命名。

图 1-27　插入新工作表

1.2.6　重命名工作表

Excel 工作表名称默认使用"Sheet+序号"的形式，在实际工作中，为了便于数据的管理维护，多数情况下需要重命名为能够概括该工作表内容主题的工作表名称，如"工资表""销售费用表""客户信息表"等。使用以下 3 种方法可以对工作表重命名。

方法 1 单击【开始】选项卡中的【格式】下拉按钮，在下拉菜单中选择【重命名工作表】命令，此时工作表名称显示黑色背景，输入新的工作表名称即可，如图 1-28 所示。

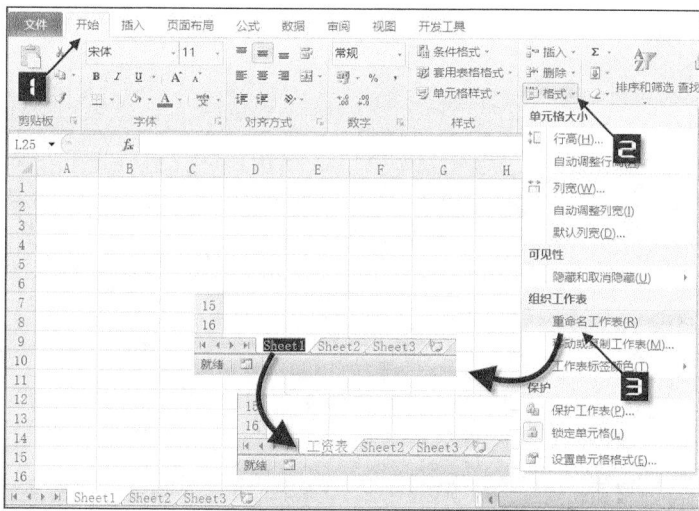

图 1-28　在选项卡中选择重命名工作表命令

方法 2 右键单击工作表标签，在快捷菜单中单击【重命名】命令。

方法 3 双击工作表标签，直接输入新工作表名称。

1.2.7　移动或复制工作表

用户可以根据需要在当前工作簿中调整各个工作表的位置，也可以在当前工作簿或是新建工作簿中创建工作表的副本。

第一种方法是在当前工作表标签上单击鼠标右键，在弹出的快捷菜单中单击【移动或复制】命令，弹出【移动或复制工作表】对话框。之后，在"工作簿"下拉列表中选择目标工作簿，默认为当前工作簿，也可以选择已经打开的其他工作簿或是新建工作簿。

在工作表列表框中，显示了指定工作簿中包含的所有工作表名称，单击工作表名称，选择移动/复制工作表的目标排列位置。

如果勾选【建立副本】复选框，则建立一个与原工作表内容、格式、页面设置等完全一致的工作表，并自动重命名。单击【确定】按钮，完成移动/复制工作表操作，如果原工作表名称为"Sheet1"，则复制后的工作表被命名为"Sheet1(2)"，最后如图 1-29 所示。

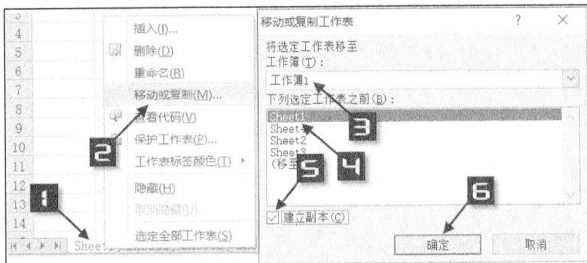

图 1-29　移动或复制工作表

第二种方法是单击【开始】选项卡中的【格式】下拉按钮，在下拉菜单中选择【移动或复制工作表】命令，弹出【移动或复制工作表】对话框。在对话框内选择目标位置后，单击【确定】按钮，如图 1-30 所示。

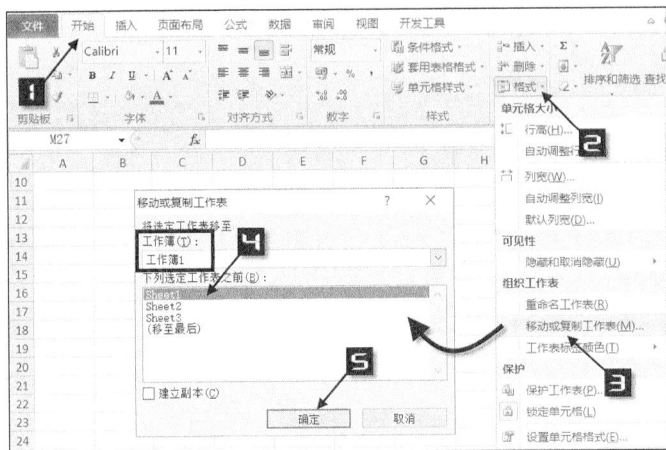

图 1-30　在选项卡中选择移动或复制工作表命令

除此之外，还可以直接拖动工作表标签快速移动或复制工作表。

将光标移动到需要移动的工作表标签上，按下鼠标左键，鼠标指针显示出文档的图标，拖动鼠标将工作表移动到其他位置。

如图 1-31 所示，拖动 Sheet2 工作表标签至 Sheet1 工作表标签上方时，Sheet1 工作表标签前会出现黑色三角箭头，表示工作表的移动插入位置。此时松开鼠标左键即可把 Sheet2 工作表移动到 Sheet1 工作表之前。

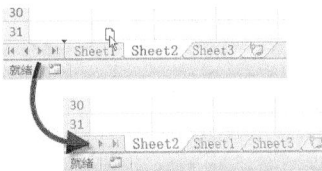

如果在按住鼠标左键的同时再按下<Ctrl>键，则执行"复制"操作。

图 1-31　拖动工作表标签移动工作表

鼠标指针下的文档图标会添加一个"+"号，以此来表示当前操作方式为"复制"。松开鼠标时，即可复制一个当前工作表的副本，并自动在工作表名称后加上带括号的序号。

1.2.8 | 删除工作表

使用以下两种方法，可以将工作表删除。

方法1 　单击【开始】选项卡中的【删除】下拉按钮，在快捷菜单中选择【删除工作表】命令，即可删除当前工作表，如图 1-32 所示。

方法2 　右键单击工作表标签，在弹出的快捷菜单中单击【删除】命令，可删除选定的工作表，如图 1-33 所示。

工作簿中至少要包含一个可视工作表，当工作簿中只剩下一个工作表时，将无法删除该工作表。

图 1-32　在选项卡中选择删除工作表命令

图 1-33　在右键快捷菜单中删除工作表

【注意】如果用户不慎删除了工作表时，可以马上关闭工作簿，在弹出的"是否保存对工作簿的更改？"对话框中，单击【不保存】按钮，然后重新打开工作簿。

1.2.9　显示和隐藏工作表

1. 隐藏工作表

对于一些比较重要的数据，用户可以使用工作表的隐藏功能，使工作表不可见。可以使用以下两种方法隐藏工作表。

方法 1　在【开始】选项卡中依次单击【格式】→【隐藏和取消隐藏】→【隐藏工作表】，如图 1-34 所示。

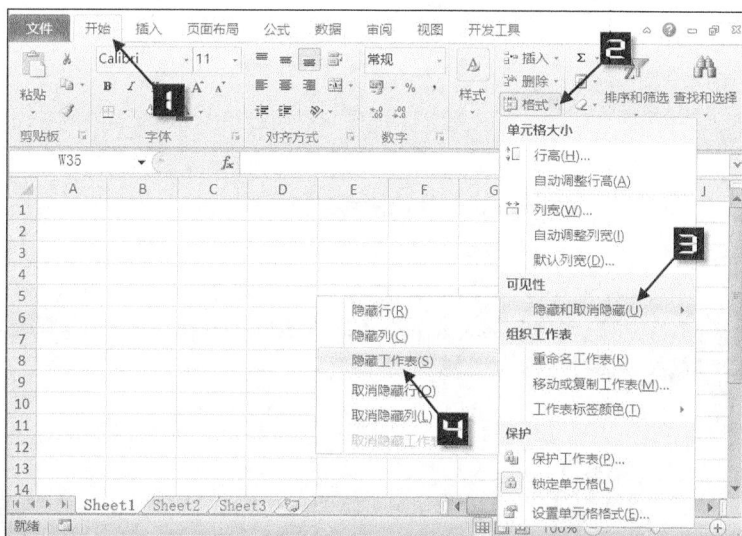

图 1-34　在功能区中选择隐藏工作表命令

方法 2　右键单击工作表标签，在弹出的快捷菜单中选择【隐藏】命令，如图 1-35 所示。

2. 取消隐藏工作表

一个工作簿内的工作表不能全部隐藏，要至少保留一个可见工作表。如果用户需要取消工作表隐藏，可以使用以下两种方法。

方法 1　在【开始】选项卡中依次单击【格式】→【隐藏和取消隐藏】→【取消隐藏工作表】，在弹出的【取消隐藏】对话框中，选择要取消隐藏的工作表，单击【确定】按钮，如图 1-36 所示。

图 1-35　通过右键快捷菜单隐藏工作表

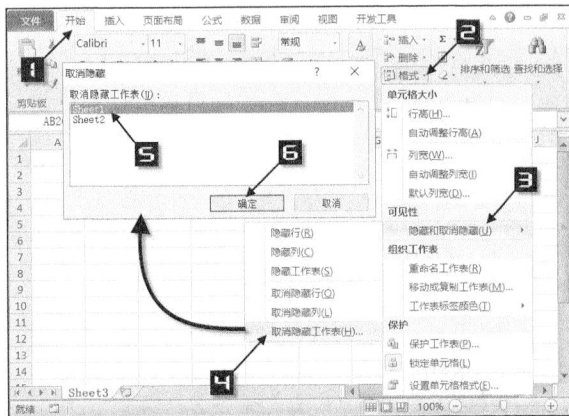

图 1-36　在功能区中选择取消隐藏工作表命令

方法2　右键单击工作表标签，在弹出的快捷菜单中选择【取消隐藏】命令，在弹出的【取消隐藏】对话框中，选择要取消隐藏的工作表，单击【确定】按钮，如图 1-37 所示。

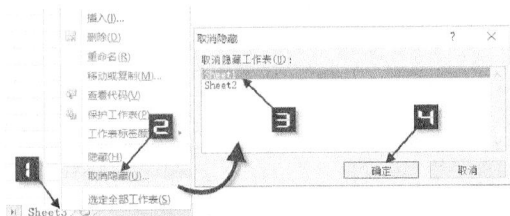

图 1-37　在右键快捷菜单中选择取消隐藏工作表命令

小技巧

更改新建工作簿时包含的工作表数

　　Excel 2010 新建工作簿时，默认包含 3 个工作表，用户可以根据需要设置新建工作簿时包含的工作表数。单击【文件】选项卡中的【选项】命令，打开【Excel 选项】对话框。切换到【常规】选项卡，在"新建工作簿时"区域下方单击"包含的工作表数"右侧的调节旋钮，可以更改新建工作簿时包含的工作表数，如图 1-38 所示。

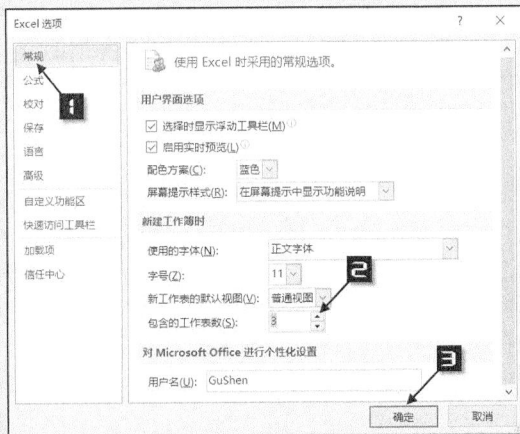

图 1-38　Excel 选项

1.3 行、列与单元格区域

1.3.1 行、列的概念和范围

在 Excel 工作表中，由浅灰色横线间隔出来的区域称为"行"，由浅灰色竖线间隔出来的区域称为"列"。行列交叉形成的一个个的格子叫做单元格。在 Excel 窗口左侧的一组垂直标签中的数字，被称为"行号"。在 Excel 窗口上部的一组水平标签中的字母，被称为"列标"。行号类似于二维坐标中的纵坐标轴，列标类似于二维坐标中的横坐标轴，单元格就相当于二维坐标轴中的某个坐标点，如图 1-39 所示。

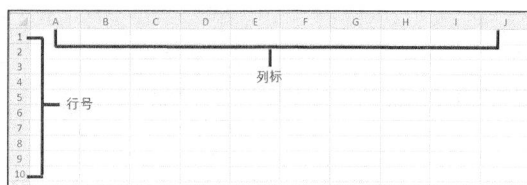

图 1-39 行号标签和列标标签

在 Excel 2010 中，工作表的最大行号为 1 048 576（即 1 048 576 行），最大列标为 XFD 列（即 16 384 列）。

1.3.2 选中行、列

鼠标单击某个行号标签或者列标标签时，可以选中对应的整行或整列。

如果需要选中相邻的连续多行，可以单击某行的行号标签后，按住鼠标左键不放，向上或是向下拖动，即可选中与该行相邻的连续多行。选取相邻的连续多列时，单击某列的列标标签，按住鼠标左键向右或是向左拖动即可。

拖动鼠标时，行号或者列标标签旁会出现一个带有数字和字母的提示框，显示当前选中的区域中包含多少行或多少列。如图 1-40 所示，第 5 行下方的提示框内容显示"3R"，表示当前选中的是 3 行；D 列右侧的提示框内容显示"2C"，表示当前选中的是两列。

如果需要选择不连续的多行，可以先选中行号标签，然后按住 <Ctrl> 键不放，再单击其他行标签，然后松开 <Ctrl> 键，即可选中不连续的多行。选定不相邻多列的方法与之类似。

1.3.3 设置行高和列宽

用户可以根据需要，在一定范围内调整 Excel 中的行高和列宽。

方法 1 选中行标签，再依次单击【开始】→【格式】→【行高】，弹出【行高】对话框。在"行高"编辑框内可输入 0～409 的数值，如图 1-41 所示。

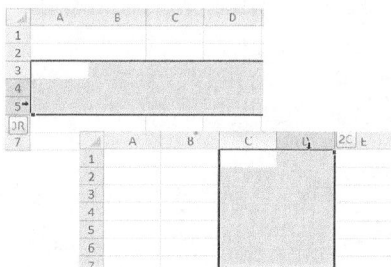

图 1-40 选中连续的多行和多列

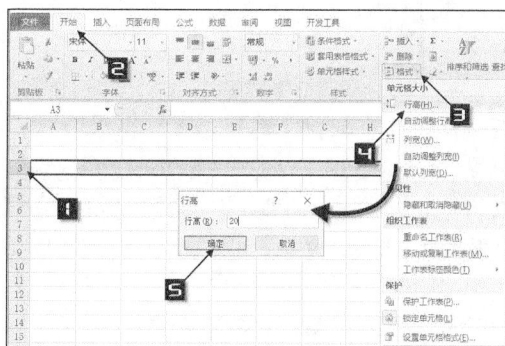

图 1-41 调整行高

方法2　光标靠近两个行标签之间的位置，按下鼠标左键拖动，即可调整行高，如图 1-42 所示。

方法3　光标靠近两个行号标签之间的位置，双击鼠标左键，可根据单元格中的内容自动调整为最适合行高。

在调整行高时，如果同时选中多个行号标签，所作调整可应用到全部所选行。调整列宽的方法与之类似，列宽的可调整范围为 0～255 之间。

图 1-42　拖动调整行高

1.3.4 插入行、列

1. 使用快捷菜单插入行、列

单击行标签选中整行，然后单击鼠标右键，在弹出的快捷菜单中选择【插入】命令，即可实现插入行的操作。插入列的操作与此类似。

2. 使用功能区命令插入行、列

在【开始】选项卡上依次单击【插入】→【插入工作表行】命令，即可完成插入行的操作，如图 1-43 所示。插入列的操作与此类似。

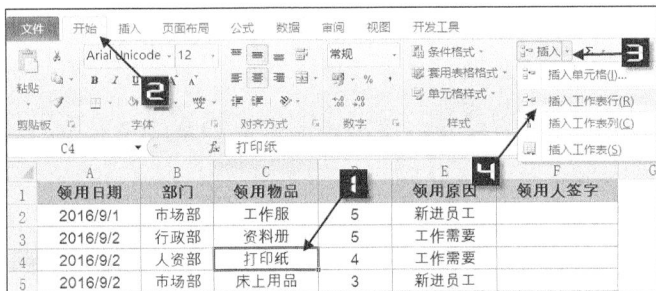

图 1-43　使用【开始】选项卡插入行

1.3.5 行、列的移动和复制

1. 移动行、列

步骤1　选定需要移动的行，在【开始】选项卡上单击【剪切】按钮，也可以单击鼠标右键从快捷菜单中选择【剪切】命令，或者是在键盘上按 <Ctrl+X> 组合键，此时选定的行就会显示出虚线边框。

步骤2　选定需要移动的目标位置行的下一行，在【开始】选项卡上依次单击【插入】→【插入剪切的单元格】命令，也可以单击鼠标右键从快捷菜单中选择【插入剪切的单元格】命令，或者是在键盘上按 <Ctrl+V> 组合键，即可完成移动行的操作。

移动列的操作方法与此类似。

2. 复制行、列的方法

步骤1　选定需要复制的行，在【开始】选项卡上单击【复制】按钮，也可以单击鼠标右键，从弹出的快捷菜单中选择"复制"命令，或者是在键盘上按 <Ctrl+C> 组合键，此时选定的行就会显示出虚线边框。

步骤2　选定需要移动的目标位置行的下一行（选定整行或者此行的第一个单元格），在【开始】选项卡上依次单击【插入】→【插入复制的单元格】命令，也可以单击鼠标右键，从弹出的快捷菜单中选择【插入复制的单元格】命令，即可完成复制行插入至目标位置的操作。

除此之外，在复制选定数据行后，单击【开始】选项卡下的【粘贴】按钮，也可以单击鼠标右键，从弹出的快捷菜单中选择【粘贴】命令，或者按 <Ctrl+V> 组合键，即可将目标行的内容用当前选定行覆盖替换。

复制列的操作方法与此类似。

1.3.6 删除行、列

对于一些不再需要的行列，用户可以选择删除整行或者整列来进行清除，操作步骤为：选定目标行的整行或者多行，在【开始】选项卡中依次单击【删除】→【删除工作表行】命令，或者单击鼠标右键，在弹出的快捷菜单中选择【删除】命令。

如果选定的目标是部分单元格，在【开始】选项卡中依次单击【删除】→【删除单元格】命令时，会弹出如图 1-44 所示的【删除】对话框。在该对话框中选择【整行】单选按钮，然后单击【确定】按钮，即可完成目标行的删除。删除列的操作方法与此类似。

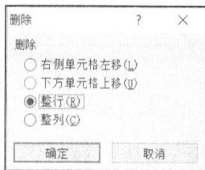

图 1-44 【删除】对话框

1.3.7 隐藏和显示行、列

对现有表格部分的行进行隐藏的办法为：选中要隐藏行的行标签，单击【开始】选项卡下的【格式】下拉按钮，在下拉菜单中依次单击【隐藏和取消隐藏】→【隐藏行】命令；或是在右键快捷菜单中选择【隐藏】命令，隐藏行操作完成后，工作表行号不再连续显示，如图 1-45 所示。

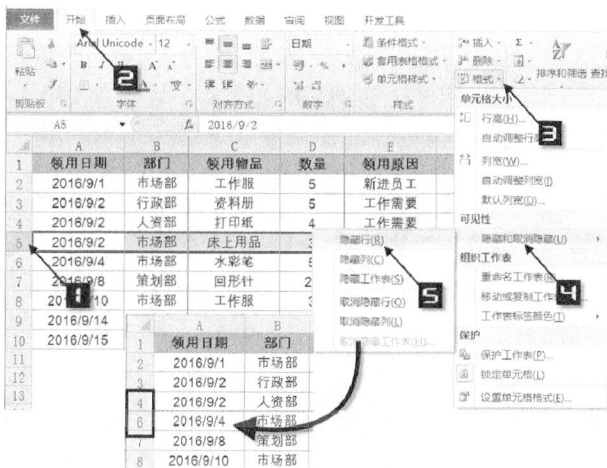

图 1-45 隐藏工作表行

如需取消隐藏的工作表行，可以先选中与隐藏行相邻的上下两行的行标签，按图 1-45 所示步骤，在下拉菜单中单击【取消隐藏行】，或是在右键快捷菜单中选择【取消隐藏】命令。

隐藏与显示工作表列的操作与之类似。

也可以参考 1.3.3 所示方法，设置行高或列宽为 0，可以将选定行列隐藏。反之，将行高或列宽设置为大于 0，则可将隐藏的行列变为可见。

1.3.8 区域的概念

由多个单元格组成，亦或者是整行、整行都可被称为"区域"。构成区域的多个单元格之间可以是相互连续的，这些区域就是连续区域。连续区域的形状总是矩形。多个单元格之间也可以是相互独立不连续的，它们所构成的区域就成为不连续区域。

对于连续区域，可以使用矩形区域左上角和右下角的单元格地址进行标识，形式为"左上角单元格地址：右下角单元格地址"。比如，连续单元格地址为 A1:C5，则表示此区域包含了从 A1 单元格到 C5 单元格的矩形区域，矩形区域宽度为 3 列，高度为 5 行，总共包含了 15 个连续单元格。

与此类似，A5:XFD5 则表示区域为工作表的第 5 行整行，习惯表示为 5:5（非数字比值）；C1:C1048576 则表示区域为工作表的 C 列整列，习惯表示为 C:C。

1.3.9 单元格区域的选取

在工作表中选择单元格区域后，可以对区域内所有单元格同时执行命令操作，例如设置单元格格式、复制粘贴、清除内容等。在选择区域时，总是包含一个活动单元格，活动单元格的地址会在名称框中显示。选中的单元格区域会以加亮突出显示，而活动单元格仍然保持正常显示，以此标识活动单元格的位置。如图 1-46 所示，在选中 C3:E8 单元格区域时，活动单元格为该区域左上角的 C3 单元格。

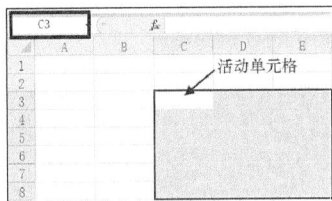

图 1-46　活动单元格

除了上述方法外，在 Excel 工作界面的名称框中直接输入目标单元格地址后按<Enter>键，也可以快速定位到目标单元格所在位置。

（1）连续区域的选取

对于连续单元格，用户可以先选中要选取的目标区域的左上角单元格，按住鼠标左键不松开，在工作表中拖动至目标区域的右下角单元格，完成对连续区域的选取。

当要选取的目标区域范围很大时，用户可以先选中要选取的目标区域的左上角单元格，按住<Shift>键不放，再单击目标区域的右下角单元格，完成对连续区域的选取。

（2）不连续区域的选取

对于不连续区域的选取，用户可以先选取一个单元格（或单元格区域），按住<Ctrl>键不松开，然后使用鼠标左键单击其他单元格（或拖动鼠标选择其他单元格区域），完成不连续区域的选取。

扩展知识点

A1 引用样式和 R1C1 引用样式

Excel 中的引用方式包括 A1 引用样式和 R1C1 引用样式两种。

1. A1 引用样式

在默认情况下，Excel 使用 A1 引用样式，即使用字母 A～XFD 表示列标，用数字 1～1 048 576 表示行号。通过单元格所在的列标和行号可以准确地定位一个单元格，单元格地址由列标和行号组合而成，列标在前，行号在后。例如，A1 即指该单元格位于 A 列第 1 行，是 A 列和第 1 行交叉处的单元格。

如果要引用单元格区域，可顺序输入区域左上角单元格的引用、冒号（:）和区域右下角单元格的引用。不同 A1 引用样式的示例，如表 1-1 所示。

表 1-1　　　　　　　　　　　　　A1 引用样式示例

表达式	引用
C5	C 列第 5 行的单元格
D15:D20	D 列第 15 行到 D 列第 20 行的单元格区域
B2:D2	B 列第 2 行到 D 列第 2 行的单元格区域
C3:E5	C 列第 3 行到 E 列第 5 行的单元格区域
9:9	第 9 行的所有单元格
9:10	第 9 行到第 10 行的所有单元格
C:C	C 列的所有单元格
C:D	C 列到 D 列的所有单元格

2. R1C1 引用样式

除了 A1 引用样式之外，还有一种 R1C1 样式。如图 1-47 所示，依次单击【文件】→【选项】按钮，在【公式】选项卡下勾选【R1C1 引用样式】的复选框，可以启用 R1C1 引用样式。

在 R1C1 引用样式中，Excel 使用字母 "R" 加行数字以及字母 "C" 加列数字的方式，指示单元格的位置，如 R8C9。

与 A1 引用样式不同，使用 R1C1 引用样式时，行号在前，列号在后。R1C1 即指该单元格位于工作表中的第 1 行第 1 列，如果选择第 2 行和第 3 列交叉处位置，在名称框中即显示为 R2C3。

其中，字母 "R" "C" 分别是英文 "Row" "Column"（行、列）的首字母，其后的数字则表示相应的行号列号。R3C2 等同于 A1 引用样式中的 B3 单元格，如图 1-48 所示。

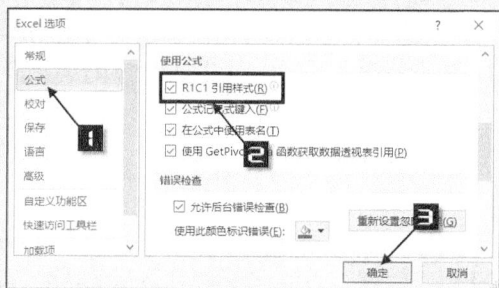

图 1-47 启用 R1C1 引用样式

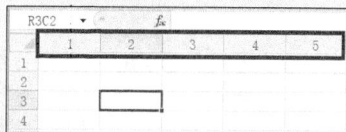

图 1-48 R1C1 引用样式

1.4 设置单元格格式

单元格的样式外观主要包括数据显示格式、字体样式、文字对齐方式、边框样式以及单元格底纹颜色等。对于单元格格式的设置和修改，可以通过功能区命令组、悬浮工具栏以及【设置单元格格式】对话框等多种方法来操作。

1.4.1 功能区中的命令组

在【开始】选项卡中，包括【字体】【对齐方式】【数字】【样式】等多个命令组用于设置单元格格式，如图 1-49 所示。

图 1-49 用于设置单元格格式的命令组

（1）【字体】命令组中包括字体、字号、加粗、倾斜、下划线、填充色、字体颜色等命令。

（2）【对齐方式】命令组中是针对设置单元格对齐方式的命令，包括顶端对齐、垂直居中、底端对齐、左对齐、居中、右对齐以及方向、调整缩进量、自动换行、合并居中等。

（3）【数字】命令组中包括对数字进行格式化的各种命令。

（4）【样式】命令组中包括条件格式、套用表格格式、单元格样式等命令。

1.4.2 浮动工具栏

如果选中单元格时单击鼠标右键，会弹出快捷菜单和【浮动工具栏】，其中包括常用的单元格格式设置命令，如图 1-50 所示。

设置单元格格式

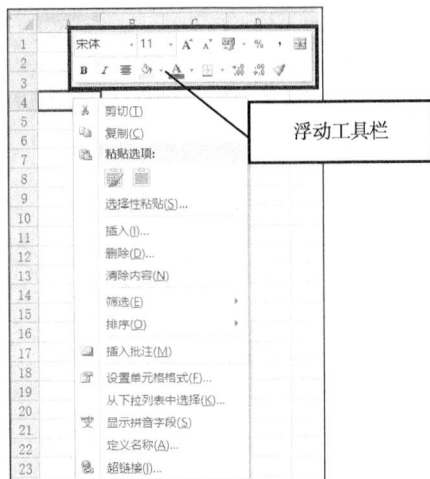

图 1-50 浮动工具栏

1.4.3 【设置单元格格式】对话框

在设置单元格格式时，需要先选中待处理的单元格或是单元格区域，然后单击功能区中的命令按钮，即可将相应命令应用于所选内容。

如图 1-51 所示，在 A1～A10 单元格中输入任意数字，在【开始】选项卡下单击"数字格式"下拉按钮，可以在下拉菜单中选择需要应用的数字格式。

如果单击下拉菜单底部的"其他数字格式"命令，还可以打开【设置单元格格式】对话框，细致地设置数字格式，如图 1-52 所示。

图 1-51 设置数字格式

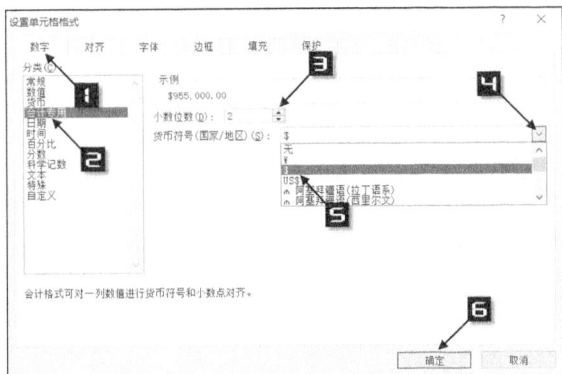

图 1-52 更加详细的数字格式设置

【设置单元格格式】对话框中包括【数字】、【对齐】、【字体】、【边框】、【填充】和【保护】共 6 个选项卡，能够对数字格式、对齐方式、字体字号、边框效果以及填充颜色等进行设置。

以下几种方法，都可以打开【设置单元格格式】对话框。

方法1 选中要处理的单元格，在【开始】选项卡中单击【字体】、【对齐方式】、【数字】等命令组右下角的对话框启动器按钮。

方法2 也可以在右键快捷菜单中单击【设置单元格格式】命令或是按<Ctrl+1>组合键，打开【设置单元格格式】对话框，如图 1-53 所示。

图 1-53　使用对话框启动器打开【设置单元格格式】对话框

方法 3　单击【开始】选项卡下的【格式】下拉按钮，在下拉菜单中选择【设置单元格格式】命令，也可以打开【设置单元格格式】对话框，如图 1-54 所示。

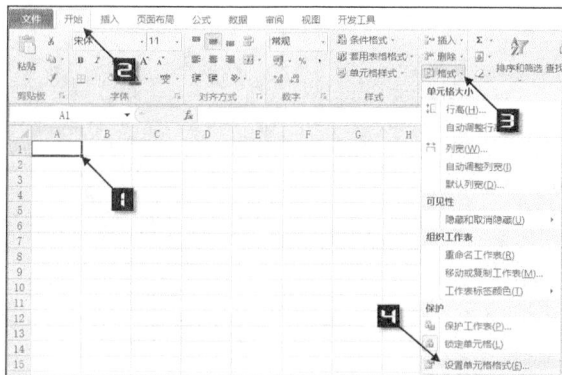

图 1-54　通过下拉菜单打开【设置单元格格式】对话框

扩展知识点

合并单元格

　　"合并单元格"就是将两个或两个以上的单元格，合并成占有两个或多个单元格空间的更大的单元格。Excel 提供了 3 种合并单元格的方式，包括合并后居中、跨越合并和合并单元格，如图 1-55 所示。

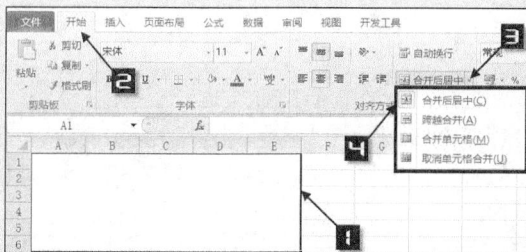

图 1-55　合并单元格

合并后居中就是将选取的多个单元格进行合并，并将单元格内容在水平和垂直两个方向上居中。

跨越合并，就是在选取多行多列的单元格区域后，将所选区域的每行进行合并，形成单列多行的单元格区域。

合并单元格，就是将所选单元格区域进行合并，并沿用该区域起始单元格的格式。

不同合并单元格方式的效果如图 1-56 所示。

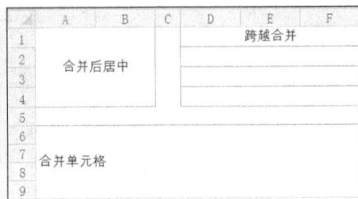

图 1-56　不同合并单元格方式的效果

【提示】使用了合并单元格的表格，会影响数据的排序、筛选等操作，而且会对数据的汇总分析有一定影响。因此在一般情况下，工作表内尽量不要使用合并单元格。

小技巧

设置单元格文本缩进

素材所在位置为："光盘：\素材\\第 1 章　Excel 基础\设置单元格文本缩进.xlsx"。

如图 1-57 所示，需要将费用表中的二级费用名称设置为缩进对齐，使显示更加直观清晰。操作步骤如下。

步骤 1　选中 A2:A4 单元格区域，按下 <Ctrl> 键不放，再拖动鼠标选中 A6:A8 单元格区域，在【开始】选项卡下单击【对齐方式】命令组右下角的【对话框启动器】按钮，弹出【设置单元格格式】对话框。

步骤 2　在【对齐】选项卡下，设置水平对齐方式为"靠左（缩进）"，缩进量调整为"2"，单击【确定】按钮，如图 1-58 所示。

图 1-57　缩进对齐

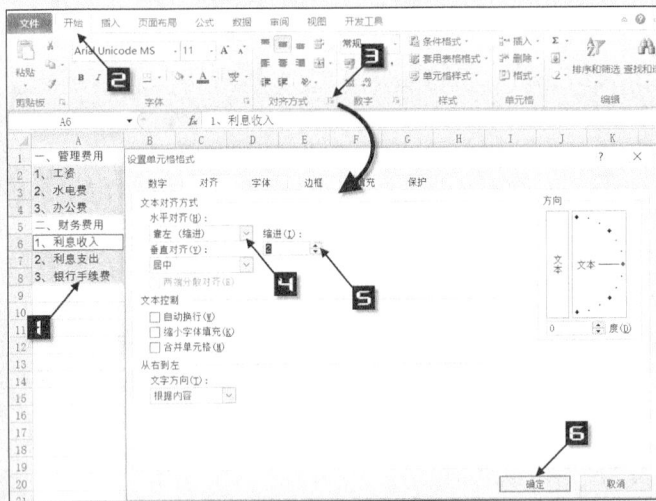

图 1-58　设置单元格缩进对齐

1.5　在 Excel 中输入和编辑数据

规范化输入数据，对于后续的数据处理和分析具有非常高的重要性。在 Excel 表格中输入数据也需要掌握一定的方法和技巧，并且需要遵循一定的规则。

1.5.1 Excel 中的数据类型

在 Excel 单元格中可以输入和保存的数据包括 4 种基本类型：数值、日期和时间、文本和公式。除此之外，还有逻辑值、错误值等一些特殊的数据类型。

1. 数值

数值是指所有代表数量的数字形式。Excel 中可以表示和存储的数字最大精确到 15 位有效数字。对于超过 15 位的整数数字，Excel 会自动将 15 位以后的数字变为零。对于大于 15 位有效数字的小数，Excel 则会将超出的部分截去。

2. 日期和时间

在 Excel 中，日期和时间是以一种特殊的数值形式存储的，这种数值形式被称为"序列值"。

在 Windows 操作系统上所使用的 Excel 版本中，日期系统默认为"1900 日期系统"，即以 1900 年 1 月 1 日作为序列值的基准日，当日的序列值计为 1，这之后的日期均以距离基准日期的天数作为其序列值，比如 2016 年 5 月 20 日的序列值为 42 510。

要查看一个日期的序列值，可以在单元格内输入日期后，将其单元格数字格式设置为"常规"，这时就会在单元格中显示日期的序列值。

由于日期存储为数值的形式，因此日期数据可以参与加、减等数值运算，比如要计算两个日期之间的相距天数，可以直接在单元格中输入两个日期，再用减法运算的公式来计算。

日期序列值是整数，一天的数值单位是 1，1 小时可以表示为 1/24 天，1 分钟可以表示为 1/(24*60)天。因此，一天中的每一个时刻都可以由小数形式的序列值来表示。比如中午 12:00:00 的序列值是 0.5（一天的一半），下午 18:00:00 的序列值则是 0.75。

3. 文本

文本通常是指一些非数值型的文字、符号等。除此之外，许多不代表数量、不需要进行数值计算的数字也可以保存为文本形式，例如电话号码、身份证号码、银行卡号码等。因此，文本并没有严格意义上的概念。

4. 公式

公式是 Excel 中一种非常重要的数据，Excel 作为一种电子数据表格，很多强大的计算功能都是通过公式来实现。

公式通常都是以等号"="开头。它的内容可以是简单的数学公式，也可以包含 Excel 的内置函数，甚至是用户自定义的函数等。

如需在单元格内输入公式，需要先输入等号"="，表示当前输入的是公式。除了等号以外，使用加号"+"或者减号"-"开头也可以使 Excel 识别其内容为公式，在按<Enter>键确认输入以后，Excel 会自动在公式开头部分加上等号"="。

5. 逻辑值

逻辑值是比较特殊的一类参数，它只有 TRUE（真）和 FALSE（假）两种类型。

比如，在单元格 A2 中输入数字 5，在 B2 单元格中输入公式"=A2>3"就返回逻辑值 TRUE（真），在 C2 单元格中输入公式"=A2>6"就会返回逻辑值 FALSE（假）。

6. 错误值

用户在使用 Excel 的过程中，有时会遇到一些错误值，比如 #DIV/0!、#N/A、#NAME? 等。出现这些错误值的原因有很多种，以下是几种常见的错误值及其解决方法。

（1）#####

原因：如果单元格所含数字超出单元格宽度，或者单元格的日期时间公式产生了负数，单元格中就会显示 #####错误。

（2）#VALUE!

原因：在需要数字或逻辑值时输入了文本，Excel 不能将文本转换为正确的数据类型。

（3）#DIV/0!

原因：在公式中，除数使用了指向空单元格或者包含零值的单元格引用，当公式被零除时，将会产生错误值 #DIV/0!。

（4）#NAME?

原因：公式中使用了不存在的名称或是函数名称拼写错误。

（5）#N/A

原因：当在查找类函数公式中无法找到匹配的内容时，将产生错误值#N/A。

（6）#REF!

原因：删除了有其他公式引用的单元格或工作表，致使单元格引用无效。

（7）#NUM!

原因：在需要数字参数的函数中使用了不能接受的参数。

（8）#NULL!

原因：使用了不正确的区域运算符或不正确的单元格引用。

1.5.2 在单元格中输入数据

要在单元格中输入数值和文本类型的数据，可以先选中单元格，使其成为当前活动单元格后，直接向单元格内输入数据。数据输入完毕后，按<Enter>键或者使用鼠标单击其他单元格都可以确认完成输入。要在输入过程中取消输入的内容，则可以按<Esc>键退出输入状态。

当用户输入数据的时候，原有编辑栏的左边出现"×"和"√"按钮，如图 1-59 所示。用户单击"√"按钮后，可以对当前输入的内容进行确认；如果单击"×"按钮，则表示取消输入。

图 1-59　输入数据时出现两个按钮

1.5.3 日期和时间内容的输入规范

默认情况下，年月日之间的间隔符号包括"/"和"-"两种，二者可以混合使用。如输入"2017/5-12"，Excel 能自动转化为"2017 年 5 月 12 日"。

使用其他间隔符号将无法正确识别为有效的日期格式，如使用小数点"."和反斜杠"\"做间隔符输入的"2015.6.12"和"2015\6\12"，将被 Excel 识别为文本字符串。除此之外，目前在中文操作系统下使用部分英语国家所习惯的月份日期在前、年份在后的日期形式，如"4/5/2017"等，Excel 也无法正确识别。

在中文操作系统下，文本字符"年""月""日"可以作为日期数据的单位被正确识别，也可以识别以英文单词或英文缩写形式表示月份的日期，如单元格输入"May-15"，Excel 会识别为系统当前年份的 5 月 15 日。

当单击日期所在单元格时，无论使用了哪种日期格式，编辑栏都会以系统默认的短日期格式显示，如图 1-60 所示。

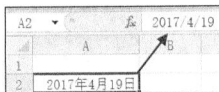

图 1-60　输入中文日期

Excel 中的日期可以使用 4 位数值作为年份，例如"1999-2-14"。也可以使用两位数值作为年份，例如"99-2-14"。以两位数字作为年份时，Excel 将 0～29 之间的数字解释为 2000 年～2029 年，将 30～99 之间的数字解释为 1930 年～1999 年。为了避免系统自动识别产生的错误理解，输入日期时建议使用四位数字表示年份。

在时间数据中，使用半角冒号“:”作为分隔符，例如“21:55:32”。Excel 允许省略秒的时间数据输入，如“21 时 29 分”或“21:29”。

使用中文字符作为时间单位时，表示方式为“0 时 0 分 0 秒”，表述小时单位的“时”不能以日常习惯中的“点”代替，例如输入“21 时 29 分 32 秒”，Excel 会自动转化为时间格式，而输入“21 点 29 分 32 秒”则会被识别为文本字符串。

小技巧

快速填充合并单元格

素材所在位置为：“光盘：\素材\第 1 章 Excel 基础\快速填充合并单元格.xlsx”。

快速填充合并单元格

如图 1-61 所示，数据表中的 A 列和 C 列都使用了合并单元格。为了便于数据的汇总，需要取消所有合并单元格，并且将表格填充完整。

操作步骤如下。

步骤 1 选中 A2:C12 单元格区域，在【开始】选项卡下单击【合并后居中】命令取消合并单元格，如图 1-62 所示。

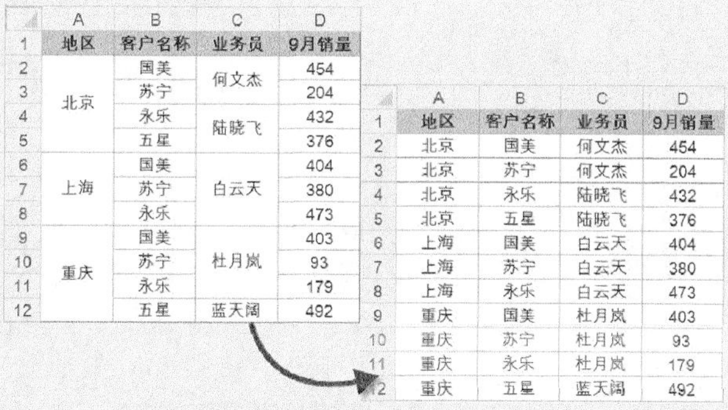

	A	B	C	D
1	地区	客户名称	业务员	9月销量
2	北京	国美	何文杰	454
3		苏宁		204
4		永乐	陆晓飞	432
5		五星		376
6	上海	国美	白云天	404
7		苏宁		380
8		永乐		473
9	重庆	国美	杜月岚	403
10		苏宁		93
11		永乐		179
12		五星	蓝天阔	492

	A	B	C	D
1	地区	客户名称	业务员	9月销量
2	北京	国美	何文杰	454
3	北京	苏宁	何文杰	204
4	北京	永乐	陆晓飞	432
5	北京	五星	陆晓飞	376
6	上海	国美	白云天	404
7	上海	苏宁	白云天	380
8	上海	永乐	白云天	473
9	重庆	国美	杜月岚	403
10	重庆	苏宁	杜月岚	93
11	重庆	永乐	杜月岚	179
12	重庆	五星	蓝天阔	492

图 1-61　快速填充合并单元格

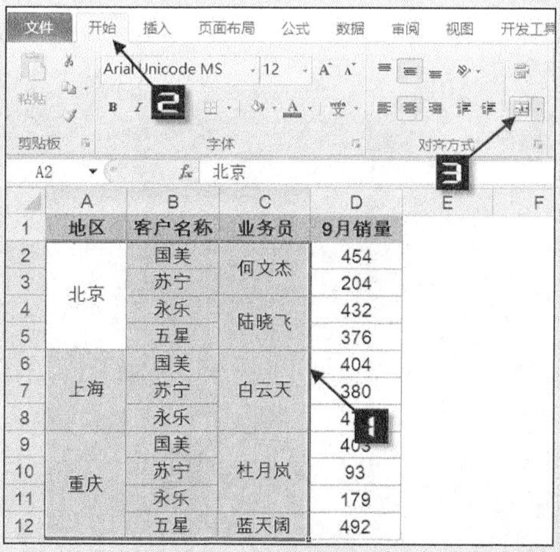

	A	B	C	D
1	地区	客户名称	业务员	9月销量
2	北京	国美	何文杰	454
3		苏宁		204
4		永乐	陆晓飞	432
5		五星		376
6	上海	国美	白云天	404
7		苏宁		380
8		永乐		473
9	重庆	国美	杜月岚	403
10		苏宁		93
11		永乐		179
12		五星	蓝天阔	492

图 1-62　取消合并单元格

步骤 2 按 <Ctrl+G> 组合键，在弹出的定位对话框中单击【定位条件】按钮，打开【定位条件】对话框，单击选中“空值”单选钮，最后单击【确定】按钮，如图 1-63 所示。

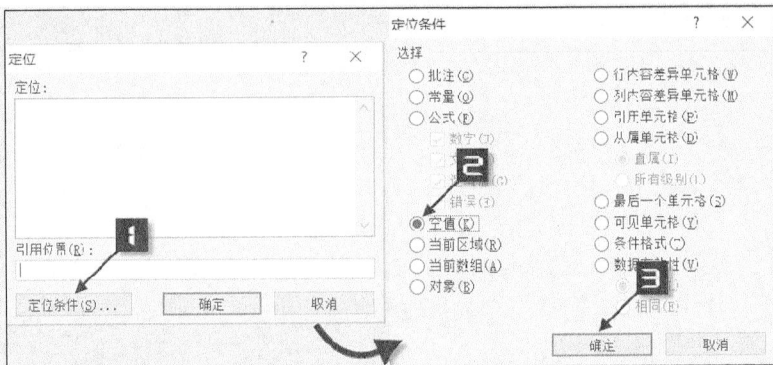

图 1-63　定位条件对话框

操作完成后，即可选中 A2:C12 单元格区域的所有空白单元格，效果如图 1-64 所示。

步骤3　光标定位到编辑栏内，先输入等号"="，然后单击与活动单元格相邻的上一行单元格，本例为 C2，然后按 <Ctrl+Enter> 组合键，如图 1-65 所示。

图 1-64　选中所有空白单元格

图 1-65　快速填充空白单元格

步骤4　再次选中 A2:C12 单元格区域，在【开始】选项卡下设置单元格边框，将对齐方式设置为居中，如图 1-66 所示。

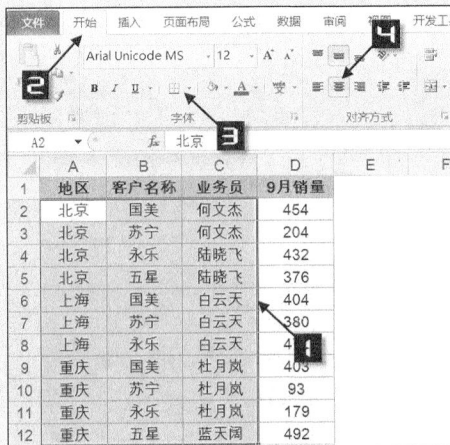

图 1-66　设置单元格格式

步骤5　最后选中数据区域，按 <Ctrl+C> 组合键复制，再单击鼠标右键，粘贴为值。

1.5.4 编辑单元格内容

对于已经存在数据的单元格，用户可以直接重新输入新的内容来替换原有数据。但是，如果用户只想对其中的一部分内容进行编辑修改，则可以激活单元格进入编辑模式。以下两种方式可以进入单元格编辑模式。

（1）双击单元格。

（2）选中目标单元格后按 <F2> 键。

进入编辑模式后，光标所在的位置就是数据插入位置，单击鼠标左键或者使用左右方向键，可以移动光标插入点的位置。用户可在单元格中直接对其内容进行编辑修改。

1.5.5 填充与序列

在录入数据时，如果数据本身具有某些顺序上的关联性，还可以使用填充功能快速录入数据。

1. 快速输入连续的员工编号

操作步骤如下。

步骤 1 选定 A2 单元格，输入"编号 01"。

步骤 2 将鼠标移动到 A2 单元格的右下角位置，当鼠标指针显示为黑十字形的"填充柄"时，按下鼠标左键不放，向下拖动鼠标直至 A6 单元格松开鼠标左键，如图 1-67 所示。

对于向下填充的操作，如果相邻列中已包含数据，只需双击单元格右下角的填充柄，Excel 就会自动向下填充数据，直到相邻列数据区域的底部。

在自动填充完成后，单元格右下角会显示选项按钮，单击该按钮会显示出选项设置，用户可以从选项菜单中改变自动填充的规则。对于日期数据的填充，还会有以天数填充、以工作日填充、以月填充、以年填充等更多的选项，如图 1-68 所示。

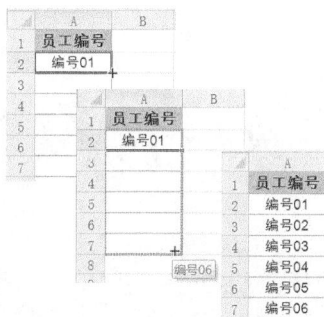

图 1-67 自动填充

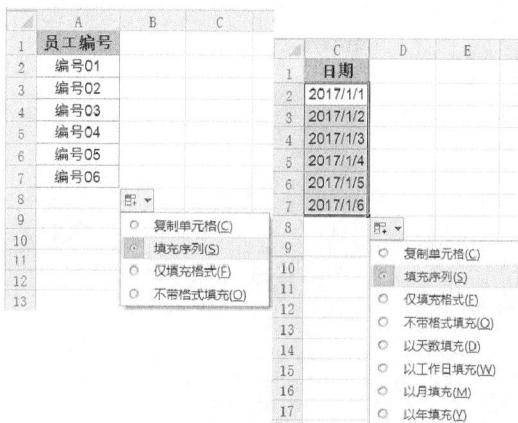

图 1-68 填充选项

2. 生成奇数序列

具体步骤操作如下。

步骤 1 在 A2 单元格输入数值 1。

步骤 2 依次单击【开始】→【填充】→【系列】命令，弹出【序列】对话框。

步骤 3 在弹出的【序列】对话框中，在【序列产生在】下单击【列】单选按钮，在【类型】下单击【等差序列】单选按钮，在【步长值】文本框中输入数值 2，在【终止值】文本框中输入数值 99，最后单击【确定】按钮，如图 1-69 所示。

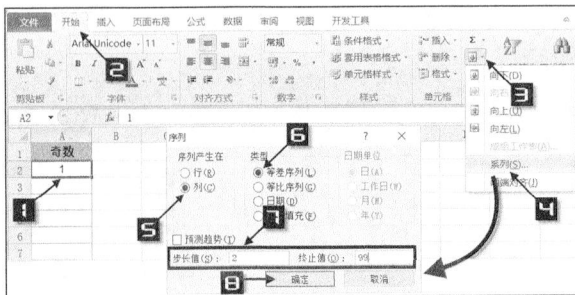

图 1-69　生成 100 以内的奇数

除此之外，也可以在 A2 单元格输入"1"，在 A3 单元格输入"3"。然后同时选中 A2 和 A3 单元格，拖动右下角的填充柄向下复制。

小技巧

插入带括号或带圆圈的数字

在实际工作中可能会用到带括号的数字，可以通过以下方法来实现。

步骤1　选中要输入字符的单元格，在【插入】选项卡下，单击"文本"命令组中的【符号】按钮，弹出【符号】对话框。

步骤2　在【符号】对话框中，切换到【符号】选项卡，单击"子集"右侧的下箭头按钮，在弹出的下拉菜单中选择"带括号的字母数字"。此时，在备选图框里即可出现带括号的数字，选中某个字符后，单击【插入】按钮，即可输入带括号或带圆圈的数字，如图 1-70 所示。

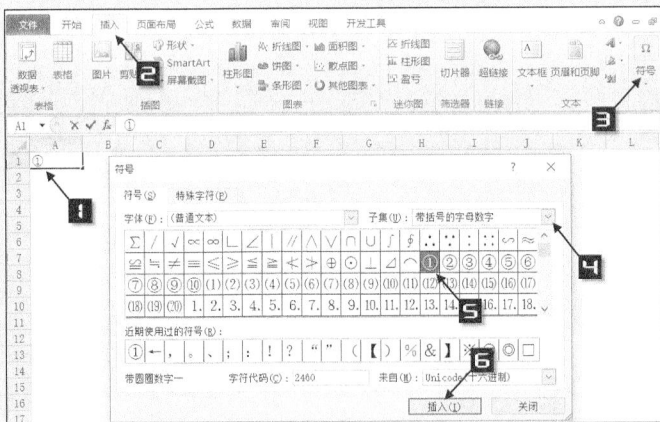

图 1-70　输入带括号的数字

1.5.6 数据输入时的常见问题

一些日常记录性质的表格，主要用途是用于打印后填写，不需要汇总分析。为了显示美观，其表格结构可以相对比较随意。如果是制作用于数据汇总、分析的基础数据表格，则需要表格结构规范化。

1. 合并单元格

我们经常可以看到类似图 1-71 这样的表格，不仅使用了双行表头，而且还使用了很多的合并单元格。在基础数据表中，要避免使用双行表头和合并单元格，因为这样的表格将无法排序和筛选，也难以进行分类汇总。如果要按部门汇总数据时，则需要非常复杂的公式才能完成。

2. 手工添加汇总行

为了使工作表中体现更多的汇总信息，很多人习惯手工插入小计行和总计行，如图 1-72 所示。

图 1-71　不规范表格

图 1-72　手工添加的汇总行

手工添加汇总行不仅浪费了大量的时间，而且会对数据的排名、排序带来影响，一旦需要在表格中添加或删除内容，就需要重新调整表格结构，重新进行计算。

要想得到汇总数据，可以通过公式、数据透视表在新工作表中汇总统计，或是分类汇总功能在基础数据工作表中进行汇总。

3. 使用空格对齐文本

录入人员名单过程中，为了与 3 个字的名字对齐，会在两个字的名字中间加上空格。这是一种常见的错误操作习惯。在 Excel 中，空格也是一个字符，所以"张三"与"张 三"会被视作不同的内容。如图 1-73 所示的人员名单中，如果按<Ctrl+F>组合键查找姓名"李瑶"，Excel 将提示找不到正在搜索的数据。

图 1-73　Excel 找不到正在搜索的数据

如果要对不同字符数的姓名进行对齐，正确的方法是设置单元格对齐方式。

如图 1-74 所示，选中要设置对齐方式的 A2:A6 单元格区域，在【开始】选项卡下，单击【对齐方式】命令组中右下角的"对话框启动器"按钮，打开【设置单元格格式】对话框并切换到【对齐】选项卡下。在"文本对齐方式"区域中，设置水平对齐方式为【分散对齐（缩进）】，单击【确定】按钮关闭对话框完成设置。

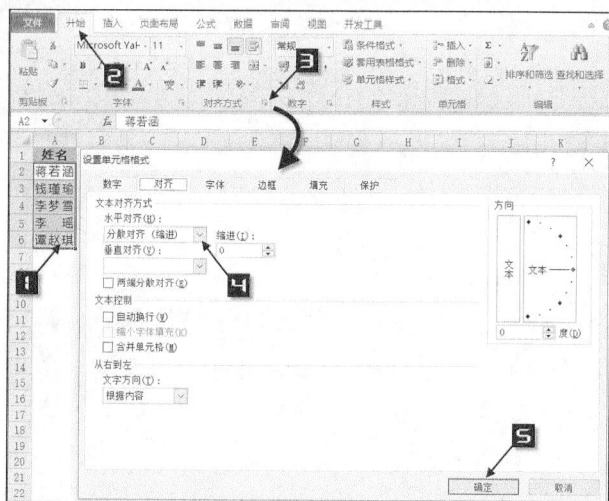

图 1-74　设置对齐方式

设置完成后，适当调整单元格列宽，不同字符数的姓名会自动对齐，即兼顾了表格美观的需要，同时单元格内的实际数据也不会受影响，如图 1-75 所示。

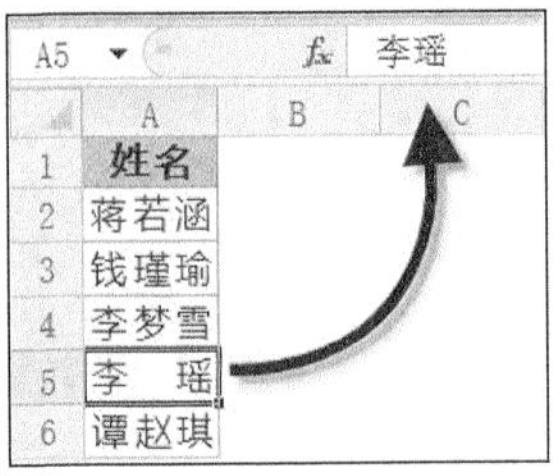

图 1-75　分散对齐

扩展知识点

银行账户的处理

1. 输入银行卡号

素材所在位置为： "光盘：\素材\第 1 章 Excel 基础\输入银行卡号.xlsx"。

在常规格式下输入银行卡号或是身份证号码，Excel 会默认以科学计数法的形式显示，如图 1-76 所示，在 B2 单元格中输入银行卡号 6223011615008220328 后，单元格内将显示为 6.22301E+18。

当单元格中输入的数字超过 11 位时，会自动变成科学计数法。科学计数法以 E+n 替换部分数字，其中的 E 代表指数，表示将前面的数字乘以 10 的 n 次幂。

如果此时将单元格的数字格式设置为数值，并且将小数位数设置为 0，Excel 也只能正常显示前 15 位的数字，15 位之后会全部变为 0，如图 1-77 所示。

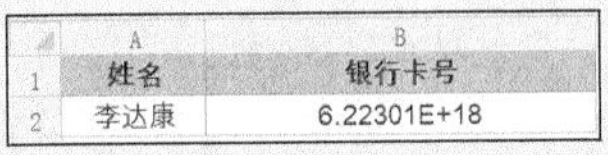

图 1-76　科学计数法

图 1-77　15 位之后会全部变为 0

如果要输入 15 位以上的数字并且能够完全显示，有两种方法可以实现：一是先输入一个半角单引号，然后再输入数字；二是选中需要输入内容的单元格区域，将单元格数字格式设置为文本，然后再输入数字，如图 1-78 所示。

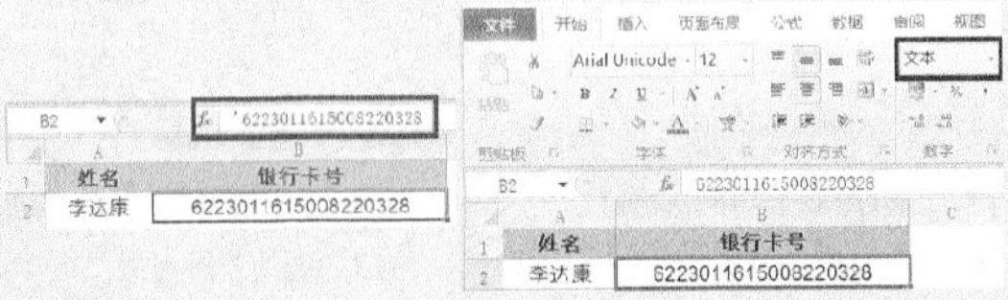

图 1-78　输入长数字

2. 导入员工账户开户信息

素材所在位置为： "光盘：\素材\第一章 Excel 基础\导入员工账户开户信息"。

如图 1-79 所示，是从银行系统中导出的 txt 格式的员工账户开户信息，包括序号、卡号、以及姓名、余额等信息，需要将其导入到 Excel 中。

图 1-79　系统导出的数据

操作步骤如下。

步骤1　打开需要导入外部数据的 Excel 工作簿。

步骤2　单击【数据】选项卡下【获取外部数据】组中的【自文本】按钮，在弹出的【导入文本文件】对话框中，选择文本文件所在路径，选中 txt 格式文件后，单击【导入】按钮，如图 1-80 所示。

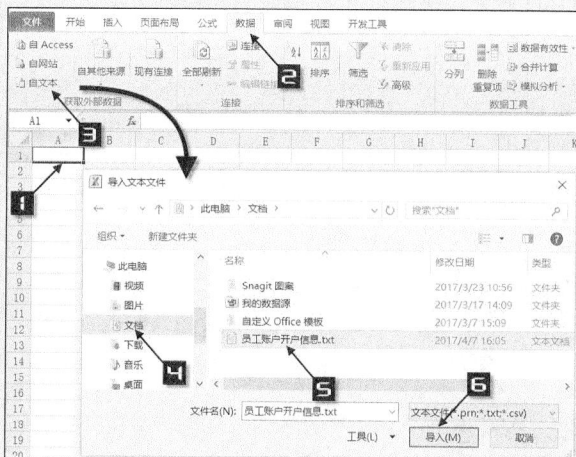

图 1-80　导入文本文件

步骤3　在弹出的【文本导入向导-第 1 步，共 3 步】对话框中，保留默认选项，单击【下一步】按钮，如图 1-81 所示。

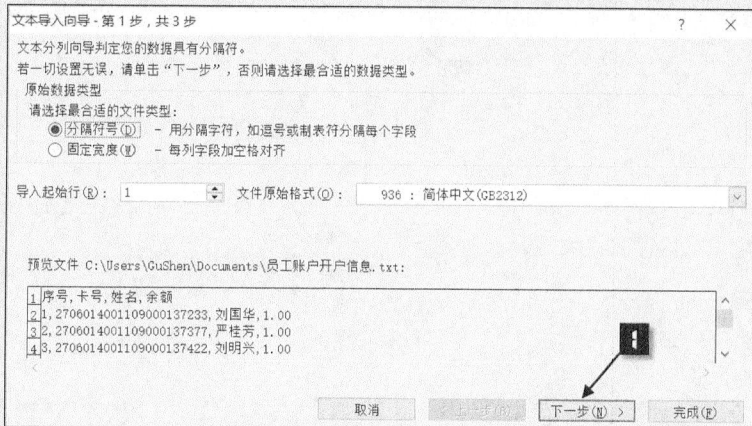

图 1-81　文本导入向导

步骤4 在弹出的【文本导入向导-第2步，共3步】对话框中，勾选【分隔符号】中的"逗号"复选框，此时数据预览区域的显示效果会发生变化，继续单击【下一步】按钮，如图1-82所示。

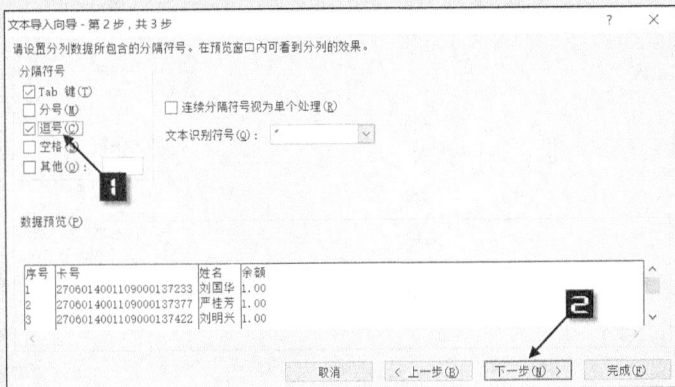

图 1-82　设置分隔符号

步骤5 在弹出的【文本导入向导-第3步，共3步】对话框中，单击"数据预览"区域的"卡号"所在列，然后在"列数据格式"区域选中"文本"单选钮，最后单击【完成】按钮，如图1-83所示。

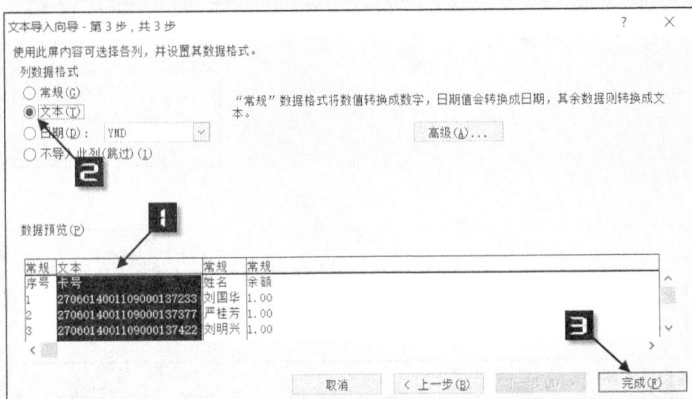

图 1-83　设置列数据格式为文本

步骤6 在弹出的【导入数据】对话框中直接单击【确定】按钮，如图1-84所示。
步骤7 对分列后的数据设置单元格格式，最终效果如图1-85所示。

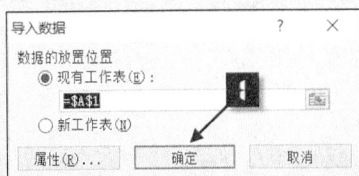

图 1-84　导入数据

	A	B	C	D
1	序号	卡号	姓名	余额
2	1	2706014001109000137233	刘国华	1
3	2	2706014001109000137377	严桂芳	1
4	3	2706014001109000137422	刘明兴	1
5	4	2706014001109000137570	刘明福	1
6	5	2706014001109000137619	刘长银	1
7	6	2706014001109000137771	王跃英	1
8	7	2706014001109000137824	刘建华	1
9	8	2706014001109000137980	钟寿东	1
10	9	2706014001109000138037	钟明军	1
11	10	2706014001109000138197	钟建生	1
12	11	2706014001109000138258	钟海峰	1

图 1-85　分列后的效果

1.6 对重要的文件进行保护

为了避免信息泄露或是被其他人误操作，可以使用以下两种方法对重要文件进行加密，限制访问权限。

方法1 打开需要加密的工作簿，按 <F12> 键，在弹出的【另存为】对话框底部，单击【工具】→【常规选项】，将弹出【常规选项】对话框，用户可以为工作簿设置更多的保存选项，如图 1-86 所示。

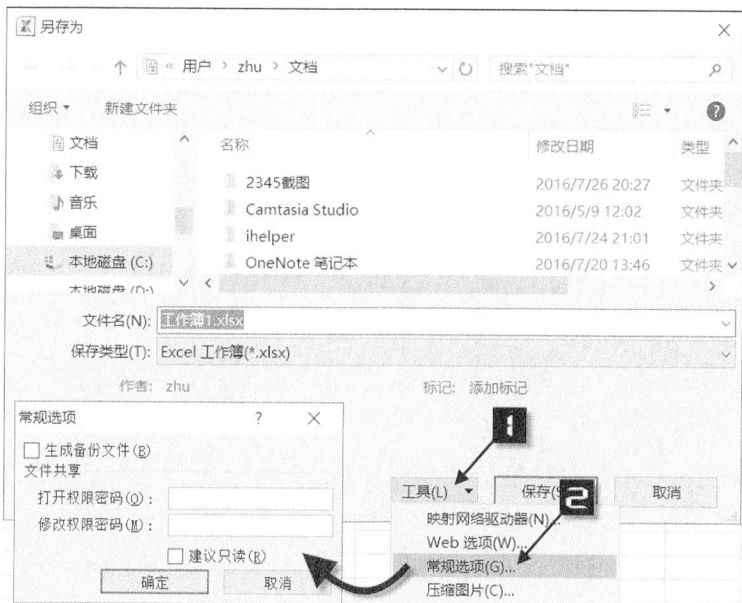

对重要文件进行保护

图 1-86 【常规选项】对话框

在【打开权限密码】编辑框中输入密码，可以为当前工作簿设置打开文件的密码保护，如果没有正确的密码，则无法打开工作簿文件。

在【修改权限密码】编辑框中设置密码，可以保护工作簿不能被意外修改。当打开设置了修改权限密码的工作簿时，会弹出对话框要求用户输入修改密码或是以只读方式打开文件，如图 1-87 所示。

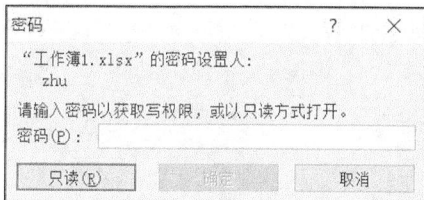

图 1-87 输入密码对话框

在只读方式下，用户对工作簿所做的修改无法保存到原文件，只能保存到其他副本中。

如果在【常规选项】对话框中勾选【建议只读】复选框，当再次打开此工作簿时，会弹出如图 1-88 所示的对话框，建议用户以只读方式打开工作簿。

方法2 单击【文件】选项卡，再依次单击【保护工作簿】→【用密码进行加密】，在弹出的【加密文档】对话框中输入密码，单击【确定】按钮，Excel 会要求再次输入密码进行确认，如图 1-89 所示。

图 1-88　建议只读

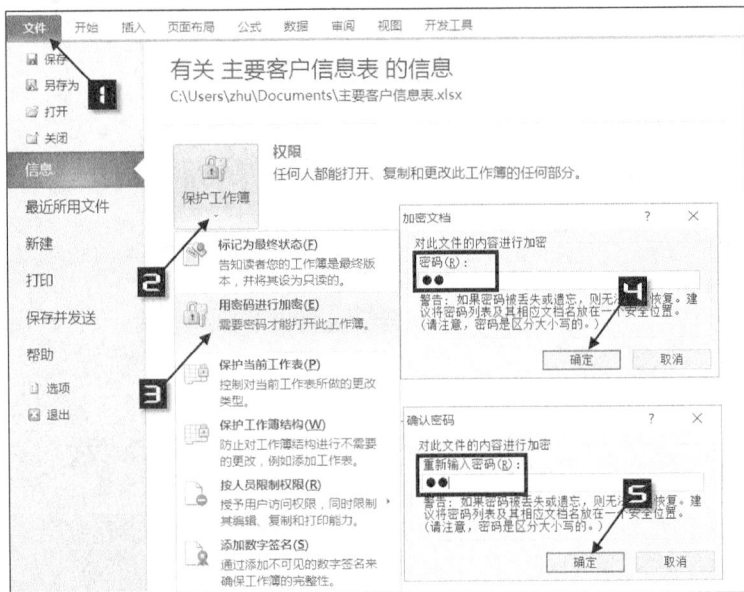

图 1-89　用密码加密文档

设置密码后，此工作簿下次被打开时将提示输入密码，如果不能提供正确的密码，将无法打开此工作簿。若需解除工作簿的打开密码，则可以按上述步骤再次打开【加密文档】对话框，删除现有密码即可。

1.7 工作表打印

在 Excel 表格中输入内容并且设置格式后，多数情况下还需要将表格打印输出，最终形成纸质的文档。

1.7.1 页面设置

页面设置包括纸张大小、纸张方向、页边距和页眉页脚等。通常情况下，如果制作的 Excel 表格需要打印输出，在录入数据之前就要先进行页面设置，以免在数据录入后，因为调整页面设置而破坏表格整体结构。

在【页面布局】选项卡下，包含了 3 组常用的与页面设置有关的命令，如图 1-90 所示。

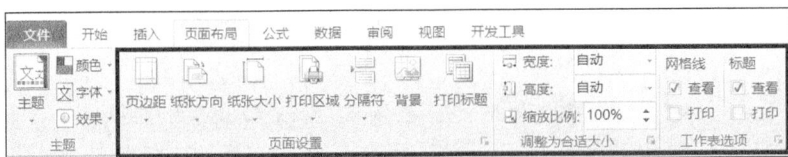

图 1-90　页面布局

（1）在【页面设置】命令组中，单击【纸张大小】下拉按钮，可以在列表中选择纸张的尺寸，默认大小为"A4"，如图 1-91 所示。

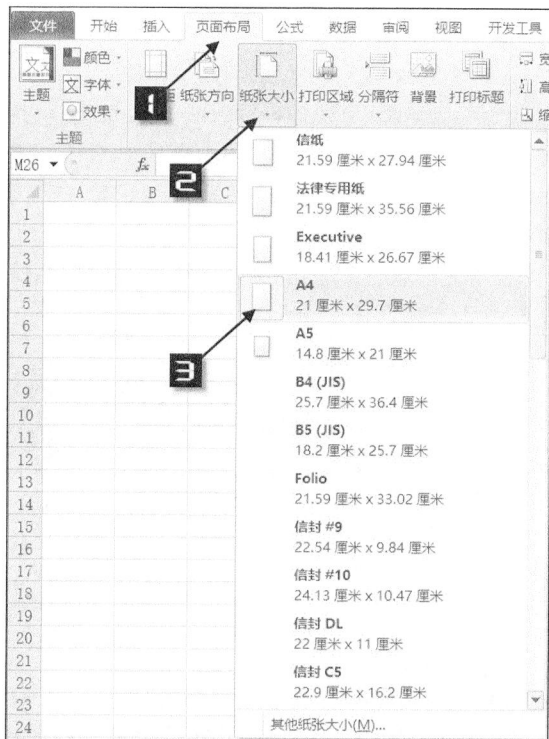

图 1-91　纸张大小选项

（2）单击【纸张方向】下拉按钮，在下拉列表中可以选择纸张的方向为横向或是纵向，如图 1-92 所示。

（3）单击【页边距】下拉按钮，在下拉列表中包括内置的普通、宽、窄 3 种选项，并且会保留用户最近一次设置的自定义页边距设置，如图 1-93 所示。

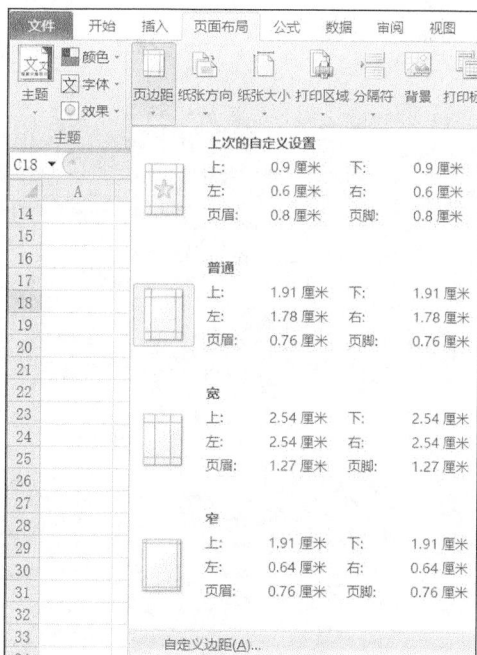

图 1-92　设置纸张方向

图 1-93　页边距选项

1.7.2 设置顶端标题行

素材所在位置为："光盘：\素材\第一章 Excel 基础\1.7.2 设置顶端标题行.xlsx"。

在打印内容较多的表格时，通过设置，可以将标题行和标题列重复打印在每个页面上，使打印出的表格每页都有相同的标题行或是标题列。

如图 1-94 所示，是某公司的员工岗位表，需要对其设置顶端标题行，以保证打印效果。

设置顶端标题行

图 1-94　员工岗位表

根据 1.6.1 节的所讲述的方法，设置纸张大小和页边距。

然后在【页面布局】选项卡下单击【打印标题】命令，弹出【页面设置】对话框，并且自动切换到【工作表】选项卡。

单击【顶端标题行】右侧的折叠按钮，光标移动到第一行的行号位置，单击选中整行。然后单击【页面设置-顶端标题行：】折叠按钮，返回【页面设置】对话框。最后，单击【确定】按钮完成设置，如图 1-95 所示。

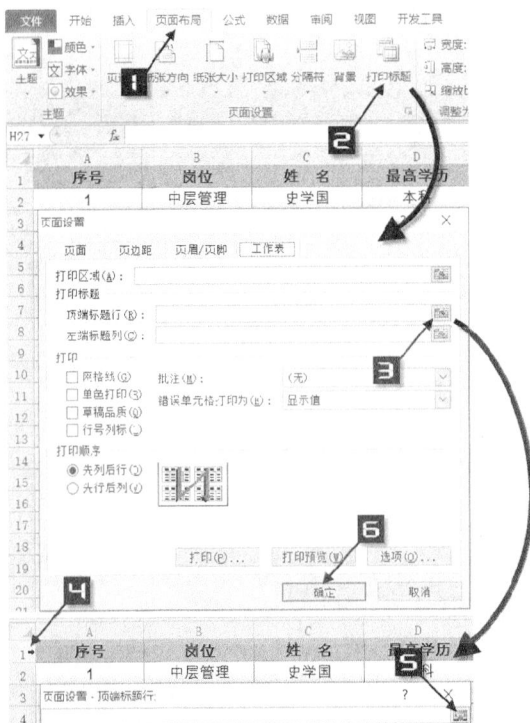

图 1-95　设置顶端标题行

按 <Ctrl+P> 组合键，打开打印预览窗口，单击右下角的切换按钮，可以看到每一页都设置了相同的顶端标题行，如图 1-96 所示。

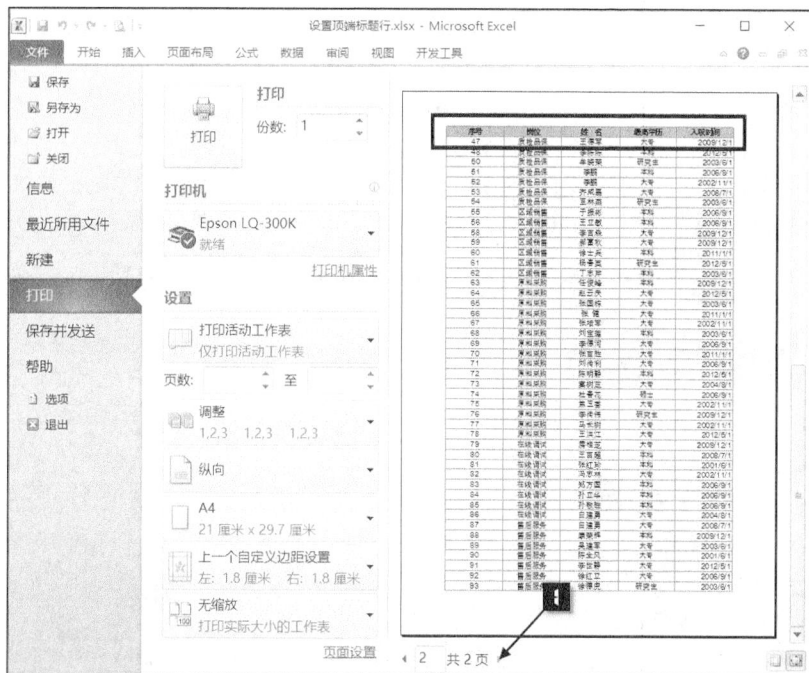

图 1-96　打印预览

1.7.3　打印整个工作簿

如果打印当前工作簿中的全部工作表，可以按 <Ctrl+P> 组合键打开打印预览窗口，在左侧的【设置】区域中，将"打印活动工作表"更改为"打印整个工作簿"即可，如图 1-97 所示。

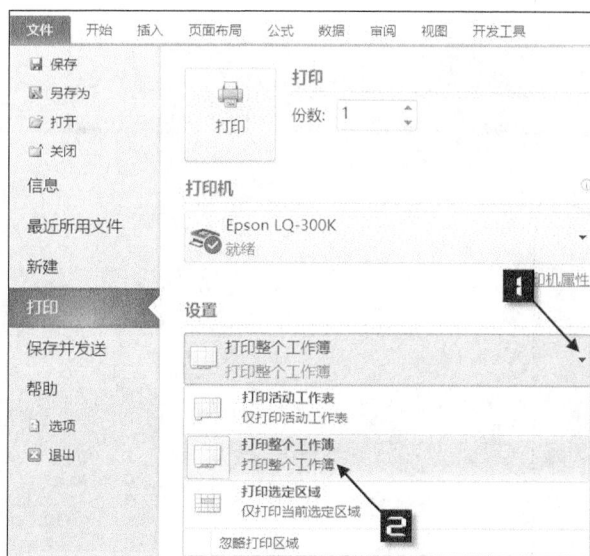

图 1-97　打印整个工作簿

本章小结

　　通过本章，读者主要学习工作簿与工作表的基本操作，主要包括：创建与保存工作簿，掌握工作簿和工作表的基本概念，熟悉插入、删除、隐藏工作表等操作方法，了解工作表行高列宽设置、插入、删除和隐藏工作表行列的方法等内容。同时，读者学习了 Excel 中的常见数据类型，以及在 Excel 中输入和编辑数据的方法，最后学习了工作表常用打印设置。通过本章的学习，读者应能够为熟练操作和应用 Excel 打下基础，并能够掌握打印输出的设置技巧，使得打印输出的文档版式更加美观。

思考与练习

　　（1）熟悉 Excel 2010 的窗口界面，能够说出各个选项卡下的主要命令。

　　（2）Excel 2010 工作表的默认格式是____。

　　（3）创建新工作簿有哪两种方法？

　　（4）在一个工作簿内，能够隐藏全部工作表吗？

　　（5）能够熟练完成移动和复制工作表行列的操作。

　　（6）重命名工作表的方法有哪几种？

　　（7）在选中 D5:G10 单元格区域时，活动单元格是哪个？

　　（8）选取不连续单元格区域的方法有哪几种？

　　（9）Excel 中的数据类型包括哪几种？

　　（10）要对单元格中的部分内容进行编辑修改，如何进行操作？

　　（11）简述设置工作表保护的两种方法。

　　（12）独立完成快速填充合并单元格的操作。

　　（13）设置顶端标题行的作用是什么？

　　（14）请在工作表中输入自己的身份证号码。

　　（15）请在快速访问工具栏中添加【打印预览和打印】命令按钮。

第 2 章

使用 Excel 处理数据

本章主要讲解如何在工作表中使用排序、筛选、查找与替换、数字类型转换等基础功能。熟练使用这些基础功能对原始数据进行必要的处理，可以更方便地实现数据的汇总分析。

2.1 排序

Excel 中的排序功能可以把数据信息梳理为按一定顺序排布的表格，帮助用户更清晰地查看和处理数据。

2.1.1 单条件排序

素材所在位置为："光盘：\素材\第 2 章 使用 Excel 处理数据\2.1.1 单条件排序.xlsx"。

如图 2-1 所示，单击要排序的"运货商公司"所在列任意单元格，如 A4，单击【数据】选项卡下的升序按钮，即可对数据表按照 A 列公司名称的拼音字母顺序升序排序。

Excel 中的
数据排序应用

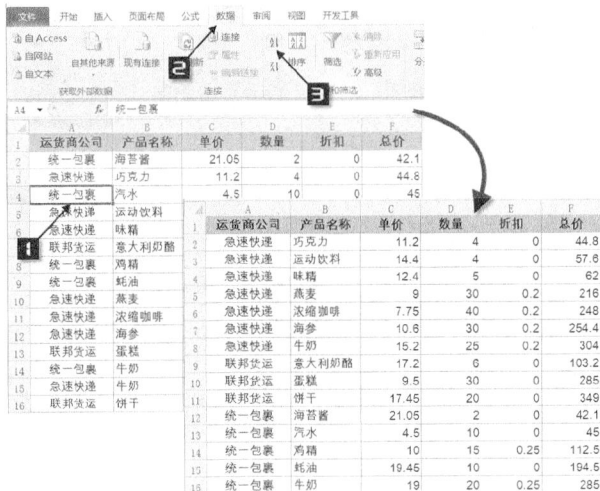

图 2-1 按运货商公司名称升序排序

2.1.2 多条件排序

素材所在位置为："光盘：\素材\第 2 章 使用 Excel 处理数据\2.1.2 多条件排序.xlsx"。

如图 2-2 所示，需要对员工薪资表中的"薪资标准"和"岗位补助"两个条件进行排序，排序规则为优先按照"薪资标准"降序排列，如果"薪资标准"相同则继续按照"岗位补助"降序排列。

图 2-2 多条件排序

操作步骤如下。

步骤 1 选中数据区域中的任意单元格，如 A3，在【数据】选项卡中单击【排序】按钮，弹出【排序】对话框。

步骤 2　单击【主要关键字】右侧下拉按钮，选择"薪资标准"，然后单击右侧的【次序】下拉按钮，选择"降序"。再单击【添加条件】按钮添加次要关键字，然后单击【次要关键字】右侧下拉按钮，设置次要关键字为"岗位补助"，单击右侧的【次序】下拉按钮，选择"降序"。最后单击【确定】按钮，如图 2-3 所示。

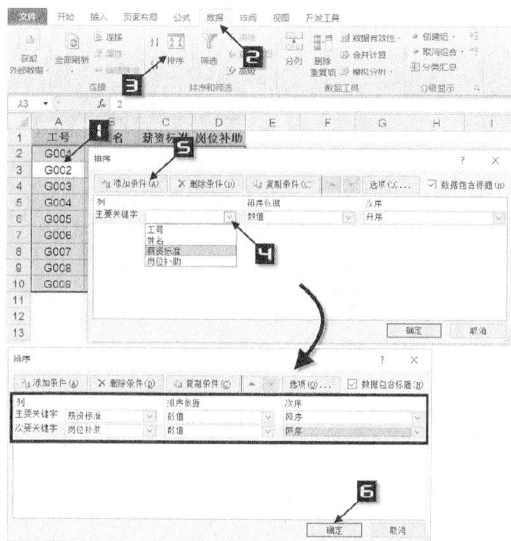

图 2-3　添加【次要关键字】排序

2.1.3　自定义序列排序

素材所在位置为："光盘：\素材\第 2 章 使用 Excel 处理数据\2.1.3 自定义序列排序.xlsx"。

在实际排序应用中，往往需要使用特殊的次序，实现自定义规则的排序，如按照职务排序、按照单位部门排序等。如图 2-4 所示，需要按照内部职务顺序对人员名单进行排序。

图 2-4　人员名单

1．编辑自定义列表

步骤 1　依次单击【文件】→【选项】，打开【Excel 选项】对话框，切换到【高级】选项卡，单击右侧的【编辑自定义列表】按钮，打开【选项】对话框。

步骤 2　单击【选项】对话框中的折叠按钮，选中存放自定义排序规则的 E2:E5 单元格区域，单击【导入】按钮，完成自定义列表的编辑。

也可以在【输入序列】编辑区域中直接输入自定义的序列，每输入一项按 <Enter> 键，输入完成后单击【添加】按钮。

最后依次单击【确定】按钮关闭对话框，如图2-5所示。

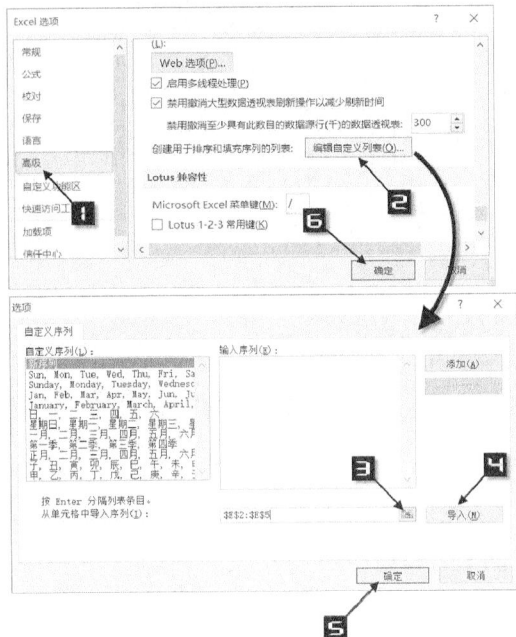

图2-5　编辑自定义列表

2. 对数据进行排序操作

步骤1　单击数据区域任意单元格，如B2，单击【数据】选项卡下的【排序】按钮，弹出【排序】对话框。

步骤2　设置主要关键字为【职务】。在【次序】下拉列表中，选择【自定义序列…】，此时会弹出【自定义序列】对话框，如图2-6所示。

步骤3　在左侧的【自定义序列】列表中单击选中之前编辑的自定义序列，再单击【确定】按钮，返回【排序】对话框，单击排序对话框的【确定】按钮，完成自定义序列的排序，如图2-7所示。

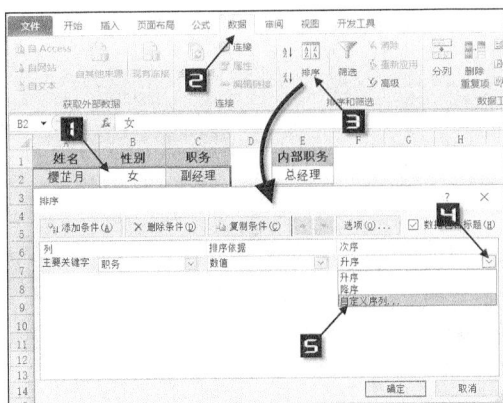

图2-6　按自定义序列排序

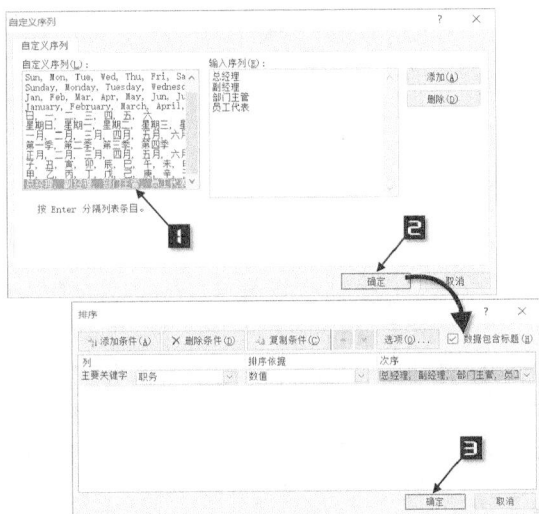

图2-7　选择自定义序列

若需删除已有的自定义序列，可在【自定义序列】对话框的【自定义序列】列表中，单击选中之前编辑的自定义序列，再单击【删除】按钮，Excel 会弹出提示对话框，依次单击【确定】按钮关闭对话框即可，如图2-8 所示。

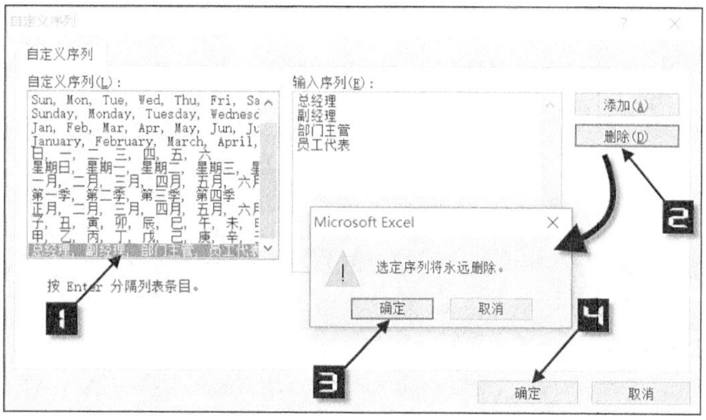

图2-8　删除自定义序列

小技巧

快速返回未排序前的数据状态

用户在工作表进行多次排序操作后，如果要快速返回未排序前的数据状态，往往需要多次单击快速访问工具栏内的撤销按钮 。

可以在排序操作之前，先在数据表中增加一个空白列，然后输入 1～n 的序号。如需返回未排序前的数据状态，只需单击序号所在列的任意单元格，然后单击【数据】选项卡下的升序按钮即可，如图2-9 所示。

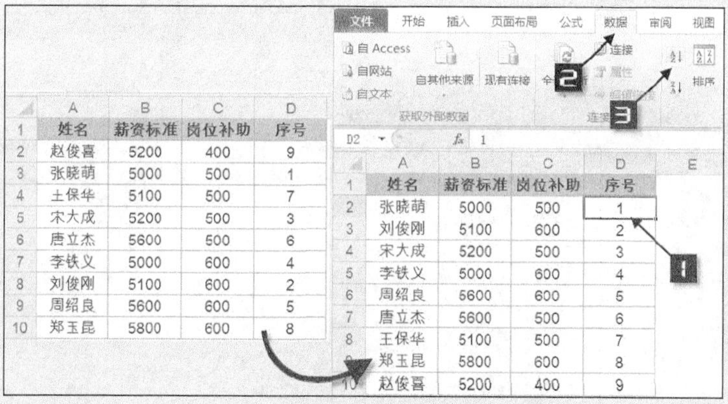

图2-9　快速返回未排序前的数据状态

2.2　筛选

素材所在位置为："光盘:\素材\第2章 使用 Excel 处理数据\2.2 筛选.xlsx"。

筛选数据列表的作用是只显示符合用户指定条件的行，隐藏不符合条件的其他行。图 2-10 所示是某企业的销售记录表，包含不同商品销售记录明细数据，需要筛选出

筛选

按摩椅的销售记录。

	A	B	C	D	E
1	销售日期	品名	数量	单价	销售金额
2	2016/1/1	按摩椅	197	800	157600
3	2016/1/2	显示器	392	1500	588000
4	2016/1/3	显示器	735	1500	1102500
5	2016/1/4	显示器	684	1500	1026000
6	2016/1/5	显示器	165	1500	247500
7	2016/1/6	液晶电视	53	5000	265000
8	2016/1/7	液晶电视	47	5000	235000
9	2016/1/8	液晶电视	1	5000	5000
10	2016/1/9	液晶电视	258	5000	1290000

图 2-10　销售记录表

　　先选中品名所在列的任意单元格，如 B2，然后单击【数据】选项卡中的【筛选】按钮，即可启用筛选功能。此时，功能区中的【筛选】按钮呈现高亮显示状态，数据列表中所有字段的列标题单元格中也会出现下拉箭头。再次单击【数据】选项卡下的【筛选】按钮，可取消当前工作表中的筛选状态，如图 2-11 所示。

　　数据列表进入筛选状态后，单击品名字段标题单元格的下拉箭头，在下拉菜单中先单击取消"全选"前的复选框，然后再选中"按摩椅"前的复选框即可，如图 2-12 所示。

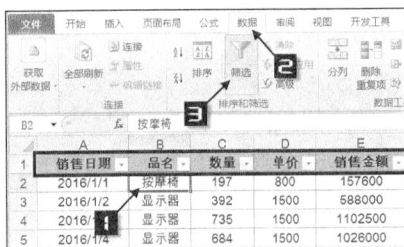

图 2-11　启用筛选功能

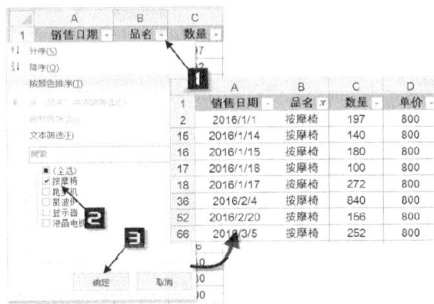

图 2-12　筛选指定条件的数据

　　除了直接单击下拉菜单中的复选框来选择要显示的项目，还能够根据字段类型的不同，使用更加详细的筛选选项，如图 2-13 所示。

图 2-13　文本和数值类型的筛选选项

2.2.1　按数值条件筛选

　　按数值条件筛选，即根据数值的大小，筛选出特定范围内的数值数据。如图 2-10 所示的销售记录表中，需要筛出单价大于 1 000 的销售记录。

操作步骤如下。

步骤 1 单击【数据】→【筛选】按钮，使表格进入筛选状态。

步骤 2 依次单击【单价】下拉按钮→【数字筛选】→【大于】命令，弹出【自定义自动筛选方式】对话框。在右侧的文本框中输入 1 000，单击【确定】按钮，如图 2-14 所示。

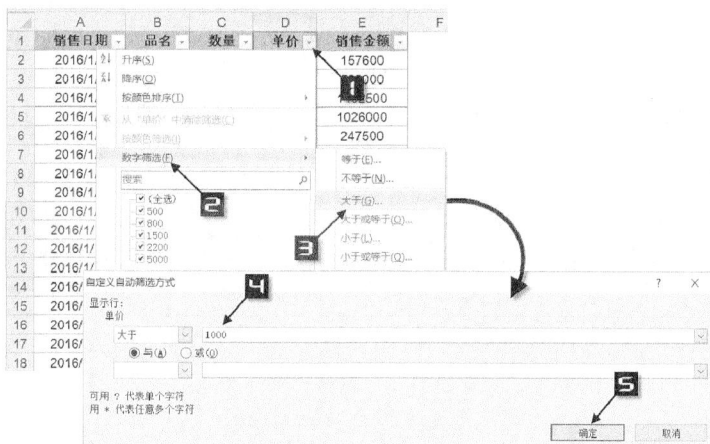

图 2-14　提取单价大于 1 000 的销售记录

2.2.2 按日期条件筛选

按日期条件筛选，即根据日期的大小，筛选出特定范围内的日期数据。Excel 会根据当前日期自动提取指定范围内的数据，如图 2-15 所示。

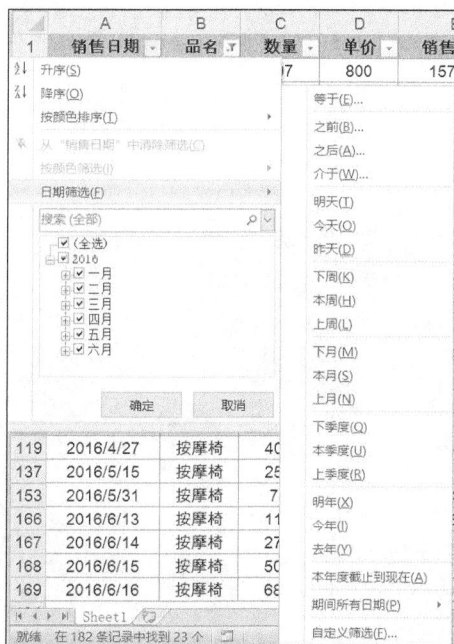

图 2-15　日期筛选菜单

执行筛选操作后，被筛选字段的下拉按钮形状会发生改变，同时数据列表中的行号颜色也会改变，图 2-16 是对"品名"字段执行了筛选操作后的显示结果。

对于已经执行筛选的字段，可以从字段中清除筛选。图 2-17 所示，单击"品名"字段标题单元格的下拉箭头，在下拉菜单中单击【从"品名"中清除筛选】命令，可清除当前字段的筛选，工作表将恢复筛选前的状态。

图 2-16 筛选状态下的数据列表

图 2-17 从字段中清除筛选

2.2.3 按颜色和图标集筛选

如果要筛选的字段中设置过字体颜色或是单元格底纹颜色时，筛选下拉菜单中的【按颜色筛选】选项会变为可用状态，并列出当前字段中应用的字体颜色和单元格颜色，如图 2-18 所示。

选中相应的颜色项，即可筛选出应用了该种颜色的数据。如果选择其中的"无填充"或"自动"，则可筛选出没有应用颜色的数据。但无论是单元格颜色或是字体颜色，一次只能按一种颜色进行筛选。

如果数据列表中包含了由条件格式生成的单元格图标，Excel 还能根据不同的图标进行筛选。

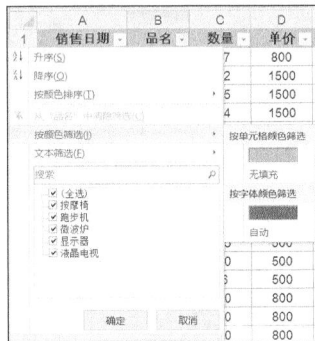

图 2-18 按字体颜色或单元格颜色筛选

2.2.4 多条件筛选

素材所在位置为："光盘：\素材\第 2 章 使用 Excel 处理数据\2.2.4 多条件筛选.xlsx"。

用户可以对数据列表中的任意多列同时指定筛选条件，即先对某一列进行筛选后，再从筛选出的记录中对另一列进行筛选。在对多列同时应用筛选时，筛选条件是"与"的关系。

例如，要在图 2-19 所示的销售表中筛选出门店为"北京"，并且品名为"按摩椅"的记录。

先对门店字段进行筛选，然后再对品名字段进行筛选，如图 2-20 所示。

图 2-19 销售表

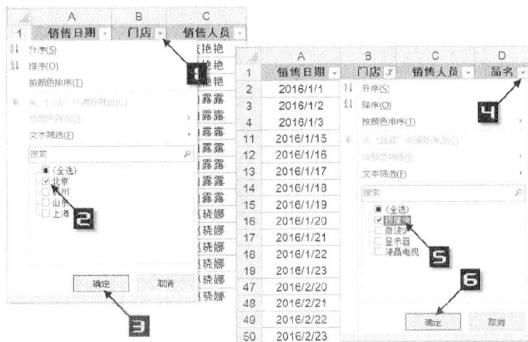

图 2-20 多条件筛选

若想添加更多条件，还可以在此基础上叠加筛选，方法与此类似。由于不同字段的筛选条件之间是相互叠加的效果，所以筛选条件越多，筛选得到的数据记录就会越少，同时筛选结果也就会越精准。

小技巧

应用 WinRAR 软件对文件加密

WinRAR 是一款常用的压缩工具，如果电脑中安装了该软件，就可以借助 WinRAR 软件对重要文件进行加密处理。

步骤1 如图 2-21 所示，在需要加密的文件"个人所得税税率表.xlsx"上单击鼠标右键，在扩展菜单中选择"添加到压缩文件"。

步骤2 在弹出的【压缩文件名和参数】对话框中，单击【常规】选项卡下的【设置密码】按钮，如图 2-22 所示。

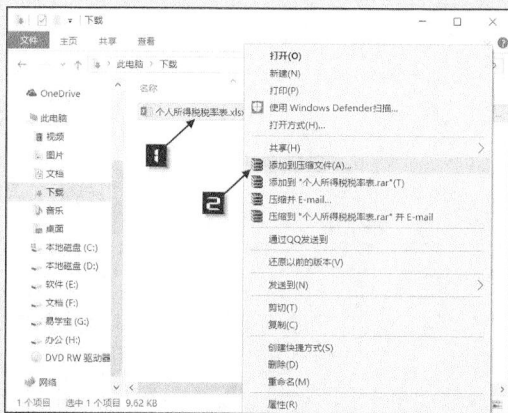

图 2-21　使用压缩软件对文件加密

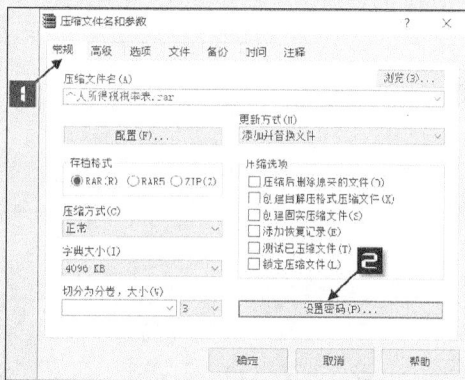

图 2-22　压缩文件名和参数

步骤3 在弹出的【输入密码】对话框中输入密码并进行确认，单击【确定】按钮返回【带密码压缩】对话框，然后单击【确定】按钮，就可以创建一份加密的压缩文件，如图 2-23 所示。

当需要打开加密的压缩文件时，会弹出【输入密码】对话框，只有输入正确的密码才能打开该压缩文件，如图 2-24 所示。

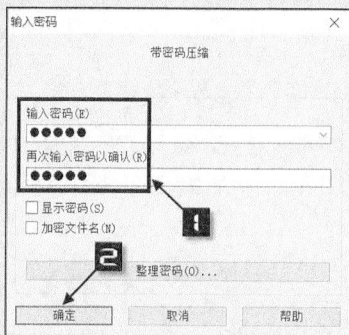

图 2-23　设置密码

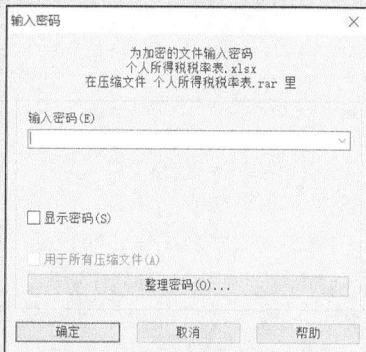

图 2-24　输入密码

实际工作中，密码设置的越复杂，对于不知道密码的人而言，试图打开该加密文件的可能性就越低。

2.3 查找与替换

2.3.1 利用查找功能快速查询数据

素材所在位置为："光盘：\素材\第 2 章 使用 Excel 处理数据\2.3.1 利用查找功能快速查询数据.xlsx"。

Excel 中的查找功能可以帮助用户在工作表中快速查询数据。单击【开始】选项卡下的【查找和选择】下拉按钮，在下拉菜单中单击【查找】按钮。或是按 <Ctrl+F> 组合键调出【查找和替换】对话框，并自动切换到【查找】选项卡。在【查找内容】编辑框中输入要查询的内容，单击【查找下一个】按钮，可快速定位到查询数据所在的单元格，如图 2-25 所示。

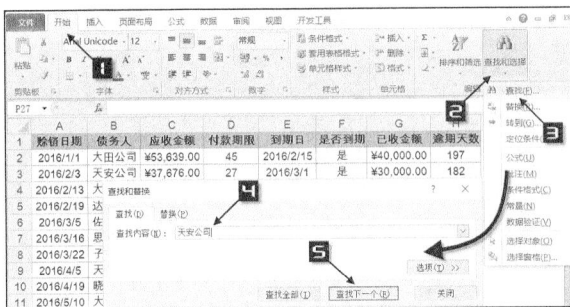

图 2-25　查找和替换对话框

如果在【查找和替换】对话框中单击【查找全部】按钮，会在对话框下方显示出所有符合条件的列表，单击其中一项，可定位到该数据所在的单元格，如图 2-26 所示。

单击【查找和替换】对话框中的【选项】按钮，能够展开更多查找有关的选项。除了可以选择区分大小写、单元格匹配、区分全/半角等，还可以选择范围、搜索顺序和查找的类型，如图 2-27 所示。

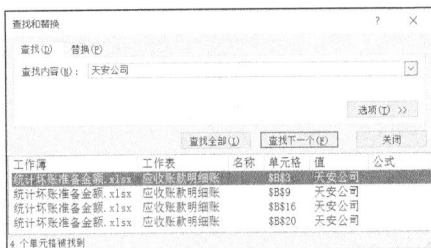

图 2-26　查找全部

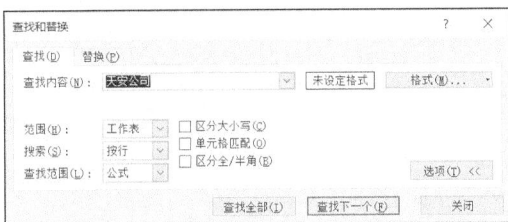

图 2-27　更多查找选项

除了以上选项外，还可以单击【查找和替换】对话框中的【格式】下拉按钮，在下拉菜单中单击【格式】按钮，对查找对象的格式进行设定。或是单击【从单元格选择格式】按钮，以现有单元格的格式作为查找条件，便在查找时只返回包含特定格式的单元格，如图 2-28 所示。

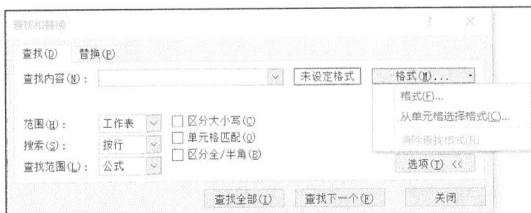

图 2-28　查找指定格式的内容

2.3.2　使用替换功能快速更改数据内容

使用替换功能，可以快速更改表格中的符合指定条件的数据内容。

单击【开始】选项卡下的【查找和选择】下拉按钮，在下拉菜单中单击【替换】按钮，或是按 <Ctrl+H> 组合键调出【查找和替换】对话框，并自动切换到【替换】选项卡。在【查找内容】编辑框中输入要查询的内容，在【替换为】编辑框中输入要替换的内容，单击【替换】按钮，可逐条进行替换。如果单击【全部替换】按钮，可快速将所有符合查找条件的单元格快速替换为指定的内容，如图 2-29 所示。

与查找功能类似，替换功能也有多种选项供用户选择，并且可以指定查找内容和替换内容的格式，如图 2-30 所示。

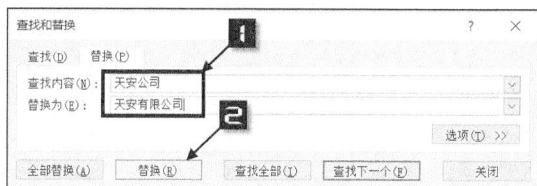

图 2-29　替换对话框

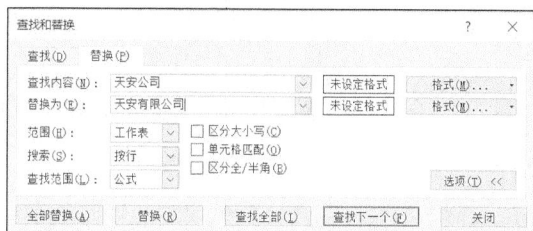

图 2-30　丰富的替换选项

2.3.3　使用通配符实现模糊查找

Excel 支持的通配符包括星号"*"和半角问号"?"，其中，星号"*"可替代任意数目的字符，可以是单个字符，也可以是多个字符，半角问号"?"可替代任意单个字符。

使用包含通配符的模糊查找方式，可以完成更为复杂的查找需求。

例如，要查找以字母"E"开头且以字母"l"结尾的内容，可以在【查找内容】编辑框中输入"E*l"，此时表格中包含"Excel""Email""Eternal"等单词的单元格都会被查找到。假如需要查找以"E"开头、以"l"结尾的 5 个字母的单词，则可以在【查找内容】编辑框中输入"E???l"，3 个问号"?"表示任意 3 个字符，此时的查找结果就会在以上 3 个单词中仅返回"Excel"和"Email"。

【提示】如果要查找星号"*"和半角问号"?"本身，而不是它代表的通配符，则需要在字符前加上波浪线符号"～"，例如"～*"。如果要查找字符"～"，需要使用两个连续的波浪线"～～"表示。

小技巧

快速拆分单元格中的内容

素材所在位置为："光盘:\素材\第2章 使用Excel处理数据\快速拆分单元格中的内容.xlsx"。

日常工作中，经常会遇到一些不规范的表格。如图 2-31 所示，就是将多个项目写在了同一个单元格内，为了便于数据管理，需要将单元格中的内容拆分到不同行。

操作步骤如下。

步骤1　选中 A2:A3 单元格区域，按 <Ctrl+C> 组合键复制。新建一个 Word 文档，单击鼠标右键，在粘贴选项中选择"只保留文本"。粘贴完成后，会有多余的半角引号，如图 2-32 所示。

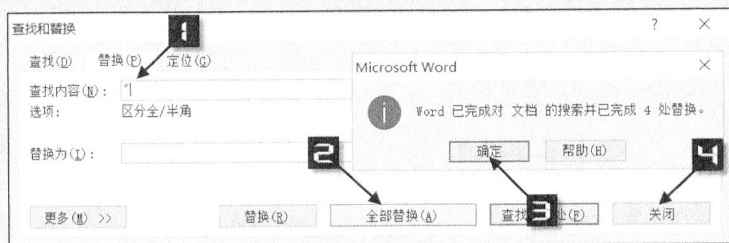

图 2-31　拆分单元格中的内容

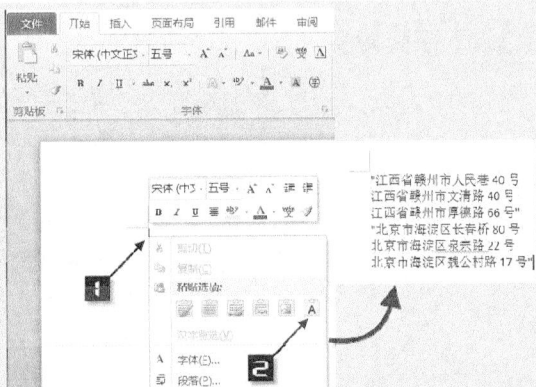

图 2-32　将数据粘贴到 Word

步骤2　按 <Ctrl+H> 组合键，打开【查找和替换】对话框。在"查找内容"编辑框中输入一个半角引号，"替换为"编辑框中不输入内容，单击【全部替换】按钮。在弹出的 Word 提示对话框中单击【确定】按钮，最后单击【关闭】按钮关闭【查找和替换】对话框，如图 2-33 所示。

图 2-33　替换多余的引号

步骤3　按 <Ctrl+A> 组合键选中 Word 中的内容，再按 <Ctrl+C> 组合键复制。回到 Excel 中，按 <Ctrl+V> 组合键粘贴即可。

2.4　数字类型的转换

2.4.1　转换文本型数字

文本型数字是一种比较特殊的数据类型，其数据内容是数值，但作为文本类型进行存储。此类数据在系统中导出的文档中比较多见。

数字类型的转换

通常情况下，文本型数字所在单元格的左上角会显示绿色三角形的错误检查符号。如果选中文本型数字的单元格，会在单元格一侧出现【错误检查选项】按钮，单击按钮右侧的下拉菜单，会显示选项菜单，单击其中的"转换为数字"命令，可以将所选内容转换为数值格式，如图 2-34 所示。

另外，还可以使用选择性粘贴的方式，将文本型数字快速转换为数值。

如图 2-35 所示，在任意空白单元格内输入数字 0，选中后单击【开始】选项卡下的【复制】命令按钮，也可以按 <Ctrl+C> 组合键复制。然后选中需要处理的数据区域，再单击鼠标右键，在弹出的快捷菜单中单击【选择性粘贴】命令，打开【选择性粘贴】对话框，分别选中"数值"和"加"单选钮，最后单击【确定】按钮。

图 2-34　错误检查选项

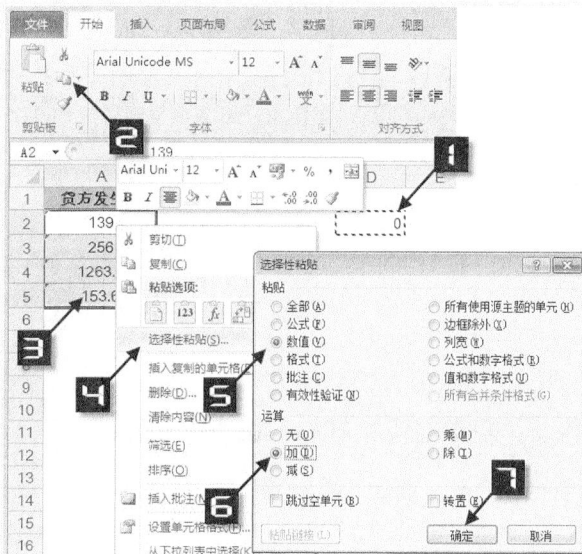

图 2-35　选择性粘贴

操作完成后，即可实现从文本型数字到数值的转换。

2.4.2　处理不可见字符

　　素材所在位置为："光盘：\素材\第 2 章 使用 Excel 处理数据\2.4.2 处理不可见字符.xlsx"。

　　在系统中导出的文档中往往还会有不可见字符。对于此类数据将无法直接进行求和等汇总，并且也没有特别的标识，如图 2-36 所示，选中单元格区域后，状态栏内仅有计数选项。

　　使用分列功能可以对数据进行重新识别与存储，能够快速清除单元格中的不可见字符，操作步骤如下。

步骤 1　单击 G 列列标，再单击【数据】选项卡下的【分列】按钮；在弹出【文本分列向导-第 1 步，共 3 步】的对话框中，单击【完成】按钮，如图 2-37 所示。

图 2-36　带有不可见字符的表格

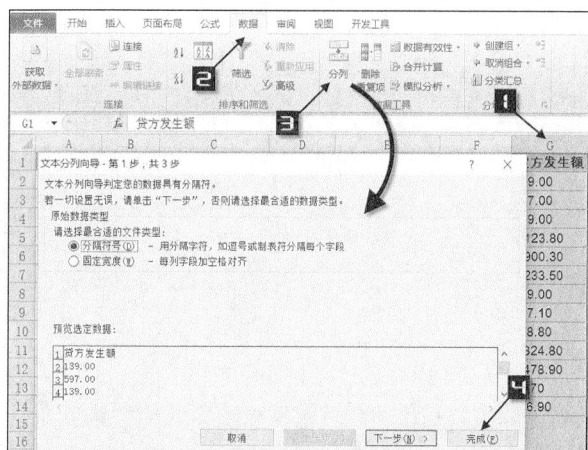

图 2-37　使用分列快速清除不可见字符

步骤 2　分列处理完成后，再选中 G 列数据进行，状态栏内即可显示出求和、平均值等信息，如图 2-38 所示。

　　使用此方法，还可以将一列数据由文本型快速转换为数值型数字。

图 2-38　分列后的数据

2.4.3 将数值转换为文本型数字

即使将已经输入数值的单元格格式更改为文本格式，Excel 仍然会将其视为数值处理，直到重新输入或是编辑数据才会转换为文本型数字。而部分需要导入 ERP（Enterprise Resource Planning，企业资源计划）系统的数据，在导入之前需要先将数值转换为文本型数字。使用分列功能，可以实现从数值到文本型数字的快速转换，操作步骤如下。

步骤 1　如图 2-39 所示，单击 G 列列标，再单击【数据】选项卡下的【分列】按钮。在弹出【文本分列向导-第 1 步，共 3 步】的对话框中，单击【下一步】按钮。

步骤 2　在弹出【文本分列向导-第 2 步，共 3 步】的对话框中，单击【下一步】按钮，弹出【文本分列向导-第 3 步，共 3 步】对话框。

步骤 3　在列数据格式区域选中"文本"单选钮，单击【完成】按钮，如图 2-40 所示。

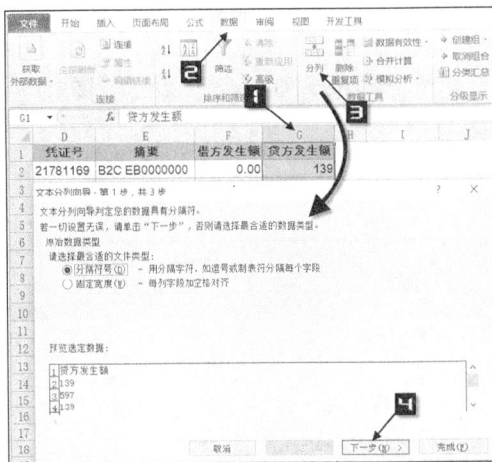

图 2-39　使用分列快速转换数字格式 1

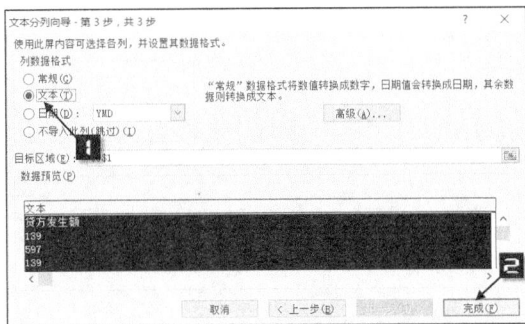

图 2-40　使用分列快速转换数字格式 2

【提示】使用分列功能每次只能处理一列数据，如果有多列需要处理的数据，则需要重复分列操作。

2.4.4 批量修正不规范的日期格式

素材所在位置为："光盘:\素材\第 2 章 使用 Excel 处理数据\2.4.4 批量修正不规范的日期格式.xlsx"。

图 2-41 所示是某企业的提现登记表，其中，A 列以 8 位数字来表示日期。这样的录入形式在 Excel 中只能识别为数值，而不能作为日期处理。

图 2-41 提现登记表

如需修正为规范的日期格式，可单击 A 列列标，重复 2.4.3 步骤 1 和步骤 2。在【文本分列向导-第 3 步，共 3 步】对话框中，选中"日期"单选钮，在右侧的格式下拉列表中选择"YMD"，其中，"Y"表示年，"M"表示月，"D"表示天。实际操作时，可根据数字分布规律选择对应的选项。最后单击【完成】按钮，如图 2-42 所示。

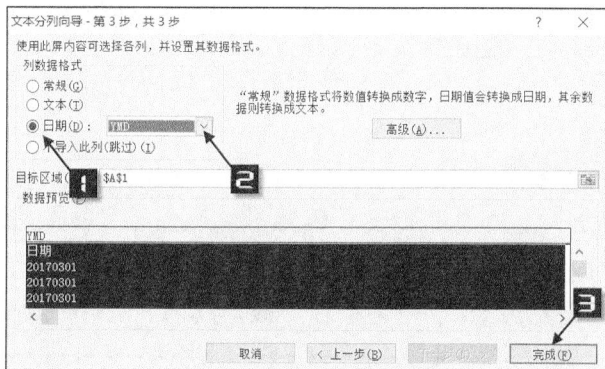

图 2-42 使用分列转换日期格式

小技巧

将数字批量缩小一万倍

素材所在位置为："光盘：\素材\第 2 章 使用 Excel 处理数据\将数字批量缩小一万倍.xlsx"。

在图 2-43 所示的表格中，需要将 C 列的开票金额缩小一万倍显示。操作方法如下。

步骤 1 在任意空白单元格，如 E3，输入 10 000。然后选中 E3 单元格，按 <Ctrl+C> 组合键复制。

将数字批量缩小一万倍

图 2-43 将数字批量缩小一万倍

步骤2 选中 C2:C7 单元格区域，单击鼠标右键，在扩展菜单中单击"选择性粘贴"命令。在弹出的【选择性粘贴】对话框中，选中"粘贴"区域的"数值"单选钮和"运算"区域的"除"单选钮，最后单击【确定】按钮，如图 2-44 所示。

步骤3 选中选中 C2:C7 单元格区域，在【开始】选项卡下，单击"增加小数位数"命令按钮，最后在列标题文字后加上括号和说明文字，如图 2-45 所示。

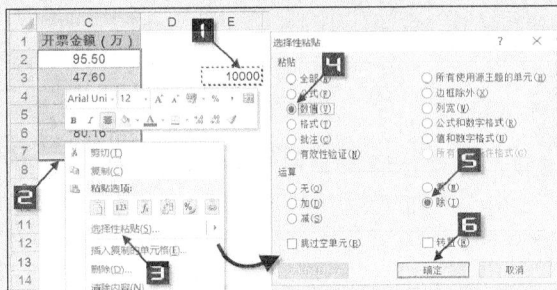

图 2-44　选择性粘贴

图 2-45　增加小数位数

本章小结

　　本章介绍了排序、筛选、查找与替换、数据类型转换等常用数据整理的方法。通过对本章的学习，读者应能够完成日常工作中的数据整理，以便为后续的数据统计和分析等高级功能的应用做好准备。

思考与练习

　　（1）简述多条件排序的步骤。

　　（2）建立一个班级人员职务的表格，按班级职务对本班级人员排序。

　　（3）简述按数值条件筛选的步骤。

　　（4）如何清除工作表中的筛选？

　　（5）查找和替换的快捷键分别是哪两个？

　　（6）要查找以字母"E"开头，并且以字母"I"结尾的内容，需要在【查找内容】编辑框中输入什么内容？

　　（7）如果要查找星号"*"和半角问号"?"本身，需要在字符前加上什么符号？

　　（8）简述转换文本型数字的两种方法。

　　（9）简述将数值转换为文本型数字的步骤。

　　（10）使用分列功能时，每次能处理几列数据？

第 3 章

Excel 在工资核算中的应用

　　工资管理是财务管理中必不可少的一项工作，涉及人员基础信息、考勤信息、加班信息、绩效考核、养老医疗扣款、公积金扣款、个人所得税计算等多方面数据统计。本章主要介绍 Excel 在工资核算过程中的应用，帮助读者提高工作效率。

3.1 制作工资表

素材所在位置为："光盘：\素材\第 3 章 Excel 在工资核算中的应用\3.1 工资表.xlsx"。

在实际工作中，企业发放职工工资、办理工资结算都是通过编制"工资表"来进行。工资表一般应编制一式三份：第一份由劳资部门存查，第二份裁成工资条后连同工资一起发给职工，第三份在发放工资时由职工签章后由财会部门作为工资核算的凭证。

3.1.1 输入基础内容并设置单元格格式

本节学习工资表基础表格的制作，具体步骤如下。

步骤 1 新建一个工作簿，删除 Sheet2 和 Sheet3 工作表，按 <Ctrl+S> 组合键，另存为"工资表.xlsx"。

步骤 2 将 Sheet1 工作表重命名为"工资表"。在工作表中输入基础信息，其中包括工号、姓名、部门、基础工资、入职日期、工龄工资、津贴福利、奖金、缺勤扣款、应发工资、代缴保险、应纳税所得额、代缴个税、实发工资等项目，局部效果如图 3-1 所示。

	A	B	C	D	E	F	G	H	I	J	K	L
1	工号	姓名	部门	基础工资	入职日期	工龄工资	津贴福利	奖金	缺勤扣款	应发工资	代缴保险	应纳税所得额

图 3-1 输入基础信息

步骤 3 选中 A1:M1 单元格区域，在【开始】选项卡下依次设置对齐方式、字体、字号和填充颜色，如图 3-2 所示。

步骤 4 选中需要录入数据的单元格区域，单击【开始】选项卡下的对话框启动按钮，打开【设置单元格格式】对话框，切换到【边框】选项卡下，在"颜色"下拉框中选择蓝色，然后依次单击"外边框"和"内部"按钮，最后单击【确定】按钮，如图 3-3 所示。

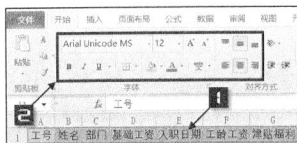

图 3-2 设置单元格格式

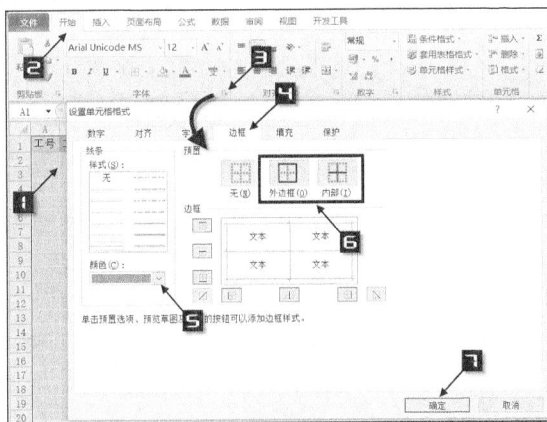

图 3-3 设置单元格格式对话框

步骤 5 切换到【视图】选项卡下，去掉"网格线"复选框前的勾选，使操作区域之外的单元格不再显示灰色边框线，如图 3-4 所示。

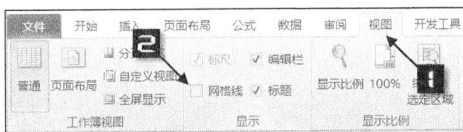

图 3-4 取消网格线显示

L1 单元格内的字段标题字符较多，为了工作表更加美观，可以通过设置将单元格内的文字换行显示。

步骤 6 单击选中 L1 单元格，将光标定位到编辑栏内的"应纳税"和"所得额"之间，按 <Alt+Enter> 组合键，如图 3-5 所示。

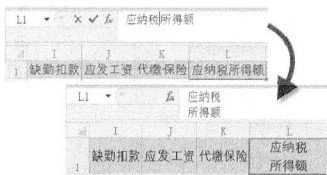

图 3-5 单元格内强制换行

3.1.2 使用自定义格式快速输入员工工号

多数情况下，会使用"字母+序号"的形式来设定工号，如"GS001"。如果每次输入字母加序号的内容，不仅输入步骤多，而且容易出错。可以通过设置自定义单元格的方法，快速输入有规律性的内容。

步骤 1 选中需要输入工号的单元格区域，按 <Ctrl+1> 组合键打开【设置单元格格式】对话框，在【数字】选项卡下的"分类"列表中选择【自定义】，在格式类型编辑框中输入格式代码""GS"000"，单击【确定】按钮关闭对话框，如图 3-6 所示。

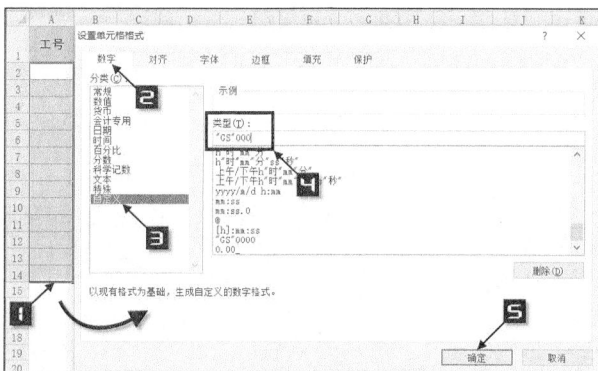

图 3-6 设置自定义单元格格式

设置完成后，在单元格内依次输入数字 1、2……，即可显示为以"GS"开头的字符串，如图 3-7 所示。

步骤 2 在表格中输入工号、姓名以及基础工资等数据后，部分单元格可能由于字符较多而无法完整显示，可以单击工作表左上角的全选按钮，然后将光标移动到两个列号之间，双击鼠标，使其调整为最适合列宽，如图 3-8 所示。

图 3-7 自定义格式显示效果

图 3-8 调整为最适合列宽

知识点讲解

1. 自定义格式

单元格格式中的"自定义"类型允许用户创建和使用符合一定规则的数字格式，应用于数值或文本数据时，可以改变数据的显示方式。

选中要设置自定义格式的单元格区域，按 <Ctrl+1> 组合键打开【设置

认识自定义格式

单元格格式】对话框，单击左侧分类列表中的【自定义】，在右侧格式类型编辑框中输入自定义格式代码后，会在上方显示当前格式代码的效果预览，如图 3-9 所示。

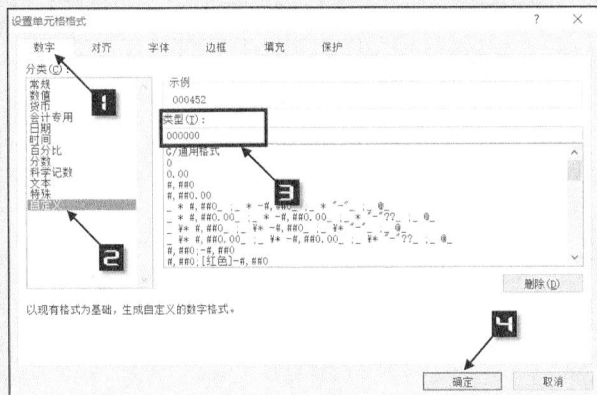

图 3-9　设置自定义格式

常用自定义格式代码如表 3-1 所示。

表 3-1　　　　　　　　　　　　　常用自定义格式代码

格式代码	作用说明	代码举例	单元格输入	显示为
0	数字占位符，如果数值内容长度大于占位符，则显示实际值。如果小于占位符的长度，则用无意义的 0 补足，一个 0 占一位。占位符 0 作用于小数时，小数位数多于 0 的部分，自动四舍五入至 0 的数位。小数位数不足的部分，以 0 占位	00000	123456	123456
			123	00123
		0.00	12.4532	12.45
			12.4	12.40
		0 天	12	12 天
#	数字占位符，只显示有意义的零	#	12.1515	12
			0	
	占位符#作用于小数时，小数位数多于#的部分，自动四舍五入至#的数位	##.#	12.15	12.2
@	文本占位符，引用原始文本	华宇集团@	生产部	华宇集团生产部
		@@	你好	你好你好
*	重复显示下一次字符，直到充满列宽	**	123	**********
aaaa	日期显示为星期	aaaa	2017-2-16	星期四
e	日期显示为年份	"e 年" 或 "yyyy 年"	2017-2-16	2017 年
y		yy 年	2017-2-16	17 年
m	日期显示为月份	m 月	2017-2-16	2 月
		mm 月	2017-2-16	02 月
h	时间显示为小时	h	8:16:26	8
s	时间显示为秒	s	8:16:26	26
m	与代码 h 或 s 一起使用时，时间显示为分	h时m分s秒	2017/2/16 8:16:26	8 时 16 分 26 秒

完整的自定义格式代码分为如下 4 个区段，并且以半角分号";"间隔，每个区段中的代码可以对相应类型的数值产生作用。

大于 0;小于 0;等于 0;文本

用户可以在前两个区段中使用运算符代码表示条件值，第 3 个区段自动以"除此以外"的情况作为其条件值。实际应用中，不需要严格按照 4 个区段来编写格式代码，不同区段格式代码结构的变化如表 3-2 所示。

表3-2　　　　　　　　　　　　　　不同区段格式代码结构

区段数	Excel 代码结构	代码举例	显示说明
1	格式代码作用于所有类型的数值	[红色]G/通用格式	单元格文字全部显示为红色
2	第1区段作用于正数和零值 第2区段作用于负数	大于等于!0;小于!0	输入-2时，显示"小于0" 输入2时，显示"大于等于0" 因为0在格式代码中有占位的特殊作用，加上感叹号的作用是显示0本身
3	第1区段作用于正数 第2区段作用于负数 第3区段作用于零值	正;负;零	输入2时，显示"正" 输入0时，显示"零" 输入-2时，显示"负"

【提示】应用自定义格式的单元格并不会改变其本身的内容，只改变显示方式。

2. 使用剪贴板，将自定义格式转换为实际值

Office 剪贴板是用来临时存放交换信息的临时存储区域，可以看作是信息的中转站，能够在不同单元格或是不同工作表之间做数据的移动或复制。利用剪贴板功能，可以将自定义格式转换为单元格中的实际值。

操作步骤如下。

步骤1　选中 A1:A15 单元格区域，在【开始】选项卡下单击【复制】命令按钮，或是按 <Ctrl+C> 组合键。

步骤2　单击【开始】选项卡【剪贴板】命令组右下角的【对话框启动器】按钮，打开剪贴板任务窗格，如图3-10所示。

步骤3　单击剪贴板中已复制的项目，将剪贴板中的内容粘贴到 A1:A15 单元格区域，如图3-11所示。

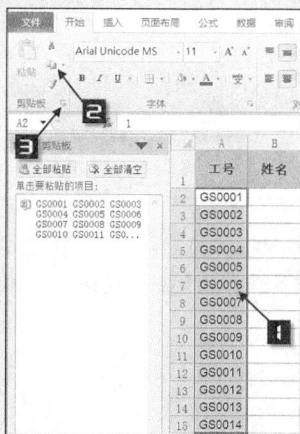

图3-10　打开剪贴板窗格

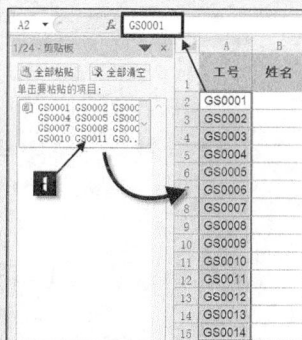

图3-11　在剪贴板中粘贴内容

扩展知识点

使用自定义格式展示数据变化

素材所在位置为："光盘:\素材\第 3 章 Excel 在工资核算中的应用\使用自定义格式展示数据变化.xlsx"。

如图3-12所示，在销售数据表中的 C 列设置自定义格式后，箭头朝向和字体颜色可以随着数据变化自动改变。

使用自定义格式
展示数据变化

图 3-12　使用自定义格式展示增减状况

C 列的负数表示低于平均值，文字显示为绿色，并且添加下箭头。正数表示高于平均值，文字显示为红色，并且添加上箭头。

如图 3-13 所示，首先选中 C2:C13 单元格区域，按 <Ctrl+1> 组合键，在弹出的【设置单元格格式】对话框中单击【自定义】选项卡，在格式编辑框中输入以下格式代码，单击【确定】按钮。

[颜色 3]↑0.0%;[颜色 10]↓0.0%;0.0%

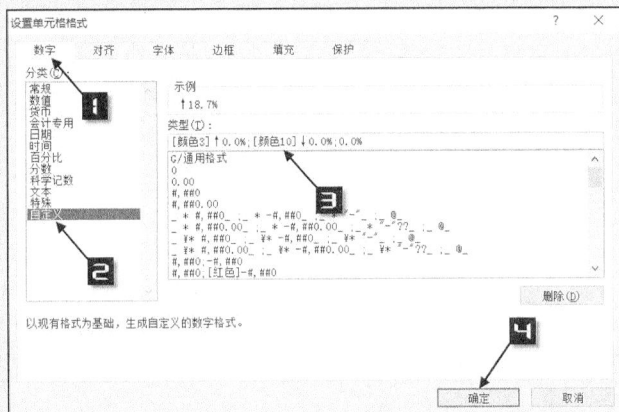

图 3-13　设置自定义格式

上述格式分为 3 部分，用半角分号隔开，第一部分是对大于 0 的值设置格式，具体如下。

[颜色 3]↑0.0%

表示字体颜色使用 Office 内置调色板的第 3 种颜色——红色，显示上箭头↑，百分数保留一位小数位。

第二部分是对小于 0 的值设置格式，具体如下。

[颜色 10]↓0.0%

表示字体颜色使用 Office 内置调色板的第 10 种颜色——绿色，显示下箭头↓，百分数保留一位小数位。

第三部分 "0.0%" 是对等于 0 的值设置格式，表示百分数保留一位小数位。

自定义格式中的颜色代码部分，也可以直接使用这几种：[黑色][蓝色][蓝绿色][绿色][洋红色][红色][白色][黄色]。

如果使用 "[颜色 n]"，则能够显示更多种颜色。其中 n 为 1～56 的整数，表示 56 种不同的颜色，例如橙色的格式代码可以表示为 "[颜色 46]"。

在自定义格式中输入上下箭头↑↓时，可以在【插入】选项卡下单击【符号】按钮，弹出【符号】对话框。单击【子集】右侧的下拉按钮，在下拉菜单中选择"箭头"，就可以在显示框中看到不同方向的箭头，选中箭头，再单击【插入】按钮，将箭头插入到单元格中，如图 3-14 所示。

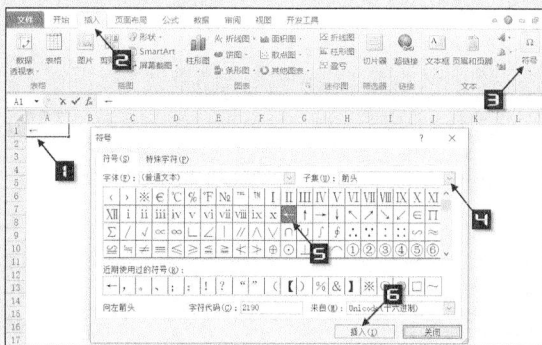

图 3-14　插入箭头

然后复制单元格中的箭头，在设置单元格格式时，粘贴到格式编辑框中即可。

3.1.3　制作下拉菜单

为了提高输入效率，可以使用数据有效性功能，在 C 列制作带有部门选项的下拉菜单。具体步骤如下。

步骤 1　选中 C 列需要输入部门信息的单元格区域，如 C2:C14，在【数据】选项卡下单击【数据有效性】按钮，弹出【数据有效性】对话框。

步骤 2　在【设置】选项卡下的"有效性条件"区域中，单击"允许"右侧的下拉按钮，选择"序列"。在【来源】编辑框中输入部门名称，注意不同部门之间要使用半角逗号隔开，最后单击【确定】按钮完成设置，如图 3-15 所示。

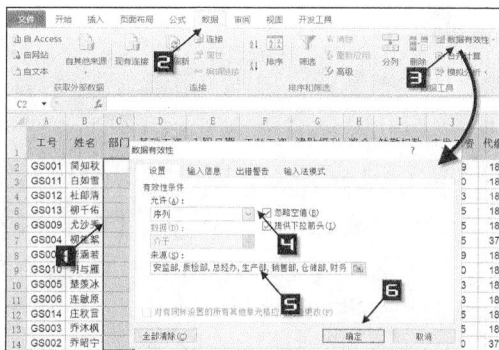

图 3-15　设置数据有效性

设置完成后，单击 C2:C14 单元格区域中的任意单元格，即可出现下拉菜单，使用鼠标选取相应的部门即可，如图 3-16 所示。

3.1.4　计算应发工资

应发工资计算规则为基础工资+津贴福利+奖金+补贴-缺勤扣款。

在 J2 单元格输入以下公式计算应发工资，单击 J2 单元格右下角的填充柄，将公式向下复制，如图 3-17 所示。

```
=SUM(D2,F2:H2)-I2
```

图 3-16　下拉菜单

图 3-17　计算应发工资

Excel 中的公式、函数及数据

1. 数据有效性

数据有效性用于定义允许在单元格中输入哪些数据，防止用户输入无效数据。使用数据有效性，不仅能够实现限制数值输入位数和限定数值输入的范围，而且能够防止数据重复输入等，从而提高输入的准确性。

例如，输入员工年龄时，我们知道员工实际年龄不会小于 18 岁，也不会大于 65 岁，就可以通过数据有效性设置年龄输入的区间范围。首先选中需要输入年龄的单元格区域，单击【数据】选项卡下的【数据有效性】按钮，打开【数据有效性】对话框。

在【数据有效性】对话框的【设置】选项卡下，"允许"选择"整数"，"数据"选择"介于"，再分别设置最小值为 18，设置最大值为 65，最后单击【确定】按钮，如图 3-18 所示。

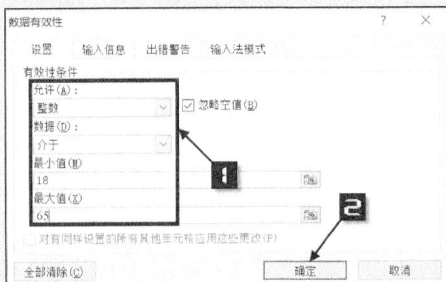

图 3-18　设置数据输入的范围

在数据有效性的有效性条件设置为"自定义"时，还可以使用函数公式指定规则。数据有效性中的公式用法与在工作表中应用函数公式类似，但只能是结果返回 TRUE 或 FALSE 的公式。当公式结果返回 TRUE 时，Excel 允许输入，如果返回 FALSE，则拒绝输入。

2. 公式和函数的概念及其组成要素

Excel 公式是指以等号"="为引导，通过运算符、函数、参数等按照一定的顺序组合进行数据运算处理的等式。

输入到单元格的公式包含以下 5 种元素。

（1）运算符：是指一些符号，如加（+）、减（−）、乘（*）、除（/）等。

（2）单元格引用：可以是当前工作表中的单元格，也可以是当前工作簿其他工作表中的单元格或是其他工作簿中的单元格。

（3）值或字符串：比如数字 8 或字符"A"。

（4）工作表函数和参数：例如用于求和的 SUM 函数以及它的参数。

（5）括号：控制着公式中各表达式的计算顺序。

Excel 函数可以看作是预定义的公式，按特定的顺序或结构进行计算。Excel 函数的结构一般由"等号+函数名+左括号+参数+右括号"组成。本例中，计算应发工资公式的"SUM"部分是函数名称，"D2,F2:H2"就是 SUM 函数的参数。

部分函数不需要使用参数，只需要"等号+函数名称+左右括号"等元素构成。

在函数参数中，以半角的逗号作为不同参数之间的分隔符号，半角冒号用于生成一个连续区域的引用。本例中的"F2:H2"部分，即表示对 F2 单元格至 H2 单元格区域的引用。如果参数是 F2:H5，则表示以 F2 单元格为左上角、H5 单元格为右下角的矩形区域的引用。

当在不同单元格内使用相同规则的计算时，可以通过拖拽填充柄或是使用复制粘贴的方式快速将公式应用到其他单元格内。

3. SUM 函数

SUM 函数的作用是将所有参数中的数值部分进行求和，如果引用区域中包含空白单元格、逻辑值或是文本时，将被忽略。

本例公式中的"SUM(D2,F2:H2)"部分，就是对 D2 单元格以及 F2:H2 单元格区域内的所有数值进行求和，相当于 D2+F2+G2+H2。

扩展知识点

使用数据有效性实现提示性输入

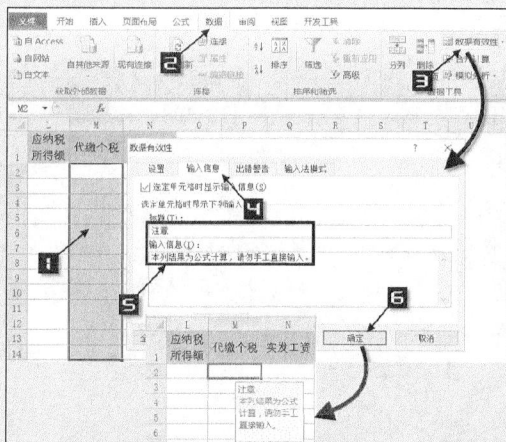

使用数据有效性中的"输入信息"功能，可以在鼠标单击单元格时出现提示框，提醒录入者输入正确的信息。

如图 3-19 所示，选中 N2:N14 单元格区域，在【数据】选项卡下单击【数据有效性】按钮，弹出【数据有效性】对话框。在【输入信息】选项卡下的"标题"编辑框中输入"注意"，在"输入信息"编辑框中输入提示信息"本列结果为公式计算，请勿手工直接输入。"，最后单击【确定】按钮完成设置。

使用数据有效性实现提示性输入

图 3-19　使用数据有效性实现提示性输入

3.1.5　计算工龄工资

工龄工资又称年功工资，是企业按照员工的工作年数给予的经济补偿，也是分配制度的一个重要组成部分。

假定工龄工资标准为每满 1 年 50 元，在 F2 单元格输入以下公式，可计算出员工的工龄工资，如图 3-20

所示。

```
=DATEDIF(E2,"2017-5-31","y")
```

图 3-20 计算工龄工资

双击 F2 单元格右下角的填充柄，将公式复制到当前连续数据区域的最后一行。

知识点讲解

DATEDIF 函数

DATEDIF 函数用于计算两个日期之间的天数、月数或年数。该函数是一个隐藏的的日期函数，在 Excel 的函数列表中没有显示此函数，帮助文件中也没有相关说明。

DATEDIF 函数的基本语法如下。

```
DATEDIF(start_date,end_date,unit)
```

DATEDIF 函数

第一参数表示时间段内的起始日期，日期可以是单元格引用，也可以写成带引号的字符串（如本例中的 "2017-5-31"）。第二参数代表时间段内的结束日期。第三参数为所需信息的返回类型，该参数不区分大小写。

不同第三参数返回的结果如表 3-3 所示。

表 3-3   DATEDIF 函数不同参数的作用

第三参数	函数返回结果
"Y"	时间段中的整年数
"M"	时间段中的整月数
"D"	时间段中的天数
"MD"	日期中天数的差。忽略日期中的月和年
"YM"	日期中月数的差。忽略日期中的日和年
"YD"	日期中天数的差。忽略日期中的年

DATEDIF 函数在使用"MD" "YM" "YD"3 个参数时会存在一些 BUG，导致计算结果不准确。而在计算两个日期的间隔天数时，用结束日期直接减去开始日期的方法会更加简便，因此该函数第三参数使用"M"计算间隔月份和使用 "Y" 计算间隔年份最为常用。

本例中，先使用 DATEDIF 函数计算出从 E2 单元格的入职日期 2012 年 3 月 1 日到 2017 年 5 月 31 日的整年数，不满整年的部分将被舍去，计算结果为 5。再使用计算出的年数乘以每年的工龄工资标准 50，最终计算出工龄工资为 250 元。

扩展知识点

处理不规范的日期格式

素材所在位置为："光盘：\素材\第 3 章 Excel 在工资核算中的应用\处理不规范的日期格式.xlsx"。

在 Excel 中输入日期时，很多人习惯写成类似"2017.2.14"这样的样式，以表示 2017 年 2 月 14 日，但是这样的内容只能被 Excel 识别为文本，而无法识别为日期。如果后续要按时间统计某些信息，则加大了处理的难度。正确的日期间隔符号可以是"/"和"-"两种，即"2017/2/14"或"2017-2-14"的录入形式。

实际工作中，很多时候我们得到是由其他人录入的数据源。对于已经录入的不规范数据，需要进行必要的处理。如图 3-21 所示，A 列录入的日期使用逗号"."作为间隔，在 Excel 中无法正确识别，需要将其转换为日期格式。

单击 A 列列标选中整列，按 <Ctrl+H> 组合键调出【查找和替换】对话框，在"查找内容"编辑框内输入".",在"替换为"对话框内输入"-",单击【全部替换】按钮，在弹出的提示框中单击【确定】，最后单击【关闭】按钮，A 列中的内容即可批量转换为真正的日期格式，如图 3-22 所示。

图 3-21　不规范的日期格式

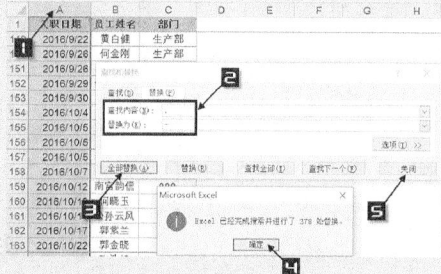

图 3-22　查找和替换对话框

3.1.6　计算个人所得税

基础数据表制作完成后，接下来计算应缴税所得额和个人所得税，操作步骤如下。

步骤 1　应缴税所得额的计算规则为应发工资-代缴保险,在 L2 单元格输入以下公式计算应缴税所得额，并将公式向下复制，如图 3-23 所示。

=J2-K2

图 3-23　计算应纳税所得额

步骤 2　如图 3-24 所示，在 M2 单元格输入以下公式，计算代缴个税额，并将公式向下复制。

=ROUND(MAX((L2-3500)*{3;10;20;25;30;35;45}%-{0;105;555;1005;2755;5505;13505},0),2)

图 3-24　计算个人所得税

步骤 3 实发工资计算规则为应发工资-代缴保险-代缴个税，在 N2 单元格输入以下公式计算实发工资，并将公式向下复制，如图 3-25 所示。

```
=J2-K2-M2
```

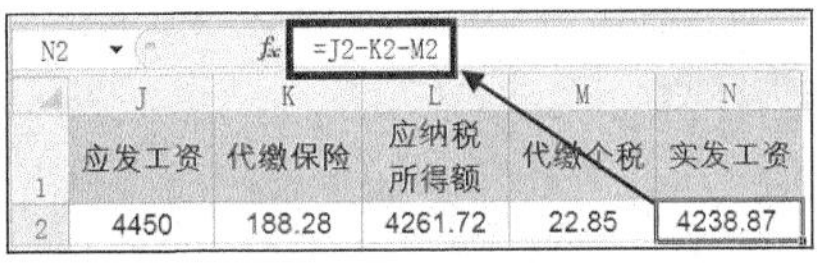

N2 fx =J2-K2-M2

	J	K	L	M	N
1	应发工资	代缴保险	应纳税所得额	代缴个税	实发工资
2	4450	188.28	4261.72	22.85	4238.87

图 3-25 计算实发工资

知识点讲解

个人所得税的相关内容

1. 什么是数组

在 Excel 函数与公式中，数组是指按一行、一列或多行多列排列的一组数据元素的集合。数据元素可以是数值、文本、日期、逻辑值和错误值等。

在 Excel 中，有常量数组和区域数组两种数组形式。常量数组可以包含数字、文本、逻辑值和错误值等，它用花括号 { } 将构成数组的常量括起来，各元素之间分别用分号和逗号来间隔行和列，如以下公式即表示 6 行 1 列的数值型常量数组。

```
={1;2;3;4;5;6}
```

区域数组实际上就是公式中对单元格区域的直接引用，例如以下公式中的 A1:A9 和 B1:B9 就都是区域数组：

```
=SUM(A1:A9,C1:C9)
```

另外，在解释复杂公式的计算过程时，还会有“内存数组”的说法。内存数组通常指部分公式计算过程的结果，计算时直接将这个结果作为其他函数的参数调用，而不存在于单元格或是在公式中显示。

2. 极值计算函数

MAX 函数返回一组数值中的最大值，MIN 函数返回一组数值中的最小值。以 MAX 函数为例，公式“=MAX(A1:A10)”计算 A1:A10 单元格区域中的最大值，公式“=MAX(A1:A10,D1:D10)”则是计算 A1:A10 和 D1:D10 两个不连续单元格区域的最的值。

MIN 函数的用法与之类似。

3. ROUND 函数

ROUND 函数是最常用的四舍五入函数之一，用于将数字四舍五入到指定的位数。该函数对需要保留位数的右边 1 位数值进行判断，若小于 5 则舍弃，若大于等于 5 则进位。

该函数的语法结构如下。

```
ROUND(number,num_digits)
```

第 2 个参数用于指定小数位数。若为正数，则对小数部分进行四舍五入；若为负数，则对整数部分进行四舍五入。

如公式“=ROUND(45.23,1)”，即对参数 45.23 四舍五入保留一位小数，结果为 45.2。

公式“=ROUND(45.23,-1)”，即对参数 45.23 四舍五入保留到十位数，结果为 50。

4. 计算个人所得税

企业有每月为职工代扣、代缴工资薪金所得部分个人所得税的义务。根据有关法规：工资薪金所得以每月收入额减除费用 3 500 元后的余额为应纳税所得额，相关税额计算公式如下。

月应纳税所得额=月工资收入额-3 500（基数）

月应纳税额=月应纳税所得额×适用税率-速算扣除数

"月应纳税额"即每月单位需要为职工代扣代缴的个人收入所得税。

"速算扣除数"是指采用超额累进税率计税时，简化计算应纳税额的常数。在超额累进税率条件下，用全额累进的计税方法，只要减掉这个常数，就等于用超额累进方法计算的应纳税额，故称速算扣除数。个人所得税速算扣除数表如表 3-4 所示。

表 3-4   工资、薪金所得部分的个人所得税额速算扣除数

级数	含税级距	税率（%）	计算公式	速算扣除数
1	不超过 1 500 元的	3	T=(A-3 500)*3%-0	0
2	超过 1 500 元至 4 500 元的部分	10	T=(A-3 500)*10%-105	105
3	超过 4 500 元至 9 000 元的部分	20	T=(A-3 500)*20%-555	555
4	超过 9 000 元至 35 000 元的部分	25	T=(A-3 500)*25%-1 005	1 005
5	超过 35 000 元至 55 000 元的部分	30	T=(A-3 500)*30%-2 775	2 775
6	超过 55 000 元至 80 000 元的部分	35	T=(A-3 500)*35%-5 505	5 505
7	超过 80 000 元的部分	45	T=(A-3 500)*45%-13 505	13 505

本表含税级距指以每月收入额减除费用 3 500 元后的余额或者减除附加减除费用后的余额。

相关法规也规定了个人所得税的减免部分，在实际工作中计算应纳税额时应注意减免。

根据《中华人民共和国个人所得税法》，下列各项个人所得，免纳个人所得税。

（1）省级人民政府、国务院部委和中国人民解放军以上单位，以及外国组织、国际组织颁发的科学、教育、技术、文化、卫生、体育、环境保护等方面的奖金。

（2）国债和国家发行的金融债券利息。

（3）按照国家统一规定发给的补贴、津贴。

（4）福利费、抚恤金、救济金。

（5）保险赔款。

（6）军人的转业费、复员费。

（7）按照国家统一规定发给干部、职工的安家费、退职费、退休工资、离休工资、离休生活补助费。

（8）依照我国有关法律规定应予免税的各国驻华使馆、领事馆的外交代表、领事官员和其他人员的所得。

（9）中国政府参加的国际公约、签订的协议中规定免税的所得。

（10）经国务院财政部门批准免税的所得。

有下列情形之一的，经批准可以减征个人所得税。

（1）残疾、孤老人员和烈属的所得。

（2）因严重自然灾害造成重大损失的。

（3）其他经国务院财政部门批准减税的。

除此之外，按照国家规定，个人缴付的基本养老保险费、基本医疗保险费、失业保险费以及住房公积金，允许从纳税义务人的应纳税所得额中扣除。因此，这里用应发工资减去代缴保险，计算出应缴税所得额。

以下为计算个人所得税公式。

=ROUND(MAX((L2-3500)*{3;10;20;25;30;35;45}%-{0;105;555;1005;2775;5505;13505},0),2)

已知采用速算扣除数法计算超额累进税率的所得税时的计税公式如下。

应纳税额=应纳税所得额×适用税率-速算扣除数

{3;10;20;25;30;35;45}% 部分是不同区间的税率，即 3%、10%、25%、30%、35%和 45%。{0;105;555;1005;2755;5505;13505} 是各区间的速算扣除数。

用应纳税所得额乘以各个税率，再依次减去不同的速算扣除数，相当于 (L2-3500)*3%-0、(L2-3500)*10%-105、(L2-3500)*20%-555……(L2-3500)*45%-13505。

也就是将"应纳税所得额"与各个"税率""速算扣除数"分别进行运算，得到一系列备选"应纳个人所得税"，计算后的结果如下。

{22.8516;-28.828;-402.656;-814.57;-2526.484;-5238.398;-13162.226}

再使用 MAX 函数计算出其中的最大值，即为所个人所得税。

使用此公式，如果工资不足 3 500 时公式会出现负数。所以为 MAX 函数又加了一个参数 0，使应缴个税结果为负数时，MAX 函数的计算为 0。也就是如果工资不足 3 500，缴税额度为 0。

最后使用 ROUND 函数将公式计算结果保留两位小数。

扩展知识点

数值取舍函数和冻结窗格

1. 数值取舍函数

在对数值的处理中，经常会遇到进位或舍去的情况。例如，去掉某数值的小数部分、按 1 位小数四舍五入或保留 4 位有效数字等。

Excel 2010 提供了以下常用的取舍函数，如表 3-5 所示。

表 3-5   常用取舍函数汇总

函数名称	功能描述	示例	结果
INT	将数字向下舍入为最接近的整数	=INT(7.64)	7
TRUNC	将数字的小数部分截去，返回整数	=TRUNC(-5.8)	-5
ROUND	将数字四舍五入到指定位数	=ROUND(7.65,1)	7.7
MROUND	将数字四舍五入到最接近基数的倍数	=MROUND(182,5)	180
ROUNDUP	将数字朝远离零的方向舍入，即向上舍入	=ROUNDUP(27.718,2)	27.72
ROUNDDOWN	将数字朝向零的方向舍入，即向下舍入	=ROUNDDOWN(27.718,2)	27.71
CEILING	将数字向上舍入为指定基数的倍数	=CEILING(13,6)	18
FLOOR	将数字向下舍入为指定基数的倍数	=FLOOR(13,6)	12

2. 冻结窗格功能

由于工作表中信息条目较多，在拖动滚动条查看数据时，会无法查看到表格列标题，此时可以使用冻结窗格命令，使表格的列标题始终显示。

单击数据区域中的任意单元格，如 A3，在【视图】选项卡下单击【冻结窗格】下拉按钮，在下拉列表中选择【冻结首行】命令，如图 3-26 所示。

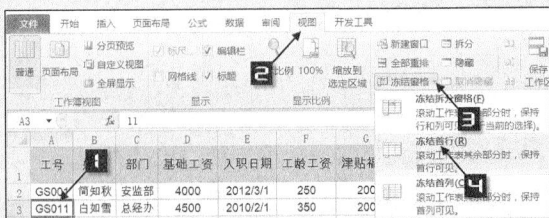

图 3-26 冻结窗格

操作完成后，会在第一行下出现一条黑色的冻结线，再次拖动滚动条查看数据时，列标题即可始终显示，如图 3-27 所示。

图 3-27　冻结窗格后的工作表

如需冻结顶端两行和左侧一列，可以先单击 B3 单元格，然后在【视图】选项卡下单击【冻结窗格】下拉按钮，在下拉列表中选择【冻结拆分窗格】命令，如图 3-28 所示。

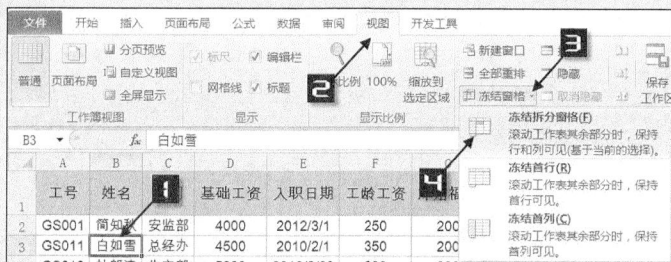

图 3-28　冻结拆分窗格

设置冻结窗格后，活动单元格左侧的所有列和活动单元格以上的所有行，都将处于始终可见状态，如图 3-29 所示。

图 3-29　冻结拆分窗格效果

如需取消冻结窗格，可单击工作表中任意单元格，然后在【视图】选项卡下单击【冻结窗格】下拉按钮，在下拉列表中选择【取消冻结窗格】命令即可。

3.2　分类汇总工资表

在月度工资表中往往需要按照部门统计当月工资的小计，使用分类汇总功能可以简化统计工作量，提高工作效率。

3.2.1　部门分类汇总统计

仍以"工资表.xlsx"中的数据为例，在进行分类汇总操作前，要预先调整工作表里需要分类汇总项目的排序。本例以部门分类，因此需要将同部门归类在一起。

操作步骤如下。

步骤 1　单击数据区域中部门所在列的任意单元格，如 C3，单击【数据】选项卡下的【升序】按钮，对工资表表按部门排序，如图 3-30 所示。

步骤 2　在【数据】选项卡下单击【分类汇总】按钮，打开【分类汇总】对话框。

单击“分类字段”下的下拉按钮，在下拉菜单中选择“部门”。汇总方式保留默认的“求和”选项不变。在“选定汇总项”区域，依次勾选“工龄工资”“津贴福利”“奖金”“缺勤扣款”“应发工资”“代缴保险”“代缴个税”和“实发工资”的复选框，单击【确定】按钮，如图 3-31 所示。

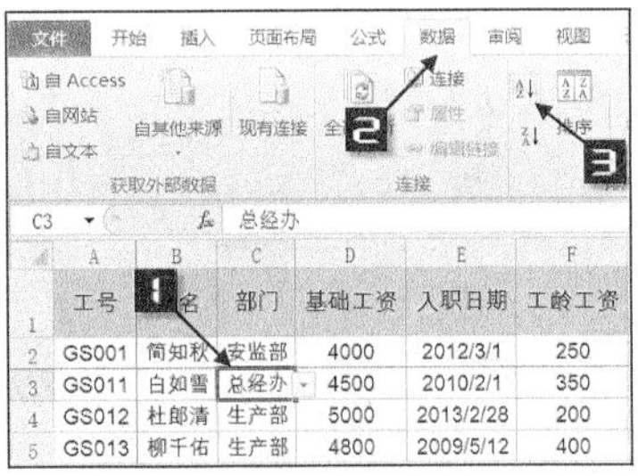

图 3-30　按部门排序

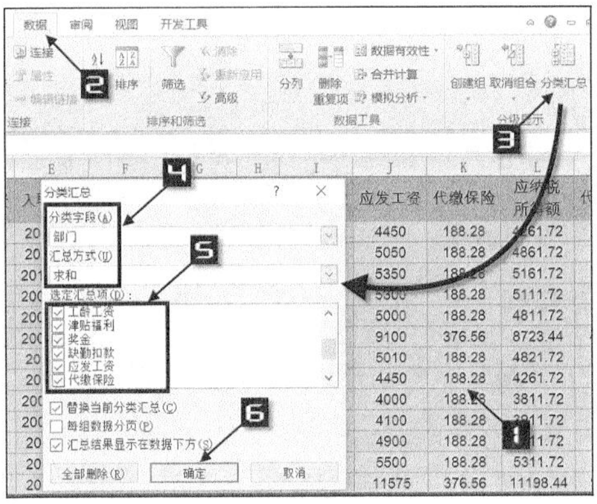

图 3-31　按部门分类汇总

分类汇总完成后的局部效果如图 3-32 所示。

工号	姓名	部门	基础工资	入职日期	工龄工资	津贴福利	奖金
GS001	简知秋	安监部	4000	2012/3/1	250	200	
	安监部 汇总				250	200	0
GS007	辛涵若	财务部	4500	2012/3/1	250	300	
	财务部 汇总				250	300	0
GS009	尤沙秀	仓储部	4200	2009/5/12	400	400	
GS006	连敏原	仓储部	3500	2008/12/1	400	200	
GS003	乔沐枫	仓储部	4500	2007/4/3	500	400	100
	仓储部 汇总				1300	1000	100

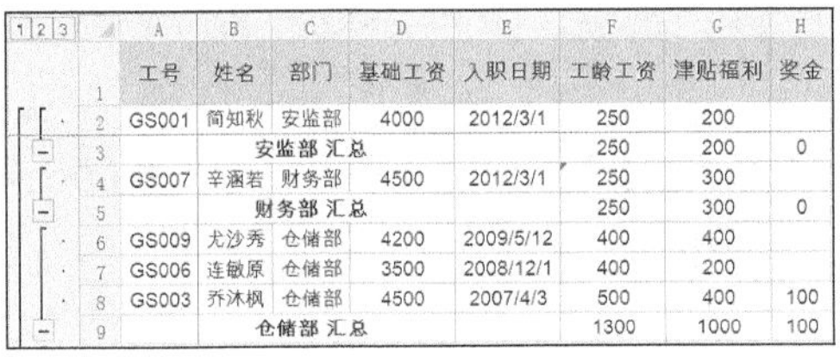

图 3-32　分类汇总效果

3.2.2 打印各部门的汇总结果

在打印分类汇总结果时，若只需要打印部门汇总结果部分，可以按如下步骤操作。

步骤 1　单击工作表左侧的分级按钮“2”，此时员工的具体信息都被隐藏，只显示各部门的小计结果，如图 3-33 所示。

步骤 2　在【页面布局】选项卡下设置纸张方向、纸张大小和页边距，单击快速访问工具栏中的“打印预览”按钮预览无误后即可打印输出。

如需取消分类汇总，可单击工作表中的任意单元格，再依次单击【数据】→【分类汇总】，在打开【分类汇总】的对话框中单击【全部删除】按钮，最后单击【确定】按钮即可，如图 3-34 所示。

工号	姓名	部门	基础工资	入职日期	工龄工资	津贴福利	奖金	缺勤扣款
	安监部 汇总				250	200	0	0
	财务部 汇总				250	300	0	40
	仓储部 汇总				1300	1000	100	0
	生产部 汇总				600	300	0	50
	销售部 汇总				800	300	0	0
	质检部 汇总				850	400	700	0
	总经办 汇总				850	300	0	25
	总计				4900	2800	800	115

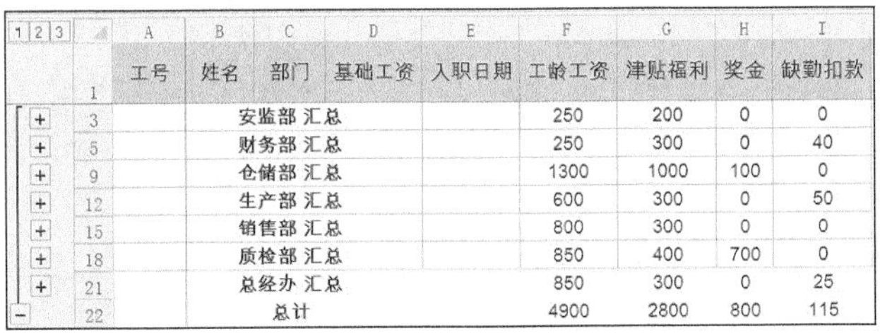

图 3-33　只显示部门汇总结果

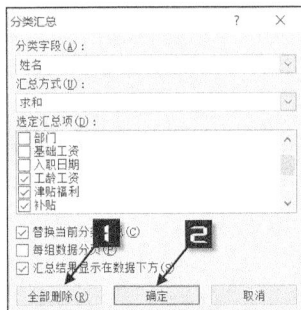

图 3-34　删除分类汇总

小技巧

保护和隐藏工作表中的公式

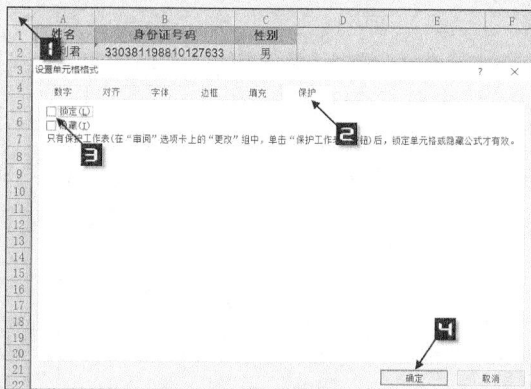

为了避免他人误修改工作表中的公式，或是不希望其他人看到单元格中的公式，可以将公式进行保护和隐藏。

操作步骤如下。

步骤 1 单击工作表左上角的全选按钮选定整个工作表，按 <Ctrl+1> 组合键打开【设置单元格格式】对话框。切换到【保护选项卡】下，去掉"锁定"复选框的勾选，单击【确定】按钮，如图 3-35 所示。

步骤 2 按 <F5> 键调出【定位】对话框，单击【定位条件】按钮，打开【定位条件】对话框。在对话框中选择"公式"单选钮，最后单击【确定】按钮，如图 3-36 所示。

图 3-35　设置单元格格式

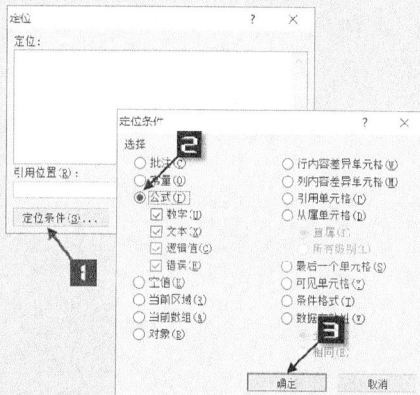

图 3-36　定位公式

步骤 3 此时将选中包含公式的所有单元格区域。按 <Ctrl+1> 组合键，弹出【设置单元格格式】对话框，在【保护】选项卡下分别勾选"锁定"和"隐藏"复选框，单击【确定】按钮，如图 3-37 所示。

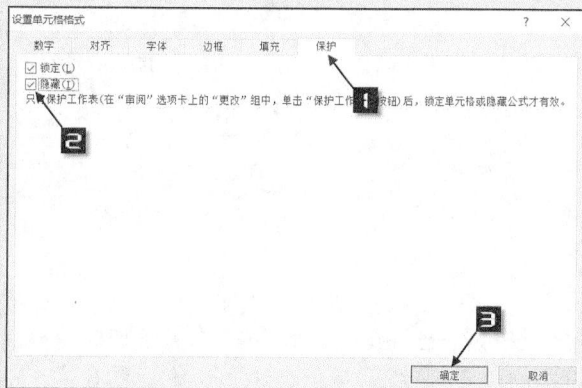

图 3-37　设置单元格保护

步骤 4 切换到【审阅】选项卡，单击【保护工作表】按钮，在弹出的【保护工作表】对话框中勾选"选定锁定单元格"和"选定未锁定的单元格"复选框，并在"取消工作表保护时使用的密码"编辑框中设置密码，然后单击【确定】按钮，如图 3-38 所示。

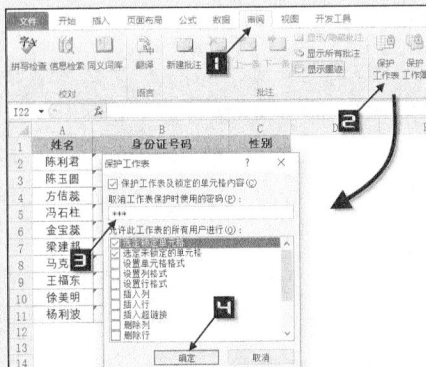

图 3-38　设置密码保护

步骤 5　在弹出的【确认密码】对话框中，再次输入设置的密码确认。

设置完成后，再次选中保护公式的单元格时，编辑栏中不会显示公式。如果要对单元格中的公式进行编辑，Excel 将弹出警告对话框并拒绝修改，其他没有公式的单元格则可以正常输入内容，如图 3-39 所示。

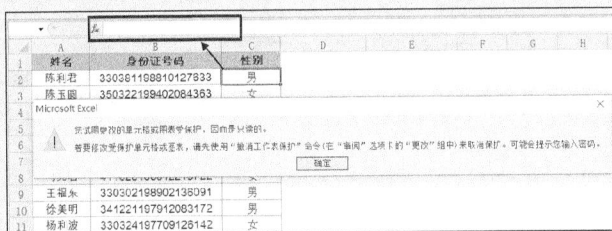

图 3-39　受保护的单元格不允许修改

如果要撤销工作表保护，可以在【审阅】选项卡下，单击【撤销作表保护】命令按钮，然后在弹出的【撤销作表保护】对话框中输入之前设置的密码即可，如图 3-40 所示。

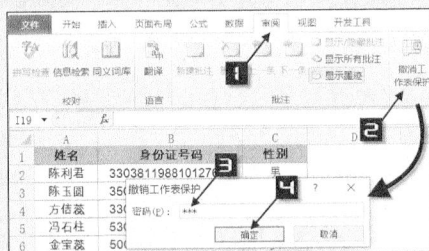

图 3-40　撤销工作表保护

3.3　制作每页带小计的工资表

素材所在位置为："光盘：\素材\第 3 章 Excel 在工资核算中的应用\3.3 每页带小计的工资表.xlsx"。

当需要打印数据量比较多的工资表时，如果在每一页的最后加上本页小计，在最后一页加上总计，能够增加表格的可读性。类似的打印效果在一些财务软件中已经实现了自动化，用 Excel 自带的功能也可以实现这样的效果。

以图 3-41 中的工资表为例，共有 147 行数据，假定需要每页打印 40 行内容。

图 3-41　待打印的工资表

操作步骤如下。

步骤 1　右键单击 A 列列标，在快捷菜单中选择【插入】，插入一个空白列。在 A1 输入列标题"辅助"，并在 A2 单元格输入以下公式，然后双击填充柄，将公式快速填充到数据区域的最后一行，如图 3-42 所示。

=INT(ROW(A40)/40)

公式中的 40 可以根据实际每页打印的行数确定，用于生成 40 个 1、40 个 2、40 个 3……这样的循环序列。

步骤 2　单击 A 列列标，按 <Ctrl+C> 组合键复制 A 列内容。保持 A 列选中状态，单击鼠标右键，在快捷菜单中的【粘贴选项】区域下单击数值按钮，将公式结果粘贴为数值，如图 3-43 所示。

图 3-42　在辅助列中输入公式

图 3-43　选择性粘贴

步骤 3　单击数据区域任意单元格，如 A5，在【数据】选项卡下单击【分类汇总】按钮，弹出的【分类汇总】对话框。"分类字段"选择"辅助"，"汇总方式"选择"求和"，在"选定汇总项"区域中勾选"实发工资"。在【分类汇总】对话框下部勾选"每组数据分页"，单击【确定】按钮，如图 3-44 所示。

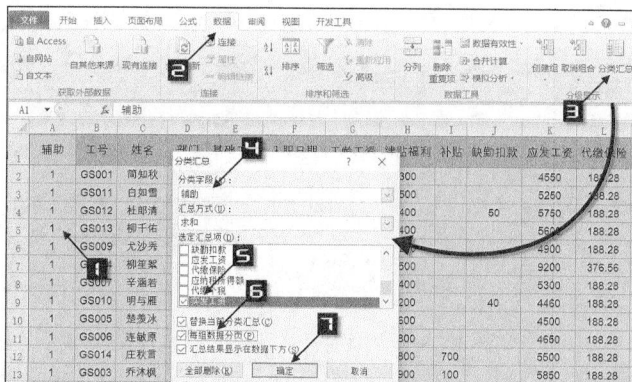

图 3-44　每组数据分页

设置完成后的表格，会在每个分类汇总结果下自动添加分页符，表格的局部效果如图 3-45 所示。

步骤 4　单击工作表左侧的分类汇总折叠按钮"2"，使数据表只显示汇总行，如图 3-46 所示。

步骤 5　选中汇总区域，注意选择数据区域时不要包含最后的实发工资所在列和第一行的标题以及最后的汇总行。

图 3-45　分类汇总的局部效果

图 3-46　只显示汇总行

按 <F5> 键调出【定位】对话框，单击【定位条件】按钮，在弹出的【定位条件】对话框中选中【可见单元格】复选框，单击【确定】按钮，如图 3-47 所示。

图 3-47　定位可见单元格

步骤6　在【开始】选项卡下单击【合并后居中】下拉按钮，在下拉列表中选择【跨越居中】，如图 3-48 所示。

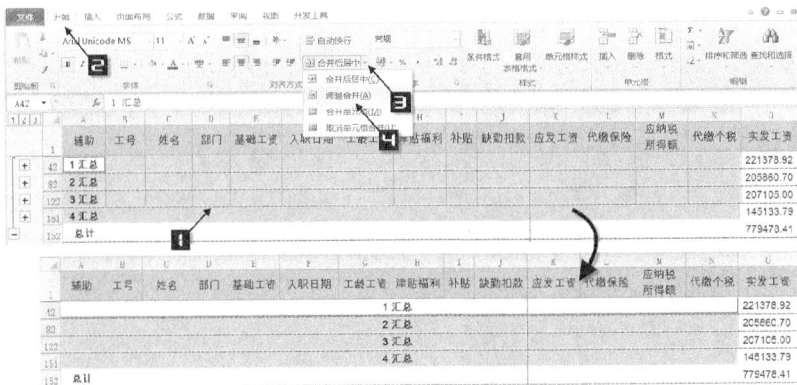

图 3-48　设置跨越合并

步骤7　在编辑栏内输入"本页小计"，按 <Ctrl+Enter> 组合键，如图 3-49 所示。

图 3-49　多单元格同时输入内容

步骤8　点击工作表左侧的分类汇总折叠按钮"3"，展开数据表。

对于辅助、工号以及部门等非主要信息，可以根据实际情况进行隐藏。选中 A 列～B 列列标，单击鼠标右键，在快捷菜单中单击【隐藏】命令。同样的方法，将不需要在打印文件中体现的"部门"和"入职日期"以及"应纳税所得额"等列依次进行隐藏，如图 3-50 所示。

步骤 9 在【页面布局】选项卡下，依次设置纸张大小、纸张方向和页边距。单击【打印标题】按钮，打开【页面设置】对话框。在【工作表】选项卡下，单击顶端标题右侧的折叠按钮，鼠标单击第一行的行号，此时在编辑框内显示为"$1:$1"。勾选"网格线"复选框，最后单击【确定】按钮，如图 3-51 所示。

图 3-50 隐藏列

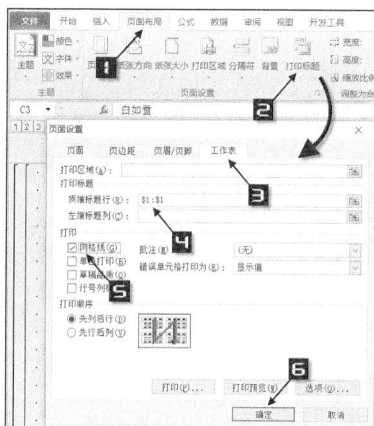

图 3-51 设置顶端标题行

设置完成后，在打印时每一页都会有固定的列标题，不但看起来比较美观，也便于数据的阅读。同时在每一页的最后会自动添加本页的实发工资小计，如图 3-52 所示。

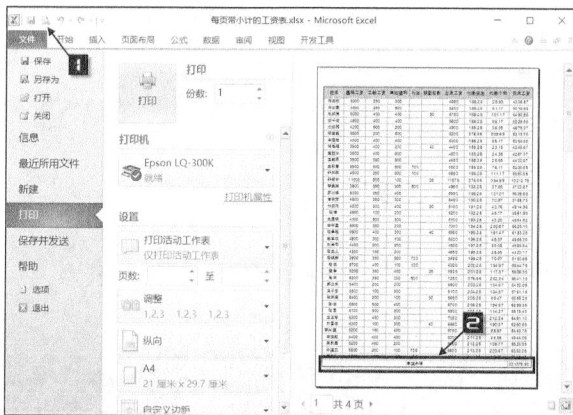

图 3-52 打印预览

勾选"网格线"复选框的目的是因为"本页小计"行的内容实际仍然是在 A 列，而在步骤 8 中对 A 列进行了隐藏，如果不勾选此复选框，打印时汇总行的边框将显示不完整。

知识点讲解

ROW 函数和 COLUMN 函数

ROW 函数和 COLUMN 函数用于返回参数单元格所对应的行号或列号，比如，公式 "=ROW(F10)" 的结果返回 F10 单元格的行号 10，而公式 "=COLUMN(F10)" 则用于返回 F10 单元格的列号，结果为 6。

如果参数省略，则返回公式所在单元格的行号或列号。例如，在 D5 单元格输入公式 "=ROW()"，即可得到 D5 单元格的行号 5。在 F2 单元格输入公式 "=COLUMN()"，则用于返回 F2 单元格的列号 6。

使用 INT 函数结合 ROW 函数和 COLUMN 函数，能够生成具有一定规律的自然数序列。如果在 A1 单元格输入公式"=ROW()"，然后将公式向下复制到 A10 单元格，可在垂直方向得到 1～10 的连续序号。如果在 A1 单元格输入公式"=COLUMN()"，然后将公式向右复制到 E1，则可在水平方向得到 1～5 的连续序号，如图 3-53 所示。

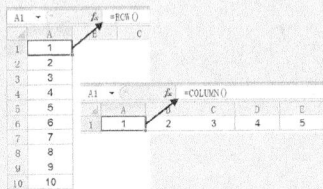

图 3-53　生成连续的序号

本例中，使用以下公式生成重复 40 次再递增的序号。

```
=INT(ROW(A40)/40)
```

先用"ROW(A40)"得到 A40 单元格的行号 40，再将该结果除以 40，得到从 1 开始的带有小数位的序号，然后用 INT 函数舍去序号中的小数部分，最终得到 40 个 1、40 个 2 这样的一组序号。

扩展知识点

函数的参数和帮助文件

1. 可选参数与必需参数

一些函数可以仅使用其部分参数，或是省略参数。以 ROW 函数为例，其语法如下。

```
ROW([reference])
```

在函数语法中，可选参数用一对方括号"[ ]"包含起来，当函数有多个可选参数时，可从右向左依次省略参数，如图 3-54 所示。

此外，在公式中有些参数可以省略参数值，在前一参数后仅跟一个逗号，用以保留参数的位置。这种方式称为"省略参数的值"或"简写"，常用于代替逻辑值 FALSE、数值 0 或空文本等参数值。

2. 通过帮助文件理解 Excel 函数

在公式中输入函数名称时，如果单击【函数屏幕提示】工具条上的函数名称，将打开【Excel 帮助】对话框，方便用户获取该函数的帮助信息，如图 3-55 所示。

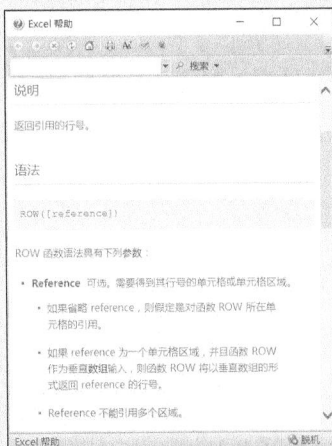

图 3-54　ROW 函数的帮助文件

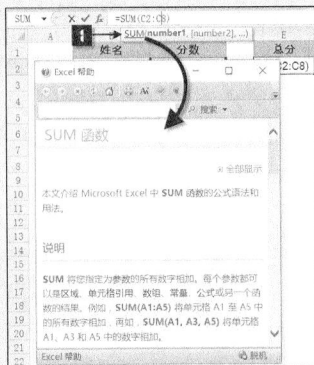

图 3-55　获取函数帮助信息

帮助文件中包括函数的说明、语法、参数以及简单的函数示例，尽管帮助文件中的函数说明有些还不够透彻，甚至有部分描述是错误的，但仍然不失为学习函数公式的好帮手。

除了单击【函数屏幕提示】工具条上的函数名称，使用以下方法也可以打开【Excel 帮助】

对话框。

（1）在公式中输入函数名称后按 <F1> 键，将打开关于该函数的帮助文件。

（2）在【插入函数】对话框中，单击选中函数名称，再单击右下角的【有关该函数的帮助】，将打开关于该函数的帮助文件，如图 3-56 所示。

（3）直接按 <F1> 键，或是单击工作表窗口右上角的 图标，打开【Excel 帮助】对话框，在搜索栏中输入关键字，再单击【搜索】按钮，即可显示与之有关的函数帮助信息列表。单击函数名称，将打开关于该函数的帮助文件，如图 3-57 所示。

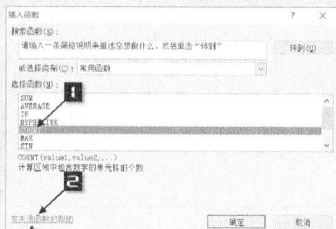

图 3-56　在【插入函数】对话框中打开帮助文件

图 3-57　在【Excel 帮助】对话框中搜索关键字

3.4　按部门拆分工资表

素材所在位置为："光盘：\素材\第 3 章 Excel 在工资核算中的应用\3.4 按部门拆分工资表.xlsx"。

如果将工资表中的内容按不同的部门分别拆分到不同工作表内，能够便于查询和打印。本节仍以图 3-41 中的工资表数据为例，学习按部门拆分工资表的技巧。

操作步骤如下。

步骤 1　单击数据区域任意单元格，如 A4，在【插入】选项卡下单击【数据透视表】按钮，弹出【创建数据透视表】对话框，Excel 会自动选中当前连续的数据范围，单击【确定】按钮，生成一个空白的数据透视表，如图 3-58 所示。

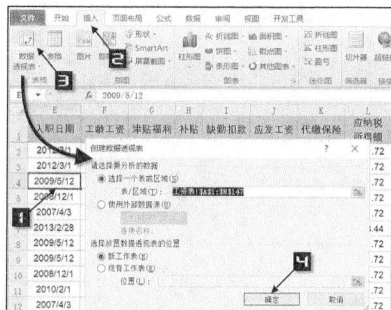

图 3-58　插入数据透视表

步骤2 在【数据透视表字段列表】中，将"部门"字段拖动到"报表筛选"区域。将"工号"和"姓名"字段拖动到"行标签"区域。再将"基础工资""津贴福利""补贴""缺勤扣款""应发工资""代缴保险""应纳税所得额""代缴个税"及"实发工资"等各个字段依次拖动到"数值"区域，如图3-59所示。

步骤3 单击数据透视表任意单元格，如A6，在【设计】选项卡下单击【报表布局】下拉按钮，在下拉菜单中选择【以表格形式显示】命令，如图3-60所示。

图3-59 调整数据透视表字段布局

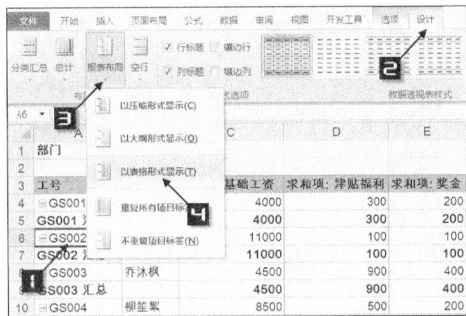

图3-60 设置报表布局

步骤4 在【设计】选项卡下单击【分类汇总】下拉按钮，在下拉菜单中选择【不显示分类汇总】命令，如图3-61所示。

步骤5 如果数据源工作表字段中有空白单元格，数据透视表会将该字段的汇总方式默认为计数，因此需要修改透视表中"缺勤扣款"和"补贴"等字段的值汇总依据。

如图3-62所示，右键单击"缺勤扣款"字段的任意单元格，如G7，在快捷菜单中依次选择【值汇总依据】→【求和】。同样的方法，将"补贴"等字段的值汇总依据修改为求和。

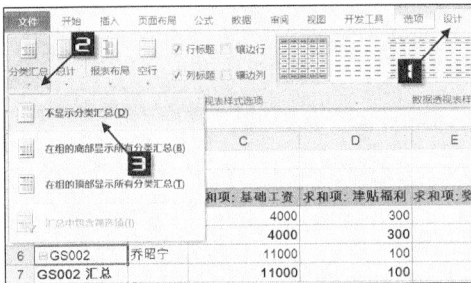

图3-61 设置不显示分类汇总

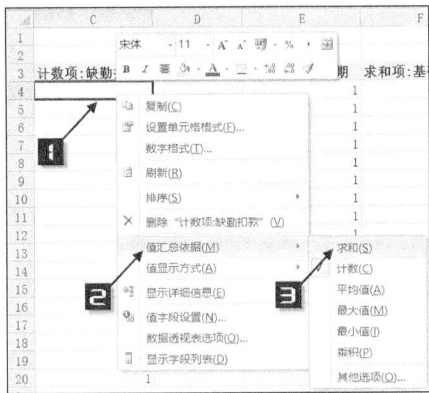

图3-62 更改值汇总依据

步骤6 接下来对字段标题中的"求和项："进行替换：按<Ctrl+H>组合键调出【查找和替换】对话框，在【替换】选项卡下的"查找内容"编辑框内输入"求和项："，在"替换为"编辑框内输入一个空格，单击【全部替换】按钮，在弹出的提示对话框中单击【确定】按钮，最后单击【关闭】按钮，关闭【查找和替换】对话框，如图3-63所示。

步骤7 单击工作表左上角的全选按钮，光标靠近C列和D列之间，变成黑色十字箭型时双击鼠标，将表格自动调整为最适合的列宽，如图3-64所示。

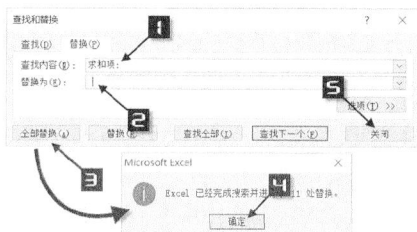

图 3-63 批量替换

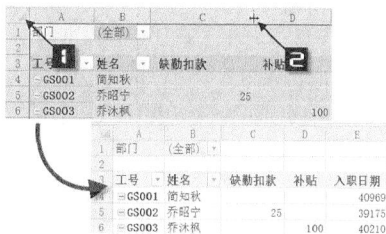

图 3-64 调整为最适合的列宽

步骤 8 此时"入职日期"字段的内容显示为 5 位数值，需将其转换为日期格式。右键单击入职日期字段任意单元格，如 E2，在快捷菜单中选择【值字段设置】命令，在弹出的【值字段设置】对话框中单击【数字格式】按钮，打开【设置单元格格式】对话框，在格式列表中选择日期，最后依次单击【确定】按钮，关闭对话框，如图 3-65 所示。

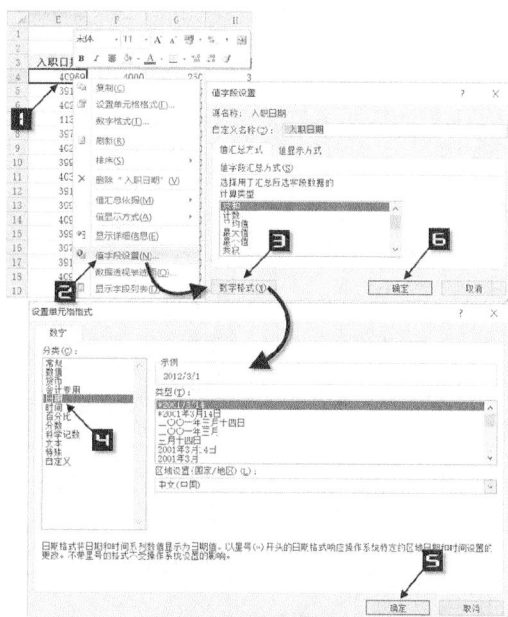

图 3-65 设置值字段格式

步骤 9 接下来设置数据透视表样式。单击数据透视表任意单元格，如 B4，在【设计】选项卡下单击【数据透视表样式】右侧的下拉按钮，在样式列表中选择一种样式，如图 3-66 所示。

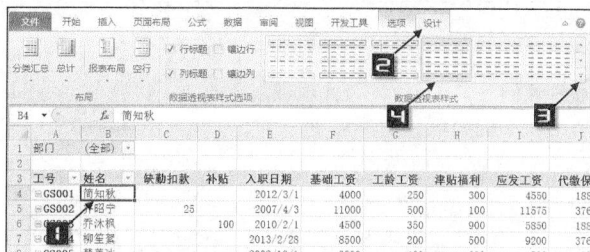

图 3-66 设置数据透视表样式

步骤 10 数据透视表的默认字体为宋体，可以设置为其他字体，使表格更加美观。单击单击数据透视表任意单元格，如 B 5，在【选项】选项卡下单击【选择】下拉按钮，在下拉列表中选择"整个数据透视表"命令，然后在【开始】选项卡下，设置字体为 Arial Unicode MS，如图 3-67 所示。

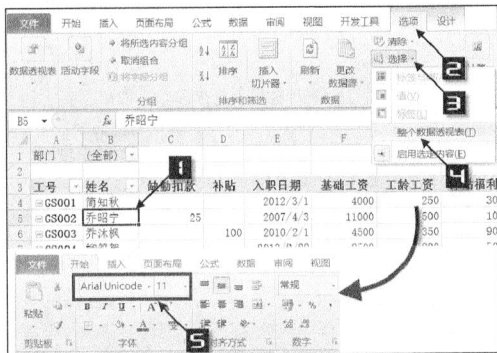

图 3-67　设置数据透视表字体

步骤 11　单击数据透视表任意单元格，如 A5，在【选项】选项卡下单击【选项】下拉按钮，在下拉列表中选择【显示报表筛选页】命令，打开【显示报表筛选页】对话框，单击【确定】按钮，如图 3-68 所示。

此时 Excel 就会自动生成多个以不同部门名称命名的工作表，每个工作表内包含该部门所有员工的工资明细，如图 3-69 所示。

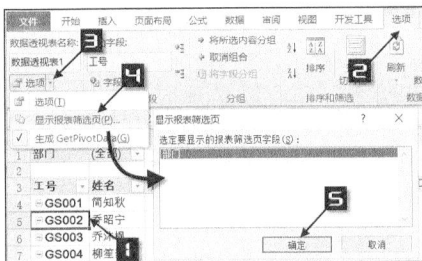

图 3-68　显示报表筛选页

图 3-69　自动生成的工作表

数据透视表

数据透视表是用来从 Excel 数据列表或是从其他外部数据源中总结信息的分析工具，其可以对基础数据，通过选择其中的不同元素，能够从多个角度进行分析汇总。

数据透视表是最常用的 Excel 数据分析工具之一，综合了数据排序、筛选、分类汇总等数据分析工具的功能，能够方便地调整分类汇总的方式，以多种不同方式展示数据的特征。数据透视表功能强大，但是操作却比较简单，仅靠鼠标移动字段位置，即可变换出各种不同类型的报表。

1. 认识数据透视表结构

数据透视表结构分为 4 个部分，如图 3-70 所示。

图 3-70　数据透视表结构

① 筛选器区域,该区域的字段将作为数据透视表的报表筛选字段。

② 行区域,该区域中的字段将作为数据透视表的行标签显示。

③ 列区域,该区域中的字段将作为数据透视表的列标签显示。

④ 值区域,该区域中的字段将作为数据透视表显示汇总的数据。

单击数据透视表,默认会显示【数据透视表字段列表】对话框。该对话框中可以清晰地反映出数据透视表的结构,如图 3-71 所示。借助【数据透视表字段列表】对话框,用户可以方便地向数据透视表内添加、删除和移动字段。

图 3-71　数据透视表字段列表

2. 数据透视表常用术语

数据透视表中的常用术语如表 3-6 所示。

表 3-6　　　　　　　　　　　　数据透视表常用术语

术语	含义
数据源	用于创建数据透视表的数据列表
列字段	等价于数据列表中的列
行字段	在数据透视表中具有行方向的字段
页字段	数据透视表中进行分页的字段
字段标题	用于描述字段内容
项	组成字段的成员
组	一组项目的组合
分类汇总	数据透视表中对一行或一列单元格的分类汇总
刷新	重新计算数据透视表,反映目前数据源的状态

3. 数据透视表的刷新

如果数据透视表的数据源内容发生变化,数据透视表中的汇总结果不会实时自动更新,需要用户手动刷新才能得到最新的结果。刷新方法是选中数据透视表区域的任意单元格,并单击鼠标右键,然后在快捷菜单中单击【刷新】命令。或是选中数据透视表任意单元格,在【选项】选项卡下单击【刷新】按钮,如图 3-72 所示。

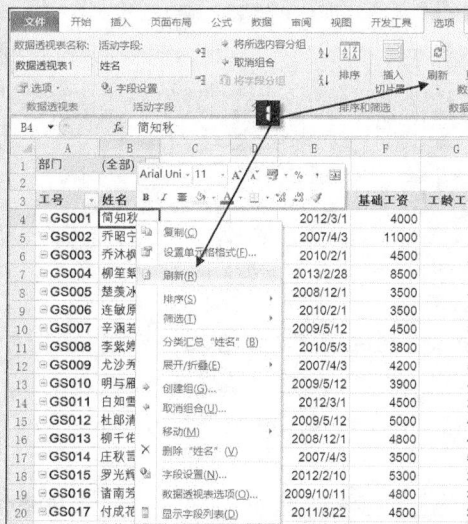

图 3-72　刷新数据透视表

4. 值汇总依据和值显示方式

在数据透视表的值区域单击鼠标右键，在快捷菜单中单击【值汇总依据】命令，可以根据需要选择求和、计数、平均值、最大值、最小值、乘积等多种汇总方式，如图 3-73 所示。

除此之外，用户还可以在右键快捷菜单中选择【值显示方式】命令。在该命令组中提供了丰富的显示方式选项，可以对数据按照不同字段做相对比较，如图 3-74 所示。

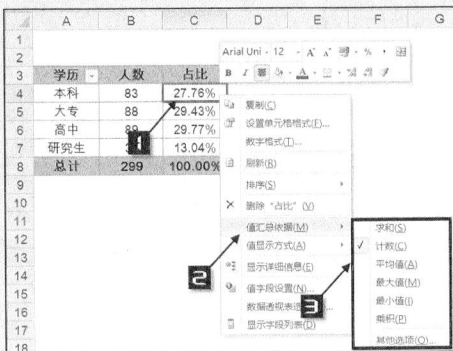

图 3-73　多种值汇总依据

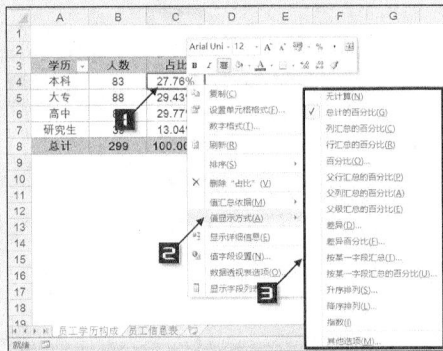

图 3-74　值显示方式

有关数据透视表值显示方式功能的简要说明，如表 3-7 所示。

表 3-7　　　　　　　　　　　　　　　　数据透视表值显示方式

选项	数值区域字段显示为
无计算	数据透视表中的原始数据
总计的百分比	每个数值项占所有汇总的百分比值
列汇总的百分比	每个数值项占列汇总的百分比值
行汇总的百分比	每个数值项占行汇总的百分比值
百分比	以选定的参照项为 100%，其余项基于该项的百分比
父行汇总的百分比	在多个行字段的情况下，以父行汇总为 100%，计算每个数值项的百分比
父列汇总的百分比	在多个列字段的情况下，以父列汇总为 100%，计算每个数值项的百分比
父级汇总的百分比	某一项数据占父级总和的百分比
差异	以选中的某个基本项为参照，显示其余项与该项的差异值
差异百分比	以选中的某个基本项为参照，显示其余项与该项的差异值百分比
按某一字段汇总	根据选定的某一字段进行汇总
按某一字段汇总的百分比	将根据字段汇总的结果显示为百分比
升序排列	对某一字段进行排名，显示按升序排列的序号
降序排列	对某一字段进行排名，显示按降序排列的序号
指数	计算数据的相对重要性。使用公式：单元格的值×总体汇总之和/（行总计×列总计）

5. 调整数据透视表布局

素材所在位置为："光盘：\素材\第 3 章 Excel 在工资核算中的应用\调整数据透视表布局.xlsx"。

数据透视表创建完成后，通过对数据透视表布局的调整，可以得到新的报表，实现不同角度的数据分析需求。

在【数据透视表字段列表】中拖动字段按钮，可以重新安排数据透视表的布局。以图 3-75 所示的数据透视表为例，来调整"季度"和"部门"的结构次序。

图 3-75　数据透视表

选中数据透视表区域的任意单元格，单击【数据透视表字段列表】中的"季度"字段，在弹出的扩展菜单中选择【上移】命令，如图 3-76 所示。

除此之外，还可以在【数据透视表字段列表】中的各个区域间拖动字段，也能够实现对数据透视表的重新布局。如图 3-77 所示，在行标签区域中选中"部门"字段，按下鼠标左键不放，将其拖动到列标签区域后释放鼠标即可。

图 3-76　调整数据透视表布局 1

图 3-77　调整数据透视表布局 2

6. 报表筛选器的使用

当字段显示在列区域或行区域时，能够显示字段中的所有项。当字段位于报表筛选区域中时，字段中的所有项都会成为数据透视表的筛选条件。

单击筛选字段右侧的下拉箭头，在下拉列表中会显示该字段的所有项目，选中一项单击【确定】按钮，数据透视表将以此项进行筛选，如图 3-78 所示。

如果希望对报表筛选字段中的多个项进行筛选，则可以单击该字段右侧的下拉按钮，在弹出的下拉列表中勾选"选择多项"复选框，依次去掉"3 季度"和"4 季度"项目的勾选。然后，单击【确定】按钮，报表筛选字段"季度"的内容由"（全部）"变为"（多项）"，数据透视表的内容也发生相应变化，只显示 1 季度和 2 季度的汇总数据，如图 3-79 所示。

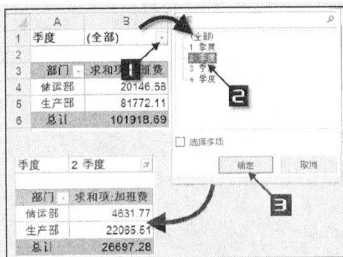

图 3-78 二季度加班费

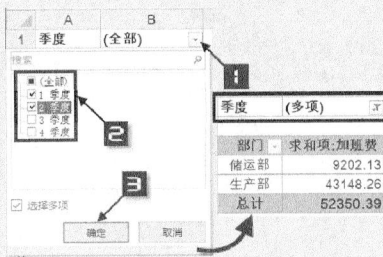

图 3-79 两个季度的加班费

7. 整理数据透视表字段

向数据透视表中添加汇总字段后，Excel 会自动对其重命名，即在数据源字段标题基础上加上"求和项："计数项："的汇总方式说明，如图 3-80 所示。

通过修改数据透视表的字段名称，能够使标题更加简洁，但是数据透视表字段名称与数据源的标题行名称不能相同。

单击数据透视表的列标题单元格"求和项：加班费"，在编辑栏内选中"求和项："部分，输入一个空格，使其变成"加班费"，也可以直接输入其他内容作为字段标题，完成后的效果如图 3-81 所示。

图 3-80 默认的数据字段名

图 3-81 修改后的字段名称

8. 删除字段

对数据透视表中不再需要显示的字段，可以通过【数据透视表字段列表】删除。

在【数据透视表字段列表】底端区域中单击需要删除的字段，在弹出的快捷菜单中选择【删除字段】即可，如图 3-82 所示。

图 3-82 删除字段

除此之外，也可以将字段拖动到【数据透视表字段列表】之外的区域，或是在需要删除的数据透视表字段上单击鼠标右键，在快捷菜单中单击【删除"字段名"】命令。

9. 改变数据透视表的报告格式

数据透视表报表布局分为"以压缩形式显示""以大纲形式显示"和"以表格形式显示"第3种显示形式。选中数据透视表任意单元格，然后依次单击【设计】→【报表布局】下拉按钮，在下拉菜单中能够选择不同的显示形式，如图3-83所示。

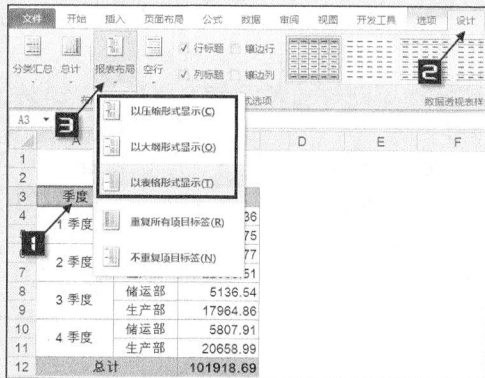

图 3-83　选择不同的报表布局

新创建的数据透视表显示方式默认"以压缩形式显示"，所有行字段都压缩在一列内，不便于数据的观察。这时可以选择"以表格形式显示"命令，使数据透视表以表格的形式显示。以表格形式显示的数据透视表会更加直观，并且便于阅读。多数情况下，数据透视表都会以此形式显示。

如果在【报表布局】下拉列表选择【重复所有项目标签】命令，能够将数据透视表中的空白字段填充相应的数值，使数据透视表的显示方式更接近于常规表格形式。

10. 分类汇总的显示方式

以表格形式显示的数据透视表中，会自动添加分类汇总，如果不需要使用分类汇总，可以将分类汇总删除。

选中数据透视表任意单元格，在【设计】选项卡下单击【分类汇总】下拉按钮，在弹出的下拉菜单中选择【不显示分类汇总】命令，如图3-84所示。

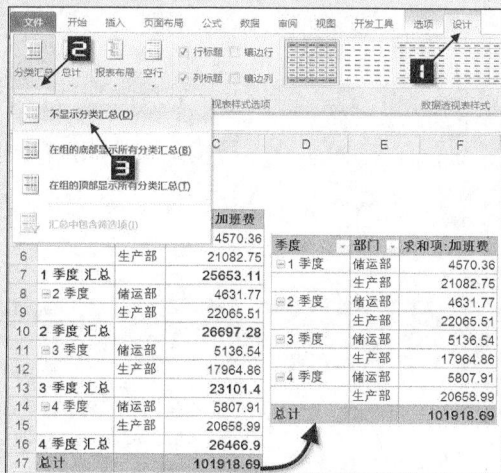

图 3-84　不显示分类汇总

除此之外，也可以在数据透视表的相应字段单击鼠标右键，在弹出的快捷菜单中选择【分类汇总"字段名"】，实现显示或隐藏分类汇总的切换，如图 3-85 所示。

11. 套用数据透视表样式

创建完成后的数据透视表，可以对其进一步的修饰美化。除了常规的单元格格式设置，Excel 还内置了数十种数据透视表样式，并允许用户自定义修改设置。

单击数据透视表，在【设计】选项卡下的数据透视表样式命令组中，单击某种内置样式，数据透视表则会自动套用该样式，如图 3-86 所示。

图 3-85　在右键菜单中操作

在【数据透视表样式选项】命令组中，还提供了【行标题】【列标题】【镶边行】【镶边列】的选项。勾选【行标题】或【列标题】复选框时，将对数据透视表的行标题和列标题应用特殊格式。勾选【镶边行】或【镶边列】时，将对数据透视表的奇数行（列）和偶数行（列）分别应用不同的格式。

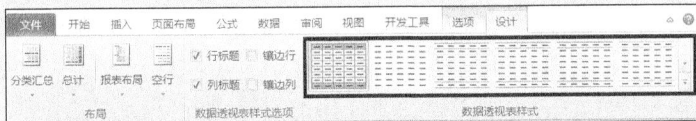

图 3-86　数据透视表样式

小技巧

在多个单元格中同时输入相同内容

当需要在多个单元格输入相同的数据时，可同时选中需要输入数据的多个单元格区域，在编辑栏内输入内容，然后按 <Ctrl+Enter> 组合键确认输入。此时，在选定的单元格内就会同时输入相同的内容，如图 3-87 所示。

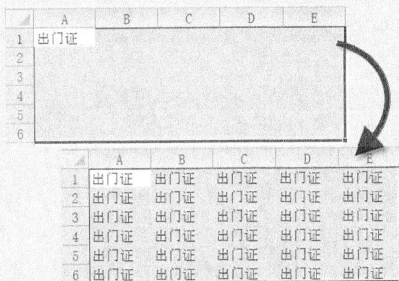

图 3-87　多单元格输入相同内容

3.5　制作工资条

工资条是单位定期给员工反映工资的凭据，记录着员工的月收入分项和收入总额，通常包括工号、职工姓名、基本工资、奖金福利、代缴保险、应发工资、个人所得税和实发工资等项目。

工资条的制作可通过多种方法来实现，主要有排序法、函数法以及邮件合并法等。

3.5.1 排序法制作工资条

素材所在位置为:"光盘:\素材\第 3 章 Excel 在工资核算中的应用\3.5.1 排序法制作工资条.xlsx"。

操作步骤如下。

步骤1 在"工资表.xlsx"工作簿中,右键单击"工资表"工作表标签,在快捷菜单中选择【移动或复制】命令,弹出【移动或复制工作表】对话框。勾选【建立副本】复选框,单击【确定】按钮,此时会自动创建一个当前工作表的副本"工资表(2)",如图 3-88 所示。

排序法制作工资条

步骤2 将"工资表(2)"工作表标签重命名为"工资条"。

步骤3 在 O2 单元格输入数字 1,在 O3 单元格输入 2,然后同时选中 O2:O3 单元格,双击右下角的填充柄,在 O 列生成一组连续的序号。

步骤4 选中 O 列序号所在的单元格区域,如 O2:O14,按 <Ctrl+C> 组合键复制。然后将光标定位到 O 列序号之后的 O15 单元格,按 <Ctrl+V> 组合键粘贴。再将光标定位到 O 列序号之后的 O28 单元格,按 <Ctrl+V> 组合键粘贴。

步骤5 选中列标题单元格区域,即 A1:N1,按 <Ctrl+C> 组合键复制。然后,将光标定位到 A28 单元格,也就是序号 1 第三次出现的行,再按 <Ctrl+V> 组合键粘贴。

步骤6 保持 A28:N28 单元格区域的选中状态,双击 N28 单元格右下角的填充柄,使内容快速向下复制。

步骤7 单击 O 列任意单元格,如 O5,单击【数据】选项卡下的【升序】按钮,如图 3-89 所示。

图 3-88 建立工作表副本

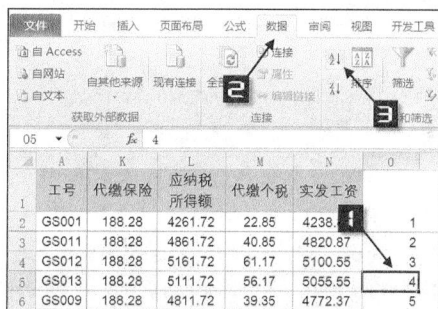

图 3-89 对序号列排序

排序后的工资条局部效果如图 3-90 所示。

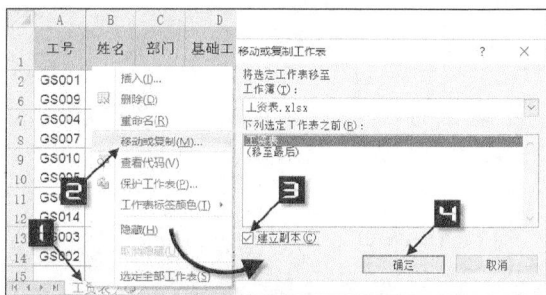

图 3-90 工资条效果

步骤8 单击 O 列列标,按 <Delete> 键清除 O 列的内容。此时在表格最后一行会有一个多余的标题行,可以单击该行的行号,按 <Ctrl+-> 组合键删除整行。

步骤9 选中 A1:N3 单元格区域,单击【开始】选项卡下的格式刷按钮,光标移动到 A4 单元格,此时光标变为 ，按下鼠标左键拖动,将格式复制到全部数据区域,如图 3-91 所示。

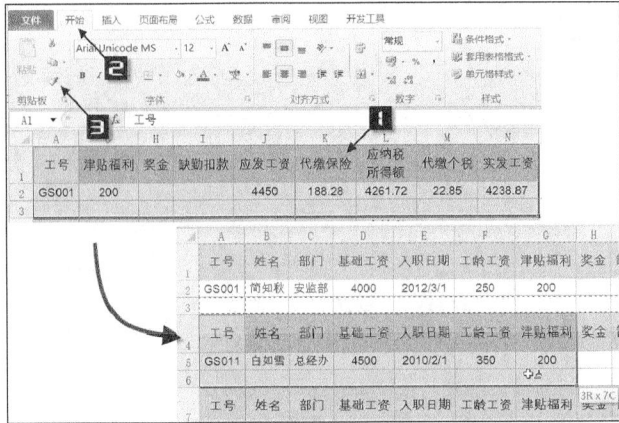

图 3-91　使用格式刷复制格式

知识点讲解

格式刷

使用【格式刷】命令，可以方便快捷地复制单元格格式。如果双击【格式刷】命令按钮，可以将现有格式复制到多个不连续的单元格区域。操作完成后，再次单击【格式刷】按钮或是按 <Ctrl+S> 组合键保存即可。

小技巧

按不同单位显示金额

素材所在位置为："光盘：\素材\第 3 章 Excel 在工资核算中的应用\按不同单位显示金额.xlsx"。

在会计工作中，经常需要输入表示金额的数字。在输入较大的金额时，则需要金额数字以千甚至是万为单位来显示。

如图 3-92 所示，选中 B2:B10 单元格区域，按 <Ctrl+1> 组合键，打开【设置单元格格式】对话框。在【数字】选项卡下，单击"自定义"类别选项，在右侧的格式类型编辑框中输入以下代码。

#0.00,

单击【确定】按钮后，B2:B10 单元格区域中的数字将以千为单位显示，如图 3-93 所示。

按不同单位显示金额

图 3-92　设置单元格格式

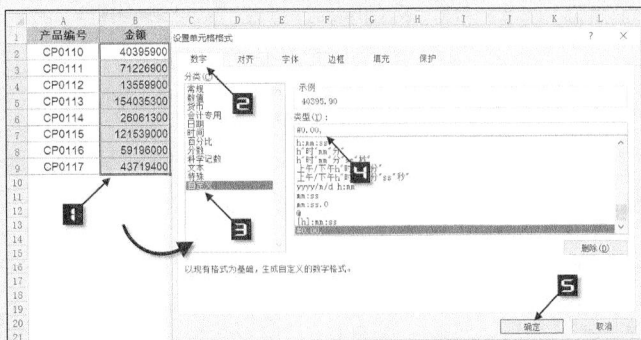

图 3-93　以千为单位显示

在【设置单元格格式】对话框的格式类型编辑框中输入以下代码，单元格中的数据将以万为单位显示，如图 3-94 所示。

#0!.0,

在【设置单元格格式】对话框的格式类型编辑框中输入以下代码，单元格中的数据将以 10 万为单位显示，如图 3-95 所示。

#0!.00,

图 3-94　以万为单位显示

图 3-95　以十万为单位显示

在【设置单元格格式】对话框的格式类型编辑框中输入以下代码，单元格中的数据将以百万为单位显示，如图 3-96 所示。

#0.00,,

如果需要显示单位为万元，并且需要保留两位小数，可以在【设置单元格格式】对话框的格式类型编辑框中先输入以下代码。

0.00,,万元

然后按 <Ctrl+J> 组合键，最后输入百分号 %。

设置完成后，保持 B2:B10 单元格区域的选中状态，在【开始】选项卡下单击【自动换行】命令按钮，如图 3-97 所示。

图 3-96　以百万为单位显示

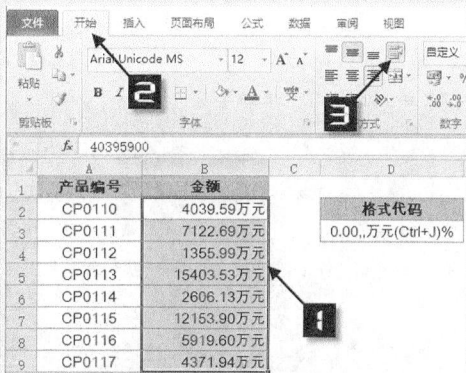

图 3-97　以万元为单位并且保留两位小数

3.5.2　公式法制作工资条

素材所在位置为："光盘：\素材\第 3 章 Excel 在工资核算中的应用\3.5.2 公式法制作工资表.xlsx"。

步骤 1　首先在"工资表"工作表中添加辅助列。单击 A 列列标，按 <Ctrl++> 组合键在 A 列之前插入一个空白列，然后依次输入序号，如图 3-98 所示。

步骤2 插入一个新工作表，将工作表标签命名为"公式法制作工资条"。然后单击"工资表"工作表的第一行的行号，按 <Ctrl+C> 组合键复制，再切换到"公式法制作工资条"工作表，单击 A1 单元格，按 <Enter> 键粘贴列标题，效果如图 3-99 所示。

	A	B	C	D
1	序号	工号	姓名	部门
2	1	GS001	简知秋	安监部
3	2	GS007	辛涵若	财务部
4	3	GS009	尤沙秀	仓储部
5	4	GS006	连敏原	仓储部
6	5	GS003	乔沐枫	仓储部
7	6	GS012	杜郎清	生产部
8	7	GS013	柳千佑	生产部
9	8	GS004	柳笙絮	销售部
10	9	GS005	楚羡冰	销售部
11	10	GS010	明与雁	质检部
12	11	GS014	庄秋言	质检部
13	12	GS011	白如雪	总经办
14	13	GS002	乔昭宁	总经办

图 3-98 在辅助列中输入序号

	A	B	C	D	E	F	G
1	序号	工号	姓名	部门	基础工资	入职日期	工龄工资
2							
3							
4							
5							
6							

工资条 / 工资表 / 公式法制作工资条

图 3-99 在新工作表里粘贴列标题

步骤3 在"公式法制作工资条"工作表的 A2 单元格中输入序号 1，然后选中 A2:B2 单元格，添加边框，效果如图 3-100 所示。

步骤4 在 B2 单元格输入以下公式，然后将公式向右复制到 O2 单元格，如图 3-101 所示。

`=VLOOKUP($A2,工资表!$A:$O,COLUMN(B1),0)`

	A	B	C	D	E
1	序号	工号	姓名	部门	基础工资
2	1				
3					
4					
5					
6					

工资条 / 工资表 / 公式法制作工资条

图 3-100 为单元格添加边框

B2　　fx　`=VLOOKUP($A2,工资表!$A:$O,COLUMN(B1),0)`

	A	B	C	D	E	F	G	H
1	序号	工号	姓名	部门	基础工资	入职日期	工龄工资	津贴福利
2	1	1	简知秋	安监部	4000	40969	250	200

图 3-101 使用 VLOOKUP 函数查询结果

步骤5 在使用公式时，不能引用数据源中的格式，因此需要将 B2 单元格的工号设置为自定义格式""GS"000"，具体步骤可参照 3.1.2 进行设置。然后再将 F2 单元格的入职日期设置为日期格式。

步骤6 选中 A1:O3 单元格区域，拖动 O3 单元格右下角的填充柄向下复制公式，直到出现错误值"#N/A"为止，如图 3-102 所示。

	A	B	C	D	E	F	G	H	I	J	K	L	M	N	O
1	序号	工号	姓名	部门	基础工资	入职日期	工龄工资	津贴福利	奖金	缺勤扣款	应发工资	代缴保险	应纳税所得额	代缴个税	实发工资
2	1	GS001	简知秋	安监部	4000	2012/3/1	250	200	0	0	4450	188.28	4261.72	22.85	4238.87
3															

	A	B	C	D	E	F	G	H	I	J	K	L	M	N	O
1	序号	工号	姓名	部门	基础工资	入职日期	工龄工资	津贴福利	奖金	缺勤扣款	应发工资	代缴保险	应纳税所得额	代缴个税	实发工资
2	1	GS001	简知秋	安监部	4000	2012/3/1	250	200	0	0	4450	188.28	4261.72	22.85	4238.87
3															
4	序号	工号	姓名	部门	基础工资	入职日期	工龄工资	津贴福利	奖金	缺勤扣款	应发工资	代缴保险	应纳税所得额	代缴个税	实发工资
5	2	GS007	辛涵若	财务部	4500	2012/3/1	250	300	0	40	5010	188.28	4821.72	39.65	4782.07

图 3-102 使用填充柄复制工资条

步骤7 同时选中 40～44 行的行号，按 <Ctrl+-> 键将最后有错误值的行全部删除，如图 3-103 所示。

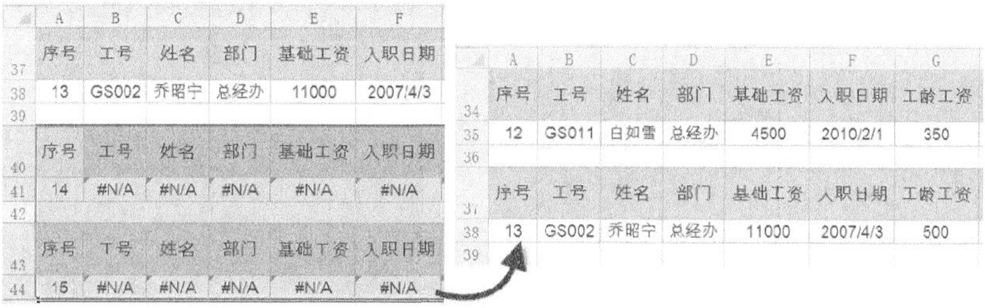

图 3-103　删除带有错误值的行

知识点讲解

1. 相对引用、绝对引用和混合引用

在公式中，如果 A1 单元格公式为 "=B1"，那么 A1 就是 B1 的引用单元格，B1 就是 A1 的从属单元格。从属单元格与引用单元格之间的位置关系称为单元格引用的相对性，可分为 3 种不同的引用方式，即相对引用、绝对引用和混合引用，不同引用方式用美元符号 "$" 进行区别。

相对引用、绝对引用
和混合引用

（1）相对引用

当复制公式到其他单元格时，Excel 保持从属单元格与引用单元格的相对位置不变，称为相对引用。

例如，在 B2 单元格输入公式 "：=A1"，当向右复制公式时，将依次变为：=B1、=C1、=D1……；当向下复制公式时，将依次变为：=A2、=A3、=A4……。也就是说，相对引用始终保持引用公式所在单元格的左侧 1 列、上方 1 行位置的单元格。

（2）绝对引用

当复制公式到其他单元格时，Excel 保持公式所引用的单元格绝对位置不变，称为绝对引用。

如果希望复制公式时能够固定引用某个单元格地址，需要在行号或列标前使用绝对引用符号$。如在 B2 单元格输入公式 "=$A$1"，当向右复制公式或向下复制公式时，始终为 "=$A$1"，保持引用 A1 单元格不变。

（3）混合引用

当复制公式到其他单元格时，Excel 仅保持所引用单元格的行或列方向之一的绝对位置不变，而另一个方向位置发生变化。这种引用方式称为混合引用，可分为 "对行绝对引用、对列相对引用" 和 "对行相对引用、对列绝对引用"。

在编辑栏内选中公式中的单元格地址部分，然后依次按<F4>键，可以在不同引用方式之间进行切换：绝对引用→"对行绝对引用、列相对引用"→"对行相对引用、对列绝对引用"→相对引用。

例如，在 B1 单元格输入公式 "=A1"，单击 B1 单元格，再单击编辑栏，依次按下 <F4> 键时，公式中的 "A1" 部分会依次显示如下。

$A$1→A$1→$A1→A1

各引用类型的特性如表 3-8 所示。

表 3-8　　　　　　　　　　　　单元格引用类型及特性

引用类型	A1 样式	特性
绝对引用	=$A$1	公式向右向下复制时，都不会改变引用关系
行绝对引用、列相对引用	=A$1	公式向下复制时，不改变引用关系。公式向右复制时，引用的列标发生变化
行相对引用、列绝对引用	=$A1	公式向右复制时，不改变引用关系。公式向下复制时，引用的行号发生变化
相对引用	=A1	公式向右向下复制均会改变引用关系

决定引用方式的 $ 符号，可以看作是一个 "S" 型的挂钩，当使用 "对行绝对引用、对列相对引用" 方式时，$ 符号的位置在单元格行号之前，即表示在水平方向（列与列之间）可以自由移动，但是垂直方向（行与行之间）则无法移动，如图 3-104 所示。

如果将图 3-104 逆时针旋转 90 度，则可以看作是 "对行相对引用、对列绝对引用" 的示意图：$ 符号的位置在单元格列号之前，即表示在垂直方向（行与行之间）可以自由移动，但是水平方向（列与列之间）则无法移动。

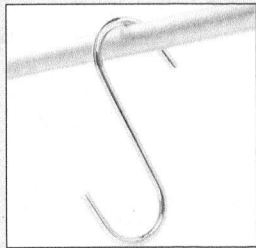

图 3-104 "列相对引用、行绝对引用"方式示意图

2. VLOOKUP 函数

VLOOKUP 函数是使用频率非常高的查询函数之一，函数的语法如下。

```
VLOOKUP(lookup_value,table_array,col_index_num,[range_lookup])
```

上述函数中相关参数的函数如下。

（1）第一参数是要查询的值。

（2）第二参数是需要查询的单元格区域，这个区域中的首列必须要包含查询值，否则公式将返回错误值。

（3）第三参数用于指定返回查询区域中第几列的值。参数为 1 时，返回查询区域中第一列中的值；参数为 2 时，返回查询区域中第二列的值，依此类推。

（4）第四参数决定函数的查找方式，如果为 0 或 FASLE，使用精确匹配方式；如果为 TRUE 或被省略，则使用近似匹配方式，同时要求查询区域的首列按升序排序。

该函数的语法可以做如下解读。

```
VLOOKUP(要查找的内容,要查找的区域,返回查找区域第几列的内容,[精确匹配还是近似匹配])
```

【注意】VLOOKUP 函数第三参数中的列号，不能理解为工作表中实际的列号，而是指定要返回查询区域中第几列的值。

【公式讲解】

本例中的公式如下。

```
=VLOOKUP($A2,工资表!$A:$O,COLUMN(B1),0)
```

其中，"$A2" 和 "工资表!$A:$O" 部分均使用列方向的绝对引用，在公式向右复制时，查找值和查找范围始终保持不变。

COLUMN(B1) 的结果为 2，公式向右复制时，COLUMN(B1) 会依次变成 COLUMN(C1)、COLUMN(D1)、……，最终生成从 2 开始的递增序列 2、3、4、5、6……。

以 COLUMN(B1) 作为 VLOOKUP 函数的第三参数，指定在查询区域 "工资表!$A:$O" 范围中返回哪一列的内容。生成的递增序列的作用是，公式向右复制时能够依次返回多个列的内容。

选中连续的三行向下填充时，首行的列标题和第三行的空白行将被复制，而第二行的序号则会自动递增填充，相当于为 VLOOKUP 函数设置了不同的查找值。

使用 VLOOKUP 函数时，如果在查询区域中查找到的是空单元格，公式将会返回无意义的 0 值。例如，I 列的奖金和 J 列的缺勤扣款，在工资表中的空单元格部分，就返回了 0 值。而本例中的这两列查询的恰好是数值型的金额，因此返回 0 并不影响整体效果。

扩展知识点

1. 使用通配符的查询

素材所在位置为:"光盘:\素材\第 3 章 Excel 在工资核算中的应用\使用通配符的查询.xlsx"。

通配符是一种具有特殊意义的字符，用来模糊搜索内容。通配符有星号"*"和问号"？"两种，星号"*"可以代替任意多个字符，问号"？"可以代替任意一个字符，但是通配符只能在文本内容中使用，数值型的内容不支持使用通配符。

VLOOKUP 函数的第一参数可以使用通配符，如图 3-105 所示，D3 单元格中给出了部分字符，在 E3 单元格输入以下公式，即可根据指定的字符，返回客户信息表中的联系人信息。

```
=VLOOKUP("*"&D3&"*",A2:B10,2,0)
```

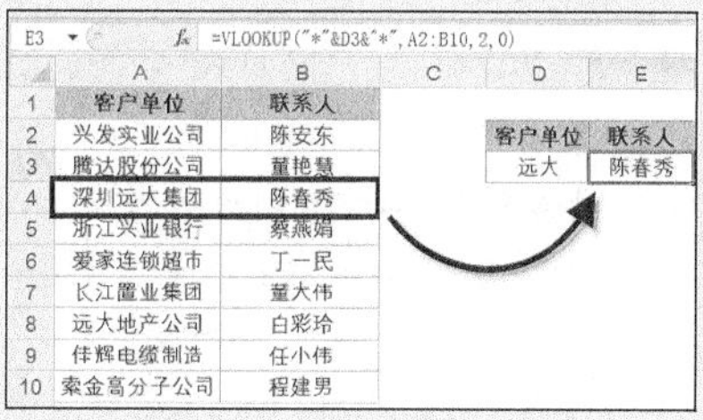

E3 =VLOOKUP("*"&D3&"*",A2:B10,2,0)

	A	B	C	D	E
1	客户单位	联系人			
2	兴发实业公司	陈安东		客户单位	联系人
3	腾达股份公司	董艳慧		远大	陈春秀
4	深圳远大集团	陈春秀			
5	浙江兴业银行	蔡燕娟			
6	爱家连锁超市	丁一民			
7	长江置业集团	董大伟			
8	远大地产公司	白彩玲			
9	佳辉电缆制造	任小伟			
10	索金高分子公司	程建男			

图 3-105 使用通配符查询

在公式中使用文本字符串时，需要在文本字符串外侧添加一对半角双引号，& 的作用是对字符串进行连接。VLOOKUP 函数第一参数为 "*"&D3&"*"，表示在 D3 字符串前后都加上通配符"*"。

公式的作用是 A2:B10 单元格区域的首列中查询包含 D3 单元格中关键字"远大"的信息，并返回第二列的联系人信息。

如果查询区域的首列有多个符合的条件，VLOOKUP 函数将只返回第一条符合条件的记录。

VLOOKUP 函数的特点可以总结为以下几点。

（1）VLOOKUP 函数查找值支持使用通配符（"？"号和"*"号）进行查询。

（2）第 4 个参数决定了查找方式。如果为 0 或 FASLE，用精确匹配方式进行查找，而且支持无序查找；如果为 1 或 TRUE，则使用模糊匹配方式进行查找，并且要求第 2 个参数的首列或首行按升序排列。

（3）第 3 个参数中的列号，不能理解为工作表中实际的列号，而是指定返回值在查找范围中的第几列。

（4）如果查找值与数据区域关键字的数据类型不一致，也会返回错误值"#N/A"。

（5）如果有多条满足条件的记录时，只能返回第一个满足条件的记录。

（6）查询区域中的首列必须要包含查询值，否则无法正常查询。

2. 使用 IFERROR 函数屏蔽错误值

素材所在位置为："光盘：\素材\第 3 章 Excel 在工资核算中的应用\IFERROR 函数屏蔽错误值.xlsx"。

在函数公式的应用中，经常会由于多种原因而返回错误值。为了表格更加美观，往往需要屏蔽这些错误值的显示。Excel 提供了用于屏蔽错误值的 IFERROR 函数。该函数的作用是：如果公式的计算结果错误，则返回指定的值，否则返回公式的结果。

IFERROR 函数有两个参数，第一参数是用于检查错误值的公式，第二参数是公式计算结果为错误值时要返回的值。

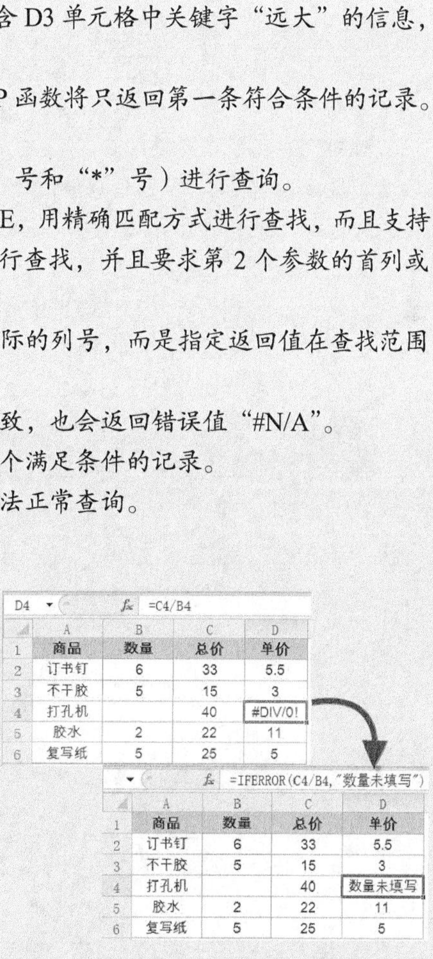

D4 =C4/B4

	A	B	C	D
1	商品	数量	总价	单价
2	订书钉	6	33	5.5
3	不干胶	5	15	3
4	打孔机		40	#DIV/0!
5	胶水	2	22	11
6	复写纸	5	25	5

=IFERROR(C4/B4,"数量未填写")

	A	B	C	D
1	商品	数量	总价	单价
2	订书钉	6	33	5.5
3	不干胶	5	15	3
4	打孔机		40	数量未填写
5	胶水	2	22	11
6	复写纸	5	25	5

图 3-106 使用 IFERROR 函数屏蔽错误值

如图 3-106 所示，在 D 列计算单价的规则为总价/

数量，由于 B4 单元格中的数量没有填写，因此 D4 单元格返回了错误值。在 D2 单元格使用以下公式并将公式向下复制，在公式计算结果出现错误时，将返回指定的内容"数量未填写"。

=IFERROR(C2/B2,"数量未填写")

3. 使用 INDEX+MATCH 函数逆向查询

尽管 VLOOKUP 函数的使用频率非常高，但是由于该函数要求区域中的首列必须要包含查询值，所以只能实现从左向右的数据查询。

在实际工作中，由于数据结构的不同，除了从左向右的查询之外，还经常遇到从右向左查询、从上往下查询或是从下往上等数据查询需求。使用 INDEX 函数结合 MATCH 函数，能够实现任意方向的数据查询。

素材所在位置为："光盘：\素材\第 3 章 Excel 在工资核算中的应用\使用 INDEX+MATCH 函数逆向查询.xlsx"。

使用 INDEX 和 MATCH 函数逆向查询

INDEX 函数的作用是根据指定的行号和列号，返回指定区域中的值。该函数的常用语法如下。

INDEX(array,row_num,[column_num])

INDEX 函数中，第一参数通常表示一个单元格区域，第二、第三参数用于指定要返回的行列元素位置，而 INDEX 函数最终返回该位置的内容。例如，公式"=INDEX(B2:D7,3,2)"，将返回 B2:D7 单元格区域中第 3 行与第 2 列相交单元格的内容，即 C4 单元格，如图 3-107 所示。

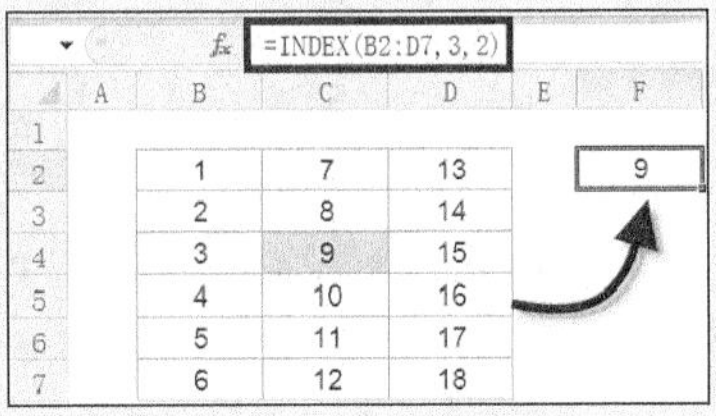

如果 INDEX 函数的第一参数只有一行或是一列，则可以仅指定一个数值作为要返回元素的位置。

MATCH 函数的作用是在单元格区域中搜索指定项，然后返回该项在单元格区域中的相对位置。该函数的语法如下。

图 3-107 INDEX 函数示意图

MATCH(lookup_value,lookup_array,[match_type])

其中，第一参数为指定的查找对象；第二参数为可能包含查找对象的单行或单列的单元格区域或数组；第三参数为查找的匹配方式，可以使用 0、1 或省略、-1，分别对应不同的查找模式，一般情况下使用 0，即精确查找模式。

该函数语法可以作如下解释。

MATCH(要查找的内容,在哪个区域查找,[查找的方式])

如图 3-108 所示，需要在信息表中，根据 G3 单元格的姓名查询出对应的薪资标准。

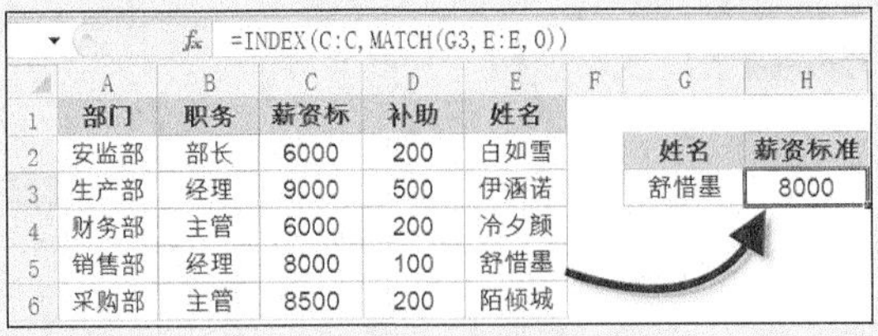

图 3-108 逆向查询数据

H3 单元格输入以下公式。

=INDEX(C:C,MATCH(G3,E:E,0))

公式中的"MATCH(G3,E:E,0)"部分，用 MATCH 函数查询 G3 单元格中的姓名在 E 列中的位置，第三参数使用 0，表示精确匹配，查询结果为 5。

INDEX 函数第一参数为 C:C，第二参数是 MATCH 函数的计算结果 5，表示在 C 列中返回第 5 个元素的内容，结果为 8 000。

使用 INDEX 函数和 MATCH 函数的组合应用来查询数据，公式看似相对复杂，但在实际应用中更加灵活。

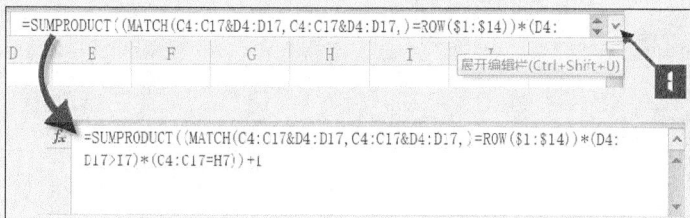

展开编辑栏

当需要输入的公式太长时，在编辑中栏往往无法完全显示。此时可以点击编辑栏最右侧的"展开编辑栏"按钮 ⌄，放大编辑栏显示区域，方便查看公式，如图 3-109 所示。

图 3-109　展开编辑栏

3.5.3 打印超宽工资条

生成工资条后，还需要打印后交付给不同的职工个人。如果工资条中的项目较多，实际打印时在一页纸上可能会无法完整呈现，需要对纸张方向、页边距等进行必要的调节，具体步骤如下。

步骤 1　在【页面布局】选项卡下单击【纸张方向】按钮，在下拉菜单中选择【横向】，如图 3-110 所示。

步骤 2　单击【页面布局】选项卡下的对话框启动器按钮，打开【页面设置】对话框并切换到【页边距】选项卡下。分别设置上、下、左、右的页边距，在"居中方式"区域勾选"水平"复选框，然后单击【打印预览】按钮，如图 3-111 所示。

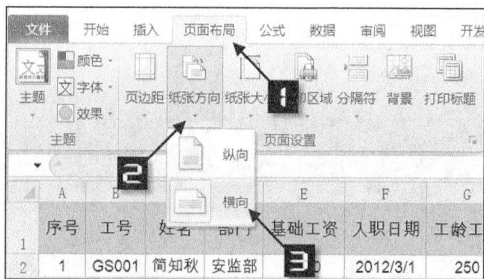

图 3-110　设置纸张方向

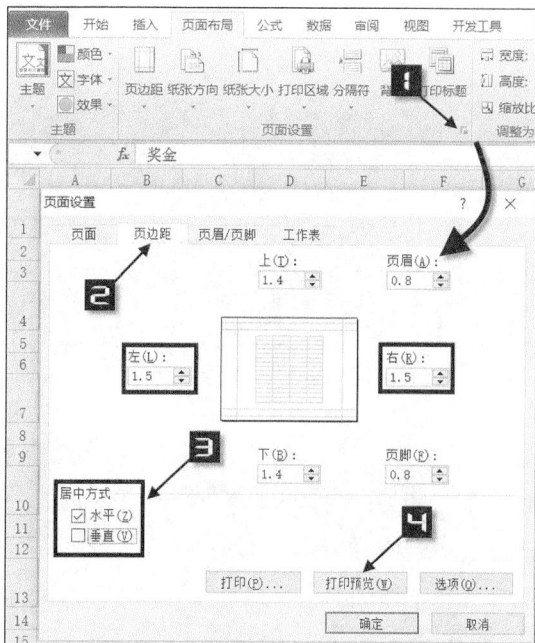

图 3-111　设置居中方式和页边距

在打印预览界面中，从第三页开始仅显示工资条的最右侧两列数据。说明纸张宽度不足，不能将同一行中的内容在一页内完全显示，如图 3-112 所示。

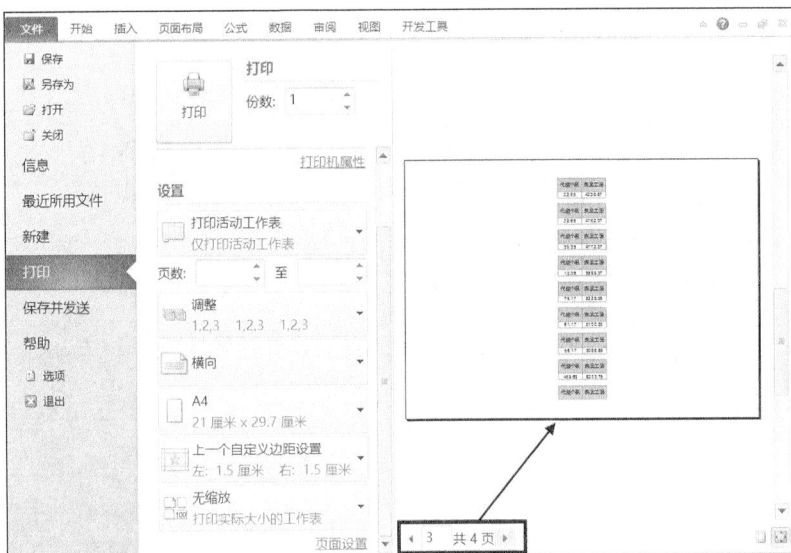

图 3-112　打印预览

步骤3　单击【打印预览】界面的左侧的【无缩放】命令按钮，在弹出的扩展菜单中选择"将所有列调整为一页"，再执行打印命令即可，如图 3-113 所示。

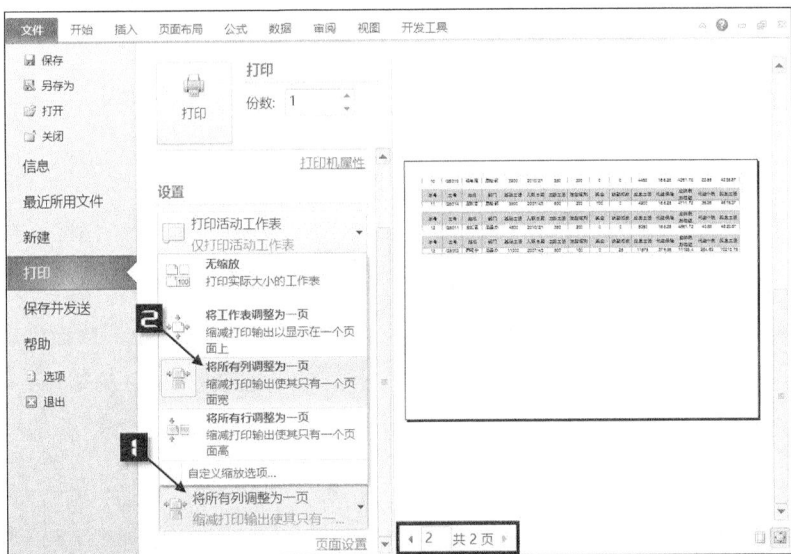

图 3-113　使用自定义缩放功能

3.6　销售与提成计算

在薪酬考核体系中，对于销售人员多采用"提成制"，不同行业、不同公司的销售提成计算方式各有不同，主要包括以下 4 种。

（1）纯提成制，销售人员的工资全部由提成构成，不发放固定的基本工资。

（2）底薪+提成制，销售人员的工资由基本工资和业绩提成两部分构成。

（3）底薪+提成+奖金制，销售人员除了底薪和业绩提成外，还会获得部分奖金收入。

（4）底薪+奖金制，销售人员的收入主要以底薪和与企业整体利益挂钩的奖金组成。

除此之外，对销售人员提成的规则也是多种多样，包括固定比例提成、浮动比例提成、超额阶梯提成等。

（1）所谓固定比例提成，是指无论销售总额多少，提成比例始终不变。

（2）浮动比例提成是指销售总额达到一定标准时，总的提成比例会随之调整。

（3）超额阶梯提成是指销售总额每超过一定比例，超出部分会额外奖励一定的提成比例，类似于阶梯电价或是阶梯水价的计算。

固定比例提成和浮动比例提成的计算比较简单，只要用销售总额乘以指定的提成比例即可，而超额阶梯提成的计算相对比较复杂。本节从制作销售提成表开始，主要学习阶梯式销售提成的计算。

3.6.1 制作销售提成表

素材所在位置为："光盘：\素材\第 3 章 Excel 在工资核算中的应用\3.6.1 制作销售提成表.xlsx"。

步骤 1 在"工资表"工作簿中插入一个新工作表，双击工作表标签，重命名为"销售提成表"，按 <Ctrl+S> 组合键保存。

步骤 2 在工作表中输入基础信息，其中包括员工工号、姓名、职务、销售任务、实际完成、完成比例和销售提成等项目，如图 3-114 所示。

步骤 3 设置字体、字号，添加单元格边框，对工作表进行美化，效果如图 3-115 所示。

	A	B	C	D	E	F	G
1	工号	姓名	职务	销售任务	实际完成	完成比例	销售提成
2	GS001	简知秋	销售总监	250000	298000		
3	GS002	乔昭宁	销售经理	230000	340000		
4	GS003	乔沐枫	销售副总	220000	230000		
5	GS004	沙林明	销售代表	170000	215000		
6	GS005	楚羡冰	销售主管	200000	150500		
7	GS006	连敏原	销售代表	170000	200800		
8	GS007	辛涵若	销售代表	170000	240500		
9	GS008	谭美芳	销售代表	170000	135000		
10	GS009	尤沙秀	销售代表	170000	180000		

图 3-114 输入基础信息

	A	B	C	D	E	F	G
1	工号	姓名	职务	销售任务	实际完成	完成比例	销售提成
2	GS001	简知秋	销售总监	250000	298000		
3	GS002	乔昭宁	销售经理	230000	340000		
4	GS003	乔沐枫	销售副总	220000	230000		
5	GS004	沙林明	销售代表	170000	215000		
6	GS005	楚羡冰	销售主管	200000	150500		
7	GS006	连敏原	销售代表	170000	200800		
8	GS007	辛涵若	销售代表	170000	240500		
9	GS008	谭美芳	销售代表	170000	135000		
10	GS009	尤沙秀	销售代表	170000	180000		

图 3-115 设置表格格式

步骤 4 在 F2 单元格输入公式"=E2/D2"，向下复制到 F10 单元格。保持 F2:F10 单元格的选中状态，在【开始】选项卡下单击【百分比样式】按钮，再两次单击【增加小数位数】按钮，使该区域的数字显示为百分数并且保留两位小数，如图 3-116 所示。

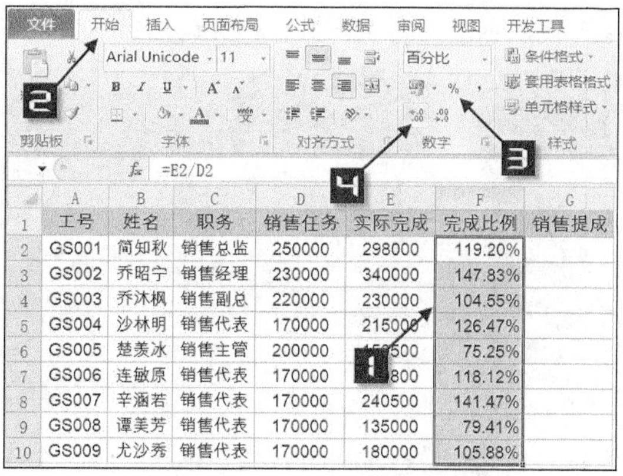

	A	B	C	D	E	F	G
1	工号	姓名	职务	销售任务	实际完成	完成比例	销售提成
2	GS001	简知秋	销售总监	250000	298000	119.20%	
3	GS002	乔昭宁	销售经理	230000	340000	147.83%	
4	GS003	乔沐枫	销售副总	220000	230000	104.55%	
5	GS004	沙林明	销售代表	170000	215000	126.47%	
6	GS005	楚羡冰	销售主管	200000	150500	75.25%	
7	GS006	连敏原	销售代表	170000	200800	118.12%	
8	GS007	辛涵若	销售代表	170000	240500	141.47%	
9	GS008	谭美芳	销售代表	170000	135000	79.41%	
10	GS009	尤沙秀	销售代表	170000	180000	105.88%	

图 3-116 计算完成比例

3.6.2 阶梯式销售提成计算

销售提成表制作完成后，接下来根据表 3-9 所示的规则计算阶梯式销售提成。

表 3-9 阶梯式销售提成规则

档次	分档标准	提成比例
第一档	0～150 000	0.34%
第二档	150 001～250 000	0.41%
第三档	250 001 及以上	0.50%

在 G2 单元格输入以下公式，向下复制到 G10 单元格，如图 3-117 所示。

=ROUND(SUM(TEXT(E2-{0,150 000,250 000},"0;!0")*{0.34,0.07,0.09}%),0)

图 3-117　使用公式计算阶梯式销售提成

TEXT 函数

Excel 的自定义数字格式功能可以将单元格中的数值显示为自定义的格式，而 TEXT 函数也具有类似的功能，其可以使用指定的格式代码，将数值转换特定格式的文本。

TEXT 函数的语法如下。

TEXT(value,format_text)

该函数中，第一参数可以是数值也可以是文本型数字；第二参数用于指定格式代码，与单元格数字格式中的大部分代码都基本相同。有少部分代码仅适用于自定义格式，不能在 TEXT 函数中使用。与自定义格式代码类似，TEXT 函数的格式代码也分为 4 个条件区段，各区段之间用半角分号间隔。默认情况下，这 4 个区段的定义如下。

[>0];[<0];[=0];[文本]

在实际使用中，可以根据需要省略 TEXT 函数第二参数的部分条件区段，条件含义也会发生相应变化。如果使用 3 个条件区段，则其含义如下。

[>0];[<0];[=0]

如果使用两个条件区段，则其含义如下。

[>=0];[<0]

设置单元格格式与 TEXT 函数有以下区别。

（1）设置单元格的格式，仅仅是数字显示外观的改变，其实质仍然是数值本身。

（2）使用 TEXT 函数可以将数值转换为带格式的文本，其实质已经转换为文本型数字。

【公式讲解】

图 3-117 所使用的公式中的 E2 是实际完成销售额。

"{0,150 000,250 000}"部分，0、150 000 和 250 000 分别是不同销售额分档的节点。

"{0.34,0.07,0.09}%"部分，即 0.34%、0.07%和 0.09%，其中，0.34%是第一档的提成比例；0.07%是第二档和第一档的差，也就是 0.41%～0.34%；0.09%是第三档和第二档的差，也就是 0.50%～0.41%。

不同分档执行比例的构成如图 3-118 所示。

	A	B	C	D	E	F
1	分档	第一档	第二档	第三档		
2	总比例	0.34%	0.41%	0.50%		
3	第一档	0.34%	0.34%	0.34%	执行第一档，即最低比例	
4	第二档		0.07%	0.07%	执行第二档和第一档的差	
5	第三档			0.09%	执行第三档和第二档的差	

图 3-118　不同分档执行比例的构成

以 E2 单元格中的实际完成数 298 000 为例，可以这样理解公式："E2-{0,150 000,250 000}"部分表示在所有的销售额中，执行第一分档提成比例的是 E2-0，即 298 000。

执行第二分档与第一分档之差的提成比例部分，是 E2-150 000，即 148 000。

执行第三分档与第二分档之差的，是 E2-250 000，结果为 48 000。

也就是在 E2 单元格的实际完成销售额 298 000 中，有 298 000 执行 0.34%的提成比例，有 148 000 执行 0.07%的提成比例，有 48 000 执行 0.09%的提成比例，如图 3-119 所示。

298 000-250 000=48 000　执行第三分档和第二分档的比例之差0.09%

298 000-150 000=148 000　执行第二分档和第一分档的比例之差0.07%

298 000-0=298 000　执行第一分档提成比例0.34%

图 3-119　提成比例构成示意图

"TEXT(E2-{0,150 000,250 000}","0;!0")*{0.34,0.07,0.09}%"部分，用计算出的各个区间的销售额，再乘以各分档提成比例之差。

先用 E2 分别减去各销售额分档的节点，然后再用相减得到的结果乘以各分档提成比例之差。代入公式后如下。

{"298 000","148 000","48 000"}*{0.34, 0.07,0.09}%

计算过程如下。

48 000*0.09%+148 000*0.07%+298 000* 0.34%

最后再用 SUM 函数求和，即得到提成总额，如图 3-120 所示。

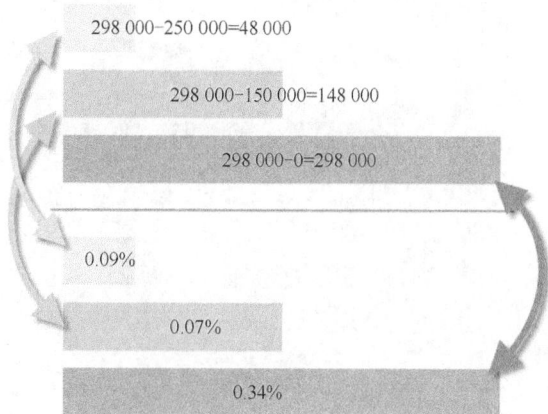

298 000-250 000=48 000

298 000-150 000=148 000

298 000-0=298 000

0.09%

0.07%

0.34%

图 3-120　不同区间销售额乘以对应提成比例

当实际完成销售额在最低分档时，如果再用实际完成销售额减去各档的节点，将会出现负数。

以 E9 单元格的实际完成销售额 135 000 为例，用 135 000-{0,150 000,250 000}，结果返回一个内存数组{135 000,-15 000,-115 000}，也就是执行第一档提成比例的销售额是 130 000，而执行第二档和第三档的销售额则变成了负数。

在公式中使用了 TEXT 函数，将 TEXT 函数的格式代码写成"0;!0"，作用是将负数强制转换为 0。就是将{130 000,-15 000,-115 000}变成{130 000,0,0}，即执行第一档提成比例的销售额是 130 000，执行第二档和第三档提成比例的销售额为 0。

此公式同样适用于阶梯电价、阶梯水价等超额阶梯类的计算。

扩展知识点

1. 引用其他工作表的数据

销售提成表制作完成后，再从"工资表"工作表中使用 VLOOKUP 函数引用数据，能够实现模式化的数据管理。操作步骤如下。

步骤1 单击"工资表"工作表 G 列列标，单击鼠标右键，在扩展菜单中选择"插入"命令，输入新插入列的列标题"销售提成"，如图 3-121 所示。

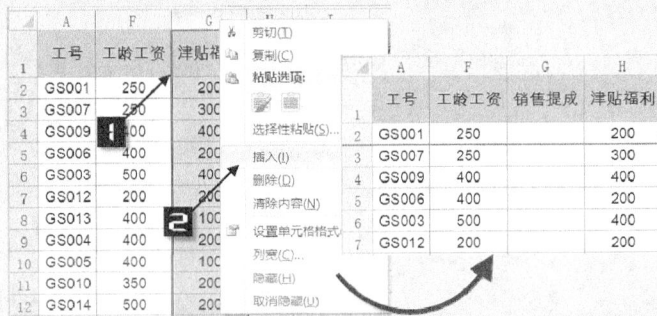

图 3-121 插入列

步骤2 单击 G2 单元格，依次输入等号和函数名称、左括号、查询值，然后单击"销售提成表"的工作表标签，切换到销售提成表中，再从 A~G 列列标上拖动鼠标选中 A~G 列整列，如图 3-122 所示。

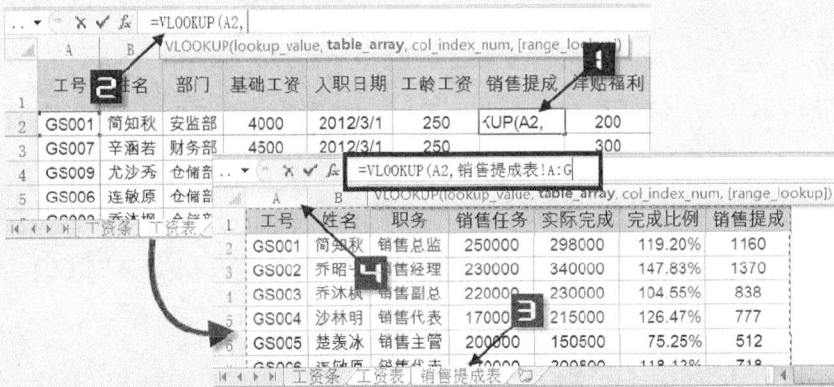

图 3-122 引用不同工作表中的数据

步骤 3 继续补充完整公式，具体如下。

`=IFERROR(VLOOKUP(A2,销售提成表!A:G,7,0),0)`

该公式以 A2 单元格的工号作为查询值，返回销售提成表 A:G 列中返回第 7 列的销售提成额。如果 VLOOKUP 函数查询不到对应的工号，将返回错误值#N/A，因此使用 IFERROR 函数，将有错误值的公式指定返回为 0。

【提示】如果当在引用区域内删除或插入行列时，已有公式的引用范围会发生变化，影响到统计结果。

以"工资表"工作表中 J2 单元格应发工资公式"=SUM(D2,F2:H2)-I2"为例，在引用区域中插入列后，公式的引用范围会变成 F2:I2，具体如下。

`=SUM(D2,F2:I2)-J2`

本例中，计算应发工资新增了销售提成，与最终的计算规则没有冲突。在其他工作表中进行此类操作时，则需要注意删除、插入行列对公式引用范围的影响。

除了销售提成表，还可以在"工资表"工作簿中建立奖励或是扣罚信息表等，不再赘述。

2. 常用快捷键

熟练运用一些快捷键，会显著提升操作效率，表 3-10 是部分常用的 Excel 快捷键。

表 3-10　　　　　　　　　　部分常用 Excel 快捷键

执行操作	快捷键组合
查看帮助文件	F1
重复最后一次操作	F4
显示"定位"对话框	F5
重新计算	F9
另存为	F12
显示"单元格格式"对话框	Ctrl+1
复制选定区域	Ctrl+C
剪切选定区域	Ctrl+X
粘贴选定区域	Ctrl+V
撤销最后一次操作	Ctrl+Z
选定活动单元格所在的当前区域	Ctrl+A
保存当前操作	Ctrl+S
打印工作表	Ctrl+P
打开新工作表	Ctrl+O（字母 O）
新建工作簿	Ctrl+N
打开查找对话框	Ctrl+F
打开替换对话框	Ctrl+H
清除选定区域的内容	Delete
删除选定区域	Ctrl+-（数字小键盘的减号）
插入行或列	Ctrl++（数字小键盘的加号）
选定当前区域	Ctrl+*（数字小键盘的乘号）

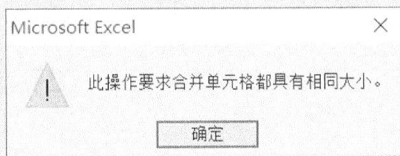

小技巧

合并单元格添加序号

素材所在位置为："光盘：\素材\第 3 章 Excel 在工资核算中的应用\合并单元格添加序号.xlsx"。

如图 3-123 所示，员工信息表中使用了合并单元格，需要在 A 列的合并单元格内根据部门添加连续的序号。

如果按常规方法，在首个合并单元格内输入数值 1，向下复制公式时会弹出如图 3-124 所示的对话框，无法完成操作。

图 3-123　合并单元格添加序号

图 3-124　提示对话框

同时选中需要输入序号的 A2:A9 单元格区域，在编辑栏输入以下公式，按 <Ctrl+Enter> 组合键。

```
=COUNTA(B$2:B2)
```

COUNTA 函数的作用是计算区域中不为空的单元格的个数。

COUNTA 函数以 B$2:B2 单元格区域作为计数范围，第一个 B$2 使用行绝对引用，第二个 B2 使用相对引用，按 <Ctrl+Enter> 组合键在多单元格同时输入公式后，引用区域会自动进行扩展。

在 A2 单元格中，引用范围是 B$2:B2。在 A5 单元格中，引用范围扩展为 B$2:B5，以此类推。也就是开始位置是 B2 单元格，结束位置是公式所在行的动态扩展区域。

COUNTA 函数统计该区域内不为空的单元格数量，计算结果即等同于序号。

3.6.3　按年月快速汇总销售数据

素材所在位置为："光盘：\素材\第 3 章 Excel 在工资核算中的应用\3.6.3 按年月快速汇总销售数据.xlsx"。

在日常工作中，很多基础数据表中记录的内容虽然很多，但是能够展示的有效信息却非常有限。尤其是一些采购、销售类的数据表，数据量往往非常大，需要经过提炼才能从数据中发掘出更多有价值的信息。

使用数据透视表的组合功能，能够对日期类型的数据项采取多种组合方式，增强数据

按年月快速汇总
销售数据

透视表分类汇总的适用性，使得数据透视表的分类方式能够适合更多的应用场景。本节学习使用 Excel 数据透视表功能对销售数据快速按年月汇总。

图 3-125 是某企业销售记录的部分内容，需要汇总各销售区域在不同月份的销售金额。

	C	D	E	F	G	H	I	J	K	L	M
1	仓库	出库日期	出库单号	出库类别编码	出库类别	部门编码	销售部门	业务员	客户	制单人	存货编码
2	A-1库区	2017/1/1	7878200035963	205	销售出库	0000	集团本部	马金伟	广东博大进出口有限公司	刘萌萌	04020002
3	A-1库区	2017/1/1	7878200035963	205	销售出库	0000	集团本部	马金伟	广东博大进出口有限公司	刘萌萌	04020002
4	A-1库区	2017/1/1	7878200035963	205	销售出库	0000	集团本部	马金伟	广东博大进出口有限公司	刘萌萌	04020002
5	A-1库区	2017/1/1	7878200035963	205	销售出库	0000	集团本部	马金伟	广东博大进出口有限公司	刘萌萌	04020002
6	A-1库区	2017/1/1	7878200035963	205	销售出库	0000	集团本部	马金伟	广东博大进出口有限公司	刘萌萌	04020002
7	A-1库区	2017/1/1	7878200035963	205	销售出库	0000	集团本部	马金伟	广东博大进出口有限公司	刘萌萌	04020002
8	A-1库区	2017/1/1	7878200035964	205	销售出库	0000	集团本部	马金伟	广东博大进出口有限公司	刘萌萌	04020002
9	A-1库区	2017/1/1	7878200035964	205	销售出库	0000	集团本部	马金伟	广东博大进出口有限公司	刘萌萌	04020002
10	A-1库区	2017/1/1	7878200035964	205	销售出库	0000	集团本部	马金伟	广东博大进出口有限公司	刘萌萌	04020002
11	A-1库区	2017/1/1	7878200035964	205	销售出库	0000	集团本部	马金伟	广东博大进出口有限公司	刘萌萌	04020002
12	A-1库区	2017/1/1	7878200035964	205	销售出库	0000	集团本部	马金伟	广东博大进出口有限公司	刘萌萌	04020002
13	A-1库区	2017/1/1	7878200035964	205	销售出库	0000	集团本部	马金伟	广东博大进出口有限公司	刘萌萌	04020002
14	A-1库区	2017/1/1	7878200035964	205	销售出库	0000	集团本部	马金伟	广东博大进出口有限公司	刘萌萌	04020002

图 3-125　销售记录

操作步骤如下。

步骤1　单击数据区域任意单元格，如 A4，在【插入】选项卡下单击【数据透视表】命令按钮。在弹出的【创建数据透视表】对话框中保留默认选项，单击【确定】按钮，如图 3-126 所示。

步骤2　在【数据透视表字段列表】中将"出库日期"字段拖动到行标签区域，将"客户"字段拖动到列标签区域，将"金额"字段拖动到数值区域，然后关闭【数据透视表字段列表】对话框，如图 3-127 所示。

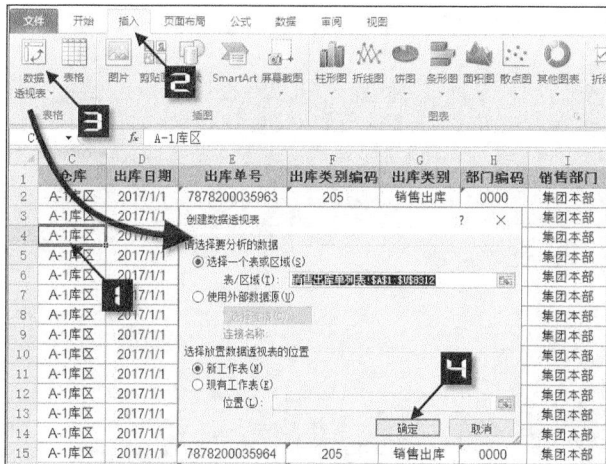

图 3-126　插入数据透视表

图 3-127　调整数据透视表布局

步骤3　单击数据透视表任意单元格，按 <Ctrl+A> 组合键选中整个数据透视表。然后在【开始】选项卡下设置字体字号，如图 3-128 所示。

步骤4　在【设计】选项卡下单击"数据透视表样式"命令组右侧的下拉按钮，在数据透视表样式库中选择一种样式。然后单击【布局】下拉按钮，在下拉菜单中选择"以表格显示"命令，如图 3-129 所示。

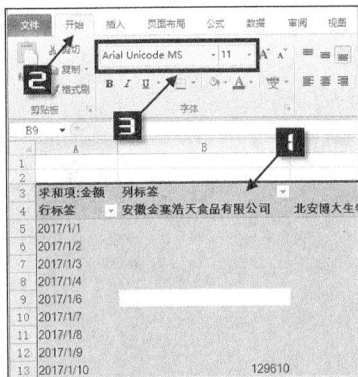

图 3-128　选中数据透视表设置字体字号　　　　　　　图 3-129　设置数据透视表样式和布局

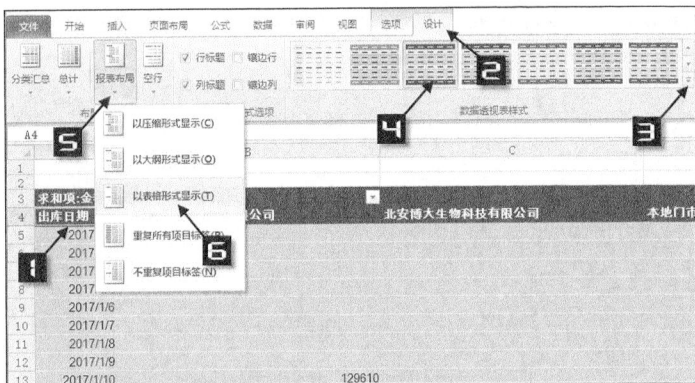

步骤5　右键单击数据透视表任意单元格，如 A5，在扩展菜单中选择"创建组"命令。在弹出的【分组】对话框中，用户可以指定的步长包括秒、分、小时、日、月、季度和年等多种选项。本例中的销售数据都是 2017年，因此可以仅选择月和季度，最后单击【确定】按钮，如图 3-130 所示。

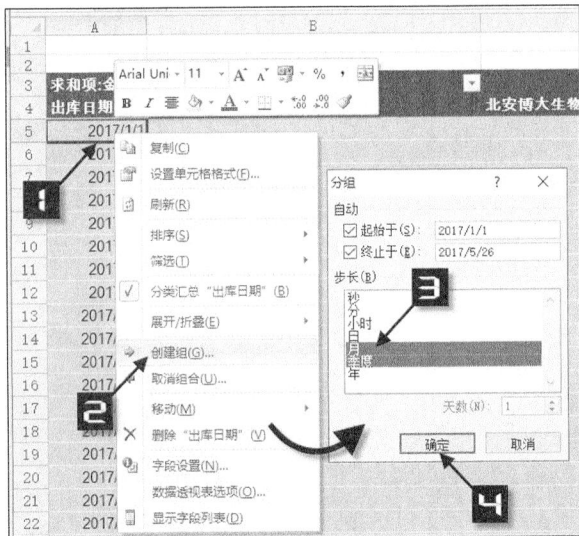

图 3-130　数据透视表分组

完成后的数据透视表局部效果如图 3-131 所示。

			安徽金裹浩天食品有限公司	北安博大生物科技有限公司	博大东站门店	博大家园居民
求和项:金额	客户					
季度	出库日期					
第一季	1月		129610	891.0729	6795.454	18533.3472
	2月		259827		6002.5148	32755.1744
	3月				8334.3626	13673.5584
第二季	4月		126133.5		2342.2616	2477.0525
	5月		238762.416		6386.942	2090.88
总计			754332.916	891.0729	29861.535	69530.0125

图 3-131　完成后的数据透视表效果

【提示】如果数据表中包含多个年份的数据，则在分组时必须选中步长"年"，否则 Excel 会将所有年份中的同一月或是同一季度的数据汇总到一起。

扩展知识点

认识 INDIRECT 函数

素材所在位置为："光盘：\素材\第 3 章 Excel 在工资核算中的应用\
认识 INDIRECT 函数.xlsx"。

INDIRECT 函数能够根据第一参数的文本字符串生成具体的单元格引
用。该函数的语法如下：

认识 INDIRECT
函数

```
INDIRECT(ref_text,[a1])
```

该函数中，第一参数是一个表示单元格地址的文本；第二参数用于指定
使用哪一种引用样式，通常情况下，该参数为 TRUE 或省略，这时第一参数中的文本被解释为
A1 样式的引用。以下通过 3 个简单的示例来了解 INDIRECT 函数。

如图 3-132 所示，在 C1 单元格输入以下公式。

```
=INDIRECT("A1")
```

INDIRECT 函数的参数为文本字符串"A1"，其能够将字符串"A1"变成实际的引用，因
此返回的是对 A1 单元格的引用。

如图 3-133 所示，A1 单元格输入文本"B5"，在 C1 单元格输入以下公式。

```
=INDIRECT(A1)
```

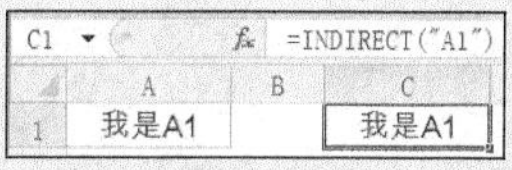

图 3-132　文本"A1"变成实际的引用

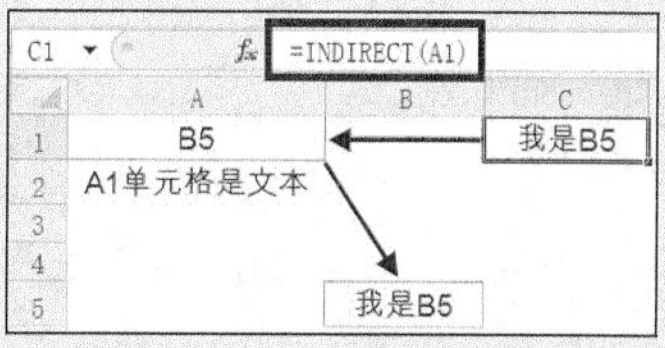

图 3-133　间接引用单元格

INDIRECT 函数将 A1 单元格内的文本字符串"B5"变成实际的引用，实现对 B5 单元格的
间接引用效果。

如图 3-134 所示，是某企业各部门的加班记录，不同部门的加班时长分别存放在以部门名
称命名的工作表内，要求在"汇总"工作表内，对各部门的加班时长进行汇总。

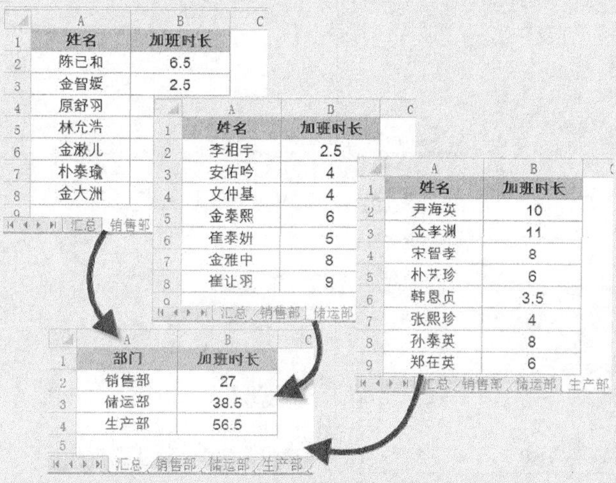

图 3-134　汇总各部门加班时长

在"汇总"工作表的 B2 单元格输入以下公式，向下复制到 B4 单元格。

```
=SUM(INDIRECT(A2&"!B1:B100"))
```

首先将 A2 单元格中表示工作表名称的字符"销售部"与字符串"!B1:B100"连接，组成新字符串"销售部!B1:B100"。此时的字符串还不具有引用功能。

INDIRECT 函数将引用样式的文本字符串"销售部!B1:B100"变成实际引用，返回"销售部"工作表 B1:B100 单元格区域的引用。

使用 SUM 函数对 INDIRECT 函数的引用结果计算出总和。

公式中的"A2"使用了相对引用，随着公式向下复制，引用位置依次变成 A3、A4。由此组成的新字符串也会随之变化为"储运部!B1:B100""生产部!B1:B100"。通过 INDIRECT 函数将这些字符串变成实际引用，最终实现多工作表的求和汇总。

在实际应用中，如果引用工作表标签名中包含有空格等特殊符号时，手工输入的工作表名称有可能造成引用错误。可以先在任意一个空白单元格内输入等号"="，然后鼠标单击工作表标签，再单击该工作表内任意单元格，最后按 <Enter> 键完成输入。

此时，在编辑栏内就能看到该工作表的正确引用地址，在编辑栏中复制工作表名称部分即可，如图 3-135 所示。

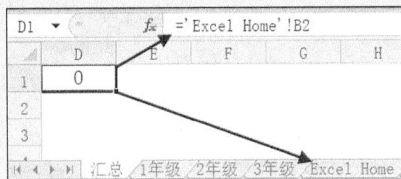

图 3-135　工作表标签带有空格

小技巧

设置自动保存的间隔时间

Excel 具有自动保存功能，当新建工作簿并进行首次保存之后，Excel 默认每隔 10 分钟对所做的编辑修改进行自动保存，可以降低因为程序意外崩溃或是断电等原因造成的数据损失。

用户可以对自动保存间隔时间进行调整设置，在 Excel 功能区中依次单击【文件】→【选项】，打开【Excel 选项】对话框，切换到【保存】选项卡。然后，调整【保存自动恢复信息时间间隔】右侧的微调按钮，可设置的时间区间为 1 分钟~120 分钟，单击【确定】按钮保存设置，如图 3-136 所示。

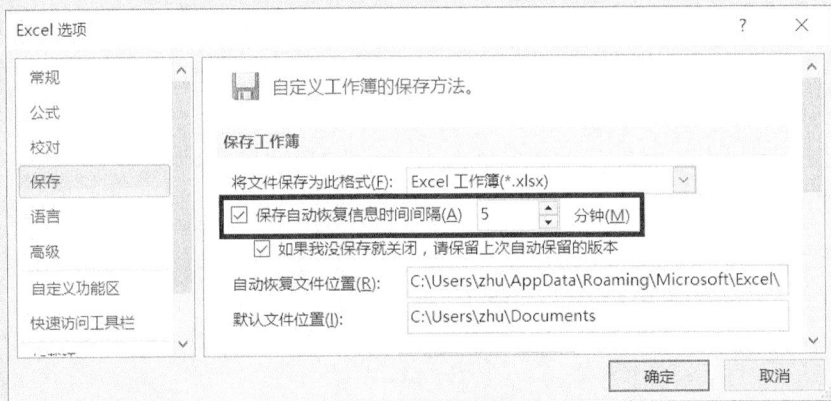

图 3-136　自动保存选项设置

在工作簿的编辑修改过程中，Excel 会根据保存间隔时间的设定自动生成备份副本。单击【文件】选项卡，可以查看到通过自动保存产生的副本版本信息，如图 3-137 所示。

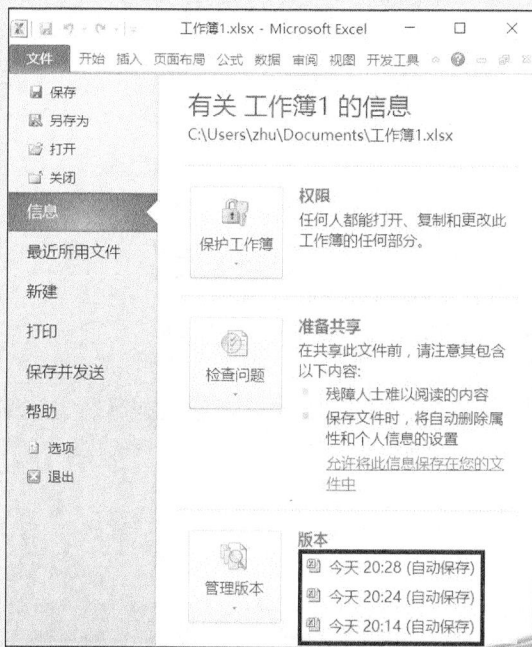

图 3-137　自动生成的备份副本

本章小结

　　本章主要学习了工资表、工资条以及个人所得税计算、销售提成计算等与薪酬管理有关的内容。同时学习了分类汇总、相对引用和绝对引用、VLOOKUP 函数、INDEX+MATCH 函数、IRERROR 函数、TEXT 函数、数据透视表以及打印超宽工资条等内容。

思考与练习

　　（1）按部门拆分工资表，使用的是数据透视表的＿＿＿＿＿＿＿＿＿＿＿功能。

　　（2）VLOOKUP 函数第三参数指的是要返回工作表中第几列的内容，这种说法正确吗？

　　（3）使用 DATEDIF 函数计算员工周岁时，第一参数是＿＿＿＿＿，第二参数是＿＿＿＿＿，第三参数应该使用＿＿＿＿＿。

　　（4）用于屏蔽公式返回的错误值应该使用哪个函数？

　　（5）新建一个工作簿，使用数据有效性在 A1:A10 单元格区域制作下拉菜单，使得单击该下拉菜单中的选项，可以输入"经理""科长"和"职员"等内容。

　　（6）为单元格设置自定义格式，要求输入数字 1 时，返回内容为"第 1 名"。

　　（7）为单元格设置数据有效性，要求在鼠标点击单元格时出现提示框，提醒内容为"请输入 18 位身份证号码"。

　　（8）要将不规范日期"2016.7.12"转换为真正的日期，可以使用＿＿＿＿＿＿功能。

（9）在 Excel 中，用于求和的函数是＿＿＿＿＿＿，用于计算最大值的函数是＿＿＿＿＿＿，计算最小值的函数是 ＿＿＿＿＿＿。

（10）如果要将 D2 单元格中的数值 188.125，使用函数返回 188.13，需要使用的函数是＿＿＿＿＿。如果要返回 188，需要使用的函数是＿＿＿＿＿＿。

（11）在数据量非常多的表格中，要将首行和最左侧的 3 列始终显示，需要怎样设置？

（12）ROW 函数和 COLUMN 函数用于返回参数单元格所对应的＿＿＿＿＿＿或＿＿＿＿＿＿。

（13）数据透视表的整体结构可以分为四个部分，分别是＿＿＿＿区域、＿＿＿＿区域、＿＿＿＿区域、和＿＿＿＿区域。

（14）有两种方法可以刷新数据透视表，分别是＿＿＿＿＿＿和＿＿＿＿＿＿＿＿。

（15）数据透视表报表布局分为＿＿＿＿＿＿、＿＿＿＿＿＿和＿＿＿＿＿等 3 种显示形式。

（16）要将格式复制到多个不连续的单元格区域，需要单击还是双击格式刷？

（17）Excel 中对单元格引用的相对性，可分为 3 种不同的引用方式，即＿＿＿＿＿、＿＿＿＿＿和＿＿＿＿＿，不同引用方式用＿＿＿＿＿进行区别。

（18）以引用 A1 单元格为例，绝对引用的写法是＿＿＿＿，行绝对引用、列相对引用的写法是＿＿＿＿，行相对引用、列绝对引用的写法是＿＿＿＿，相对引用的写法是＿＿＿＿。

（19）如果要进行逆向查询，可以使用＿＿＿＿和＿＿＿＿函数实现。其中，＿＿＿＿函数的作用是根据指定的行号和列号，返回指定区域中的值。＿＿＿＿函数的作用是在单元格区域中搜索指定项，然后返回该项在单元格区域中的相对位置。

（20）默认情况下，TEXT 函数的格式代码分为 4 个条件区段，这 4 个区段的定义为＿＿＿＿＿＿。如果使用 3 个条件区段，其含义为＿＿＿＿＿＿＿＿。如果使用两个条件区段，其含义为＿＿＿＿＿＿＿。

第4章

Excel 在应收账款管理中的应用

应收账款是企业流动资产的一个重要项目，积极而有效地管理应收账款将有利于加快企业资金周转、提高资金使用效率，也有利于防范经营风险，维护投资者利益。

应付账款是企业应支付但尚未支付的手续费和佣金，是会计科目的一种，用以核算企业因购买材料、商品和接受劳务供应等经营活动应支付的款项。

本章主要介绍 Excel 在企业往来账款管理中的应用方法，通过本章的学习，读者能够掌握更多 Excel 知识点。

4.1 创建应收账款明细账

素材所在位置为：“光盘：\素材\第 4 章 Excel 在应收账款管理中的应用\4.1 应收账款明细账.xlsx”。

首先在 Excel 中创建应收账款明细账，即根据实际发生的业务，将企业的应收账款信息登记到 Excel 表格中。操作步骤如下。

步骤 1 创建一个新工作簿，将 Sheet1 工作表重命名为“应收账款明细”，删除 Sheet2 和 Sheet3 工作表，然后按 <Ctrl+S> 组合键，将工作簿保存为“应收账款明细账”。

步骤 2 根据企业需要，将应收账款管理需要的字段信息输入到 Excel 表格中，如图 4-1 所示。

步骤 3 在工作表中依次输入企业应收账款明细记录，然后依次添加单元格边框、设置单元格填充颜色和字体字号，效果如图 4-2 所示。

	A	B	C	D	E	F	G	H
1	序号	公司名称	开票日期	应收金额	已收金额	未收金额	付款期限	是否到期
2								
3								
4								
5								
6								

应收账款明细

图 4-1 输入基础信息

	A	B	C	D	E	F	G	H
1	序号	公司名称	开票日期	应收金额	已收金额	未收金额	付款期限	是否到期
2	1	大田公司	2017/1/1	53639.00			45	
3	2	天安公司	2017/2/3	37676.00	4500.00		27	
4	3	大田公司	2017/2/10	47932.00	12000.00		50	
5	4	子威公司	2017/2/11	10964.00			48	
6	5	瑞丽公司	2017/2/12	30863.00			36	
7	6	大田公司	2017/2/13	23179.00	10000.00		23	
8	7	旭派公司	2017/2/13	52073.00			23	
9	8	大田公司	2017/2/14	28191.00	8191.00		51	
10	9	天安公司	2017/2/15	13918.00			40	

图 4-2 输入应收账款明细记录

步骤 4 在 F2 单元格输入以下公式计算未收金额，双击 F2 单元格右下角的填充柄将公式向下复制。

```
=D2-E2
```

步骤 5 假设以 2017 年 3 月 15 日为统计日，在 H2 单元格输入以下公式计算是否到期，双击 H2 单元格右下角的填充柄将公式向下复制，如图 4-3 所示。

```
=IF(C2+G2<--"2017-3-15","是","否")
```

H2 =IF(C2+G2<--"2017-3-15","是","否")

	A	B	C	D	E	F	G	H
1	序号	公司名称	开票日期	应收金额	已收金额	未收金额	付款期限	是否到期
2	1	大田公司	2017/1/1	53639.00		53639.00	45	是
3	2	天安公司	2017/2/3	37676.00	4500.00	33176.00	27	是
4	3	大田公司	2017/2/10	47932.00	12000.00	35932.00	50	否
5	4	子威公司	2017/2/11	10964.00		10964.00	48	否

图 4-3 计算是否到期

知识点讲解

1. IF 函数

IF 函数用于执行真假值的判断，根据逻辑计算的真假值返回不同的结果。如果指定条件的计算结果为 TRUE，则 IF 函数将返回某个值；如果该条件的计算结果为 FALSE，则 IF 函数将返回另一个值。

IF 函数中，第一个参数是结果可能为 TRUE 或 FALSE 的任意值或表达式；第二个参数是判断结果为 TRUE 时所要返回的结果；第三参数是判断结果为 FALSE 时所要返回的结果。

素材所在位置为：“光盘：\素材\第 4 章 Excel 在应收账款管理中的应用\判断是否全勤.xlsx”。

=IF(C2>=B2,"是","否")

	A	B	C	D
1	姓名	本月应出勤	实际出勤	是否全勤
2	顾云珊	23	23	是
3	关义磊	23	19	否
4	熊兆麒	23	23	是
5	贺伯寅	23	23	是
6	蒋琼玉	23	20	否
7	俞兆龙	23	21	否
8	白永惠	23	15	否
9	张加云	23	23	是
10	杨鸿春	23	22	否

图 4-4 判断是否全勤

如图 4-4 所示，要根据员工的出勤天数判断是否全勤。

在 D2 单元格输入以下公式，向下复制到 D10 单元格。

```
=IF(C2=B2,"是","否")
```

上述公式中的“C2=B2”部分，函数先判断 C2 单元格的实际出勤天数是否等于 B2 单元格本月应出勤天数，返回逻辑值 TRUE 或是 FALSE。如果判断结果为逻辑值 TRUE，IF 函数返回第二参数“是”，否则返回第三参数“否”。

2. 嵌套公式

嵌套公式是指一个函数公式的运算结果用作另一个函数公式的参数。实际应用中，使用嵌套公式可以完成比较复杂的运算处理。

以图 4-5 的数据为例，如果判断条件为“大于应出勤天数为加班，等于应出勤天数为全勤，否则为缺勤”，使用 IF 函数的嵌套能够完成多个区间的判断。在 D2 单元格输入以下公式，向下复制到 D10 单元格。

```
=IF(C2>B2,"加班",IF(C2=B2,"全勤","缺勤"))
```

在本公式中，“IF(C2=B2,"全勤","缺勤")”部分可以看作是第一个 IF 函数的第三参数。

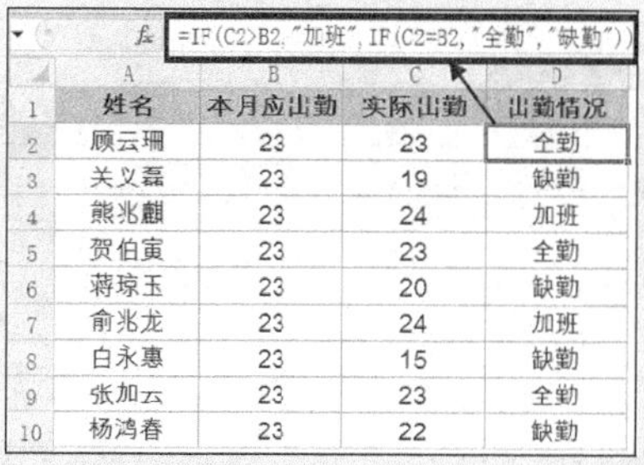
=IF(C2>B2,"加班",IF(C2=B2,"全勤","缺勤"))

	A	B	C	D
1	姓名	本月应出勤	实际出勤	出勤情况
2	顾云珊	23	23	全勤
3	关义磊	23	19	缺勤
4	熊兆麒	23	24	加班
5	贺伯寅	23	23	全勤
6	蒋琼玉	23	20	缺勤
7	俞兆龙	23	24	加班
8	白永惠	23	15	缺勤
9	张加云	23	23	全勤
10	杨鸿春	23	22	缺勤

图 4-5　嵌套公式

第一个 IF 函数首先判断 C2 单元格是否大于 B2，条件成立返回指定的内容“加班”，如果 C2 单元格的数值不大于 B2，则继续执行下一个 IF 函数判断 C2 是否等于 B2，符合条件返回“全勤”，其余为小于 B2 的部分，返回“缺勤”。

使用 IF 函数的嵌套时，需要注意区段划分的完整性和唯一性，可以理解为从一个极端开始，向另一个极端递进式判断。例如，可以先判断是否小于条件中的最小标准值，然后逐层判断，最后再判断是否小于条件中的最大标准值。也可以先判断是否大于条件中的最大标准值，然后逐层判断，最后判断是否大于条件中的最小标准值。

使用以下公式，能够完成同样的计算要求。

```
=IF(C2<B2,"缺勤",IF(C2=B2,"全勤","加班"))
```

函数从最低部分开始判断，首先判断 C2 单元格是否小于 B2，条件成立返回指定的内容“缺勤”。如果 C2 单元格中的数值不小于 B2，则继续执行下一个 IF 函数，判断 C2 是否等于 B2，符合条件返回“全勤”，其余为大于 B2 的部分，返回“加班”。

【公式讲解】

本例中，判断“C2 单元格中的开票日期+G2 单元格中的付款期限”是否小于统计日（2017 年 3 月 15 日），如果小于统计日，说明到期日在统计日之前，对比后得到逻辑值 TRUE，IF 函数返回第二参数指定的内容“是”，否则返回第三参数“否”。

在公式中直接输入日期时间数据时，需要在日期时间数据外侧添加一对半角引号，使其变成文本型的数字，否则 Excel 会无法正确识别。

文本型数字可以直接进行四则运算，如果要在公式中对文本型的日期时间内容比较大小，还需要将文本型的内容转换为日期时间的序列值。使用以下 6 种方法，均能够将 A2 单元格的文本型数字转换为数值。

（1）乘法：=A2*1。

（2）除法：=A2/1。

（3）加法：=A2+0。

（4）减法：=A2-0。

（5）减负运算：=--A2。

（6）函数转换：=VALUE（A2）。

其中，减负运算实质是以下公式的简化。

`=0-(-A2)`

即 0 减去负的 A2 单元格的值，因其输入最为方便而被广泛应用。

如果需要将统计日设置为系统当前日期，可以将公式中日期部分修改为 TODAY()。

TODAY 函数用于生成系统当前的日期。日期和时间都是特殊的数值，因此也可以进行加、减等各种运算。例如，计算系统当前的日期 8 天之后的日期，可以使用以下公式完成。

`=TODAY()+8`

Excel 中提供了丰富的日期函数用来处理日期数据，常用日期函数及功能如表 4-1 所示。

表 4-1　常用日期函数

函数名称	功能	示例	计算结果
DATE 函数	根据指定的年份、月份和日期返回日期序列值	=DATE(2017,2,26)	2017/2/26
DAY 函数	返回某个日期的在一个月中的天数	=DAY("2017-2-26")	26
MONTH 函数	返回日期中的月份	=MONTH("2017-2-26")	2
YEAR 函数	返回对应某个日期的年份	=YEAR("2017-2-26")	2017
TODAY 函数	用于生成系统当前的日期	=TODAY()	2017/5/1
NOW 函数	用于生成系统日期时间格式的当前日期和时间	=NOW()	2017/4/1 16:38
EDATE 函数	返回指定日期之前或之后指定月份数的日期	=EDATE("2017-2-26",5)	2017/7/26
EOMONTH 函数	返回指定日期之前或之后指定月份数的月末日期	=EOMONTH("2017-2-26",5)	2017/7/31
WEEKDAY 函数	以数字形式返回指定日期是星期几，第二参数通常使用 2，用 1~7 表示星期一至星期日	=WEEKDAY("2017-2-26",2)	7

4.2 统计各客户应收账款

企业在经营过程中，产生的应收账款数额越多，财务风险就越高。本节学习运用 Excel 对应收账款现状进行统计分析，为企业的财务决策提供参考和依据。

4.2.1 提取不重复客户名单

操作步骤如下。

步骤 1　在"应收账款明细账"工作簿中插入新工作表，将工作表重命名为"应收账款汇总"。

步骤 2　单击"应收账款明细"工作表 B 列列标，按 <Ctrl+C> 组合键复制，然后切换到"应收账款汇总"工作表中，单击 A1 单元格，按 <Enter> 键粘贴。

步骤 3　单击 A 列数据区域中的任意单元格，如 A4，在【数据】选项卡下单击【删除重复项】命令按钮，打开【删除重复项】对话框。保留其中的默认选项，单击【确定】按钮，在弹出的 Excel 提示对话框中再次单击【确定】按钮，完成不重复客户的提取，如图 4-6 所示。

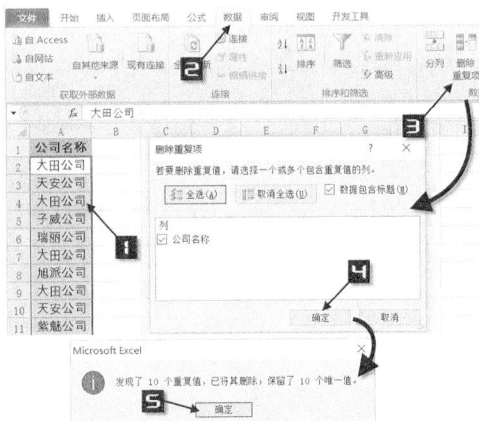

图 4-6　删除重复项

4.2.2 使用公式计算各客户未收账款总额和业务笔数

接下来使用公式完成各客户应收账款金额和业务笔数的汇总，操作步骤如下。

步骤 1　在 B1~C1 单元格内依次输入列标题"未收金额"和"业务笔数"。

步骤 2　单击 A 列列标选中 A 列整列，然后单击【开始】选项卡下的【格式刷】命令按钮，将格式复制到 B:C 列，如图 4-7 所示。

步骤3 在 B2 单元格输入以下公式计算各客户未收账款总额，并将公式向下复制，如图 4-8 所示。

=SUMIF(应收账款明细!B:B,A2,应收账款明细!F:F)

步骤4 在 C2 单元格输入以下公式计算各客户业务笔数，并将公式向下复制，如图 4-9 所示。

=COUNTIF(应收账款明细!B:B,A2)

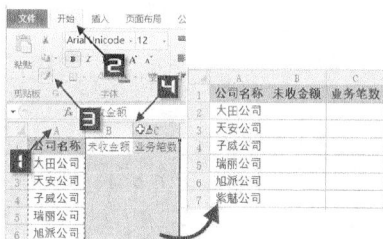

图 4-7　使用格式刷复制格式　　　　图 4-8　计算各客户未收账款总额　　图 4-9　计算各客户业务笔数

知识点讲解

SUMIF 函数和 COUNTIF 函数

1. SUMIF 函数

素材所在位置为："光盘:\素材\第 4 章 Excel 在应收账款管理中的应用\SUMIF 函数.xlsx"。

SUMIF 函数用于对范围中符合指定条件的值求和，函数语法如下。

SUMIF(range,criteria,[sum_range])

该函数中，第一参数用于判断条件的单元格区域，第二参数用于确定求和的条件，第三参数是要求和的实际单元格区域，其语法可作如下理解。

SUMIF(条件判断区域,求和条件,求和区域)

条件求和类的计算在日常工作中的使用范围非常广，例如按指定的部门汇总工资额、计算某个班组的总产量等。

本例中使用以下公式计算出各客户未收账款总额。

=SUMIF(应收账款明细!B:B,A2,应收账款明细!F:F)

其中，"应收账款明细!B:B"部分是指定的条件区域，A2 是用于确定求和的条件，"应收账款明细!F:F"部分是用于求和的实际单元格区域。如果应收账款明细工作表 B 列中的公司名称等于 A2 单元格指定名称，就对应收账款明细工作表 F 列中对应位置的未收金额求和汇总。

SUMIF 函数允许省略第三参数。省略第三参数时，Excel 会对第一参数，也就是判断条件的单元格区域求和。

在部分企业，如果加班时长不足 1 小时将没有加班费。如图 4-10 所示，使用以下公式可以计算出 1 小时及以上部分的加班小时数。

=SUMIF(B2:B10,">=1")

使用 SUMIF 函数时，任何含有逻辑及数学符号的条件，都必须使用一对半角双引号括起来。公式中的第二参数使用字符串">=1"，表示求和条件为大于等于 1。

SUMIF 函数的求和条件参数中，支持使用通配符问号（？）和星号（*）。问号匹配任意单个字符，星号匹配任意多个字符。

如图 4-11 所示，使用以下公式可以计算出朝阳店的奖金总额。

=SUMIF(A2:A12,"朝阳*",C2:C12)

D2 =SUMIF(B2:B10,">=1")

	A	B	C	D
1	姓名	加班小时		1小时及以上加班小时数
2	包蓉	6		12
3	冯惠珍	0.8		
4	贾明芳	0.5		
5	刘杏芳	4		
6	李绍琼	0.5		
7	陈明珍	2		
8	梁建邦	0.5		
9	杨利波	0.5		
10	张映菊	0.8		

图 4-10　SUMIF 函数省略第三参数

E2 =SUMIF(A2:A12,"朝阳*",C2:C12)

	A	B	C	D	E
1	部门	姓名	奖金		朝阳店的奖金总额
2	朝阳店业务部	金绍琼	150		1000
3	朝阳店财务部	陈包蓉	300		
4	集团安监科	杨利波	250		
5	东湖店财务部	张映菊	150		
6	东湖店财务部	郑志坚	200		
7	府前店保卫科	冯惠珍	50		
8	朝阳店财务部	冯明芳	250		
9	朝阳店保卫部	姜杏芳	300		
10	府前店采购部	周婕明	400		
11	集团财务科	靳明珍	350		
12	集团审计部	梁建邦	200		

图 4-11　在求和条件中使用通配符

SUMIF 函数求和条件使用“朝阳*”，表示以字符串“朝阳”开头的所有字符串。如果 A\$2:A\$12 单元格区域中的字符以“朝阳”开头，则对 C\$2:C\$12 单元格区域对应的数值求和。

2. COUNTIF 函数

素材所在位置为：“光盘：\素材\第 4 章 Excel 在应收账款管理中的应用\COUNTIF 函数.xlsx”。

COUNTIF 函数主要用于统计满足某个条件的单元格的数量，其语法如下。

```
COUNTIF(range,criteria)
```

该函数中，第一参数表示要统计数量的单元格范围；第二参数用于指定统计的条件，计数条件可以是数字、表达式、单元格引用或文本字符串。另外，第二参数不区分大小写，即字符串“EXCELHOME”和字符串“excelhome”将返回相同的匹配结果，并且支持使用通配符问号（？）和星号（*）。

本例中，使用以下公式计算各客户业务笔数。

```
=COUNTIF(应收账款明细!B:B,A2)
```

公式中，“应收账款明细!B:B”部分是要统计数量的单元格范围，A2 是指定要统计的条件。COUNTIF 函数在应收账款明细工作表 B 列的单元格区域中，统计有多少个与 A2 内容相同的单元格。

为 COUNTIF 函数设置动态扩展的第一参数，能够实现更加灵活的计数统计要求。

在图 4-12 所示的薪资表中，需要根据 B 列的部门，在 A 列中添加序号，不同部门的序号要求从 1 开始。

A2 单元格输入以下公式，向下复制到 A11 单元格。

```
=B2&COUNTIF(B$2:B2,B2)
```

公式中，使用 B\$2:B2 作为 COUNTIF 函数的第一参数，表示引用区域开始位置的“B\$2”使用了行绝对引用，表示引用区域结束位置的“B2”使用了相对引用。公式向下复制时，依次变成 B\$2:B3、B\$2:B4…这样逐行扩大的引用区域。

	A	B	C	D	E
1	序号	部门	姓名	职务	薪资标准
2	销售部1	销售部	陌倾城	部长	9500
3	销售部2	销售部	沐晴羽	主管	6000
4	销售部3	销售部	伊涵诺	主管	6000
5	财务部1	财务部	冷夕颜	部长	9500
6	财务部2	财务部	安梓离	出纳	6000
7	采购部1	采购部	舒惜墨	经理	9500
8	生产部1	生产部	蓝落歆	高工	15000
9	生产部2	生产部	言书雅	部长	9500
10	生产部3	生产部	紫慕语	主管	6500
11	安监部1	安监部	夏唯安	主管	6000

图 4-12　根据部门编号

通过统计在此动态范围中与 B 列部门相同的单元格个数，实现按部门填写序号的目的。

扩展知识点

SUMIFS 函数、COUNTIFS 函数及运算优先级

1. SUMIFS 函数

素材所在位置为：“光盘：\素材\第 4 章 Excel 在应收账款管理中的应用\SUMIFS 函数.xlsx”。

如果要对区域中符合多个条件的单元格求和，可以使用 SUMIFS 函数。该函数语法如下。

```
SUMIFS(sum_range,criteria_range1,criteria1,[criteria_range2,criteria2],...)
```

该函数中，第一参数是要求和的区域；第二参数用于条件计算的第一个单元格区域；第三

参数是用于条件计算的第一个单元格区域对应的条件；第四、第五函数分别用于条件计算第二个单元格区域和对应条件，之后以此类推。该函数语法可作如下理解。

```
SUMIFS(求和区域,条件区域 1,条件 1,条件区域 2,条件 2,……)
```

如图 4-13 所示，使用以下公式可以计算 E2 单元格指定员工在 1 小时及以上的加班时长。

```
=SUMIFS(C2:C10,B2:B10,E2,C2:C10,">=1")
```

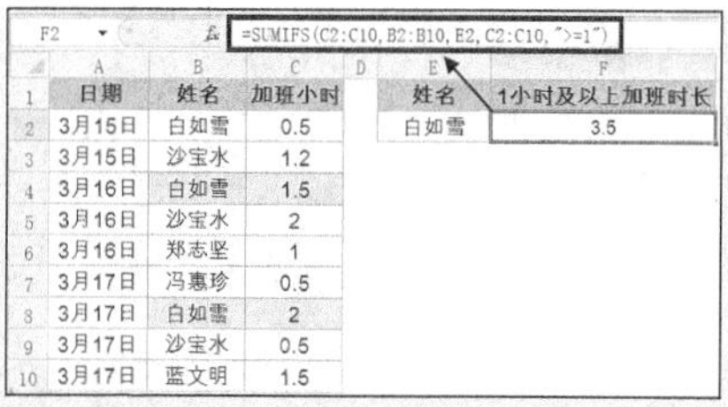
F2 =SUMIFS(C2:C10,B2:B10,E2,C2:C10,">=1")

	A	B	C	D	E	F
1	日期	姓名	加班小时		姓名	1小时及以上加班时长
2	3月15日	白如雪	0.5		白如雪	3.5
3	3月15日	沙宝水	1.2			
4	3月16日	白如雪	1.5			
5	3月16日	沙宝水	2			
6	3月16日	郑志坚	1			
7	3月17日	冯惠珍	0.5			
8	3月17日	白如雪	2			
9	3月17日	沙宝水	0.5			
10	3月17日	蓝文明	1.5			

图 4-13　多条件求和

【提示】SUMIF 函数的求和范围是第三参数，而 SUMIFS 函数的求和范围是第一参数，使用时不要混淆。

2. COUNTIFS 函数

素材所在位置为："光盘：\素材\第 4 章 Excel 在应收账款管理中的应用\COUNTIFS 函数.xlsx"。

COUNTIFS 函数用于对某一区域内满足多重条件的单元格进行计数。该函数的语法如下。

```
COUNTIFS(criteria_range1,criteria1,[criteria_range2,criteria2],…)
```

可做如下理解。

```
COUNTIFS(条件区域 1,条件 1,条件区域 2,条件 2,…条件区域 n,条件 n)
```

该函数的用法与 COUNTIF 函数类似，参数使用成对的"区域/条件"形式，每一个条件区域后跟随一个需要判断的条件，最终统计出各个条件区域都符合指定条件的个数。

如图 4-14 所示，G3 单元格使用以下公式计算各部门 40 岁以上的人数。

```
=COUNTIFS(B:B,F3,D:D,">40")
```

COUNTIFS 函数统计 B 列等于 F3 单元格指定的部门，并且 D 列大于 40 的个数。

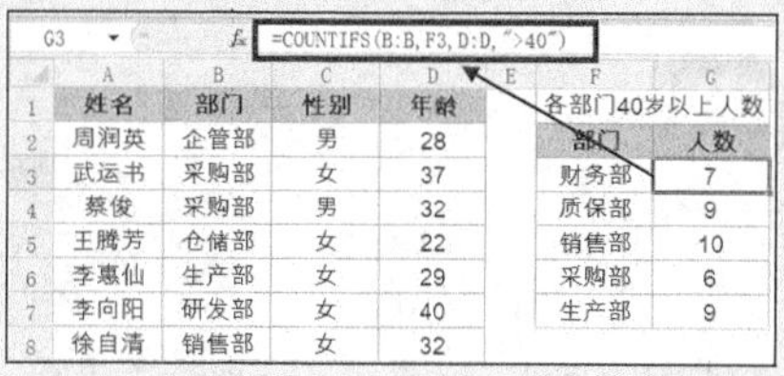
G3 =COUNTIFS(B:B,F3,D:D,">40")

	A	B	C	D	E	F	G
1	姓名	部门	性别	年龄		各部门40岁以上人数	
2	周润英	企管部	男	28		部门	人数
3	武运书	采购部	女	37		财务部	7
4	蔡俊	采购部	男	32		质保部	9
5	王腾芳	仓储部	女	22		销售部	10
6	李惠仙	生产部	女	29		采购部	6
7	李向阳	研发部	女	40		生产部	9
8	徐自清	销售部	女	32			

图 4-14　多条件计数

3. 公式中的运算符和计算优先级

运算符是构成公式的基本元素之一，每个运算符分别代表一种运算方式。常用的运算符包括负号-、百分号%、乘幂^、乘号*、除号/、加号+、减号-、等号=、不等于号<>、大于号>、小于号<、大于等于号>=、小于等于号<=和连接符&。

除此之外，在公式中使用半角冒号":"表示引用运算符。例如，公式"=SUM(A2:D4)"，就是表示使用 SUM 函数对以 A2 为左上角、D4 为右下角的单元格区域进行求和。

另外，还使用半角逗号","作为函数参数的间隔符号。例如，公式"=SUM(A2:D4,F2:H4)"，就是表示使用 SUM 函数对 A2:D4 以及 F2:H4 两个单元格区域进行求和。

当公式中使用多个运算符时，Excel 将根据各个运算符的优先级顺序进行运算，对于同一级次的运算符，则按从左到右的顺序运算，如表 4-2 所示。

表 4-2　Excel 公式中的运算优先级

顺序	符号	类型
1	:，（半角冒号和逗号）	引用运算符
2	-（负号）	算术运算符
3	%	
4	^	
5	*和/	
6	+和-	
7	&	文本运算符
8	=、<、>、<=、>=、<>	比较运算符

数学计算式中使用小括号()、中括号[]和大括号{}来改变运算的优先级别，而在 Excel 中均使用小括号代替，而且括号的优先级将高于表 4-1 中所有运算符，括号中的算式优先计算。如果在公式中使用多组括号进行嵌套，其计算顺序是由最内层的括号逐级向外层进行计算。

【提示】在 Excel 公式中使用运算符号时，应注意与数学中运算符号的区别。

小技巧

限制录入重复银行卡号

素材所在位置为："光盘：\素材\第 4 章 Excel 在应收账款管理中的应用\限制录入重复银行卡号.xlsx"。

如图 4-15 所示，需要在 B 列输入银行卡号，使用数据有效性功能结合 COUNTIF 函数，能够限制重复输入银行卡号。

操作步骤为：选中 C2:C10 单元格区域，在【数据】选项卡下单击【数据有效性】命令按钮，打开【数据有效性】对话框。在【设置】选项卡下单击"允许"右侧的下拉按钮，在下拉菜单中选择"自定义"，在"公式"编辑框中输入以下公式，最后单击【确定】按钮，如图 4-16 所示。

`=COUNTIF(C:C,C2&"*")=1`

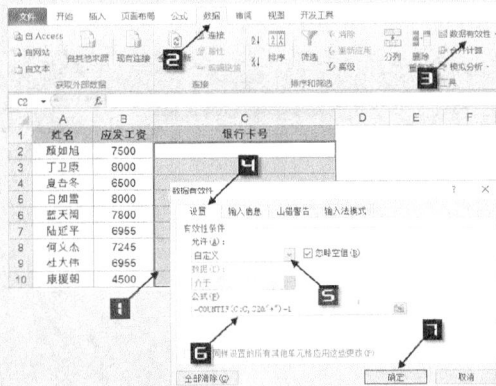

图 4-15　限制输入重复的银行卡号　　　　图 4-16　设置数据有效性

Excel 的最大数字精度是 15 位，因此会对银行卡号码 15 位以后的数字都视为 0 处理。这种情况下，只要银行卡号码的前 15 位相同，COUNTIF 函数就会识别为相同内容，而无法判断最后 3 位是否一致。

本例中，COUNTIF 函数的查找条件添加了通配符 & 和 *，表示在 C 列中查找以 C2 单元格内容开头的文本，最终返回 C 列中与该银行卡号码相同的实际数目。

如果 COUNTF 函数的结果大于 1，公式"=COUNTIF(C:C,C2&"*")=1"返回逻辑值 FALSE，表示该身份证号码重复，Excel 拒绝录入内容。

4.3　应收账款对比分析

4.3.1　使用条件格式展示各客户的应收账款情况

素材所在位置为："光盘：\素材\第 4 章 Excel 在应收账款管理中的应用\4.3.1 使用条件格式展示各客户的应收账款情况.xlsx"。

操作步骤如下。

步骤1 在"应收账款明细账"工作簿的"应收账款汇总"工作表中，选中 B2:B11 单元格区域，单击【开始】选项卡下的【条件格式】下拉按钮，在下拉菜单中依次选择"数据条"→"浅蓝色数据条"命令，如图 4-17 所示。

步骤2 调整 B 列列宽，设置为文本右对齐，效果如图 4-18 所示。

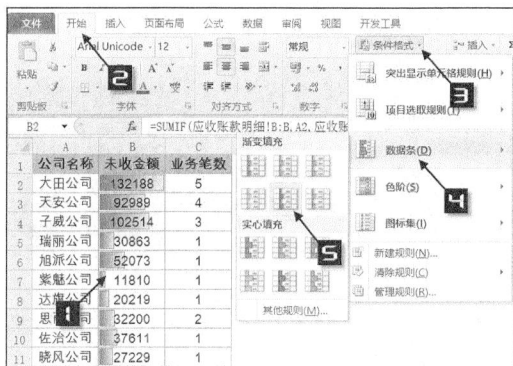

图 4-17　应用条件格式中的数据条

图 4-18　条件格式最终效果

设置完成后，通过数据条的长短可以直观的显示各客户未收金额对比情况。

知识点讲解

条件格式

素材所在位置为："光盘:\素材\第 4 章 Excel 在应收账款管理中的应用\条件格式.xlsx"。

使用 Excel 的条件格式功能，能够快速对特定条件的单元格进行突出标识，使数据更加直观易读。用户可以预置一种单元格格式或是单元格内的图形效果，在符合指定的条件时，自动应用于目标单元格。

可预置的单元格格式包括单元格边框、底纹、字体颜色等，单元格图形效果包括数据条、色阶和图标集等 3 种类型。

Excel 内置了多种基于特征值设置的条件格式，例如可以按大于、小于、日期、重复值等特征突出显示单元格，也可以按大于、小于前 10 项或 10%、高于或低于平均值等项目要求突出显示单元格。

1. 突出显示重复值

如图 4-19 所示的员工名单中，包含部分重复的姓名，设置条件格式后可以将所有重复姓名以指定的格式突出显示。

选中 B2:B12 单元格区域，依次单击【开始】→【条件格式】下拉按钮，在下拉菜单中依次单击【突出显示单元格规则】→【重复值】，弹出【重复值】对话框。然后，单击【设置为】右侧的下拉按钮，选择一种格式，再单击【确定】按钮，如图 4-20 所示。

图 4-19　突出显示重复姓名

2. 在条件格式中使用公式

如图 4-21 所示，如果要对客户名单中不是首次出现的客户进行标记，也可以使用条件格式实现。

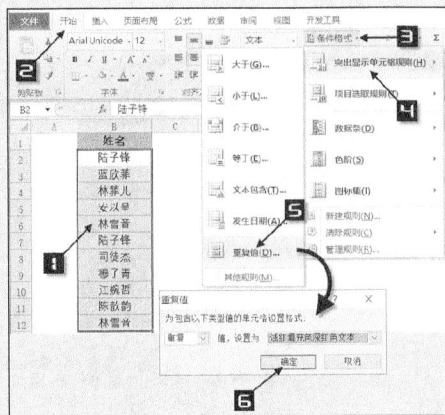

图 4-20　设置条件格式

图 4-21　标记不是首次出现的客户

操作步骤如下。

步骤1　选中 B2:B11 单元格区域，在【开始】选项卡下单击【条件格式】下拉按钮，在下拉菜单中单击【新建规则】命令，打开【新建格式规则】对话框。单击【使用公式确定要设置格式的单元格】命令，在"符合此公式的值设置格式"编辑框中输入以下公式，然后单击【格式】按钮，如图 4-22 所示。

```
=COUNTIF(B$2:B2,B2)>1
```

步骤2　在弹出的【设置单元格格式】对话框中，切换到【填充】选项卡下，选择一种背景色，再依次单击【确定】按钮完成设置，如图 4-23 所示。

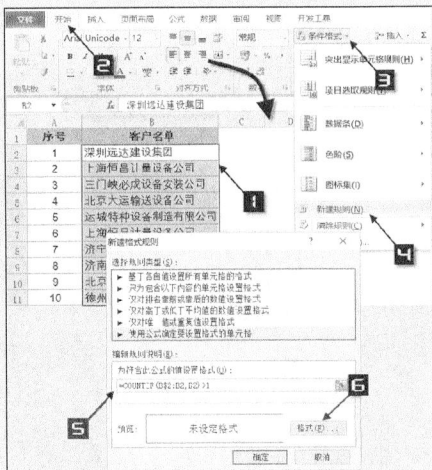

图 4-22　在条件格式中使用公式

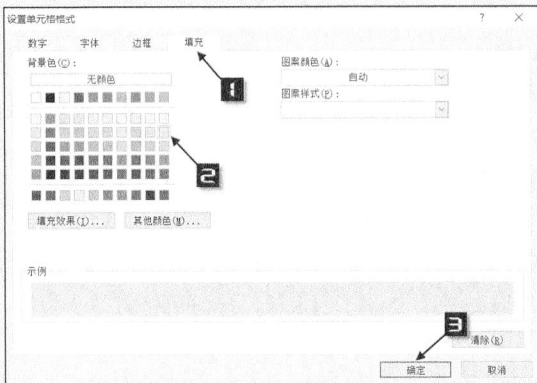

图 4-23　设置单元格格式

在条件格式中使用公式时，要针对活动单元格进行设置，设置后的规则将自动应用于所选定的区域的每一个单元格。本例中，条件格式所使用 COUNTIF 函数的第一参数"B$2:B2"也是使用了动态扩展的数据范围。当条件格式的规则应用到不同行的数据时，COUNTIF 的计数范围也不相同。

3. 调整条件格式优先级

Excel 允许对同一个单元格区域设置多个条件格式，当设置两个或更多条件格式规则应用于同一个单元格区域时，可以依次单击【开始】→【条件格式】→【管理规则】，打开【条件格式规则管理器】对话框，查看优先级顺序。

在列表中越是位于上方的规则，其优先级越高。默认情况下，新规则总是添加到列表的顶部，因此最后添加的规则具有最高的优先级。可以使用对话框中的"上移"和"下移"箭头调整优先级顺序，如图 4-24 所示。

4. 删除已有条件格式

如果需要删除已经设置的条件格式，可以依次单击【开始】→【条件格式】下拉按钮，在展开的下拉菜单中，单击【清除所选单元格的规则】命令项，则清除所选单元格的条件格式；如果单击【清除整个工作表的规则】命令项，则清除当前工作表所有的条件格式，如图 4-25 所示。

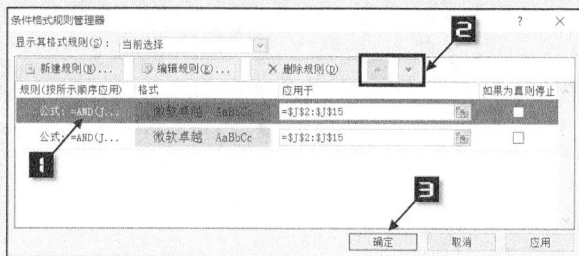

图 4-24 调整条件格式的优先级顺序

图 4-25 清除已有条件格式

扩展知识点

用盈亏图进行差异分析

素材所在位置为："光盘：\素材\第 4 章 Excel 在应收账款管理中的应用\用盈亏图进行差异分析.xlsx"。

如图 4-26 所示，是某公司销售数据表，B 列和 C 列分别是两个年份同期的销售数据，无法直观看出数据的差异变化。在 D 列中使用了条件格式后，以数据条的形式展示数据变化，效果更加直观。

操作步骤如下。

用盈亏图进行差异分析

步骤 1 首先在 D2 单元格输入公式"=C2-B2"，然后将公式向下复制。

步骤 2 选中 D2:D13 单元格区域，依次单击【开始】→【条件格式】下拉按钮，在弹出的下拉菜单中依次单击【数据条】→【其他规则】，如图 4-27 所示。

图 4-26 销售数据表

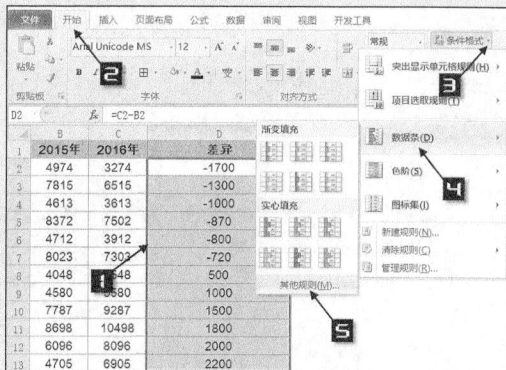

图 4-27 设置条件格式 1

步骤3 在弹出的【新建格式规则】对话框中，勾选【仅显示数据条】，然后选择条形图外观颜色为绿色。

步骤4 单击【负值和坐标轴】按钮，打开【负值和坐标轴设置】对话框。在对话框设置负值条形图填充颜色为红色，在"坐标轴设置"框中选择【单元格中点值】单选按钮，然后依次单击【确定】按钮，关闭对话框，如图4-28所示。

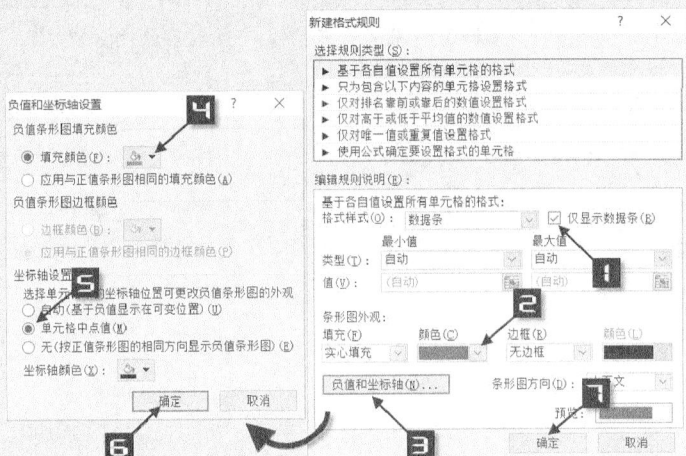

图 4-28 设置条件格式 2

小技巧

不打印条件格式的颜色显示效果

素材所在位置为："光盘:\素材\第4章 Excel在应收账款管理中的应用\不打印条件格式的颜色显示效果.xlsx"。

在设置了条件格式的工作表中，往往会存在多种填充颜色。而过多的填充颜色又会影响到最终的打印效果，使打印出的文件看起来比较凌乱。通过设置，可以在打印时不显示条件格式的填充颜色，如图4-29所示。

图 4-29 单色打印效果

在【页面布局】选项卡下单击对话框启动器按钮，弹出【页面设置】对话框。切换到【工作表】选项卡，单击选中【单色打印】复选框，最后单击【确定】按钮即可，如图4-30所示。

图 4-30　设置单色打印

4.3.2 用图表展示各客户未收金额占比

图表是图形化的数据，由点、线、面与数据组合匹配而成，具有直观形象、种类丰富、实时更新等特点。

素材所在位置为："光盘：\素材\第 4 章 Excel 在应收账款管理中的应用\4.3.2 用图表展示各客户未收金额占比.xlsx"。

使用图表能使数据的大小、差异以及变化趋势等更加直观形象，展示数据所包含的更有价值的信息。如图 4-31 所示，使用 Excel 中的饼图，可以直观展示各客户未收账款的占比。

操作步骤如下。

步骤1　在"应收账款明细账"工作簿的"应收账款汇总"工作表中，选中 A1:B11 单元格区域，在【插入】选项卡下单击【饼图】下拉按钮，在样式下拉菜单中选择"饼图"，如图 4-32 所示。

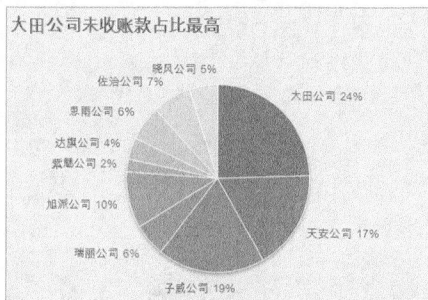

图 4-31　使用图表展示各客户未收账款占比

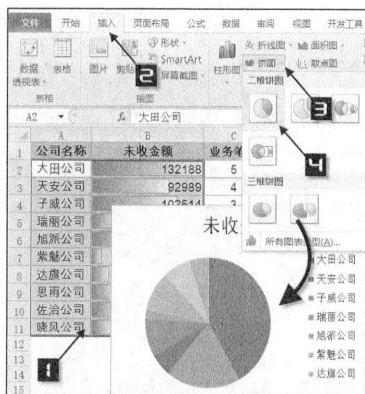

图 4-32　插入饼图

步骤2　如图 4-33 所示，单击图表，然后在【设计】选项卡下单击图表样式命令组右侧的下拉按钮，在图表样式库中选择一种样式，如"样式 15"。

步骤3　单击选择图例项，按 <Delete> 键删除，如图 4-34 所示。

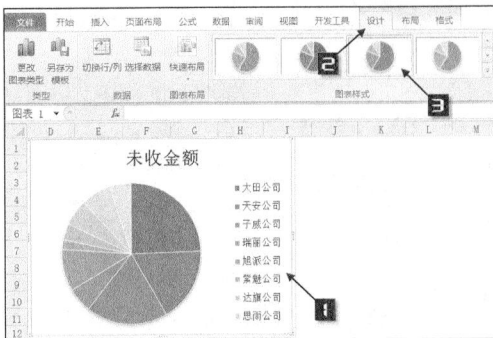

图 4-33　设置图表样式

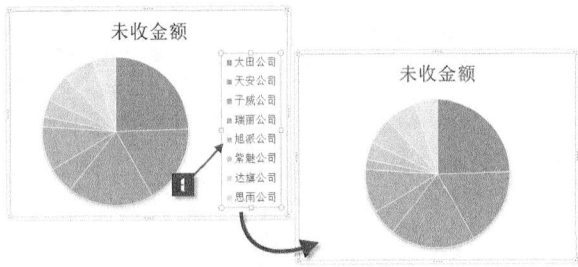

图 4-34　删除图例项

步骤 4　单击图表，然后在【布局】选项卡下单击【数据标签】下拉按钮，在弹出的下拉菜单中选择【其他数据标签选项】对话框，如图 4-35 所示。

步骤 5　在弹出的【设置数据标签格式】对话框中，勾选"标签包括"命令组下的"类别名称""百分比"和"显示引导线"复选框。单击选中"标签位置"命令组下的"数据标签外"单选钮，单击"分隔符"下拉按钮，然后在下拉菜单中选择"（空格）"，最后单击【关闭】按钮，如图 4-36 所示。

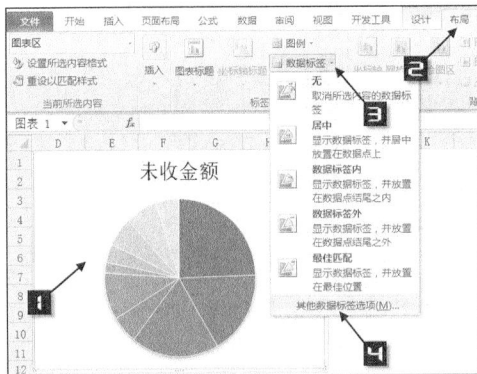

图 4-35　数据标签设置

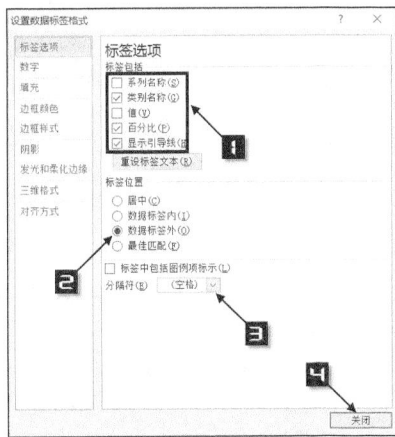

图 4-36　设置数据标签格式

步骤 6　单击任意一个数据标签，在【开始】选项卡中设置字体和字号，如图 4-37 所示。

步骤 7　单击图表标题，按下鼠标左键不放，向左侧拖动，如图 4-38 所示。

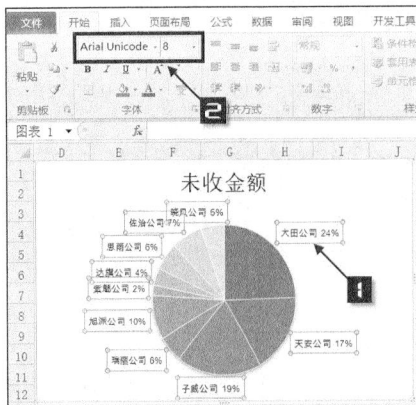

图 4-37　设置数据标签字体字号

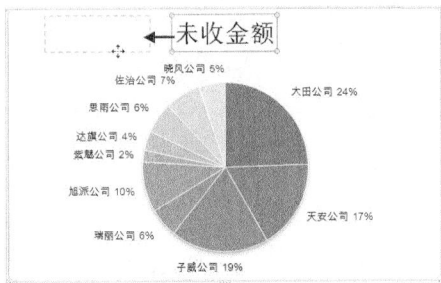

图 4-38　调整图表标题位置

步骤 8 图表标题用于说明图表要表达的主要内容，因此修改图表标题中的内容为"大田公司未收账款占比最高"，如图 4-39 所示。

步骤 9 依次选中数据标签和图表标题，设置字体颜色为"水绿色，强调文字颜色 5%，深色 50%"，如图 4-40 所示。

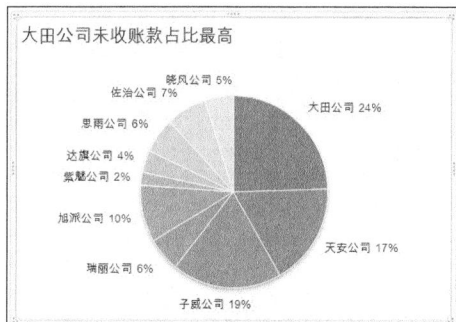

图 4-39 修改图表标题内容

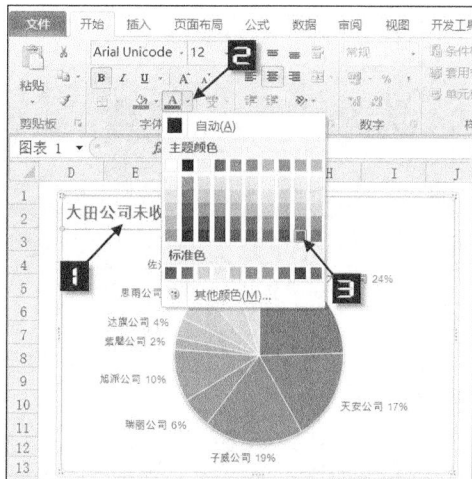

图 4-40 修改数据标签和标题字体颜色

步骤 10 单击图表区，在【格式】选项卡中单击【形状填充】下拉按钮，在主题颜色面板中选择"水绿色，强调文字颜色 5%，淡色 80%"，如图 4-41 所示。

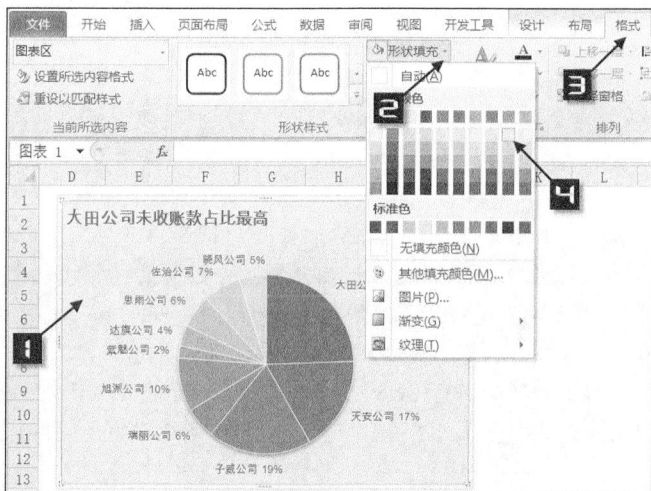

图 4-41 设置图表填充颜色

知识点讲解

Excel 中的图表

1. 认识图表元素

Excel 图表由图表区、绘图区、图表标题、数据系列、图例和网格线等基本元素构成，各个元素能够根据需要设置显示或隐藏，如图 4-42 所示。

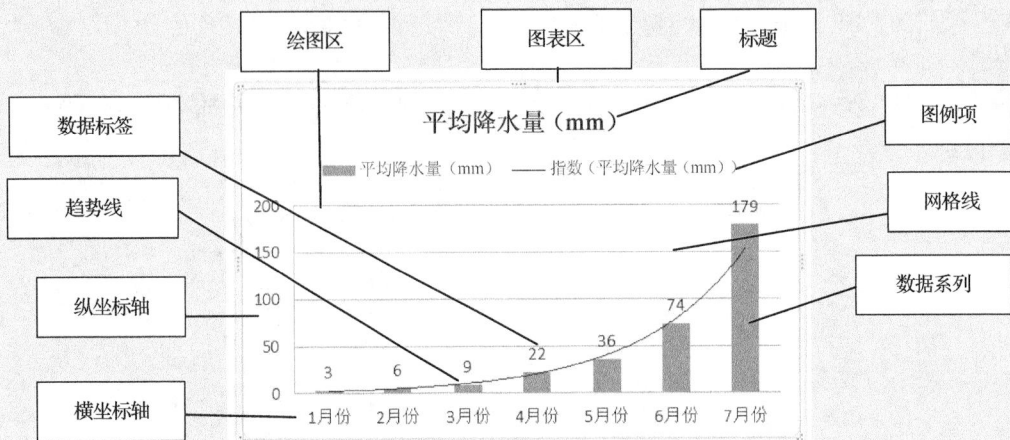

图 4-42　图表的构成元素

（1）图表区。图表区是指图表的全部范围，选中图表区时，将显示图表对象边框和用于调整图表大小的控制点。

（2）绘图区。绘图区是指图表区内以两个坐标轴为边组成的矩形区域，选中绘图区时，将显示绘图区边框和用于调整绘图区大小的控制点。

（3）标题。图表标题显示在绘图区上方，用于说明图表要表达的主要内容，体现图表要表达的主题。

（4）数据系列和数据点。一个或多个数据点构成数据系列，每个数据点对应工作表中某个单元格的数据。

（5）坐标轴。坐标轴按位置不同分为主坐标轴和次坐标轴，默认显示左侧主要纵坐标轴和底部主要横坐标轴。

（6）图例。图例是一个无边框的矩形区域，用于对图表中的不同数据系列进行标注说明，默认显示在绘图区右侧。

2. 常用图表类型

Excel 2010 内置了 11 种图表类型，分别为柱形图、折线图、饼图、条形图、面积图、XY散点图、股价图、曲面图、圆环图、气泡图和雷达图。每种图表类型还包含多种子图表类型。

（1）柱形图通常用于反映不同项目之间的分类对比，也可以用来反映数据在时间上的趋势。如图 4-43 所示，用簇状柱形图反映不同分公司销售额之间的并列对比关系。

（2）折线图用于反映数据随时间变化的趋势，与同样可以反映时间趋势的柱形图相比，折线图更加强调数据起伏变化的波动趋势。如图 4-44 所示，用折线图展现了全年各个月份销售额的走势。

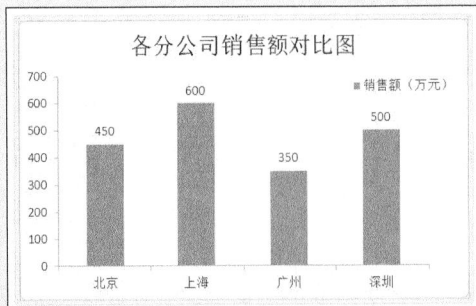

图 4-43　各分公司销售额对比图

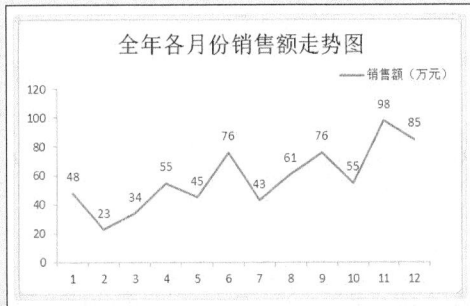

图 4-44　全年各月份销售额走势图

（3）饼图用于反映各部分数据在总体中的构成及占比情况，每一个扇区表示一个数据系列，扇区面积越大，表示占比越高。使用饼图时需要注意选取的数值应没有负值和零值。如图 4-45 所示，用饼图展示了总体销售中的各产品构成及占比情况。

（4）条形图用于反映不同项目之间的对比情况。与柱形图相比，条形图更适合于展现排名。如图 4-46 所示，用条形图展示了各分公司的销售额排名情况。

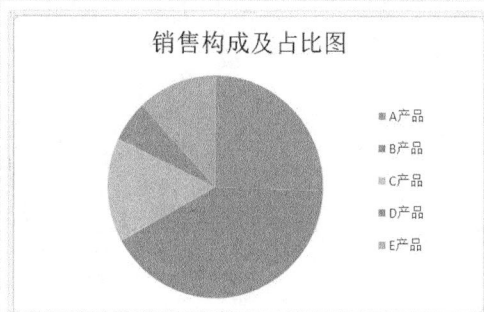

图 4-45　销售构成及占比图

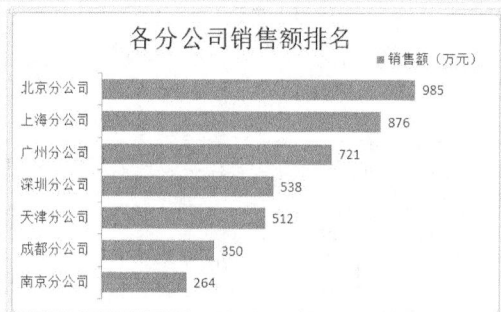

图 4-46　各分公司销售额排名

（5）散点图通常用于反映成对数据之间的相关性和分布特性。如图 4-47 所示，用散点图展示了某企业在不同产品上投入的广告费以及产出的收入情况。

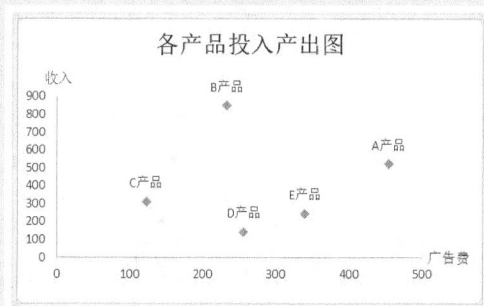

图 4-47　各产品投入产出图

除了内置的图表类型，用户还可以根据需要设置多种样式的组合类图表。

扩展知识点

使用条形图展示各客户未收账款情况

素材所在位置为："光盘：\素材\第 4 章 Excel 在应收账款管理中的应用\使用条形图展示各客户未收账款情况.xlsx"。

对系统默认图表类型和配色进行进一步的加工处理，能够使图表效果更加新颖美观。如图 4-48 所示，以数据条的长度表示各客户未收账款的多少，同时每个客户名称都显示在对应条形的上方。

操作步骤如下。

使用条形图展示各客户未收账款情况

步骤 1　在"各客户应收账款汇总"工作表中，选中 A1:B11 单元格区域，在【插入】选项卡下单击【条形图】下拉按钮，在图表类型列表中选择"簇状条形图"，如图 4-49 所示。

图 4-48 用条形图展示未收账款情况

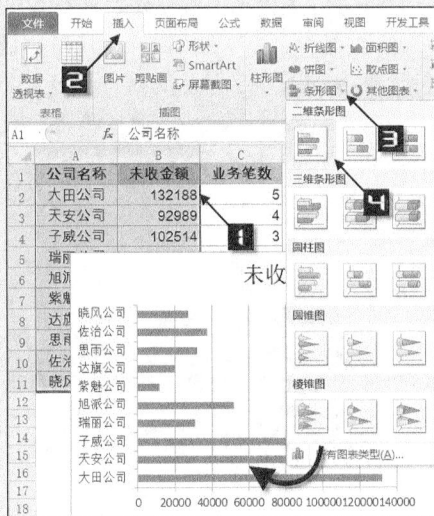

图 4-49 插入条形图

步骤 2 依次单击图例项，按 <Delete> 键删除。同样的方法，删除网格线、水平坐标轴和垂直坐标轴，操作后的效果如图 4-50 所示。

步骤 3 选中 B2:B11 单元格区域，按 <Ctrl+C> 组合键复制。然后单击图表，按 <Ctrl+V> 组合键在图表中增加一个数据系列，效果如图 4-51 所示。

图 4-50 删除图表中的项目

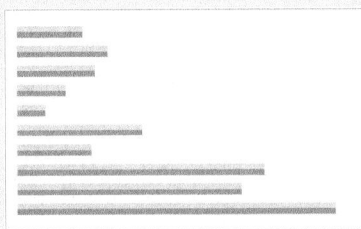

图 4-51 添加数据系列

步骤 4 双击数据系列 2，打开【设置数据系列格式】对话框，切换到【填充】选项卡下，勾选 "无填充" 单选钮。然后切换到【边框颜色】选项卡，勾选 "无线条" 单选钮，如图 4-52 所示。

步骤 5 保持数据系列 2 的选中状态，在【布局】选项卡下单击【数据标签】下拉按钮，并在扩展菜单中选择 "其他数据标签选项" 命令，如图 4-53 所示。

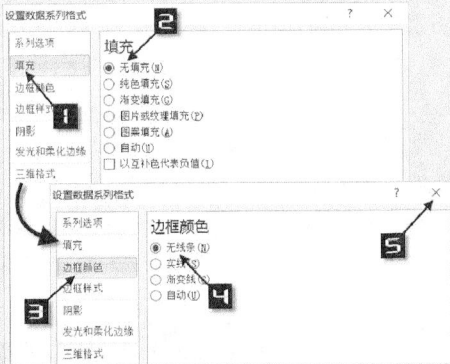

图 4-52 设置数据系列格式

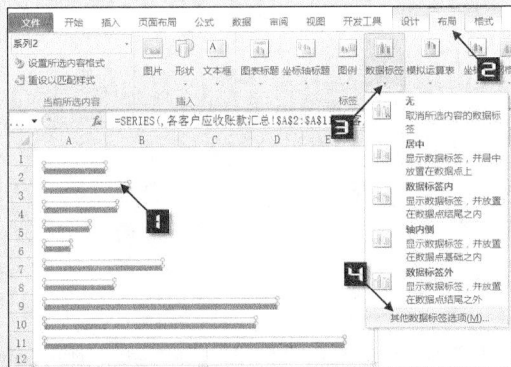

图 4-53 添加数据标签

步骤6 在弹出的【设置数据标签格式】对话框中，勾选"标签包括"命令组下的"类别名称"复选框。然后单击选中"标签位置"命令组下的"轴内侧"单选钮，不要关闭对话框，如图 4-54 所示。

步骤7 单击选中"未收金额"数据系列后，【设置数据标签格式】对话框会自动转换为【设置数据系列格式】对话框，在【系列选项】选项卡下，将"分类间距"设置为 0%。然后切换到【填充】选项卡下，选中"纯色填充"单选钮，再单击"颜色"右侧的下拉按钮，在主题颜色面板中选择"水绿色，强调文字颜色 5%"，最后单击右上角的"关闭"按钮，如图 4-55 所示。

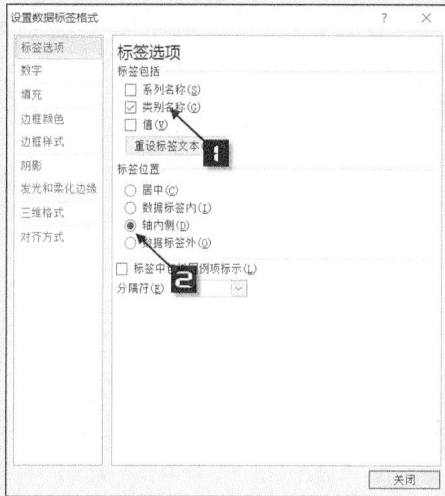

图 4-54 设置数据标签格式

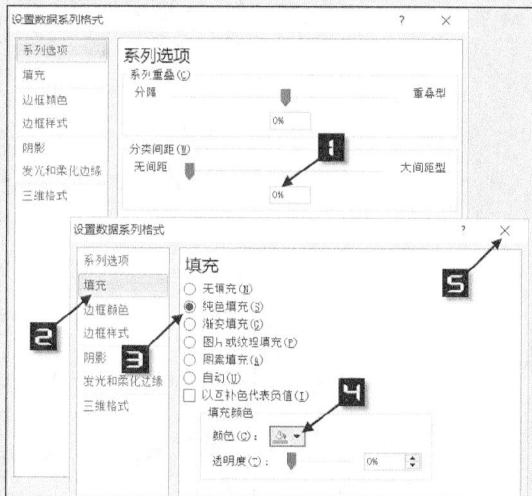

图 4-55 设置数据系列格式

步骤8 右键单击"未收金额"数据系列，在扩展菜单中选择"添加数据标签"命令，如图 4-56 所示。

步骤9 使用条形图时，数据点的排列次序与数据表中的次序相反，因此在对数据表中的数据降序排序时，在条形图图表中的数据点会从小到大显示。单击 B 列数据区域任意单元格，如 B3，然后单击【数据】选项卡下的"降序"命令按钮，如图 4-57 所示。

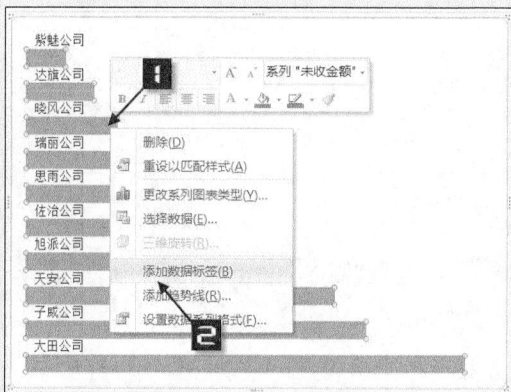

图 4-56 添加数据标签

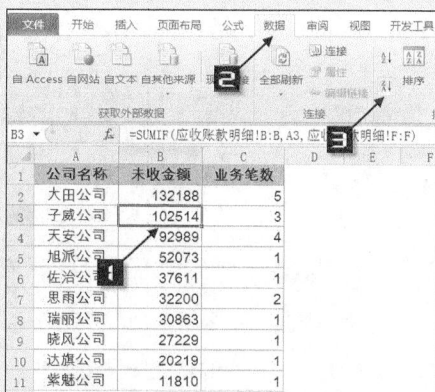

图 4-57 对数据降序排序

步骤10 单击图表区，在【格式】选项卡下单击【形状填充】下拉按钮，在主题颜色面板中选择"水绿色，强调文字颜色 5，淡色 80%"，如图 4-58 所示。

步骤11 单击绘图区，按步骤 10 所示步骤，在主题颜色面板中选择"水绿色，强调文字颜色 5，淡色 60%"。

步骤12 如图 4-59 所示，在【布局】选项卡下单击【图表标题】下拉按钮，在下拉菜单中选择"居中覆盖标题"命令，然后修改图表标题为"各客户未收账款情况"。

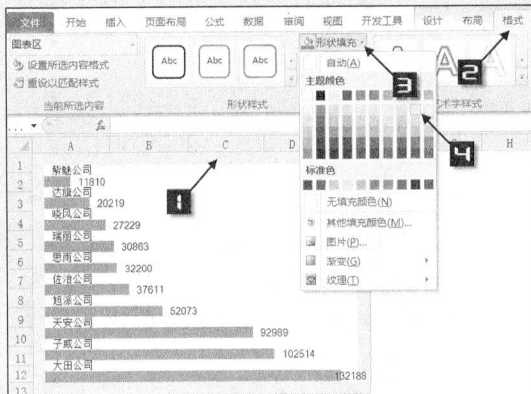

图 4-58　设置图表填充颜色

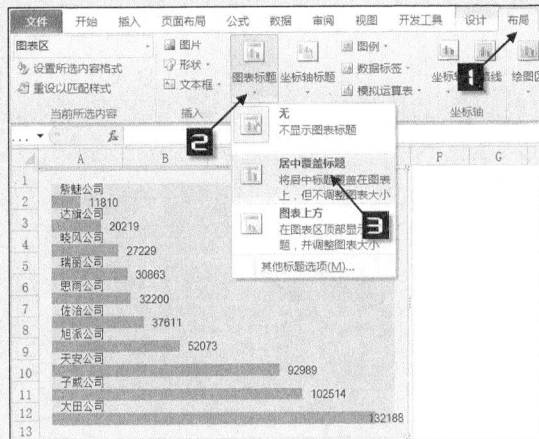

图 4-59　添加图表标题

步骤13 单击图表，在【开始】选项卡下设置图表字体和字体颜色，如图 4-60 所示。

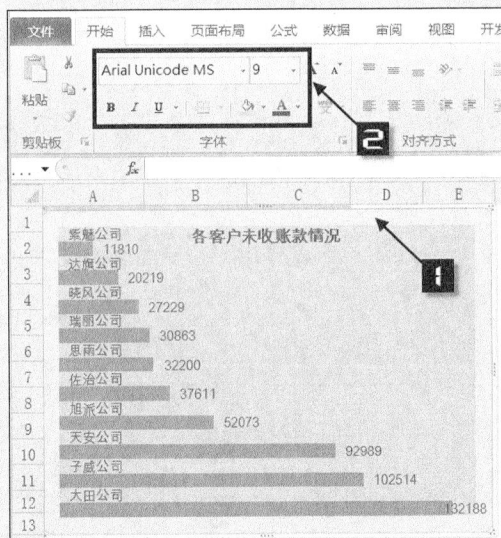

图 4-60　设置图表字体和字体颜色

4.4 分析客户应收账款账龄

账龄是指应收账款自发生日起至统计日还没有收回的欠款，是分析应收账款的重要信息之一。由于应收账款属于流动资产，所以所有账龄在合理周转天数以上的应收账款都会给公司运营造成负面影响。而且账龄越高，资金效率越低，发生坏账的风险越大，财务成本越高。

通常情况下，按照各自企业合理的周转天数将账龄划分为 4 个级别。如将合理的周转天数设定为 30 天，即可分为 30 天以内、60 天以内、60～120 天及 120 天以上。

素材所在位置为："光盘：\素材\第 4 章 Excel 在应收账款管理中的应用\4.4 分析客户应收账款账龄.xlsx"。

4.4.1 使用公式计算账龄

假设账龄统计日为 2017 年 3 月 15 日，在“应收账款明细”工作表中的 I1 单元格输入列标题“账龄”，在 I2 单元格输入以下公式，向下复制公式，如图 4-61 所示。

```
=LOOKUP("2017-3-15"-(C2+G2),{-999,0,30,60,120},{"未到期","30 天以内","60 天以内","60～120 天","120 天以上"})
```

I2 =LOOKUP("2017-3-15"-(C2+G2),{-999,0,30,60,120},{"未到期","30天以内","60天以内","60~120天","120天以上"})

	C	D	E	F	G	H	I
1	开票日期	应收金额	已收金额	未收金额	付款期限	是否到期	账龄
2	2017/1/1	53639.00		53639.00	45	是	30天以内
3	2017/2/3	37676.00	4500.00	33176.00	27	是	30天以内
4	2017/2/10	47932.00	12000.00	35932.00	50	否	未到期
5	2017/2/11	10964.00		10964.00	48	否	未到期
6	2017/2/12	30863.00		30863.00	36	否	未到期
7	2017/2/13	23179.00	10000.00	13179.00	23	是	30天以内

图 4-61 使用公式计算账龄

知识点讲解

LOOKUP 函数

LOOKUP 函数是应用非常广泛的查询类函数之一。该函数支持忽略空值、逻辑值和错误值来进行数据查询。

LOOKUP 函数有两种语法形式，常用的基本语法如下。

```
LOOKUP(lookup_value,lookup_vector,[result_vector])
```

该函数在由单行或单列构成的第二参数中查找第一个参数，并返回第三个参数中对应位置的值：第一参数是查找值；第二参数为查找范围；第三参数是结果范围，范围大小必须与第二参数相同。

如需在查找范围中查找一个明确的值，查找范围必须升序排列，如果 LOOKUP 函数找不到查询值，则会与查询区域中小于查询值的最大值进行匹配。

在本例公式中的“"2017-3-15"-(C2+G2)”部分，用统计日期减去开票日期和付款期限之和，计算出账龄天数为 28。然后，用 LOOKUP 函数在第二参数“{-999,0,30,60,120}”中查找账龄天数，因为“{-999,0,30,60,120}”中没有 28，所以会以小于 28 的最大值 0 进行匹配。

0 在“{-999,0,30,60,120}”中的位置是 2，LOOKUP 函数最终返回第三参数 {"未到期","30 天以内","60 天以内","60～120 天","120 天以上"} 中相同位置的值，计算结果为“30 天以内”。

公式中的-999，也可以写成其他一个比较小的数值。如果“统计日期-（开票日期+付款期限）”的计算结果小于 0，说明尚未到约定的付款期限。

【提示】如果查询区域中有多个符合条件的记录，LOOKUP 函数仅返回最后一条记录。

以下是 LOOKUP 函数的模式化用法。

（1）返回 A 列最后一个文本

```
=LOOKUP("々",A:A)
```

“々”通常被看作是一个编码较大的字符，输入方法为 <Alt+41385> 组合键，其中数字 41385 需要使用数字小键盘来进行输入。一般情况下，第一参数写成“座”，也可以返回一列或一行中的最后一个文本内容。

（2）返回 A 列最后一个数值

=LOOKUP(9E+307,A:A)

9E+307 是 Excel 里的科学计数法，即 9*10^307，被认为是接近 Excel 允许键入的最大数值。用 9E+307 做查询值，可以返回一列或一行中的最后一个数值。

下列公式可返回 A 列最后一个非空单元格内容。

=LOOKUP(1,0/(A:A<>""),A:A)

公式首先用"条件区域=指定条件"的对比方式，得到由逻辑值 TRUE 或是 FALSE 组成的数组，然后用 0 除以逻辑值。

在四则运算中逻辑值 TRUE 的作用相当于 1，FALSE 的作用相当于 0。用 0 除以逻辑值 TRUE 的结果为 0，0 除以逻辑值 FALSE 的结果为错误值"#DIV/0!"。因此，0 除以逻辑值的作用就是构建出一个由 0 和错误值"#DIV/0!"构成的数组。

再用 1 作为查找值，在 0 和错误值"#DIV/0!"构成的数组中，忽略错误值进行查找。最终查找到数组中最后一个 0 的位置，并返回第三参数中对应位置的值。

根据此规则特点，可以使用 LOOKUP 函数实现任意方向的查询。

素材所在位置为："光盘：\素材\第 4 章 Excel 在应收账款管理中的应用\LOOKUP 函数.xlsx"。

如图 4-62 所示，要在数据表中根据 F4 单元格指定的姓名查询对应的部门，可以使用以下公式完成。

=LOOKUP(1,0/(D2:D7=F4),B2:B7)

LOOKUP 函数的典型用法可以归纳如下。

=LOOKUP(1,0/(条件区域=指定条件),目标区域)

图 4-62　使用 LOOKUP 函数逆向查询

4.4.2　按客户进行账龄分析

为了便于管理者对应收账款进行深入分析，可以以图表的形式展示各客户不同账龄的分布情况。如图 4-63 所示，单击图表顶部的账龄按钮，即可显示该账龄区间各客户未收账款的占比情况。

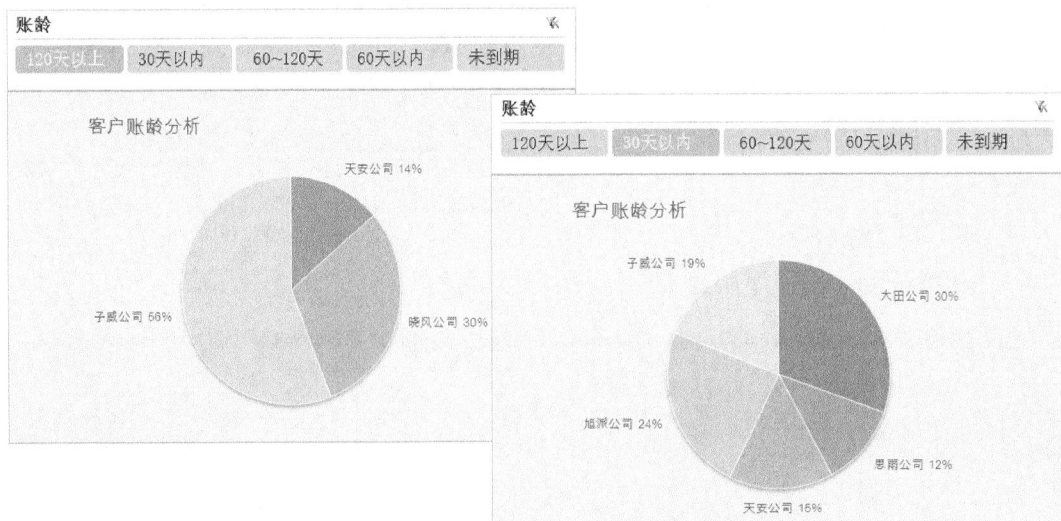

图 4-63　使用切片器控制的图表

操作步骤如下。

步骤 1 单击"应收账款明细"工作表数据区域任意单元格,如 A5,在【插入】选项卡下单击【数据透视表】下拉按钮,并在下拉列表选择"数据透视图"命令。在弹出的【创建数据透视表及数据透视图】对话框中,保留 Excel 的默认设置,单击【确定】按钮,Excel 会自动创建一个带有空白数据透视表和数据透视图的新工作表,如图 4-64 所示。

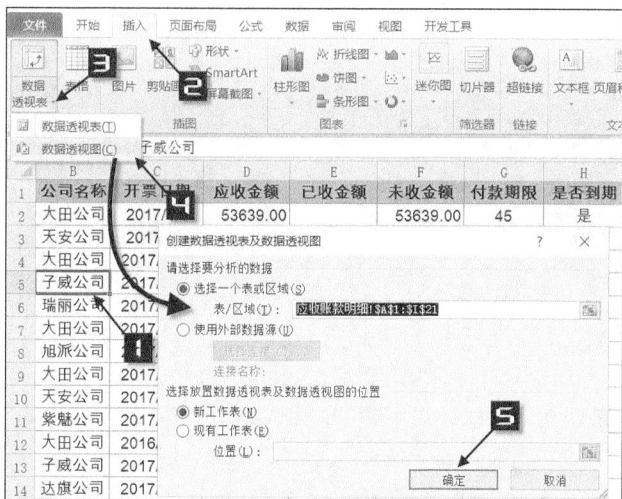

图 4-64 插入数据透视图

步骤 2 在【数据透视表字段列表】中,将"公司名称"字段拖动到"轴字段(分类)"区域,将"未收金额"字段拖动到"数值"区域,最后单击左上角的"关闭"按钮关闭数据透视表字段列表,如图 4-65 所示。

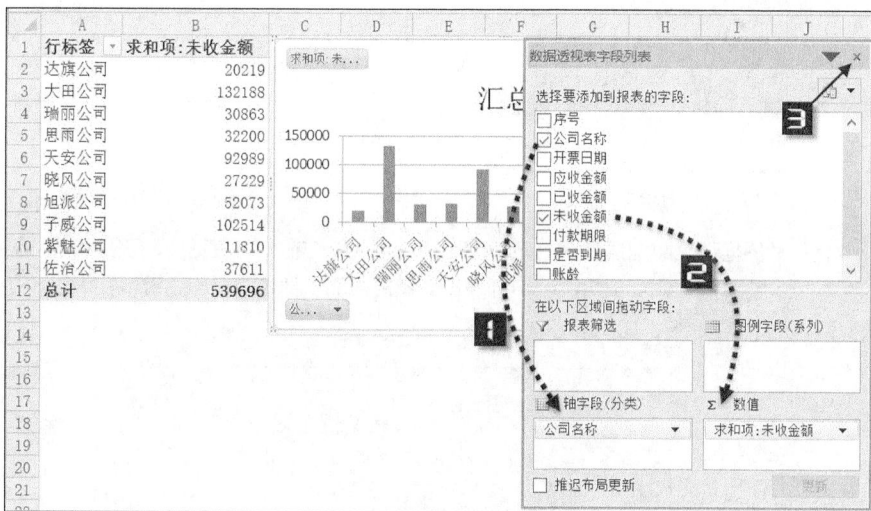

图 4-65 调整数据透视图布局

步骤 3 单击数据透视图,在【设计】选项卡下单击【更改图表类型】按钮。在弹出的【更改图表类型】对话框中选择饼图,单击【确定】按钮,如图 4-66 所示。

参考 4.3.2 步骤 2 至步骤 10,设置数据透视图的格式。

步骤 4 右键单击数据透视图字段按钮,在扩展菜单中选"隐藏图表上的所有字段按钮"命令,如图 4-67 所示。

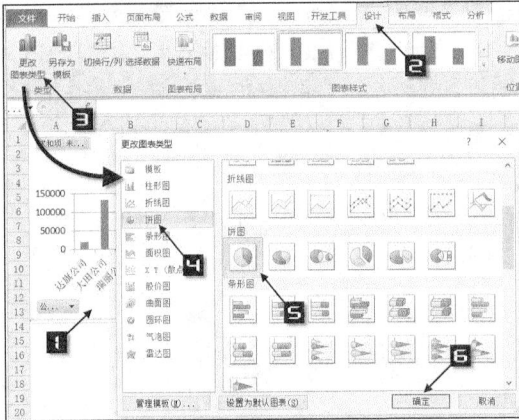

图 4-66　更改图表类型

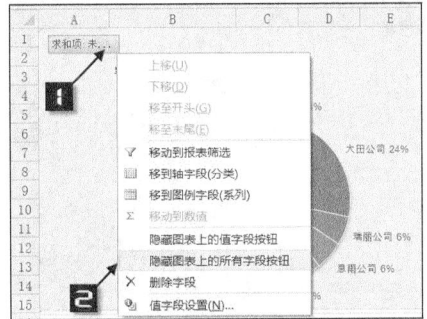

图 4-67　删除图表字段按钮

步骤 5　单击数据透视图，在【分析】选项卡下依次单击【插入切片器】→【插入切片器】命令按钮，在弹出的【插入切片器】对话框中，勾选"账龄"复选框，然后单击【确定】按钮，如图 4-68 所示。

步骤 6　如图 4-69 所示，单击选中切片器，在【选项】选项卡下，调整"列"右侧的微调按钮，设置为 5 列。然后在切片器样式命令组中选择一种样式，如"切片器样式深色 5"。

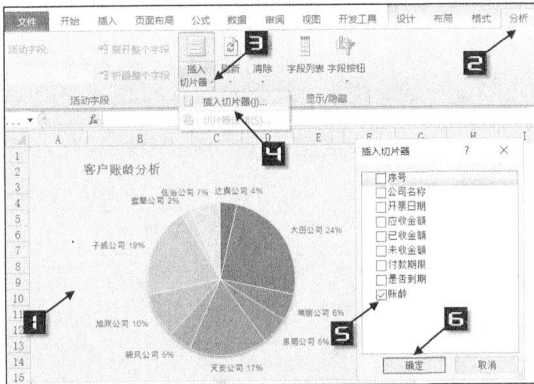

图 4-68　插入切片器

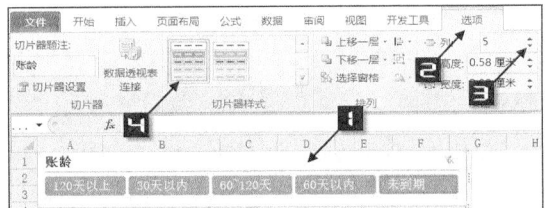

图 4-69　设置切片器样式

步骤 7　将切片器拖动至数据透视图上方。然后拖动切片器边框，将其宽度调整为和数据透视图宽度一致。然后按住 <Ctrl> 键不放，依次单击选中切片器和数据透视图，并单击鼠标右键，在弹出的快捷菜单中依次选择【组合】→【组合】命令，如图 4-70 所示。

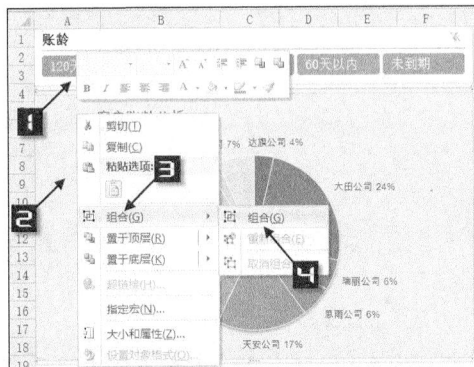

图 4-70　设置切片器和图表组合

设置完成后，单击切片器中的账龄区间，即可显示出各公司未收账款在该账龄区间所占比例。

知识点讲解

数据透视图和切片器

1. 数据透视图

数据透视图是建立在数据透视表基础上的图表，利用数据透视图中的筛选按钮，能够从不同角度展示数据。

数据透视图不仅具备普通图表的数据系列、分类、坐标轴等元素，还包括报表筛选字段、图例字段、分类轴字段等一些特有的元素，如图 4-71 所示。

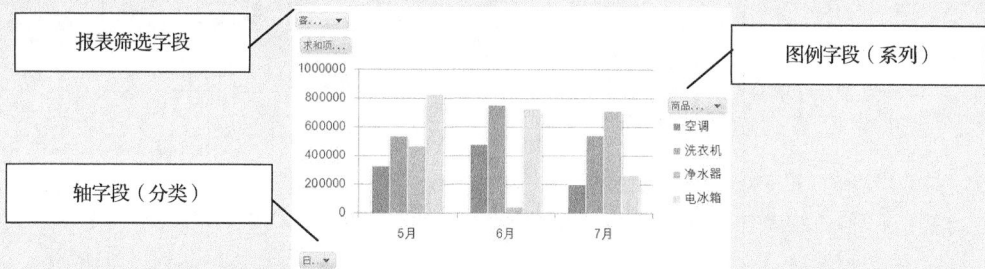

图 4-71　数据透视图中的元素

用户可以像处理普通 Excel 图表一样处理数据透视图，包括改变图表类型、设置图表格式等。如果在数据透视图中改变字段布局，那与之关联的数据透视表也会同时发生改变。

和普通图表相比，数据透视图存在部分限制，包括不能使用散点图、股价图和气泡图等图表类型，另外也无法直接调整数据标签、图表标题和坐标轴标题的大小等。

2. 切片器

使用切片器功能，不仅能够对数据透视表字段进行筛选操作，而且能够直观地在切片器中查看该字段的所有数据项信息。

数据透视表的切片器，可以看作是一种图形化的筛选方式，为数据透视表中的每个字段创建一个选取器，浮动于数据透视表之上。通过选取切片器中的字段项，比使用字段下拉列表筛选更加方便灵活。

默认情况下，每次只能选中切片器中的一个按钮。如需同时查看多个选项的数据，可以按住<Ctrl>键不放，然后单击切片器中的按钮即可。

（1）清除切片器的筛选

清除切片的筛选有多种方法：一是单击切片器内右上角的【清除筛选器】按钮；二是单击切片器，按 <ALT+C> 组合键；三是在切片器内单击鼠标右键，从快捷菜单中选择【从"字段名"中清除筛选器】命令。

（2）删除切片器

如需删除切片器，可以在切片器内单击鼠标右键，在右键快捷菜单中选择【删除"字段名"】命令即可。

4.4.3 | 汇总各客户不同账龄金额

统计各客户不同账龄区间的金额，能够让财务人员清楚地了解哪些客户是企业的重点债务对象。使用 Excel 中的数据透视表功能，能够快速实现汇总要求，如图 4-72 所示。

操作步骤如下。

步骤1 单击"应收账款明细"工作表数据区域任意单元格，如A5，在【插入】选项卡下单击【表格】按钮。在弹出的【创建表】对话框中，保留Excel的默认设置，单击【确定】按钮，将当前数据表转换为"表格"，如图4-73所示。

图4-72　汇总各客户不同账龄金额

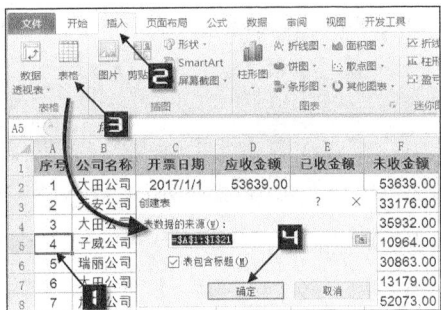

图4-73　创建表

Excel中的"表格"具有自动扩展范围的特性，以"表格"作为数据源生成的数据透视表，在数据源中增加新的数据条目后，只要单击右键刷新，就可以快速获得最新的数据汇总结果，而不必修改数据透视表的数据源。

步骤2 单击数据区域任意单元格，如A5，在【插入】选项卡下单击【数据透视表】按钮。在弹出的【创建数据透视表】对话框中，数据来源会自动显示为"表1"。保留Excel的默认设置，单击【确定】按钮，如图4-74所示。

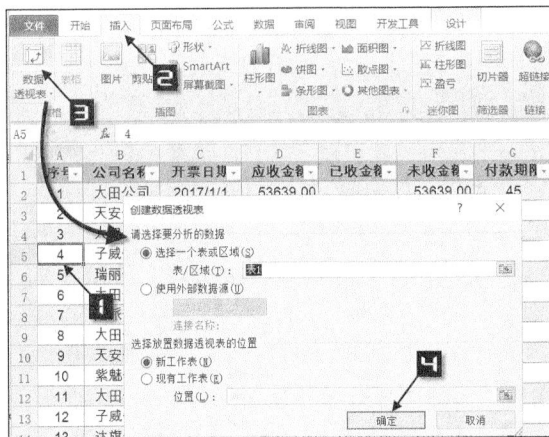

图4-74　创建数据透视表

步骤3 在【数据透视表字段列表】中，将"公司名称"字段拖动行标签区域，将"账龄"字段拖动到列标签区域，将"未收金额"字段拖动到数值区域，如图4-75所示。

步骤4 此时数据透视表中的列标签项目是按照文本进行排序，也就是先比较首个字符，如果首个字符相同再比较第二个字符。因此"120天以上"的项目排在最前面，需要手工调整项目位置。

单击"120天以上"项目所在单元格，光标移动到单元格的边缘，变成黑色十字箭型时，按下鼠标左键不放，向右侧拖动，如图4-76所示。

步骤5 在【设计】选项卡下，单击【报表布局】下拉按钮，在下拉列表中选择"以表格形式显示"，如图4-77所示。设置完成后，数据透视表中的"行标签"和"列标签"即可分别显示为数据表中的字段名称"公司名称"和"账龄"。

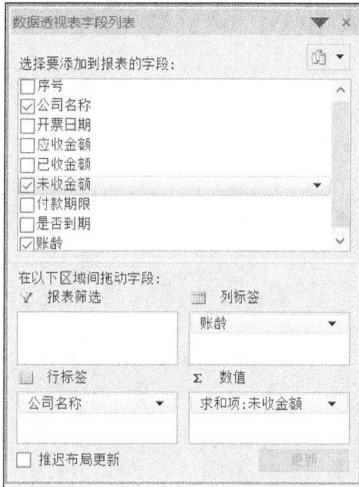

图 4-75　调整数据透视表字段布局

图 4-76　调整项目位置

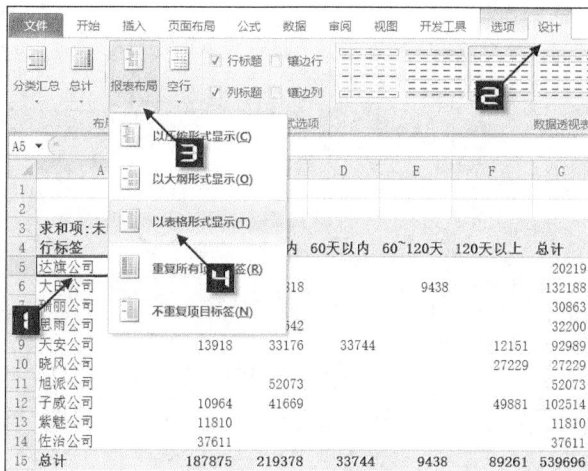

图 4-77　调整报表布局

步骤 6　单击数据透视表中的任意单元格，如 A5，在【设计】选项卡下的"数据透视表样式"列表中选择"透视表样式中等深浅 9"，如图 4-78 所示。

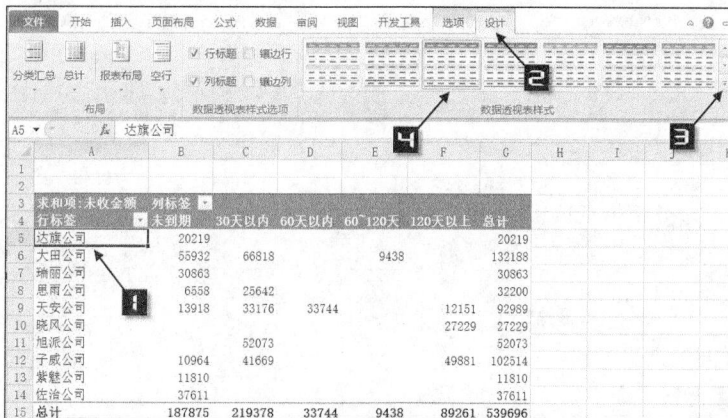

图 4-78　设置数据透视表样式

步骤7 最后设置数据透视表字体，然后在【视图】选项卡下，去掉"网格线"复选框的勾选，完成操作。

知识点讲解

Excel 中"表"的操作

1. "表"的创建和转换

除了在【插入】选项卡下使用命令按钮创建"表"外，还可以单击数据区域的任意单元格，按 <Ctrl+T> 或是按 <Ctrl+L> 组合键，也可以调出【创建表】对话框。

也可以单击数据区域的任意单元格，再依次单击【开始】→【套用表格格式】，在样式列表中选择一种表样式，在弹出的【套用表格式】对话框中，单击【确定】按钮，如图4-79所示。

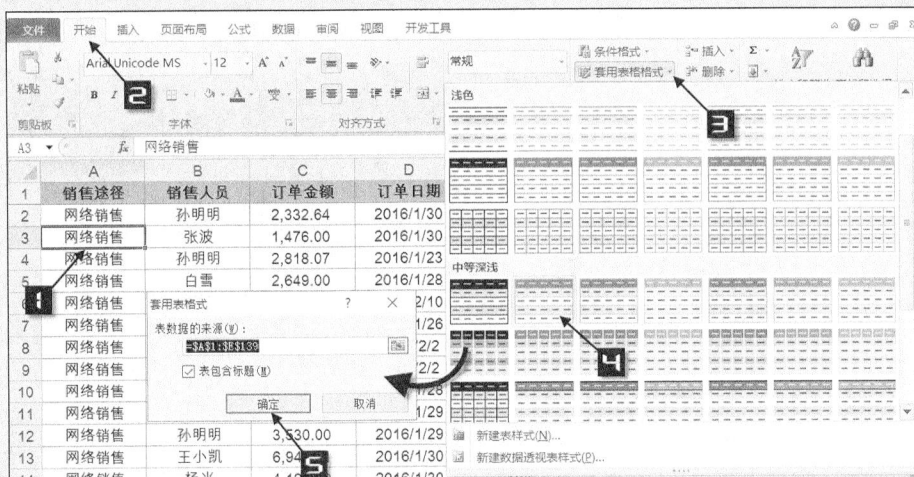

图4-79 套用表格格式

单击创建完成后的"表"区域中任意单元格，在【设计】选项卡下单击【转换为区域】按钮，可以将表转换为带格式的普通区域，如图4-80所示。

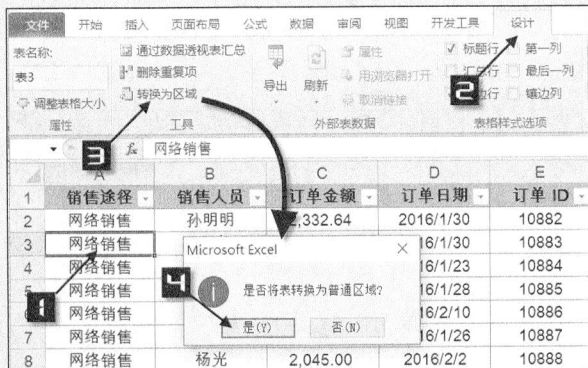

图4-80 表转换为普通区域

2. "表"的特征和功能

执行插入【表格】命令后，创建完成的表格首行自动添加筛选按钮，并且自动应用表格格式，同时会具有一些特殊的功能。

（1）常用汇总计算不需要手工输入公式

素材所在位置为："光盘：\素材\第 4 章 Excel 在应收账款管理中的应用\ "表"的特征和功能.xlsx"。

单击表格的任意单元格区域，功能区自动出现【表格工具】关联选项卡。在【设计】选项卡下勾选【汇总行】复选框，表格最后一行将自动添加"汇总"行，默认汇总方式为求和，如图 4-81 所示。

单击汇总行中的单元格，会出现一个下拉按钮，可以在下拉菜单中选择不同的汇总方式。这时单元格内能够根据选择汇总方式的不同而显示不同的结果，如图 4-82 所示。

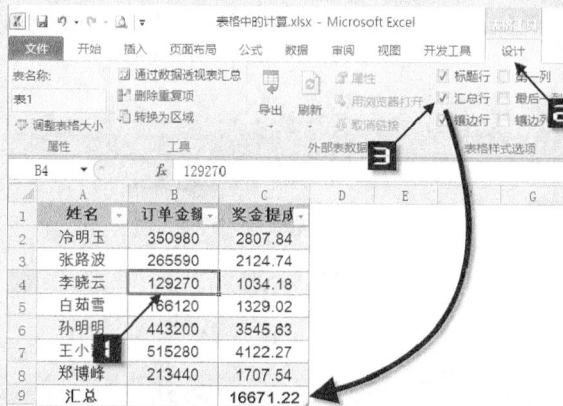

图 4-81 表格汇总行

图 4-82 在下拉列表中选择汇总方式

此时，如果单击 A1 单元格右侧的下拉按钮，对姓名进行筛选，公式将仅对筛选后处于显示状态的数据进行汇总，如图 4-83 所示。

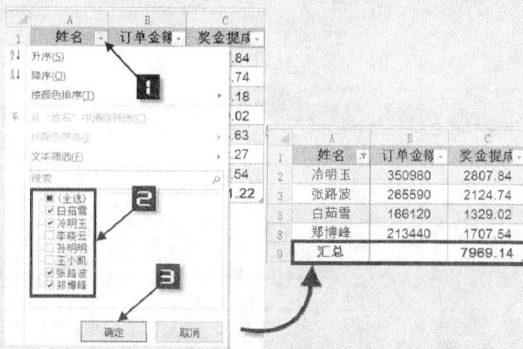

图 4-83 筛选后的汇总结果

（2）"表"滚动时，标题行始终显示

即便是当前工作表没有使用冻结窗格命令，当用户单击"表"中任意单元格，再滚动鼠标滑轮向下浏览时，"表"的列标题也会始终显示在 Excel 的工作表列标区域，如图 4-84 所示。

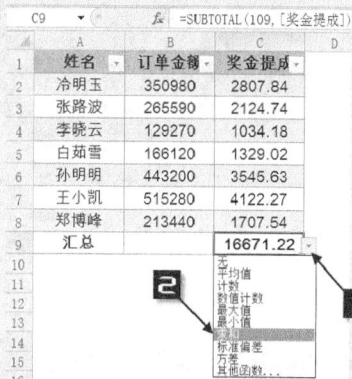

图 4-84 标题行始终显示

137

（3）“表”范围的自动扩展

“表”具有自动扩展特性，利用这一特性，用户可以方便地向现有的“表”中添加新的行或列数据记录。

单击“表”中最后一个数据记录的单元格（不包括汇总行数据），按 <Tab> 键即可向“表”中添加新的一行，而且汇总行中的公式引用范围也会自动扩展，如图 4-85 所示。

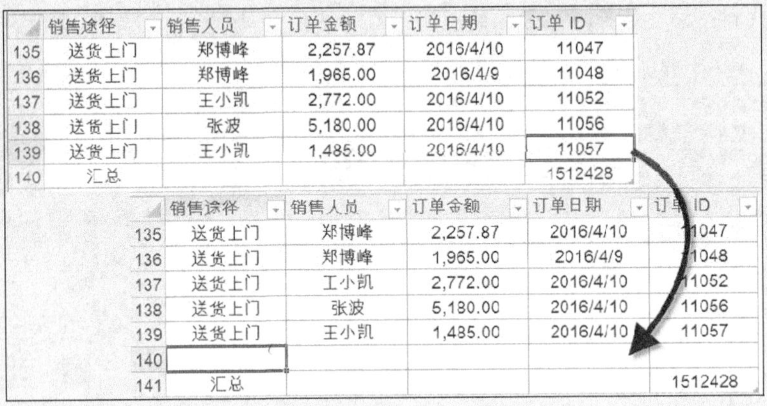

	销售途径	销售人员	订单金额	订单日期	订单 ID
135	送货上门	郑博峰	2,257.87	2016/4/10	11047
136	送货上门	郑博峰	1,965.00	2016/4/9	11048
137	送货上门	王小凯	2,772.00	2016/4/10	11052
138	送货上门	张波	5,180.00	2016/4/10	11056
139	送货上门	王小凯	1,485.00	2016/4/10	11057
140	汇总				1512428

	销售途径	销售人员	订单金额	订单日期	订单 ID
135	送货上门	郑博峰	2,257.87	2016/4/10	11047
136	送货上门	郑博峰	1,965.00	2016/4/9	11048
137	送货上门	王小凯	2,772.00	2016/4/10	11052
138	送货上门	张波	5,180.00	2016/4/10	11056
139	送货上门	王小凯	1,485.00	2016/4/10	11057
140					
141	汇总				1512428

图 4-85　自动扩展行

在“表”没有使用汇总行的前提下，在“表”下方相邻单元格中直接输入数据，“表”的范围也会自动扩展。

如果希望向“表”中添加新的一列，可以选中与“表”标题相邻的右侧空白单元格，如 F1 单元格，然后输入列标题“提成”，按 <Enter> 键，这样“表”区域即可自动向右扩展一列，如图 4-86 所示。

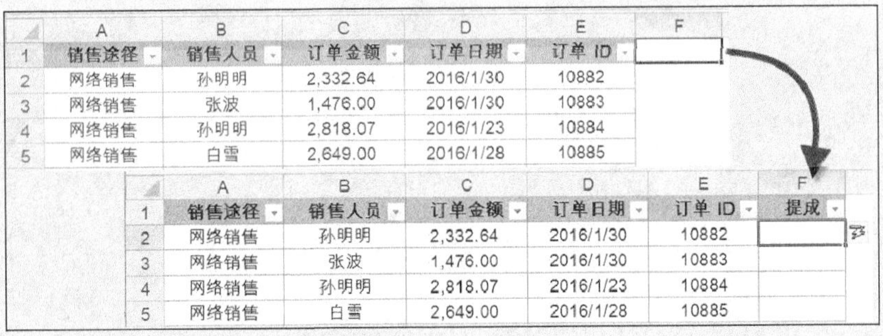

	A	B	C	D	E	F
1	销售途径	销售人员	订单金额	订单日期	订单 ID	
2	网络销售	孙明明	2,332.64	2016/1/30	10882	
3	网络销售	张波	1,476.00	2016/1/30	10883	
4	网络销售	孙明明	2,818.07	2016/1/23	10884	
5	网络销售	白雪	2,649.00	2016/1/28	10885	

	A	B	C	D	E	F
1	销售途径	销售人员	订单金额	订单日期	订单 ID	提成
2	网络销售	孙明明	2,332.64	2016/1/30	10882	
3	网络销售	张波	1,476.00	2016/1/30	10883	
4	网络销售	孙明明	2,818.07	2016/1/23	10884	
5	网络销售	白雪	2,649.00	2016/1/28	10885	

图 4-86　自动扩展列

（4）自动填充公式

如图 4-87 所示，选中 F2 单元格，依次输入等号“=”，单击选择 C2 单元格的订单金额，最后输入“0.8%”。这时编辑栏会出现以下公式。

```
=[@订单金额]*0.8%
```

此时按 <Enter> 键，公式将自动填充到“表”数据范围的最后一行。

如图 4-88 所示，如果用户在【Excel 选项】中去掉了【在公式中使用表名】的勾选，那么当在公式内引用“表”中的单元格区域时，则和普通数据区域中的公式有相同的显示效果。按照上述方法输入时，公式显示为“=C2*0.8%”。

图 4-87 自动填充公式

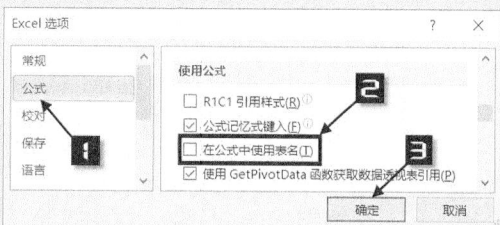

图 4-88 Excel 选项

扩展知识点

应用主题格式化工作表

素材所在位置为: "光盘:\素材\第 4 章 Excel 在应收账款管理中的应用\应用主题格式化工作表.xlsx"。

主题是一组格式选项组合,包括主题颜色、主题字体和主题效果。通过应用文档主题,可以使文档快速具有统一的外观。

用户可以针对不同的数据内容选择不同的主题,也可以按自己对颜色、字体、效果等的喜好来选择不同的主题。一旦选定某一主题,有关颜色的设置,如颜色面板、套用表格式、单元格样式等中的颜色均使用这一主题的颜色系列。

在【页面布局】选项卡中单击【主题】命令,在展开的下拉列表库中,可以选择使用内置的主题,也可以自定义主题颜色、字体和效果,如图 4-89 所示。

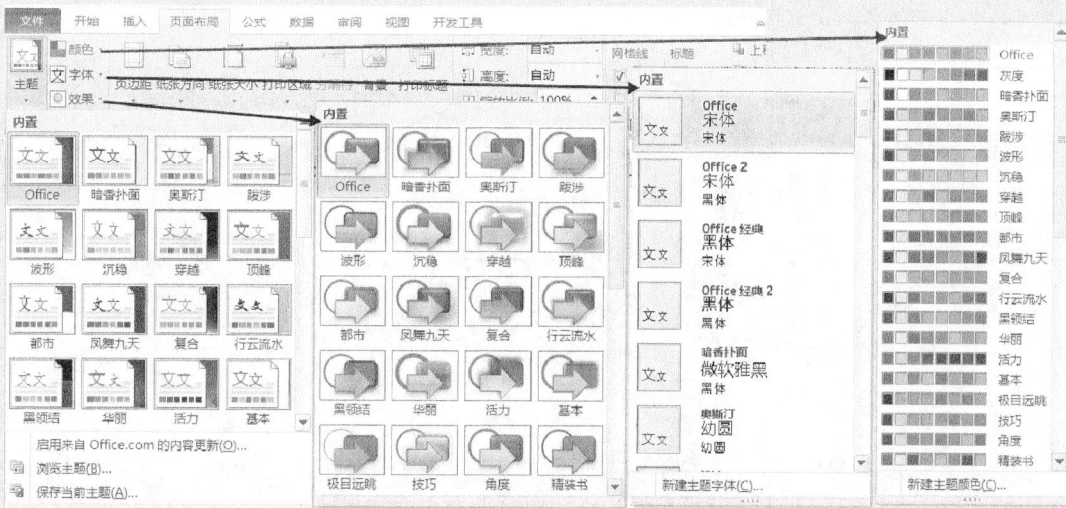

图 4-89 设置主题

如需通过选择不同的"主题"对工作表进行快速格式化,操作步骤如下。

步骤1 依次单击【开始】选项卡下的【套用表格格式】下拉按钮,在样式库中选择一种表样式,快速格式化数据表,效果如图 4-90 所示。

139

步骤2 选中数据表中的任意单元格，依次单击【页面布局】→【主题】命令，在展开的主题库中选择【都市】，数据表外观会立即发生变化，如图4-91所示。

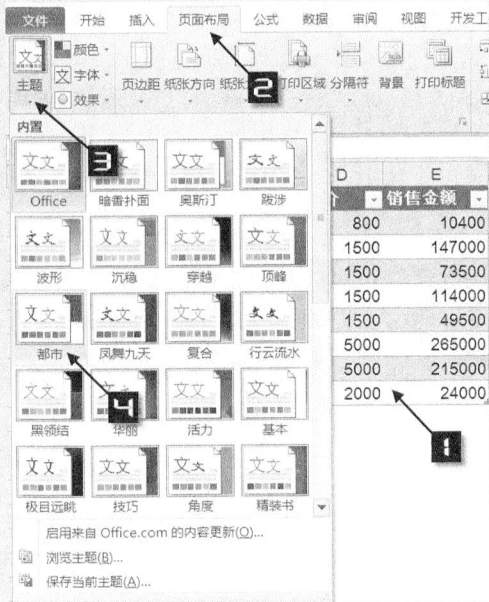

图4-90 套用表格格式的数据表

图4-91 应用主题

如果希望将自定义的主题用于更多的工作簿，则可以将当前的主题保存为主题文件，保存的主题文件格式扩展名为".thmx"。保存后的主题会自动添加到自定义主题列表中，如图4-92所示。

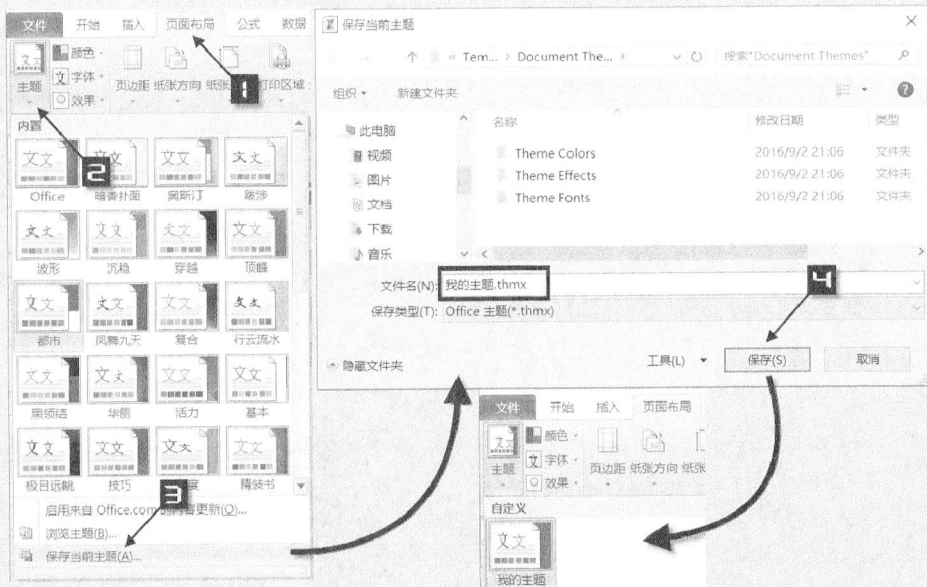

图4-92 保存自定义主题

通常情况下，同一个工作表内使用的颜色不要超过三种，太多的颜色会使工作表看起来比较凌乱。

小技巧

快速实现业务员销售汇总和销售排名

使用数据透视表功能，不仅能够快速按不同类别进行汇总，而且通过修改“值显示方式”，能够实现占比和排名的统计计算。

素材所在位置为：“光盘：\素材\第 4 章 Excel 在应收账款管理中的应用\快速实现业务员销售汇总和销售排名.xlsx”。

快速实现业务员销售汇总和销售排名

如图 4-93 所示，是某超市的部分销售记录。需要快速汇总出每个销售员的个人完成总额、销售业绩占比以及销售业绩排名。

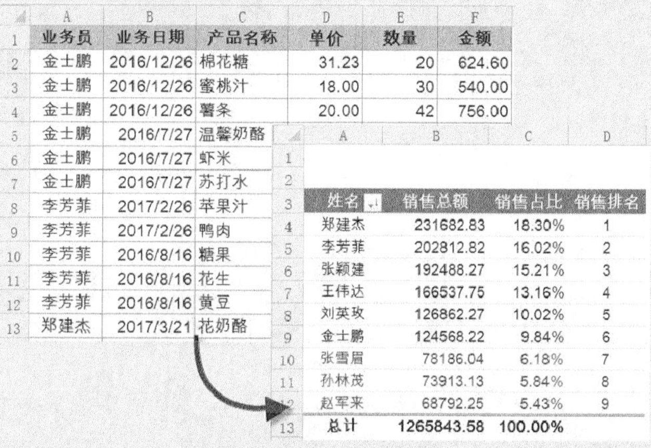

业务员	业务日期	产品名称	单价	数量	金额
金士鹏	2016/12/26	棉花糖	31.23	20	624.60
金士鹏	2016/12/26	蜜桃汁	18.00	30	540.00
金士鹏	2016/12/26	薯条	20.00	42	756.00
金士鹏	2016/7/27	温馨奶酪			
金士鹏	2016/7/27	虾米			
金士鹏	2016/7/27	苏打水			
李芳菲	2017/2/26	苹果汁			
李芳菲	2017/2/26	鸭肉			
李芳菲	2016/8/16	糖果			
李芳菲	2016/8/16	花生			
李芳菲	2016/8/16	黄豆			
郑建杰	2017/3/21	花奶酪			

姓名	销售总额	销售占比	销售排名
郑建杰	231682.83	18.30%	1
李芳菲	202812.82	16.02%	2
张颖建	192488.27	15.21%	3
王伟达	166537.75	13.16%	4
刘英玫	126862.27	10.02%	5
金士鹏	124568.22	9.84%	6
张雪眉	78186.04	6.18%	7
孙林茂	73913.13	5.84%	8
赵军来	68792.25	5.43%	9
总计	1265843.58	100.00%	

图 4-93 销售记录

操作步骤如下。

步骤 1 单击数据区域任意单元格，如 A4，在【插入】选项卡下单击【数据透视表】按钮，在弹出的【创建数据透视表】命令对话框中保留默认设置，单击【确定】按钮，生成一个空白的数据透视表，如图 4-94 所示。

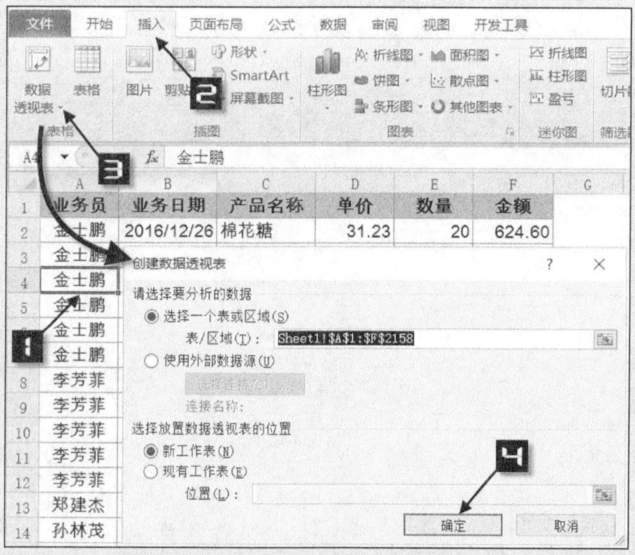

图 4-94 插入数据透视表

步骤2 在【数据透视表字段列表】中，拖动"业务员"字段到行标签区域，重复拖动 3 次"金额"字段到数值区域，然后单击【数据透视表字段列表】右上角的关闭按钮，如图 4-95 所示。

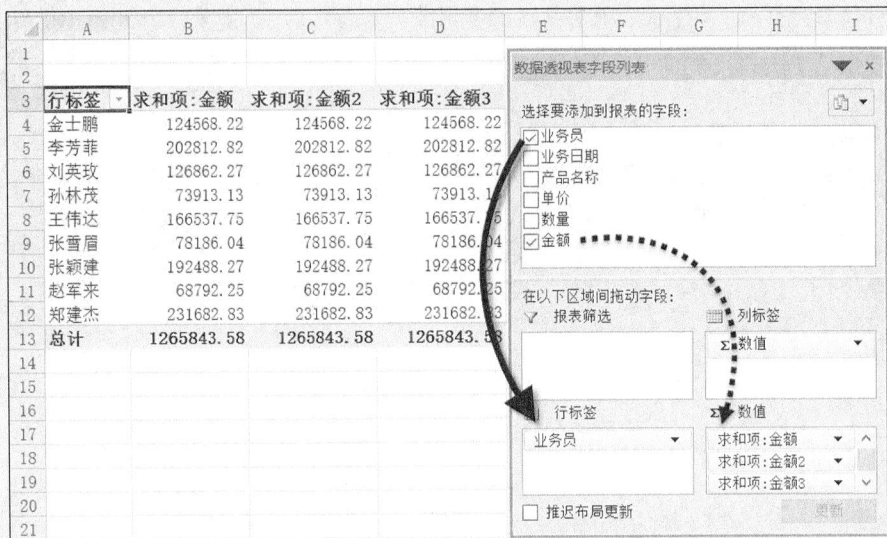

图 4-95　调整数据透视表字段布局

步骤3　右键单击"金额 2"字段的任意单元格，如 C4，在快捷菜单中依次选择【值显示方式】→【列汇总的百分比】命令，如图 4-96 所示。

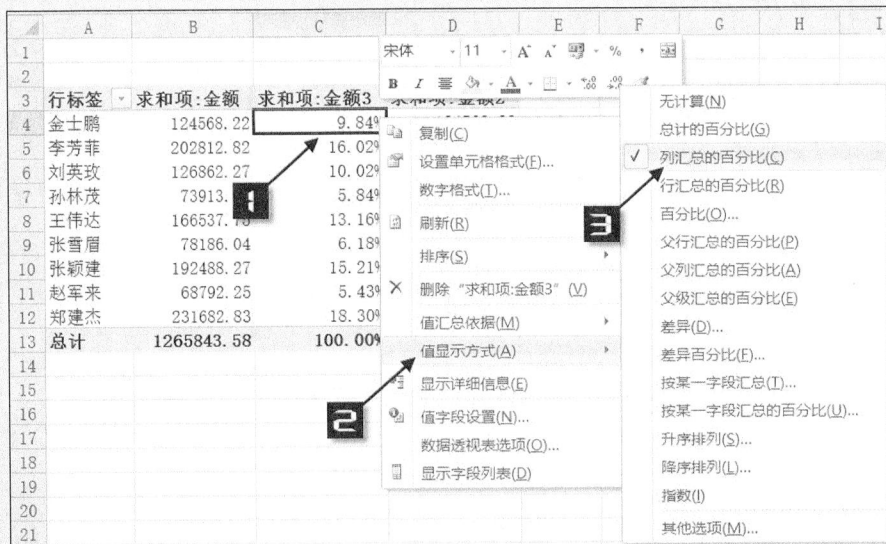

图 4-96　设置"金额 2"字段的值显示方式

步骤4　右键单击"金额 3"字段的任意单元格，如 D4，在快捷菜单中依次选择【值显示方式】→【降序排列】，在弹出的【值显示方式】对话框中保留默认设置，单击【确定】按钮，如图 4-97 所示。

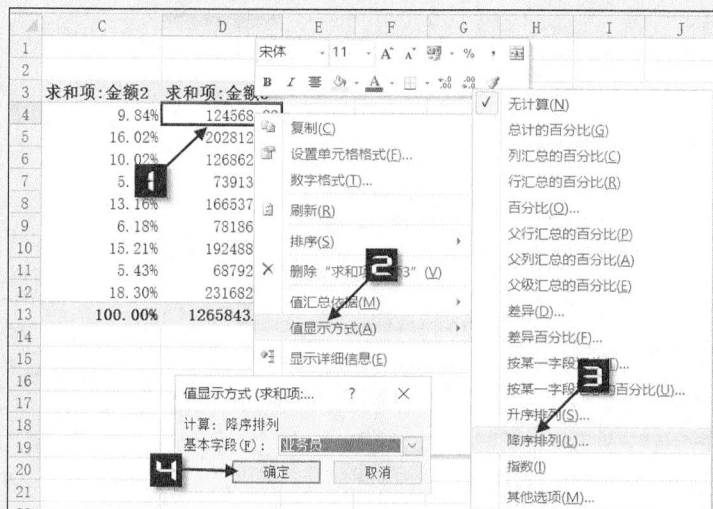

图 4-97 设置"金额 3"字段的值显示方式

此时的数据透视表效果如图 4-98 所示。

	A	B	C	D
1				
2				
3	行标签 ▼	求和项:金额	求和项:金额2	求和项:金额3
4	金士鹏	124568.22	9.84%	6
5	李芳菲	202812.82	16.02%	2
6	刘英玫	126862.27	10.02%	5
7	孙林茂	73913.13	5.84%	8
8	王伟达	166537.75	13.16%	4
9	张雪眉	78186.04	6.18%	7
10	张颖建	192488.27	15.21%	3
11	赵军来	68792.25	5.43%	9
12	郑建杰	231682.83	18.30%	1
13	总计	1265843.58	100.00%	

图 4-98 数据透视表效果

步骤 5 单击数据透视表中的行标签标题,即 A3 单元格,输入新的标题"姓名"。

同样的方法,将 B3 单元格中的"求和项:金额"修改为"销售总额";将 C3 单元格中的"求和项:金额 2"修改为"销售占比";将 D3 单元格中的"求和项:金额 3"修改为"销售排名",效果如图 4-99 所示。

	A	B	C	D
1				
2				
3	姓名 ▼	销售总额	销售占比	销售排名
4	金士鹏	124568.22	9.84%	6
5	李芳菲	202812.82	16.02%	2
6	刘英玫	126862.27	10.02%	5
7	孙林茂	73913.13	5.84%	8
8	王伟达	166537.75	13.16%	4
9	张雪眉	78186.04	6.18%	7
10	张颖建	192488.27	15.21%	3
11	赵军来	68792.25	5.43%	9
12	郑建杰	231682.83	18.30%	1
13	总计	1265843.58	100.00%	

图 4-99 更改数据透视表字段标题

步骤6 设置数据透视表的字体格式和数据透视表样式，对数据透视表进行美化。最后单击"销售排名"所在列的任意单元格，如D4，并在【数据】选项卡下单击"降序"命令按钮，如图 4-100 所示。

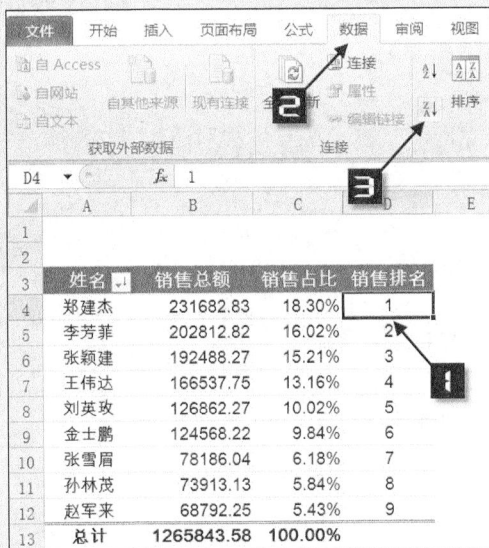

姓名	销售总额	销售占比	销售排名
郑建杰	231682.83	18.30%	1
李芳菲	202812.82	16.02%	2
张颖建	192488.27	15.21%	3
王伟达	166537.75	13.16%	4
刘英玫	126862.27	10.02%	5
金士鹏	124568.22	9.84%	6
张雪眉	78186.04	6.18%	7
孙林茂	73913.13	5.84%	8
赵军来	68792.25	5.43%	9
总计	1265843.58	100.00%	

图 4-100 降序排序

4.4.4 计算坏账准备金额

我国现行会计制度要求企业应当于每年年度终了时，对应收账款进行全面检查，预计各项应收账款可能发生的坏账准备。对于预计不能收回的应收款项，应该计提坏账准备。企业计提坏账准备的方法由企业自行确定。

采用账龄分析法计提坏账准备时，将不同账龄的应收账款进行分组，将应收账款的逾期时间按时间长短分为若干个区间，计算各个区间上的应收账款的金额，并为每个区间估算一个坏账损失百分比。然后，用各个区间上应收账款的金额乘以对应的该区间的坏账损失百分比，统计各个区间可能造成的坏账损失。最后将各个区间上的坏账损失估算求和和汇总，即为企业坏账损失的估算总额。

素材所在位置为："光盘：\素材\第 4 章 Excel 在应收账款管理中的应用\4.4.4 计算坏账准备金额.xlsx"。

1. 估算坏账准备比例

估算坏账率指估算坏账金额占应收账款总额的比例，计算公式如下。

坏账率=年坏账额/年应收账款总额

现有的企业会计制度在坏账准备计提比例方面给予了企业较大的自主权，一是计提比例不限，二是对不能够收回或收回可能性不大的应收账款可以全额计提坏账准备。通常账龄越长，发生坏账的可能性越大，估算的坏账准备的比例就越高。

假如根据企业的历史经验估算，应收账款的账龄与坏账可能性如下。

（1）未到期的应收账款发生坏账的可能性为 0%。

（2）逾期 30 天以内的应收账款发生坏账的可能性为 1%。

（3）逾期 60 天以内的应收账款发生坏账的可能性为 3%。

（4）逾期 60～120 天的应收账款发生坏账的可能性为 6%。

（5）逾期 120 天以上的应收账款发生坏账的可能性为 10%。

在实际工作中，就可以根据企业这些历史经验的坏账率进行估算。

2. 统计坏账准备金额

操作步骤如下。

步骤1 首先插入新工作表，将工作表标签重命名为"坏账准备"，然后输入基础数据，设置单元格格式，如图 4-101 所示。

	A	B	C	D
1	账龄	未收金额	坏账准备比率	坏账准备金额
2	30天以内		1%	
3	60天以内		3%	
4	60~120天		6%	
5	120天以上		10%	

图 4-101　制作基础表格

步骤2 在 B2 单元格输入以下公式，计算各账龄区间的未收金额，并将公式向下复制至 B5 单元格，如图 4-102 所示。

`=SUMIF(应收账款明细!I:I,A2,应收账款明细!F:F)`

步骤3 在 D2 单元格输入以下公式，计算坏账准备金额，并将公式向下复制至 D5 单元格，如图 4-103 所示。

`=B2*C2`

B2	▼	fx	=SUMIF(应收账款明细!I:I,A2,应收账款明细!F:F)

	A	B	C	D
1	账龄	未收金额	坏账准备比率	坏账准备金额
2	30天以内	177427	1%	
3	60天以内	176187	3%	
4	60~120天	96821	6%	
5	120天以上	89261	10%	

图 4-102　计算各账龄区间未收金额

D2	▼	fx	=B2*C2

	A	B	C	D
1	账龄	未收金额	坏账准备比率	坏账准备金额
2	30天以内	177427	1%	1774.27
3	60天以内	176187	3%	5285.61
4	60~120天	96821	6%	5809.26
5	120天以上	89261	10%	8926.1

图 4-103　计算坏账准备金额

3. 按应收账款到期日自动提醒

在"应收账款明细"工作表中设置公式，能够对应收账款到期和过期天数进行提醒。如图 4-104 所示，在 J1 单元格输入列标题"到期日"，在 J2 单元格输入以下公式，按 <Enter> 键将公式向下复制。

`=TEXT(C2+G2-"2017-3-15","0 天后到期;已过期 0 天;今日到期")`

J2	▼	fx	=TEXT(C2+G2-"2017-3-15","0天后到期;已过期0天;今日到期")

	C	D	E	F	G	H	I	J
1	开票日期	应收金额	已收金额	未收金额	付款期限	是否到期	账龄	到期日
2	2017/1/1	53639.00		53639.00	45	是	30天以内	已过期28天
3	2017/2/3	37676.00	4500.00	33176.00	27	是	30天以内	已过期13天
4	2017/2/10	47932.00	12000.00	35932.00	50	否	未到期	17天后到期
5	2017/2/11	10964.00		10964.00	48	否	未到期	16天后到期
6	2017/2/12	30863.00		30863.00	36	否	未到期	5天后到期

图 4-104　到期日自动提醒

公式中，假定以 2017 年 3 月 15 日作为统计日，先使用"C2+G2"即"开票日期+付款期限"计算出实际到期日，然后减去统计日（2017-3-15）。如果实际到期日减去统计日之后的结果大于 0，说明尚未到期；如果等于 0，说明当前统计日即为实际到期日；如果小于 0，则说明已经过期。

TEXT 函数第二参数的格式代码使用"0 天后到期;已过期 0 天;今日到期"，以分号间隔的 3 段式格式代码分别对应大于 0、小于 0 和等于 0，最终将计算结果转换为文字+数字形式的提醒说明。

Excel
在会计中的应用（微课版）

扩展知识点

合并带有格式的字符串

素材所在位置为："光盘：\素材\第 4 章 Excel 在应收账款管理中的应用\合并带有格式的字符串.xlsx"。

如图 4-105 所示，B 列是设置为长日期格式的日期数据，D 列是设置了一位小数的百分比格式。需要在 E 列对各单元格的字符串进行合并。

	A	B	C	D	E
1	公司名称	日期	还款金额	还款比例	合并文本
2	大田公司	2017年2月22日	12500	10.0%	大田公司2017年2月22日还款12500元,还款比例为10.0%
3	天安公司	2017年2月23日	10080	15.0%	天安公司2017年2月23日还款10080元,还款比例为15.0%
4	子威公司	2017年2月24日	95000	5.0%	子威公司2017年2月24日还款95000元,还款比例为5.0%
5	瑞丽公司	2017年2月25日	10000	10.0%	瑞丽公司2017年2月25日还款10000元,还款比例为10.0%

图 4-105 合并带有格式的字符串

如果使用以下公式连接，合并后的日期和百分比部分出现错误，如图 4-106 所示。

=A2&B2&"还款"&C2&"元，还款比例为"&D2

E2			fx	=A2&B2&"还款"&C2&"元，还款比例为"&D2	
	A	B	C	D	E
1	公司名称	日期	还款金额	还款比例	合并文本
2	大田公司	2017年2月22日	12500	10.0%	大田公司42788还款12500元，还款比例为0.1
3	天安公司	2017年2月23日	10080	15.0%	天安公司42789还款10080元，还款比例为0.15
4	子威公司	2017年2月24日	95000	5.0%	子威公司42790还款95000元，还款比例为0.05
5	瑞丽公司	2017年2月25日	10000	10.0%	瑞丽公司42791还款10000元，还款比例为0.1

图 4-106 合并后的结果无法正常显示

如果对内容为数值的单元格进行字符连接时，无论数值以哪一种格式显示，合并后都默认显示为常规格式。本例中，日期 2017 年 2 月 22 日在合并后显示为日期序列值 42 788，还款比例 10.0%显示为常规格式 0.1。

如果要在合并后仍然显示为数值所在单元格的样式，可以使用 TEXT 函数将数值单元格的内容转换带有指定样式的文本字符串，然后再进行连接。

E2 单元格输入以下公式，并将公式向下复制，如图 4-107 所示。

=A2&TEXT(B2,"e 年 m 月 d 日")&TEXT(C2,"还款 0 元")&TEXT(D2,"，还款比例为 0.0%")

E2			fx	=A2&TEXT(B2,"e年m月d日")&TEXT(C2,"还款0元")&TEXT(D2,"，还款比例为0.0%")	
	A	B	C	D	E
1	公司名称	日期	还款金额	还款比例	合并文本
2	大田公司	2017年2月22日	12500	10.0%	大田公司2017年2月22日还款12500元,还款比例为10.0%
3	天安公司	2017年2月23日	10080	15.0%	天安公司2017年2月23日还款10080元,还款比例为15.0%
4	子威公司	2017年2月24日	95000	5.0%	子威公司2017年2月24日还款95000元,还款比例为5.0%
5	瑞丽公司	2017年2月25日	10000	10.0%	瑞丽公司2017年2月25日还款10000元,还款比例为10.0%

图 4-107 合并文本

上述公式中使用了 3 个 TEXT 函数，其中，"TEXT(B2,"e 年 m 月 d 日")"部分将 B2 单元格中的日期转换为文本字符串"2017 年 2 月 22 日"；"TEXT(C2,"还款 0 元")"部分将 C2 单元格中的金额 12 500 转换为文本字符串"还款 12 500 元"；"TEXT(D2,"，还款比例为 0.0%")"部分，将 D2 单元格中的比例 10.0%转换为文本字符串"，还款比例为 10.0%"。

最后使用文本连接符 &，将 A2 单元格中的公司名称与 3 个 TEXT 函数返回的结果进行连接，得到最终需要的效果。

4.4.5 根据欠款金额和过期时间突出显示应收账款项目

会计人员在应收账款的管理工作中，需要经常核查欠款情况并向欠款单位发出应收账款催款单。对于欠款金额大、过期时间长的欠款单位要加强监管力度。

素材所在位置为："光盘：\素材\第 4 章 Excel 在应收账款管理中的应用\4.4.5 根据欠款金额和过期时间突出显示应收账款记录.xlsx"。

应收账款记录工作表，要求当应收账款到期且欠款金额超过 30 000 元，整行用浅橙色突出显示。当应收账款到期且欠款金额超过 50 000 元，整行用深橙色突出显示，完成后的局部效果如图 4-108 所示。

	A	B	C	D	E	F	G	H	I	J
1	序号	公司名称	开票日期	应收金额	已收金额	未收金额	付款期限	是否到期	账龄	到期日
2	1	大田公司	2017/1/1	53639.00		53639.00	45	是	30天以内	已过期28天
3	2	天安公司	2017/2/3	37676.00	4500.00	33176.00	27	是	30天以内	已过期13天
4	3	大田公司	2017/2/10	47932.00	12000.00	35932.00	50	否	未到期	17天后到期
5	4	子威公司	2017/2/11	10964.00		10964.00	48	否	未到期	16天后到期
6	5	瑞丽公司	2017/2/12	30863.00		30863.00	36	否	未到期	5天后到期
7	6	大田公司	2017/2/13	23179.00	10000.00	13179.00	23	是	30天以内	已过期7天
8	7	旭派公司	2017/2/13	52073.00		52073.00	23	是	30天以内	已过期7天

图 4-108 使用条件格式突出显示应收账款项目

操作步骤如下。

步骤1 选中 A2:J21 单元格区域，在【开始】选项卡下单击【条件格式】下拉按钮，并在下拉列表中选择【新建规则】命令。在弹出的【新建格式规则】对话框中单击【使用公式确定要设置格式的单元格】命令，然后在"为符合此公式的值设置格式"编辑框中输入以下公式，最后单击【格式】按钮，如图 4-109 所示。

=AND($H2="是",$F2>30000)

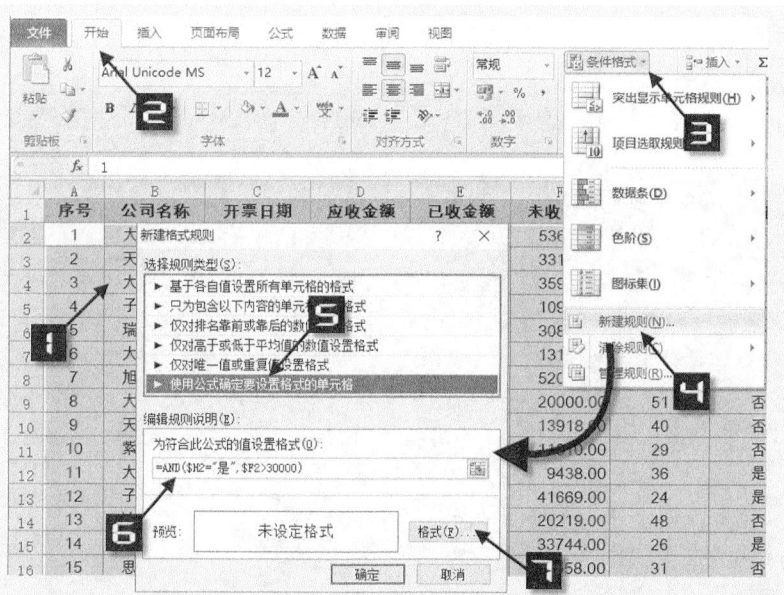

图 4-109 设置条件格式

步骤2 在弹出的【设置单元格格式】对话框中，切换到【填充】选项卡下，选择浅橙色，再依次单击【确定】按钮完成设置，如图 4-110 所示。

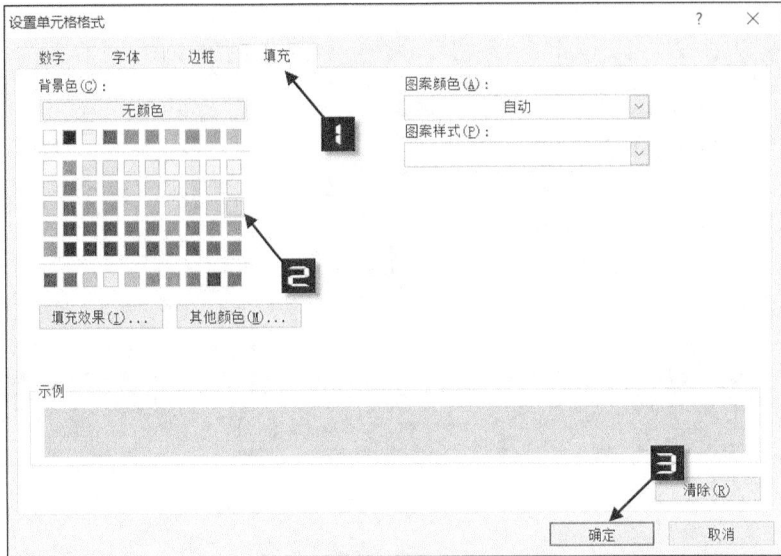

图 4-110　设置单元格格式

步骤3 重复步骤 1，再次添加条件格式。在"为符合此公式的值设置格式"编辑框中输入以下公式，然后单击【格式】按钮。在弹出的【设置单元格格式】对话框中，切换到【填充】选项卡下，选择深橙色，再依次单击【确定】按钮完成设置。

=AND($H2="是",$F2>50 000)

设置完成后，工作表即可根据指定的规则突出显示符合条件的数据。

知识点讲解

1. AND 函数和 OR 函数

素材所在位置为："光盘：\素材\第 4 章 Excel 在应收账款管理中的应用\AND 函数和 OR 函数.xlsx"。

AND 函数和 OR 函数分别对应两种常用的逻辑关系，即"与""或"。

对于 AND 函数，所有参数的逻辑值为真时返回 TRUE，只要一个参数的逻辑值为假即返回 FALSE。类似于判断系统是否安全时，需要逐个盘符进行检查，只有所有盘符的检查都是安全的（TRUE），才会判定系统为安全。只要其中任意一个盘符不安全（FALSE），系统是否安全的判断就会返回逻辑值 FALSE。

对于 OR 函数，当所有参数的逻辑值都为假时，才返回 FALSE，只要一个参数的逻辑值为真，即返回 TRUE。类似于判断系统是否有病毒时，同样需要逐个盘符进行检查，只有所有盘符的检查都没有病毒（FALSE），系统是否有病毒的判断才会返回逻辑值 FALSE。只要其中任意一个盘符有病毒（TRUE），系统是否有病毒的判断就返回逻辑值 TRUE。

使用 AND 函数和 OR 函数结合 IF 函数，能够实现多个条件的判断。

根据现有规定，男性最高退休年龄为 60 岁，女性最高退休年龄为 50 岁。在图 4-111 模拟的

	A	B	C	D
1	姓名	性别	年龄	是否符合退休条件
2	马玉涛	女	50	是
3	郭笑天	男	55	否
4	刘春燕	女	48	否
5	金玉娇	女	51	是
6	任鸣齐	男	60	是
7	郎金平	男	59	否
8	李文安	男	53	否
9	杨玉涛	女	51	是

图 4-111　判断是否符合退休条件

员工信息表中，需要根据 B 列的性别和 C 列的年龄，综合判断员工是否符合退休条件。

本例中，分为两组具有"或者"关系的条件：

"性别为男，年龄大于等于 60"或者"性别为女，年龄大于等于 55"。

每组又细分为两个"与"关系的条件。

（1）性别为男，与大于等于 60。

（2）性别为女，与年龄大于等于 60。

也就是作为同一组内的判断，两个条件必须同时符合。而最终这两组条件满足其一，即可判定为符合退休条件。

D2 单元格输入以下公式，向下复制到 D9 单元格。

```
=IF(OR(AND(B2="女",C2>=50),AND(B2="男",C2>=60)),"是","否")
```

公式中的"AND(B2="女",C2>=50)"部分，对 B2 单元格的性别和 C2 单元格的年龄进行判断。如果性别等于"女"，同时年龄大于等于 50，则返回逻辑值 TRUE，否则返回 FALSE。

"AND(B2="男",C2>=60)"部分，如果性别等于"男"，同时年龄大于等于 60，则返回逻辑值 TRUE，否则返回 FALSE。

OR 函数将两个 AND 函数的运算结果作为参数，其中任意一个 AND 函数的运算结果为 TRUE，即返回逻辑值 TRUE。

最后用 IF 函数判断，如果 OR 函数得到的结果为逻辑值 TRUE，则返回"是"，否则返回"否"。

2. 逻辑函数与乘法加法运算

实际使用中，经常会使用乘法替代 AND 函数，使用加法替代 OR 函数。

使用乘法替代 AND 函数时，如果多个判断条件中的任意一个结果返回逻辑值 FALSE，则乘法结果为 0。

使用加法替代 OR 函数时，如果多个判断条件中的任意一个结果返回逻辑值 TRUE，则加法的结果大于 0。在 IF 函数的第一参数或是条件格式公式中，0 的作用相当于逻辑值 FALSE，其他非 0 数值的作用相当于逻辑值 TRUE，因此使用乘法和加法可得到与 AND 函数与 OR 函数相同的计算目的。

【公式讲解】

判断应收账款到期且欠款金额超过 50 000 元的公式如下。

```
=AND($H2="是",$F2>50 000)
```

如果 H2 单元格的是否到期为"是"，并且 F2 单元格的金额大于 50 000，AND 函数返回逻辑值 TRUE，条件格式应用预先指定的单元格格式。因为一行之中的每个单元格都以该行 H 列和 F 列的比较结果为着色条件，因此公式中的 H2 和 F2 都需要使用列绝对引用方式。

判断应收账款到期且欠款金额超过 30 000 元的公式计算原理与之相同，不再赘述。

4.5 根据客户简称查询全称

素材所在位置为："光盘：\素材\第 4 章 Excel 在应收账款管理中的应用\4.5 根据客户简称查询全称.xlsx"。

在实际工作中，很多人习惯将客户名称以全称中的两个或多个关键字来进行记录，也就是所谓的"简称"。为了便于数据的管理维护，需要特别注意数据录入的规范和统一性。

如图 4-112 所示，是某企业的客户交易记录表。需要根据 A 列的客户简称，在 F 列的客户名单中查询客户全称。

	A	B	C	D	E	F
1	客户	业务笔数	业务发生额	客户全称		客户名单
2	上海沛发	1	811100			白特荣塑胶（上海）有限公司
3	上海超建	4	425100			菲斯巴克（上海）包装容器有限公司
4	华工贸易	6	617000			玖润塑胶工业(上海)有限公司
5	才发包装	3	670200			上海艾斯希吉贸易有限公司
6	安工工业	2	577100			上海爱立久进出口有限公司
7	安翔实业	8	185400			上海爱特家用电器有限公司
8	翠柳贸易	2	953100			上海爱特松立家用电器有限公司
9	奥凯塑料	11	653300			上海安顿包装材料有限公司
10						上海安工工业设备制造有限公司
11						上海安翔实业有限公司
12						上海安越塑料制品有限公司
13						上海奥宏国际贸易有限公司
14						上海奥凯塑料制品有限公司
15						上海百诺电器有限公司
16						上海百振包装机械有限公司

图 4-112　客户交易记录表

D2 单元格输入以下公式，并将公式向下复制，如图 4-113 所示。

```
=IFERROR(LOOKUP(1,0/FIND(A2,$F$2:$F$123),$F$2:$F$123),"")
```

D2　fx　=IFERROR(LOOKUP(1,0/FIND(A2,$F$2:$F$123),$F$2:$F$123),"")

	A	B	C	D	E	F
1	客户	业务笔数	业务发生额	客户全称		客户名单
2	上海沛发	1	811100	上海沛发包装材料有限公司		白特荣塑胶（上海）有限公司
3	上海超建	4	425100	上海超建包装材料有限公司		菲斯巴克（上海）包装容器有限公司
4	华工贸易	6	617000			玖润塑胶工业(上海)有限公司
5	才发包装	3	670200	上海才发包装材料有限公司		上海艾斯希吉贸易有限公司
6	安工工业	2	577100	上海安工工业设备制造有限公司		上海爱立久进出口有限公司
7	安翔实业	8	185400	上海安翔实业有限公司		上海爱特家用电器有限公司
8	翠柳贸易	2	953100	上海翠柳贸易有限公司		上海爱特松立家用电器有限公司
9	奥凯塑料	11	653300	上海奥凯塑料制品有限公司		上海安顿包装材料有限公司
10						上海安工工业设备制造有限公司
11						上海安翔实业有限公司
12						上海安越塑料制品有限公司
13						上海奥宏国际贸易有限公司
14						上海奥凯塑料制品有限公司

图 4-113　根据客户简称查询全称

知识点讲解

FIND 函数

FIND 函数用于定位某一个字符（串）在指定字符串中的起始位置，结果以数字表示。如果在同一字符串中存在多个被查找的子字符串，则返回从第一次出现的位置。如果查找字符（串）在源字符串中不存在，返回错误值#VALUE!。

FIND 函数的语法如下。

```
FIND(find_text,within_text,[start_num])
```

该函数中，第一参数是查找的文本；第二参数是包含要查找文本的源文本；第三参数可选，表示从指定第几个字符位置开始进行查找。通常情况下第三参数省略，表示从第 1 个字符的位置开始查找。

函数的用法可作如下理解。

```
FIND(查找什么,在哪里查找,[从第几个字符的位置开始])
```

【公式讲解】

（1）图 4-113 所使用的公式中的“FIND(A2,$F$2:$F$123)”部分，是用 FIND 函数分别查询 A2 单元

格“上海沛发”在客户名单 $F$2:$F$123 单元格区域各单元格中的起始位置，如果 F 列单元格中包含有关键字“上海沛发”，则返回数字，表示该关键字在单元格中的位置。否则返回错误值#VALUE!。得到由数值和错误值构成的内存数组，具体如下。

```
{#VALUE!; #VALUE!;……1;#VALUE!;#VALUE!; #VALUE!}
```

再用 0 除以该数组，返回新的数组。

```
{#VALUE!; #VALUE!;……0;#VALUE!;#VALUE!; #VALUE!}
```

（2）LOOKUP 函数用 1 作为查找值，在以上内存数组中查找小于 1 的最大值——0 所在的位置，并返回 $F$2:$F$123 单元格区域中对应位置的值。

（3）使用 IFERROR 函数来屏蔽公式查询不到对应结果时返回的错误值#N/A。

扩展知识点

字符及查找函数

1. 全角字符和半角字符

全角字符是指一个字符占用两个标准字符位置的字符，又称为双字节字符。所有汉字均为双字节字符。半角字符是指一个字符占用一个标准字符位置的字符，又称为单字节字符，如半角状态下输入的英文字母、英文标点等。

字符长度可以使用 LEN 函数和 LENB 函数统计，其中，LEN 函数对任意单个字符都按长度 1 计算；LENB 函数则将任意单个的单字节字符按长度 1 计算，将任意单个的双字节字符按长度 2 计算。

例如，使用以下公式将返回 7，表示该字符串共有 7 个字符。

```
=LEN("Excel 之家")
```

使用以下公式将返回 9，因为该字符串中的两个汉字“之家”占了 4 个字节长度。

```
=LENB("Excel 之家")
```

2. MID 函数

素材所在位置为：“光盘：\素材\第 4 章 Excel 在应收账款管理中的应用\MID 函数.xlsx”。

MID 函数用于在字符串任意位置上返回指定数量的字符，函数的语法如下。

```
MID(text,start_num,num_chars)
```

该函数中，第一参数是包含要提取字符的文本字符串；第二参数用于指定文本中要提取的第一个字符的位置；第三参数指定从文本中返回字符的个数。

我国现行居民身份证号码是由 18 位数字组成的，其中，第 7 位～第 14 位数字表示出生年月日：第 7 位～10 位是年份，第 11 位～12 位是月份，第 13 位～14 位是一月中的天数。现行身份证中的第 17 位是性别标识码，奇数为男，偶数为女；第 18 位数字是校检码。使用 MID 函数可以从身份证号码中提取出身份证持有人的出生日期信息。

如图 4-114 所示，需要从 B 列的员工身份证号码中提取出生年月。可以在 C2 单元格输入以下公式，并将公式向下复制。

```
=--TEXT(MID(B2,7,8),"0-00-00")
```

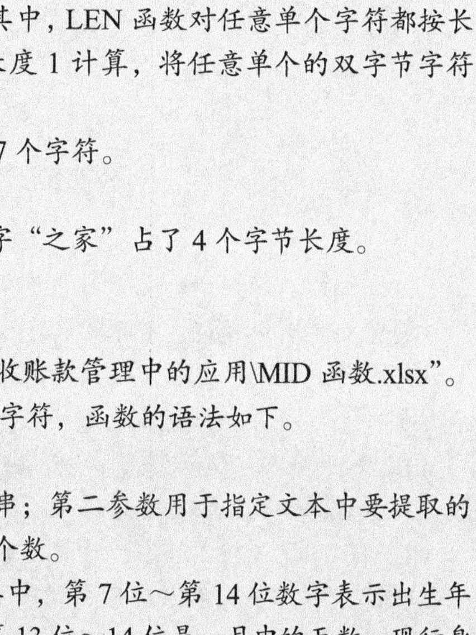
C2 =--TEXT(MID(B2,7,8),"0-00-00")

	A	B	C
1	姓名	身份证号码	出生日期
2	白雨佳	500107201010132429	2010/10/13
3	武文琪	500107200708221548	2007/8/22
4	刘瑾睿	500107201008081642	2010/8/8
5	何思源	500106200910210313	2009/10/21
6	何沙宣	500107201003181644	2010/3/18
7	戴子诚	500107201003251614	2010/3/25
8	康远东	500107201006012424	2010/6/1
9	于尘雨	500107201007221623	2010/7/22
10	袁承志	500107200912031227	2009/12/3

图 4-114 提取出生日期

公式中的“MID(B2,7,8)”部分是用 MID 函数从 B2 单元格的第 7 个字符开始，截取 8 个字符，得到字符串"20101013"。

TEXT 函数使用格式代码"0-00-00"，将字符串 20101013 强制显示为具有日期样式的文本型字符串"2010-10-13"，最后使用两个半字连接符，通过减负运算的方式将文本型字符串"2010-10-13"转换为日期序列值。

如果单元格中的提取结果显示为 5 位数字，可将单元格数字格式设置为日期。

3. LEFT 函数

素材所在位置为："光盘：\素材\第 4 章 Excel 在应收账款管理中的应用\LEFT 函数.xlsx"。

LEFT 函数根据所指定的字符数，返回文本字符串中第一个字符或前几个字符。该函数的语法如下。

```
LEFT(text,[num_chars])
```

该函数中，第一参数是要从中提取字符的文本字符串；第二参数可选，用于指定要提取的字符个数。

在图 4-115 所示的客户通讯录中，A 列为客户姓名和电话号码的混合内容，需要在 B 列提取出客户姓名。

	A	B
1	姓名电话	提取姓名
2	李梦颜83208980	李梦颜
3	庄梦蝶13512345678	庄梦蝶
4	夏若冰664385	夏若冰
5	文静婷88282610	文静婷
6	高云653295	高云
7	许柯华13787654321	许柯华
8	孟丽洁676665	孟丽洁
9	江晟涵83209919	江晟涵

图 4-115 提取混合内容中的姓名

在本例中，A 列中的客户姓名部分的字符数不固定，因此不能直接按固定位数提取。

仔细观察可以发现：字符串中的姓名部分是双字节字符，而电话号码部分则是单字节字符。根据此规律，只要计算出 A 列单元格中的字符数和字节数之差，结果就是客户姓名的字符数。再从第一个字符开始，提取出相应数量的字符，结果即是客户的姓名。

B2 单元格输入以下公式，向下复制到 B9 单元格。

```
=LEFT(A2,LENB(A2)-LEN(A2))
```

LENB 函数将每个汉字（双字节字符）的字符数按 2 计数，LEN 函数则对所有的字符都按 1 计数。因此"LENB(A2)-LEN(A2)"返回的结果就是文本字符串中的汉字个数 3。

LEFT 函数返回 A2 单元格的前 3 个字符，最终提取出客户姓名。

4. RIGHT 函数

RIGHT 函数根据所指定的字符数返回文本字符串中最后一个或多个字符。仍然以图 4-115 中的数据为例，需要提取出混合内容中的电话号码。

C2 单元格输入以下公式，向下复制到 C9 单元格。

```
=RIGHT(A2,LEN(A2)-(LENB(A2)-LEN(A2)))
```

公式中，"LENB(A2)-LEN(A2)"部分用于计算出 A2 单元格的双字节字符个数，也就是中文的个数，结果为 3；"LEN(A2)-(LENB(A2)-LEN(A2))"部分用于计算字符总数——中文个数，结果就是字符串中的数字个数，结果为 8。

另外，因为数字在字符串的右侧，所以此公式利用 RIGHT 函数返回 A2 单元格最后 8 个字符，提取出电话号码。

此公式也可以简化括号后做如下使用。

```
=RIGHT(A2,LEN(A2)*2-LENB(A2))
```

当 LEFT 函数、RIGHT 函数省略第二参数时，分别取参数最左和最右的一个字符。

【提示】使用 MID 函数、LEFT 函数以及 RIGHT 函数在数值字符串中提取字符时，提取结果全部为文本型数字。通常情况下，会使用原公式乘 1 的方法，将公式结果转换为数值。

5. SUBSTITUTE 函数

素材所在位置为："光盘: \素材\第 4 章 Excel 在应收账款管理中的应用\SUBSTITUTE 函数.xlsx"。

SUBSTITUTE 函数用于在文本字符串中用新字符串替代旧字符串，类似于基础操作的查找替换功能，语法如下。

```
SUBSTITUTE(text,old_text,new_text,[instance_num])
```

该函数中的相关参数的含义如下。

（1）第一参数是需要替换其中字符的文本或是单元格引用。

（2）第二参数是需要替换的文本。

（3）第三参数是用于替换旧字符串的文本。

（4）第四参数可选，指定要替换第几次出现的旧字符串。当第四参数省略时，源字符串中的所有与第二参数相同的文本都将被替换。如果第四参数指定为 2，则只第 2 次出现的才会被替换。

SUBSTITUTE 函数区分大小写和全角半角字符，当第三参数为空文本或是省略该参数的值而仅保留参数之前的逗号时，相当于将需要替换的文本删除。例如以下公式将返回字符串"Excel"。

```
=SUBSTITUTE("ExcelHome","Home","")
```

如图 4-116 所示，是某商场促销活动的中奖用户名单，为了保护用户隐私，需要对手机号的中间四位进行隐藏。

	A	B	C
1	姓名	手机号码	隐藏中间四位
2	江晟涵	18320991999	183****1999
3	李梦颜	17066665555	170****5555
4	孟丽洁	15067666566	150****6566
5	潘高云	18265329595	182****9595
6	文静婷	17880809090	178****9090
7	夏若冰	18388999988	183****9988
8	许柯华	18787654321	187****4321
9	庄梦蝶	15501010101	155****0101

图 4-116　隐藏手机号的中间 4 位

C2 单元格输入以下公式，向下复制到 C9 单元格。

```
=SUBSTITUTE(B2,MID(B2,4,4),"****",1)
```

本公式首先使用 MID 函数，从 B2 单元格第四位开始，提取出 4 个字符"1234"，再使用 SUBSTITUTE 函数，将字符串"1234"替换为新的字符串"****"。

SUBSTITUTE 函数第四参数使用 1，表示只替换第 1 次出现的字符。如 B9 单元格中的"0101"出现了两次，SUBSTITUTE 函数只替换第一次出现的"0101"。

153

小技巧

分列显示金额

素材所在位置为："光盘：\素材\第 4 章 Excel 在应收账款管理中的应用\分列显示金额.xlsx"。

图 4-117 为在 Excel 中制作的一张商业收款凭证，其中，F 列为各商品的合计金额，G～N 列是利用公式实现的金额数值分列效果。

图 4-117　模拟发票中金额分列填写

G5 单元格输入以下公式，复制到 G5:N10 单元格区域。

```
=IF($F5="","",LEFT(RIGHT(" ￥"&$F5/1%,9-COLUMN(A1))))
```

该公式的含义如下。

（1）"$F5/1%"部分，表示将 F5 单元格的数值放大 100 倍，转换为整数。再将字符串"￥"与其连接，变成新的字符串"￥63 200"。

（2）使用 RIGHT 函数在这个字符串的右侧开始取值，长度为"9-COLUMN(A1)"部分的计算结果。

（3）在公式向右复制时，"9-COLUMN(A1)"部分形成一个递减的自然数序列。即每向右一列，RIGHT 函数的取值长度减少 1。

（4）如果 RIGHT 函数指定要截取的字符数超过了字符串本身的长度，结果仍为原字符串。"RIGHT("￥63 200",8)"的意思是从字符串"￥63 200"右侧开始，提取出 8 个字符，结果为"￥63 200"。

（5）再使用 LEFT 函数，得到字符串"￥63 200"的左侧首个字符，结果为空格。

（6）在 I5 单元格中，"9-COLUMN(C1)"部分的计算结果变为了 6，因此"RIGHT("￥63 200",6)"只取出字符串"￥63 200"右侧的 6 个字符，结果为"￥63 200"。最后再使用 LEFT 函数取得首个字符"￥"。

（7）在 J5 单元格中，"9-COLUMN(D1)"部分的计算结果变为了 5，而"RIGHT("￥63 200",5)"部分取出字符串"￥63 200"右侧 5 个字符，结果为 63 200。再使用 LEFT 函数取得首个字符"6"。

其他单元格中的公式计算过程以此类推，不再赘述。

IF 函数的作用是判断 F5 单元格是否为空单元格，如果为空单元格，公式将返回空文本，使单元格的显示效果为空白。

本章小结

本章介绍 Excel 在应收账款管理中的应用，结合实际案例介绍如何在 Excel 中使用函数公式、条件格式数据透视表和图表来对应收账款明细账进行汇总和统计分析。

本章内容不但包括应收账款的统计方法，还包括逾期应收账款分析、应收账款账龄分析和应收账款坏账分析以及计算的方法，使读者能够贴合实际办公实务，全面掌握企业中应收账款管理的应用知识。

思考与练习

（1）Excel 可以保存和存储的数字最大精确到____位有效数字，超过 15 位之后的部分会自动变为____。

（2）以下说法正确的是____。

    A. 自定义格式仅影响数据的显示，不会影响单元格的实际内容。

    B. 自定义格式不但影响数据的显示，而且影响单元格的实际内容。

    C. 同一单元格只允许设置一个条件格式规则。

    D. 同一单元格允许设置多个条件格式规则。

（3）简述调整条件格式优先级的步骤。

（4）Excel 2010 内置了 11 种图表类型，请说出其中的 5 种：_____。

（5）使用条形图时，数据点的排列次序与数据表中的次序____。

（6）返回 A 列最后一个文本用到的公式是_____，返回 A 列最后一个数值用到的公式是_____，返回 A 列最后一个非空单元格内容用到的公式是_____。

（7）数据透视表的切片器，可以看作是一种图形化的筛选方式。默认情况下，每次只能选中切片器中的一个按钮。如需同时查看多个选项的数据，可以按住____键不放，然后单击切片器中的按钮即可。

（8）清除切片的筛选有多种方法，请说出其中两种。

（9）如需删除切片器，应如何操作？

（10）执行插入【表格】命令后，创建完成的表格首行自动添加筛选按钮，并且自动应用表格格式，同时会具有以下特殊的功能_____。

（11）AND 函数和 OR 函数分别对应两种常用的逻辑关系，即____、____。

（12）实际使用中，经常会使用乘法替代____函数，使用加法替代____函数。

（13）字符长度可以使用 LEN 函数和 LENB 函数统计，其中，LEN 函数对任意单个字符都按长度____计算；LENB 函数则将任意单个的单字节字符按长度____计算，将任意单个的双字节字符按长度____计算。

（14）使用 MID 函数、LEFT 函数以及 RIGHT 函数在数值字符串中提取字符时，提取结果全部为____型数字。

（15）运算符是构成公式的基本元素之一，每个运算符分别代表一种运算方式。常用的运算符包括_____。

（16）根据"练习 4.1.xlsx"中的数据，使用函数分别提取出其中的姓名电话号码，如图 4-118 所示。

	A	B	C
1	姓名/电话	姓名	电话
2	颜如旭83286518		
3	丁卫康18355667788		
4	夏吾冬15648188818		
5	白雪66532450		

图 4-118　提取姓名和电话号码

（17）根据“练习 4.2.xlsx”中的数据，使用函数将 B 列中的姓名中的名字部分，替换为“*”，如图 4-119 所示。（提示：使用 SUBSTITUTE 和 MID 函数）

（18）根据“练习 4.3.xlsx”中的数据，使用 IF 函数判断岗位技能考核成绩是否合格，考核标准为男生大于 75 分，女生大于 65 分，如图 4-120 所示。

	A	B
1	姓名	效果
2	颜如旭	颜**
3	卫康	卫*
4	夏吾冬	夏**
5	白雪	白*

图 4-119　替换姓名中的字符

	A	B	C	D
1	姓名	性别	成绩	结论
2	程一凡	男	73	不合格
3	陆亦可	女	69	合格
4	侯天亮	男	85	合格
5	沙白冬	女	65	不合格
6	周元康	男	89	合格

图 4-120　判断是否合格

（19）根据“练习 4.4.xlsx”中的数据，要求设置条件格式，使符合部门为销售一部，并且销售额大于 800 的记录整行高亮显示，如图 4-121 所示。

（20）根据“练习 4.5.xlsx”中的数据，完成如下题目。

① 要求计算销售一部的销售总额，如图 4-122 所示。

	A	B	C
1	部门	业务员	销售额
2	销售一部	段志强	809
3	销售三部	何一飞	991
4	销售一部	肖宇峰	836
5	销售二部	月晗秀	814
6	销售一部	于泳洋	893
7	销售二部	殷小柠	797
8	销售总部	林智代	765

图 4-121　使用公式设置条件格式

	A	B	C	D	E	F
1	部门	业务员	销售额		部门	销售额
2	销售一部	纳知颜	809		销售一部	2538
3	销售三部	秦小荷	991			
4	销售一部	徐南心	836			
5	销售二部	月晗秀	814			
6	销售一部	乔翩飞	893			
7	销售二部	殷小柠	797			
8	销售总部	原舒羽	765			

图 4-122　销售记录表

② 要求计算销售一部 800 以上部分的销售额。

③ 要求计算销售一部的业务发生笔数，即 A 列有多少个“销售一部”。

④ 要求计算销售一部 800 以上部分的业务发生笔数。

第 5 章

Excel 在固定资产管理中的应用

固定资产是指企业为生产产品、提供劳务、出租或者经营管理而持有，并且使用时间超过 12 个月，价值达到一定标准的非货币性资产。固定资产在使用过程中，其价值应以折旧的形式逐渐转移到产品或服务成本中。固定资产的折旧计算很大程度影响着企业的成本费用高低。

由于企业的固定资产具有种类多、数量大、放置分散、使用期限长等特点，所以对会计人员手工记录并管理固定资产的难度较大，而灵活应用 Excel 电子表格则可以自动生成折旧计算表，从而大大降低会计人员手工计算的工作量。

本章将结合案例对 Excel 在固定资产管理中的应用方法展开介绍，以此提高会计人员的工作效率及核算的准确性。

5.1 制作固定资产管理表

素材所在位置为："光盘：\素材\第 5 章 Excel 在固定资产管理中的应用\5.1 制作固定资产管理表.xlsx"。

企业管理固定资产的内容不但包括登记录入固定资产的名称、原值、折旧年限、净残值率等，还包括年折旧额、净残值、累计折旧额、账面价值等计算。如果手工进行，则不仅工作量巨大，而且准确性低。

应用 Excel 管理固定资产有以下几点必要性。

（1）可以根据录入的基础信息自动生成各种计算结果，且结果支持数据源变更后的自动更新。

（2）可以根据企业需求选择不同的折旧计算方式计提折旧，简单、准确、高效地完成工作。

（3）便于快速查询、统计和分析固定资产的使用状况，使管理者及时掌握企业真实的财务状况。

使用 Excel 制作固定资产管理表，可以使会计人员更加方便记录、修改、查询和删除固定资产信息。以下介绍在 Excel 中制作固定资产管理表的方法，具体操作步骤如下。

步骤1 创建一个新工作簿，按 <Ctrl+S> 组合键，保存为"固定资产管理表"，将工作表 Sheet1 和 Sheet2 分别命名为"设置"和"固定资产管理表"，并删除多余的工作表。

步骤2 在"设置"工作表中输入当前核算日期和资产类型，设置字体字号，添加边框和单元格填充色，如图 5-1 所示。

图 5-1 输入资产类型

步骤3 在"固定资产管理表"工作表中输入基础字段标题，包括"购置日期""资产类型""资产名称""数量""原值""使用年限""净残值率""净残值""年折旧额""核算日期""已计提年数""累计折旧额"和"账面价值"等，如图 5-2 所示。

图 5-2 输入基础字段信息

步骤4 选中 B2:B14 单元格区域，在【数据】选项卡下单击【数据有效性】命令按钮。在弹出的【数据有效性】对话框中，单击"允许"右侧下拉箭头，在下拉列表中选择"序列"。单击"来源"编辑框右侧的折叠按钮，然后鼠标单击"设置"工作表标签切换到"设置"工作表。拖动鼠标选中 B2:B5 单元格区域，再次单击折叠按钮返回【数据有效性】对话框，最后单击【确定】按钮，如图 5-3 所示。

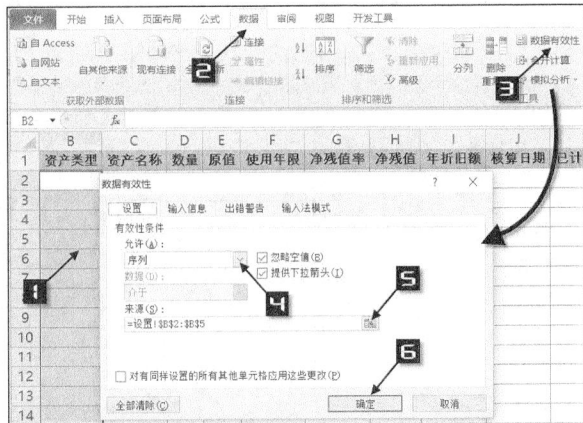

图 5-3 设置"资产类型"序列来源

步骤 5 在固定资产管理表中输入对应的固定资产信息，如图 5-4 所示。

步骤 6 单击数据区域任意单元格，如 A4，按 <Ctrl+T> 组合键，在弹出的【创建表】对话框中单击【确定】按钮，如图 5-5 所示。

	A	B	C	D	E	F	G
1	购置日期	资产类型	资产名称	数量	原值	使用年限	净残值率
2	2014/3/10	机器设备	车床	10	60000	10	8%
3	2014/3/10	机器设备	液压机	2	380000	10	8%
4	2014/3/10	机器设备	天车	2	250000	10	8%
5	2014/6/12	建筑物	车间	2	2000000	30	3%
6	2014/6/20	办公设备	台式电脑	6	5000	5	5%
7	2014/8/10	办公设备	针式打印机	3	5500	5	5%
8	2014/12/31	办公设备	激光打印机	3	3000	5	5%
9	2014/12/31	办公设备	复印机	2	12000	5	5%
10	2015/5/21	办公设备	笔记本电脑	5	6000	5	5%
11	2015/5/21	办公设备	空调	5	3600	5	3%
12	2015/7/8	运输设备	宝马	1	950000	10	3%
13	2015/7/8	运输设备	本田	2	300000	10	3%
14	2015/7/8	运输设备	大众	3	80000	10	3%

图 5-4 填写固定资产信息

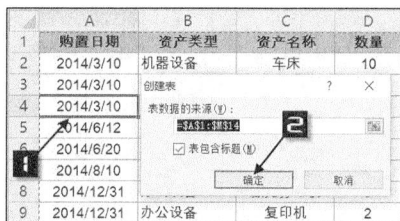

图 5-5 创建表

步骤 7 在 H2 单元格输入以下公式，以计算净残值。公式输入后按 <Enter> 键，公式会自动填充到表格最后一行，如图 5-6 所示。

`=E2*G2`

步骤 8 在 I2 单元格输入以下公式计算年折旧额，如图 5-7 所示。

`=D2*SLN(E2,H2,F2)`

图 5-6 计算净残值

图 5-7 计算年折旧额

步骤 9 在 J2 单元格输入以下公式，以调取"设置"工作表中的"核算日期"。

`=设置!$A$2`

步骤 10 在 K2 单元格输入以下公式，以计算已计提的年数，如图 5-8 所示。

`=MIN(F2,DATEDIF(A2,J2,"y"))`

图 5-8 计算已计提年数

步骤 11 在 L2 单元格输入以下公式计算累计折旧额，如图 5-9 所示。

`=I2*K2`

图 5-9 计算累计折旧额

步骤 12 在 M2 单元格输入以下公式计算账面价值，如图 5-10 所示。

`=E2*D2-L2`

图 5-10　计算账面价值

步骤13　选中 E2:E14 单元格区域，然后按住 <Ctrl> 键不放，依次选中 H2:I14 和 L2:M14 单元格区域。按 <Ctrl+1> 组合键，弹出【设置单元格格式】对话框。在【数字】选项卡下的分类列表中选择"会计专用"，然后在右侧的"货币符号"下拉列表中选择"无"，最后单击【确定】按钮，如图 5-11 所示。

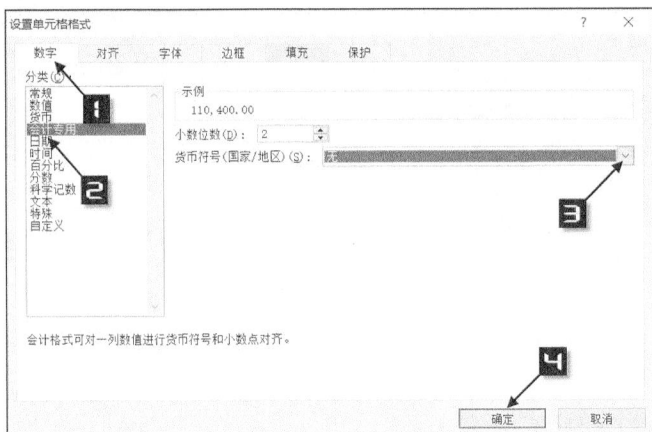

图 5-11　设置单元格格式

设置完成后的表格局部效果如图 5-12 所示。

	A	B	C	D	E	F	G	H
1	购置日期	资产类型	资产名称	数量	原值	使用年限	净残值率	净残值
2	2014/3/10	机器设备	车床	10	60,000.00	10	8%	4,800.00
3	2014/3/10	机器设备	液压机	2	380,000.00	10	8%	30,400.00
4	2014/3/10	机器设备	天车	2	250,000.00	10	8%	20,000.00
5	2014/6/12	建筑物	车间	2	2,000,000.00	30	3%	60,000.00
6	2014/6/20	办公设备	台式电脑	6	5,000.00	5	5%	250.00
7	2014/8/10	办公设备	针式打印机	3	5,500.00	5	5%	275.00
8	2014/12/31	办公设备	激光打印机	3	3,000.00	5	5%	150.00
9	2014/12/31	办公设备	复印机	2	12,000.00	5	5%	600.00

图 5-12　固定资产管理表

【公式讲解】

（1）H2 单元格计算净残值公式为"=E2*G2"，即原值乘以净残值率。

（2）SLN 函数，用于返回某项资产在一个期间中的线性折旧值。该函数的语法如下。

```
SLN(cost,salvage,life)
```

其中，第一参数表示资产原值；第二参数表示资产在折旧期末的价值（有时也称为资产残值）；第三参数表示资产的折旧期数（有时也称作资产的使用寿命）。

I2 单元格计算年折旧额的公式如下。

```
=D2*SLN(E2,H2,F2)
```

上述公式中，首先用 SLN 函数计算出一台设备每年的折旧额 5 520，然后乘以 D2 单元格的设备数量，计算出所有设备的年折旧额。

（3）K2 单元格已计提年数的计算公式如下。

```
=MIN(F2,DATEDIF(A2,J2,"y"))
```

该公式先使用 DATEDIF 函数计算从资产购置日期到核算日期的整年数，再利用 MIN 函数，实现当已计提年数超出固定资产的使用年限时，按实际使用年限计算。

（4）L2 单元格计算累计折旧额的公式为"=I2*K2"，即年折旧额乘以已计提年份。

（5）M2 单元格计算账面价值公式为"=E2*D2-L2"，即原值乘以设备数量再减去累计折旧额。

扩展知识点

固定资产表的名称和下拉菜单

1. 名称

名称是一类较为特殊的公式，多数情况下由用户预先自行定义，也有部分名称可以在创建表格、设置打印区域等操作时自动产生。

名称是被特殊命名的公式，也是以等号"="开头，组成元素可以是常量数据、常量数组、单元格引用、或是函数公式等，已定义的名称可以在其他名称或公式中调用。

创建名称可以通过模块化的调用，使公式变得更加简洁。在高级图表制作时，创建名称可以生成动态的数据源，是动态图表制作的必要的步骤之一。

以下 4 种方式都可以创建名称。

方法 1　使用【定义名称】命令创建名称。

单击【公式】选项卡下的【定义名称】按钮，弹出【新建名称】对话框。在【新建名称】对话框中对名称命名。单击【范围】右侧的下拉按钮，能够将定义名称指定为工作簿范围或是某个工作表范围。在【备注】文本框内可以添加注释，以便于使用者理解名称的用途。

在【引用位置】编辑框中可以直接输入公式，也可以单击右侧的折叠按钮选择单元格区域作为引用位置。最后单击【确定】按钮完成设置，如图 5-13 所示。

方法 2　使用名称管理器新建名称。

单击【公式】选项卡下的【名称管理器】按钮，在弹出的【名称管理器】对话框中，单击【新建】按钮，弹出【新建名称】对话框。之后的设置步骤与方法 1 相同，如图 5-14 所示。

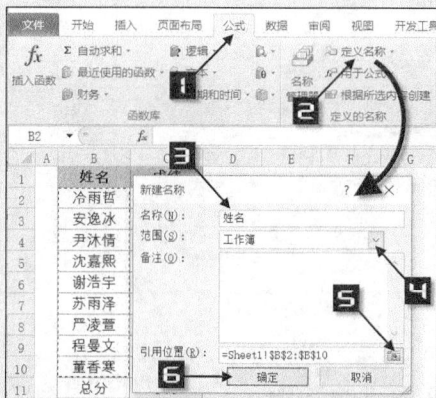

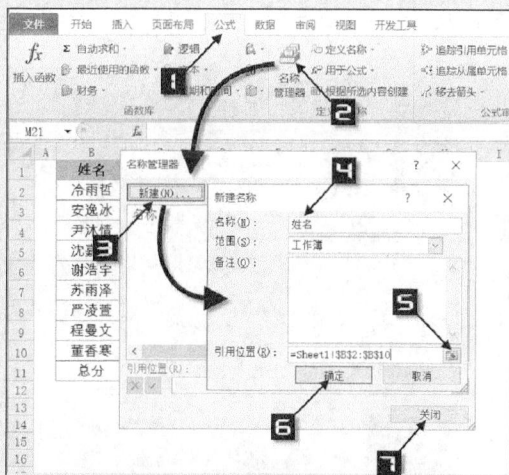

图 5-13　定义名称　　　　　图 5-14　使用名称管理器新建名称

方法 3　使用名称框定义名称。

如图 5-15 所示，选中 B2:B10 单元格区域，光标定位到【名称框】内，输入自定义名称"姓名"后按 <Enter> 键，即可将 B2:B10 单元格区域定义名称为"姓名"。

方法4 根据所选内容创建名称。

如图 5-16 所示，选中 B1:B10 单元格区域，依次单击【公式】→【根据所选内容创建】命令，在弹出的【以选定区域创建名称】对话框中，可以指定要以哪个区域的值来命名自定义名称。保持"首行"的勾选，然后单击【确定】按钮，可将 B2:B10 单元格区域定义名称为"姓名"。

图 5-15 名称框创建名称

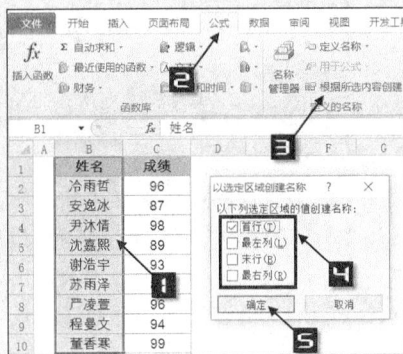

图 5-16 根据所选内容创建名称

根据作用范围的不同，Excel 的名称可分为工作簿级名称和工作表级名称。默认情况下，新建的名称作用范围均为工作簿级，作用范围涵盖整个工作簿。

用户可以对已经定义名称的引用范围以及名称中使用的公式进行修改，也可以重命名已有的名称。单击【公式】选项卡下的【名称管理器】按钮，或是按 <Ctrl+F3> 组合键，在弹出的【名称管理器】对话框中单击定义的名称，并在引用位置编辑框中修改引用的单元格地址或公式后，单击左侧的确认按钮☑，最后单击【关闭】按钮，如图 5-17 所示。

也可以在【名称管理器】中单击【编辑】按钮，打开【编辑名称】对话框，重命名名称或是修改引用位置后，单击【确定】按钮，最后单击【关闭】按钮，关闭【名称管理器】，如图 5-18 所示。

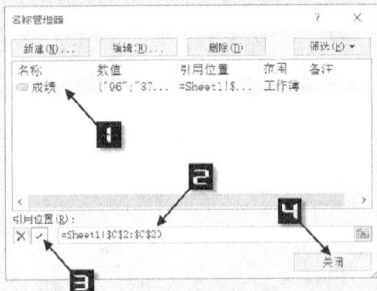

图 5-17 编辑名称 1

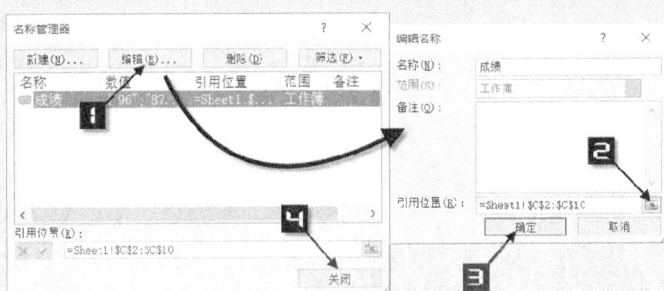

图 5-18 编辑名称 2

在名称管理器中单击【删除】按钮，可删除已定义的名称。

一般情况下，命名的原则应有具体含义且便于记忆，并且能尽量直观地体现所引用数据或公式的含义，不使用可能产生歧义的名称。

名称作为公式的一种存在形式，同样受函数与公式关于嵌套层数、参数个数、计算精度等方面的限制。除此之外，还应遵守以下规则。

（1）名称的命名可以用任意字母与数字组合在一起，但不能以纯数字命名或以数字开头，如"1Pic"将不被允许。

（2）因为字母 R、C 在 R1C1 引用样式中表示工作表的行、列，所以除了 R、C、r、c，其他单个字母均可作为名称的命名。命名也不能与单元格地址相同，如"B3""D5"等。

（3）不能使用除下划线、点号和反斜线（\）、问号（？）以外的其他符号，且使用问号（？）时不能作为名称的开头，如可以用"Name？"，但不可以用"？Name"。

（4）自定义名称的命名中不能包含空格，并且不区分大小写。如"DATA"与"Data"是相同的，Excel 会按照定义时键入的命名进行保存，但在公式中使用时视为同一个名称。

2. 制作简单的二级下拉菜单

素材所在位置为："光盘：\素材\第 5 章 Excel 在固定资产管理中的应用\制作二级下拉菜单.xlsx"。

利用 Excel 中的数据有效性和定义名称的综合方法，能够实现二级下拉菜单式输入。例如，若在一级菜单中输入资产类别，则在二级菜单中即可直接选择该类别下的资产名称，如图 5-19 所示。

制作简单的
二级下拉菜单

操作步骤如下。

步骤1 首先在"对照表"工作表内输入基础数据，在第一行内依次输入资产类别，然后在每一列分别输入不同类别的资产名称。最后在"二级下拉菜单"工作表内依次输入列标题，如图 5-20 所示。

图 5-19 二级下拉菜单

图 5-20 输入基础信息

步骤2 在"对照表"工作表内按 <Ctrl+G> 组合键，调出【定位】对话框，然后单击【定位条件】按钮，并在弹出的【定位条件】对话框中单击选中"常量"单选钮，如图 5-21 所示。

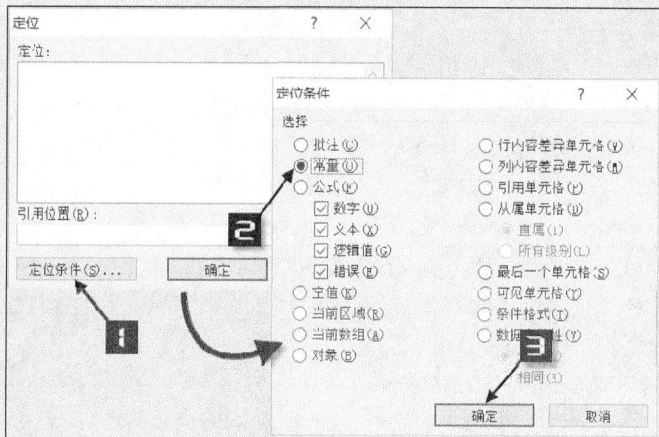

图 5-21 设置定位条件

此时工作表中所有包含数据的单元格都被选中。

步骤3 单击【公式】选项卡下的【根据所选内容创建】命令按钮。在弹出的【以选定区域创建名称】对话框中选中"首行"复选框，最后单击【确定】按钮，如图5-22所示。

通过以上操作，可以在工作表中批量创建一组以资产类别命名的名称。单击【公式】选项卡下的【名称管理器】命令按钮，在弹出的【名称管理器】对话框中可以查看已定义的名称，如图5-23所示。

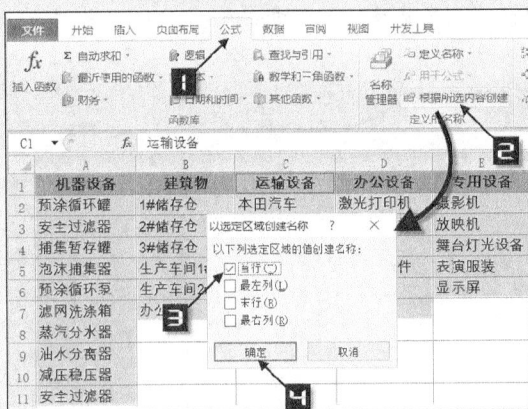

图5-22 创建名称

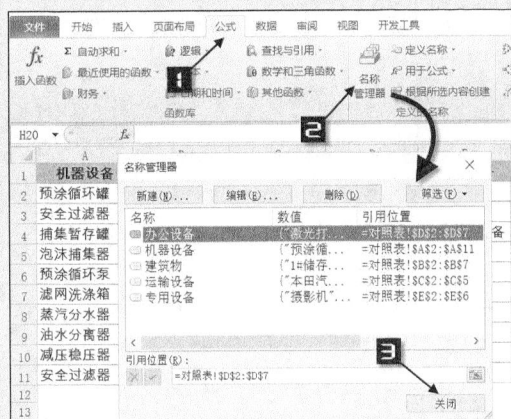

图5-23 查看已定义的名称

步骤4 如图5-24所示，切换到"二级下拉菜单"工作表，选中A2:A10单元格区域，参考5.1节中步骤4的方法，设置如下数据有效性的序列来源。

=对照表!$A$1:$E$1

步骤5 选中B2:B10单元格区域，设置如下数据有效性的序列来源，如图5-25所示。

=INDIRECT(A2)

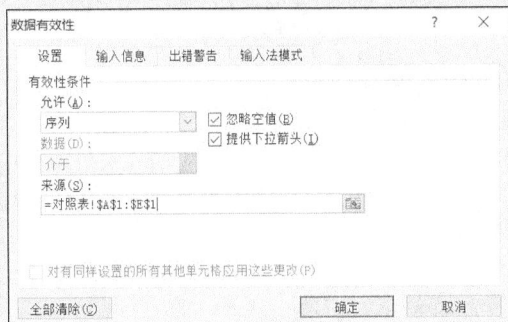

图5-24 设置数据有效性1

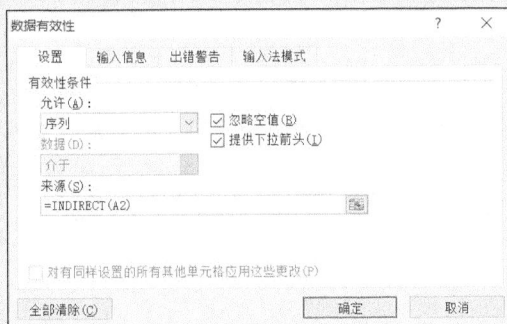

图5-25 设置数据有效性2

由于A列中还没有输入资产类别，因此INDIRECT函数会出现引用错误。在B列设置数据有效性后，Excel将弹出提示对话框，直接单击【是】即可，如图5-26所示。

设置完成后，即可通过A列单元格右侧的下拉菜单选择资产类别，然后单击B列单元格右侧的下拉菜单选择与A列资产类别对应的资产名称。

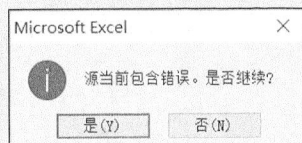

图5-26 提示对话框

5.2 快速查询固定资产状况

在企业固定资产的管理过程中，经常需要按照资产类型或名称查询固定资产的状况，比如查询固定资产的年折旧额、已计提年数、累计折旧额、账面价值等。

5.2.1 利用高级筛选查询固定资产记录

素材所在位置为："光盘：\素材\第 5 章 Excel 在固定资产管理中的应用\5.2.1 利用高级筛选查询固定资产记录.xlsx"。

如需在固定资产管理表中筛选出所有净残值在 10 000 以上的资产记录，操作步骤如下。

步骤1 首先在工作表的开始部分插入 3 个空行，用于存放高级筛选的条件。

步骤2 在 A1 单元格输入列标题，列标题应和数据表中的标题相同。在 A2 单元格输入高级筛选的条件"＞10 000"，如图 5-27 所示。

利用高级筛选查询
固定资产记录

	购置日期	资产类型	资产名称	数量	原值	使用年限	净残值率	净残值
1	净残值							
2	＞10000							
3								
4	购置日期	资产类型	资产名称	数量	原值	使用年限	净残值率	净残值
5	2014/3/10	机器设备	车床	10	60,000.00	10	8%	4,800.00
6	2014/3/10	机器设备	液压机	2	380,000.00	10	8%	30,400.00
7	2014/3/10	机器设备	天车	2	250,000.00	10	8%	20,000.00
8	2014/6/12	建筑物	车间	2	2,000,000.00	30	3%	60,000.00
9	2014/6/20	办公设备	台式电脑	6	5,000.00	5	5%	250.00
10	2014/8/10	办公设备	针式打印机	3	5,500.00	5	5%	275.00
11	2014/12/31	办公设备	激光打印机	3	3,000.00	5	5%	150.00
12	2014/12/31	办公设备	复印机	2	12,000.00	5	5%	600.00
13	2015/5/21	办公设备	笔记本电脑	2	6,000.00	5	5%	300.00
14	2015/5/21	办公设备	空调	5	3,600.00	5	3%	108.00
15	2015/7/8	运输设备	宝马	1	950,000.00	10	3%	28,500.00
16	2015/7/8	运输设备	本田	2	300,000.00	10	3%	9,000.00
17	2015/7/8	运输设备	大众	2	80,000.00	10	3%	2,400.00

图 5-27　设置高级筛选条件

步骤3 单击数据区域任意单元格，如 A6，在【数据】选项卡下单击【高级】命令按钮，打开【高级筛选】对话框。单击选中"将筛选结果复制到其他位置"单选钮，然后单击"列表区域"编辑框右侧的折叠按钮，选中需要筛选的数据区域。单击"条件区域"编辑框右侧的折叠按钮，选中 A1:A2 单元格中的筛选条件。单击"复制到"编辑框右侧的折叠按钮，选择存放筛选结果的起始单元格，如 O1，最后单击【确定】按钮，如图 5-28 所示。

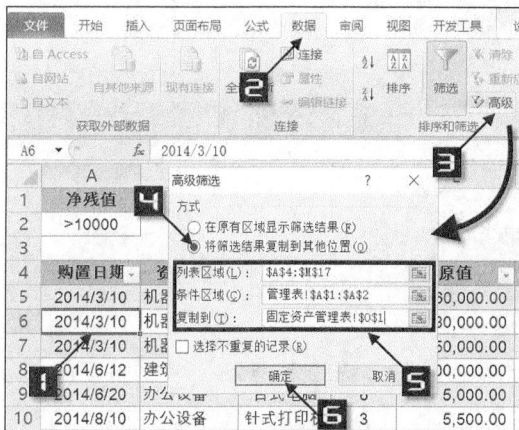

图 5-28　高级筛选

筛选后的结果如图 5-29 所示。

	O	P	Q	R	S	T	U	V
1	购置日期	资产类型	资产名称	数量	原值	使用年限	净残值率	净残值
2	2014/3/10	机器设备	液压机	2	380,000.00	10	8%	30,400.00
3	2014/3/10	机器设备	天车	2	250,000.00	10	8%	20,000.00
4	2014/6/12	建筑物	车间	2	2,000,000.00	30	3%	60,000.00
5	2015/7/8	运输设备	宝马	1	950,000.00	10	3%	28,500.00

图 5-29　筛选后的局部结果

1. 筛选符合条件的部分项目

如果仅需要符合高级筛选条件的部分项目，则可以在存放筛选结果区域中预先输入需要保留的字段标题。如图 5-30 所示，在 O1～R1 单元格中依次输入"资产名称""数量""净残值"和"账面价值"，注意列标题应和数据表中的标题相同。

	O	P	Q	R
1	资产名称	数量	净残值	账面价值
2				
3				

图 5-30　需要保留的字段标题

重复 5.2.1 节步骤 3 的操作，单击【高级筛选】对话框中"复制到"编辑框右侧的折叠按钮，选择存放筛选结果的起始单元格 O1:R1，最后单击【确定】按钮，即可得到符合条件的部分项目，如图 5-31 所示。

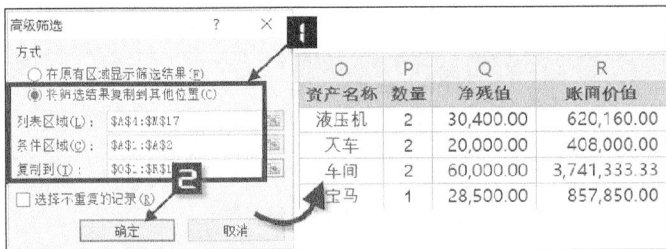

图 5-31　筛选符合条件的部分项目

2. 筛选同时符合多个条件的资产记录

要筛选出所有资产类型为"机器设备"且净残值在 10 000 以上的资产记录的操作步骤如下。

步骤 1　位于同一行的各个条件表示相互之间是"与"的关系。在 A1～B1 单元格中分别输入筛选的字段标题"资产类型"和"净残值"，在 A2～B2 单元格中依次输入筛选条件"机器设备"和">10 000"，如图 5-32 所示。

步骤 2　在存放筛选结果的 O1～R1 单元格内依次输入需要保留的字段标题"购置日期""资产名称""数量"和"原值"，如图 5-33 所示。

	A	B
1	资产类型	净残值
2	机器设备	>10000

图 5-32　筛选条件为"与"关系

	O	P	Q	R
1	购置日期	资产名称	数量	原值

图 5-33　输入要保留的字段标题

步骤 3　重复 5.2.1 节步骤 3 的操作，在【高级筛选】对话框中单击"条件区域"编辑框右侧的折叠按钮，选中 A1:B2 单元格中的筛选条件。单击"复制到"编辑框右侧的折叠按钮，选择存放筛选结果的起始单元格 O1:R1，最后单击【确定】按钮，如图 5-34 所示。

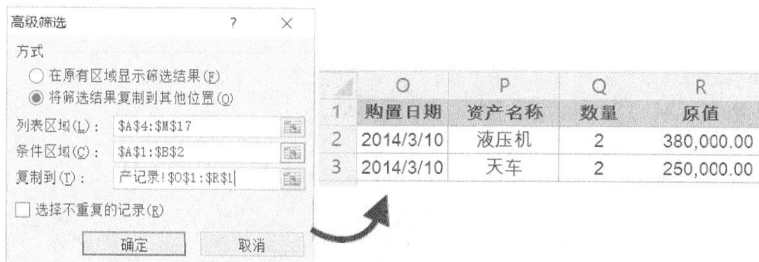

图 5-34　筛选符合多个条件的资产记录

3．筛选符合多个条件之一的资产记录

两个筛选条件放在不同行，表示各个条件相互之间为"或"关系。比如，在固定资产管理表中筛选出所有资产类型为"机器设备"、或者净残值在10 000 以上的资产记录，则可以在 A1～B3 单元格中分别输入如图 5-35 所示的筛选字段标题和筛选条件。

图 5-35　筛选条件为"或"关系

其他操作与 5.2.1 节步骤相同，不再赘述。

4．将筛选结果提取到其他工作表

默认情况下，高级筛选的结果只能存放到活动工作表内。比如，在固定资产管理表中筛选出所有资产类型为"机器设备"，或者净残值在 10 000 以上的资产记录，并且需要将筛选结果提取到 Sheet1 工作表，可按照如下步骤进行操作。

步骤 1　在 Sheet1 工作表中单击【数据】选项卡中的【高级】按钮，弹出【高级筛选】对话框。

步骤 2　在【高级筛选】对话框中，选择"将筛选结果复制到其他位置"单选钮，然后单击"列表区域"右侧的折叠按钮，单击基础数据所在工作表的标签，并选取数据表中实际的数据区域。

步骤 3　单击"条件区域"右侧的折叠按钮，选取基础数据表中的筛选条件区域。

步骤 4　单击"复制到"编辑框，选择存放位置的起始单元格，如"Sheet1!A1"，最后单击【确定】按钮完成筛选，如图 5-36 所示。

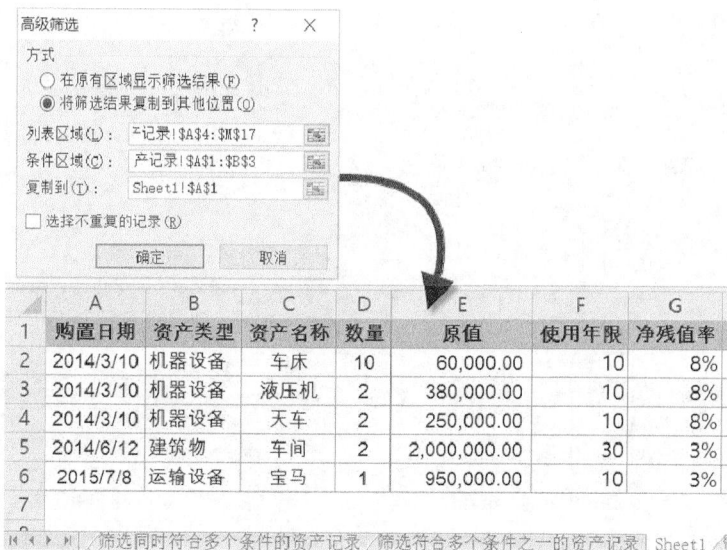

图 5-36　将筛选结果提取到其他工作表

知识点讲解

高级筛选

高级筛选功能是自动筛选的升级，不仅包含了自动筛选的所有功能，而且能够设置更多更复杂的筛选条件。

高级筛选的筛选条件需要在一个工作表区域内单独指定，并需要与基础数据区域分开。通常情况下，高级筛选的条件区域放置在数据列表的上部或是底部。一个高级筛选的条件区域至少要包含两行，第一行是列标题，列标题应和数据列表中的标题相同。第二行是高级筛选的条件值。

高级筛选使用"或"条件，设置条件区域的范围和使用"与"条件有所不同：使用两种不同关系的高级筛选，首行都要求必须是标题行，区别在于条件值的描述区域。

（1）位于同一行的各个条件表示相互之间是"与"的关系。

（2）位于不同行的各个条件则表示相互之间是"或"的关系。

如果数据区域中有多个符合条件的重复记录，可以在【高级筛选】对话框中勾选"选择不重复的记录"复选框，即可得到符合条件的不重复记录。

小技巧

筛选后保持连续的序号

素材所在位置为："光盘：\素材\第 5 章 Excel 在固定资产管理中的应用\筛选后保持连续的序号.xlsx"。

在实际工作中，经常会遇到一些需要筛选后打印的数据表。如果按常规方法输入序号后，一旦数据经过筛选，序号就会发生错乱。

在图 5-37 所示的加班统计表中，如果使用筛选操作仅显示财务部和质保部的数据，A 列的序号会发生错乱。

如需执行筛选操作后 A 列的序号依然能保持连续，可以先清除筛选，然后在 A2 单元格输入以下公式，向下复制到 A13 单元格，然后再执行筛选操作，A 列中的序号即可始终保持连续，如图 5-38 所示。

```
=SUBTOTAL(3,B$2:B2)*1
```

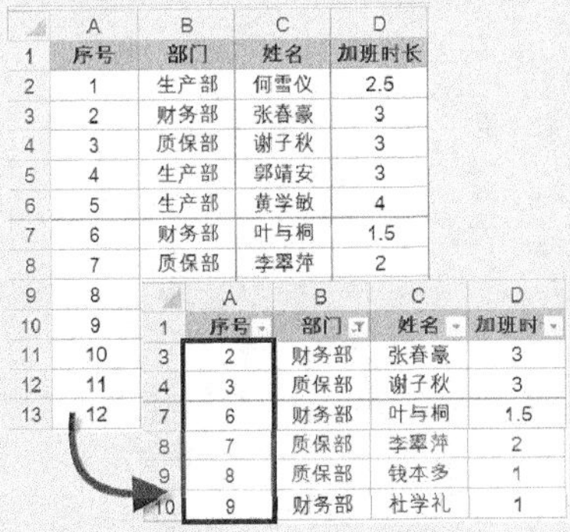

	A	B	C	D
1	序号	部门	姓名	加班时长
2	1	生产部	何雪仪	2.5
3	2	财务部	张春豪	3
4	3	质保部	谢子秋	3
5	4	生产部	郭靖安	3
6	5	生产部	黄学敏	4
7	6	财务部	叶与桐	1.5
8	7	质保部	李翠萍	2
9	8			
10	9			
11	10			
12	11			
13	12			

	A	B	C	D
1	序号	部门	姓名	加班时
3	2	财务部	张春豪	3
4	3	质保部	谢子秋	3
7	6	财务部	叶与桐	1.5
8	7	质保部	李翠萍	2
9	8	质保部	钱本多	1
10	9	财务部	杜学礼	1

图 5-37 序号发生错乱

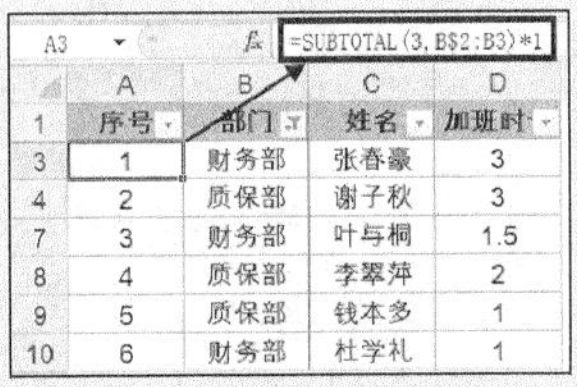

A3 =SUBTOTAL(3,B$2:B3)*1

	A	B	C	D
1	序号	部门	姓名	加班时
3	1	财务部	张春豪	3
4	2	质保部	谢子秋	3
7	3	财务部	叶与桐	1.5
8	4	质保部	李翠萍	2
9	5	质保部	钱本多	1
10	6	财务部	杜学礼	1

图 5-38 序号保持连续

SUBTOTAL 函数只统计可见单元格的内容，通过给定不同的第一参数，可以完成计数、求和、平均值、乘积等多种汇总方式。

第一参数为数字 1～11 或 101～111，用于指定使用哪种函数运算规则。如果使用 1～11，统计结果将包括手动隐藏的行。如果使用 101～111，则排除手动隐藏的行。第二参数是要对其进行汇总计算的单元格区域。

本例中，SUBTOTAL 函数第一参数使用 3，就是告诉 SUBTOTAL 函数要执行的汇总方式是 COUNTA 函数。COUNTA 函数用于计算区域中非空单元格的个数，用"SUBTOTAL(3,区域)"就是始终计算区域中可见的非空单元格个数。

上述公式中的"B$2:B2"部分，是 SUBTOTAL 函数要统计的范围。对两个"B2"分别使用行绝对引用和相对引用的方式，当公式向下填充时依次变为 B$2:B3、B$2:B4…即从 B2 单元格开始，自动扩展至公式所在行的动态统计范围。

在对使用了 SUBTOTAL 函数的工作表进行筛选操作时，Excel 会将最后一行数据作为汇总行，从而导致筛选结果发生错误。通过乘 1 计算，可以避免筛选时导致的最后一行序号出错。

5.2.2 利用数据透视表查询固定资产状况

素材所在位置为："光盘：\素材\第 5 章 Excel 在固定资产管理中的应用\5.2.2 利用数据透视表查询固定资产状况.xlsx"。

在管理固定资产状况时，不仅需要查询固定资产明细记录，有时还要对查询出来的数据进行汇总，利用数据透视表可以更好地满足用户需求。

按照如下操作步骤可查询固定资产类型为"办公设备"的记录，并可对查询结果进行汇总，计算出所有办公设备的年折旧额、累计折旧额和账面价值。

步骤 1 以固定资产管理表为数据源，创建一个数据透视表。

步骤 2 在【数据透视表字段列表】中，将"资产类型"和"资产名称"字段拖动到"行区域"，将"数量""年折旧额""已计提年数""累计折旧额"和"账面价值"等字段拖动到"值区域"，如图 5-39 所示。

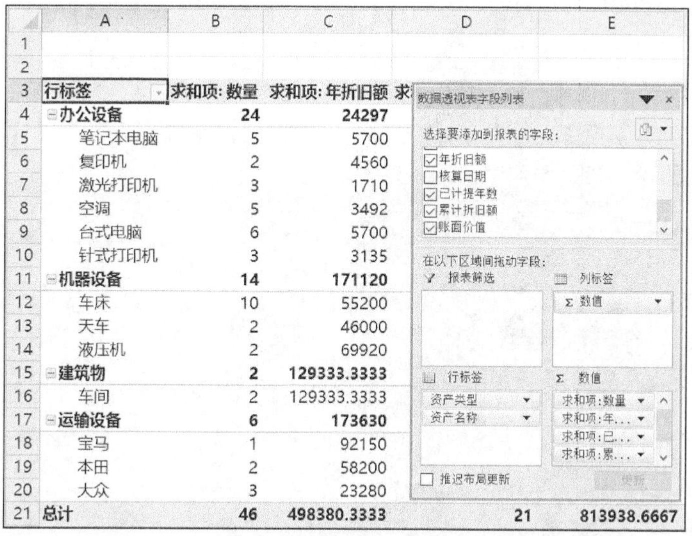

图 5-39　创建数据透视表

步骤 3 按 <Ctrl+H> 组合键调出【查找和替换】对话框，将"求和项："全部替换为空格。

步骤 4 右键单击"年折旧额"字段任意单元格，如 C4，在扩展菜单中选择"值字段设置"命令。在弹出的【值字段设置】对话框中单击【数字格式】按钮，如图 5-40 所示。

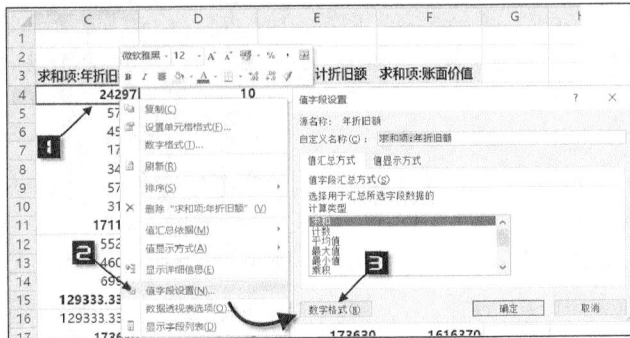

图 5-40　值字段设置

步骤 5　在弹出的【设置单元格格式】对话框中，数字格式选择"会计专用"，货币符号选择为"无"，如图 5-41 所示。

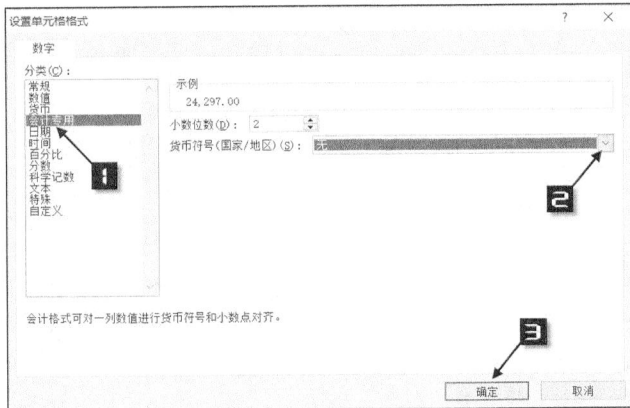

图 5-41　设置单元格格式

同样的方法，将"累计折旧额"和"账面价值"字段的数字格式设置为"会计专用"。

步骤 6　在【设计】选项卡下选择一种数据透视表样式，然后单击【报表布局】下拉按钮，在下拉列表中选择以"表格形式显示"，如图 5-42 所示。

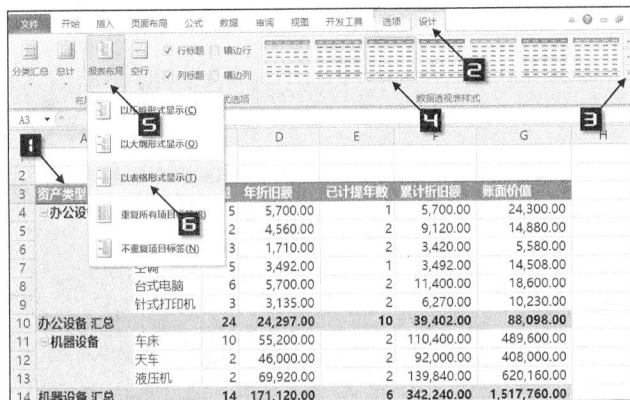

图 5-42　设置数据透视表样式

步骤 7　切换到【选项】选项卡下，单击【插入切片器】命令按钮。在弹出的【插入切片器】对话框中，勾选"资产类型"和"资产名称"复选框，最后单击【确定】按钮，如图 5-43 所示。

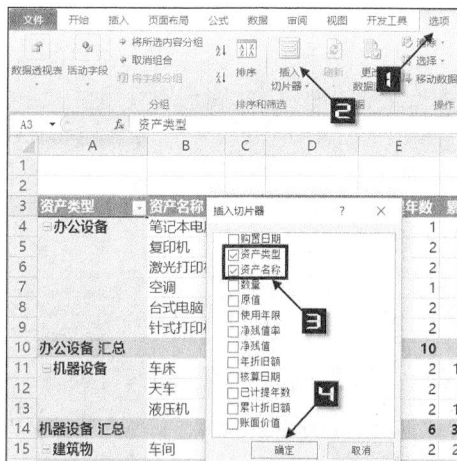

图 5-43　插入切片器

步骤 8　调整切片器的大小和位置。单击【资产类型】切片器中的选择按钮，如"办公设备"，即可快速查询到固定资产类型为"办公设备"的所有记录及其汇总数据，如图 5-44 所示。

图 5-44　借助切片器快速查询

用户可以根据实际需要插入多个切片器，将这些切片器作为条件筛选器，以此实现快速查询。查询结果为同时满足多个切片器下筛选条件的数据记录。当切片器的条件变更时，数据透视表结果可以保持同步更新。

5.3　固定资产折旧计算

　　素材所在位置为："光盘：\素材\第 5 章 Excel 在固定资产管理中的应用\5.3 固定资产折旧计算.xlsx"。

手工计算固定资产折旧的过程非常烦琐，利用 Excel 提供的函数可以快捷准确地自动生成固定资产的折旧金额。Excel 有 5 个函数用于折旧计算，分别使用不同的规则计提固定资产折旧。

5.3.1　准备数据

要进行固定资产折旧计算，需要固定资产的初始购置成本、固定资产的残值（预估金额）以及固定资产的使用年限等基础数据。

具体操作步骤如下。

步骤 1　首先在 Excel 中输入基础数据，包括购置日期、资产类型、资产名称、数量、原值、使用年限和净残值率，如图 5-45 所示。

步骤 2　在 B8 单元格输入以下公式，根据原值和净残值率计算得出净残值。

171

=B5*B7

步骤3 在D1:I1单元格分别输入字段标题，包括"使用年限""直线折旧法""双倍余额递减法""年数总和法""可变余额递减法"和"固定余额递减法"，如图5-46所示。

	A	B
1	购置日期	2014/3/10
2	资产类型	机器设备
3	资产名称	车床
4	数量	10
5	原值	60000
6	使用年限	10
7	净残值率	8%
8	净残值	

图5-45 输入基础数据

	A	B	C	D	E	F	G	H	I
1	购置日期	2014/3/10		使用年限	直线折旧法	双倍余额递减法	年数总和法	可变余额递减法	固定余额递减法
2	资产类型	机器设备							
3	资产名称	车床							
4	数量	10							
5	原值	60000							
6	使用年限	10							
7	净残值率	8%							
8	净残值	4800							

图5-46 输入字段标题

步骤4 在D2:D11单元格区域内依次输入序号1～10，表示资产使用年限。

5.3.2 直线折旧法

直线折旧法是常用的一种折旧计提法，按固定资产的使用年限平均计提折旧，又称直线法或平均法。具体方法是将固定资产的原值减去净残值后的净额，再按照使用年限平均分配到每一年。

使用5.3.1节的数据，在E2单元格输入以下公式后向下复制，如图5-47所示。

=SLN($B$5,$B$8,$B$6)

	A	B	C	D	E
					=SLN($B$5,$B$8,$B$6)
1	购置日期	2014/3/10		使用年限	直线折旧法
2	资产类型	机器设备		1	¥5,520.00
3	资产名称	车床		2	¥5,520.00
4	数量	10		3	¥5,520.00
5	原值	60000		4	¥5,520.00
6	使用年限	10		5	¥5,520.00
7	净残值率	8%		6	¥5,520.00
8	净残值	4800		7	¥5,520.00
9				8	¥5,520.00
10				9	¥5,520.00
11				10	¥5,520.00

图5-47 直线折旧法

知识点讲解

SLN函数

SLN函数用于返回指定固定资产使用直线折旧法计算出的每期折旧金额，其语法如下。

SLN(cost,salvage,life)

该函数中，第一参数指固定资产原值，即初始购置成本；第二参数指固定资产的净残值；第三参数指固定资产的使用年限。

5.3.3 双倍余额递减法

双倍余额递减法是在固定资产使用年限最后两年的前面各年，用年限平均法折旧率的两倍作为固定的折旧率，乘以逐年递减的固定资产期初净值，得出各年应提折旧额的方法。在固定资产使用年限的最后两年改用年限平均法，将倒数第2年初的固定资产账面净值扣除预计净残值后的余额平均分摊到两年。

双倍余额递减法是加速折旧法的一种，是假设固定资产的服务潜力在前期消耗较大，在后期消耗较少，为此在使用前期多提折旧，后期少提折旧，从而相对加速折旧。

使用5.3.1节的数据，在F2单元格输入以下公式，向下填充到F9单元格。

=DDB($B$5,$B$8,$B$6,D2)

在F10单元格输入以下公式，向下复制到F11单元格，计算最后两年的平均折旧额，如图5-48所示。

=ROUND((B$5-B$8-SUM(F$2:F$9))/2,2)

	A	B	C	D	E	F
1	购置日期	2014/3/10		使用年限	直线折旧法	双倍余额递减法
2	资产类型	机器设备		1	¥5,520.00	¥12,000.00
3	资产名称	车床		2	¥5,520.00	¥9,600.00
4	数量	10		3	¥5,520.00	¥7,680.00
5	原值	60000		4	¥5,520.00	¥6,144.00
6	使用年限	10		5	¥5,520.00	¥4,915.20
7	净残值率	8%		6	¥5,520.00	¥3,932.16
8	净残值	4800		7	¥5,520.00	¥3,145.73
9				8	¥5,520.00	¥2,516.58
10				9	¥5,520.00	2633.16
11				10	¥5,520.00	2633.16

图5-48 双倍余额递减法

DDB 函数

DDB 函数使用双倍余额递减法或其他指定方法计算资产在给定期间内的折旧值，其语法如下。

```
DDB(cost,salvage,life,period,[factor])
```

该函数中，第一参数指固定资产原值，即初始购置成本；第二参数指固定资产的净残值；第三参数指固定资产的使用年限；第四参数是要计算折旧的日期，与第三参数必须使用相同的单位；第五参数用于指定余额递减的速率，如果该参数被省略，其假定值为 2，即双倍余额递减法。

本例中，F10 单元格中的公式使用 B5 单元格中的原值依次减去 B8 单元格中的净残值和已计提折旧额 SUM(F\$2:F\$9)，得到的余额除以 2，平均分摊到两年。最后使用 ROUND 函数，将结果四舍五入保留两位小数。

5.3.4 年数总和法

年数总和法又称总和年限法、折旧年限积数法、年数比率法、级数递减法或年限合计法，是固定资产加速折旧法的一种。

在 G2 单元格输入以下公式，向下复制到 G11 单元格，如图 5-49 所示。

```
=SYD($B$5,$B$8,$B$6,D2)
```

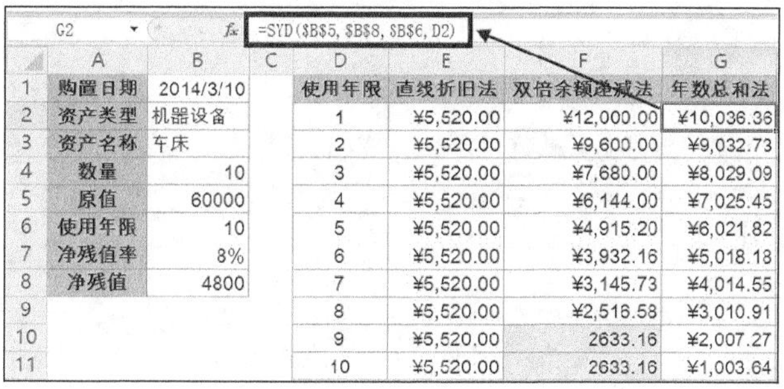

图 5-49　年数总额法

SYD 函数

SYD 函数用于返回指定固定资产在某段日期内按年数合计法计算出的每期折旧金额，其语法如下。

```
SYD(cost,salvage,life,per)
```

该函数中，第一参数指固定资产原值，即初始购置成本；第二参数指固定资产的净残值；第三参数指固定资产的使用年限；第四参数指要计算的某段时期，必须与第三参数使用相同的单位。

5.3.5 可变余额递减法

可变余额递减法也是加速折旧法的一种，是指以不同倍率的余额递减速率，计算一个时期内折旧额的方法。

在 H2 单元格输入以下公式，向下复制到 H11 单元格，如图 5-50 所示。

```
=VDB($B$5,$B$8,$B$6,D2-1,D2)
```

H2　=VDB($B$5,$B$8,$B$6,D2-1,D2)

	A	B	C	D	E	F	G	H
1	购置日期	2014/3/10		使用年限	直线折旧法	双倍余额递减法	年数总和法	可变余额递减法
2	资产类型	机器设备		1	¥5,520.00	¥12,000.00	¥10,036.36	¥12,000.00
3	资产名称	车床		2	¥5,520.00	¥9,600.00	¥9,032.73	¥9,600.00
4	数量	10		3	¥5,520.00	¥7,680.00	¥8,029.09	¥7,680.00
5	原值	60000		4	¥5,520.00	¥6,144.00	¥7,025.45	¥6,144.00
6	使用年限	10		5	¥5,520.00	¥4,915.20	¥6,021.82	¥4,915.20
7	净残值率	8%		6	¥5,520.00	¥3,932.16	¥5,018.18	¥3,932.16
8	净残值	4800		7	¥5,520.00	¥3,145.73	¥4,014.55	¥3,145.73
9				8	¥5,520.00	¥2,516.58	¥3,010.91	¥2,594.30
10				9	¥5,520.00	2633.16	¥2,007.27	¥2,594.30
11				10	¥5,520.00	2633.16	¥1,003.64	¥2,594.30

图 5-50　可变余额递减法

知识点讲解

VDB 函数

VDB 函数使用双倍余额递减法或其他指定的方法，返回指定的任何期间内的资产折旧值，其语法如下。

```
VDB(cost,salvage,life,start_period,end_period,[factor],[no_switch])
```

该函数的相关参数含义如下。

（1）第一参数指固定资产原值，即初始购置成本。

（2）第二参数指固定资产的净残值。

（3）第三参数指固定资产的使用年限。

（4）第四参数用于指定折旧数额的计算是从第几期开始，必须与第三参数使用相同的单位。

（5）第五参数用于指定折旧数额的计算是要算到第几期为止，必须与第三参数使用相同的单位。

（6）第六参数用于指定余额递减的速率。如果省略该参数，则使用默认值 2，即采用双倍余额递减法。

（7）第七参数为逻辑值，指定当折旧值大于余额递减计算值时，是否转用直线折旧法。

使用 VDB 函数计算每年的折旧额时，需要指定开始期次和结束期次，比如，计算第一年折旧额时，开始期次应为 0，结束期次应为 1。

5.3.6 固定余额递减法

固定余额递减法也是加速计提折旧方法之一，其特点是在使用年限内将后期折旧的一部分移到前期，在前期加速消化折旧。

在 D12 单元格输入 11，然后在 I2 单元格输入以下公式，向下填充到 I12 单元格，如图 5-51 所示。

```
=DB($B$5,$B$8,$B$6,D2,9)
```

I2　=DB($B$5,$B$8,$B$6,D2,9)

	A	B	C	D	E	F	G	H	I
1	购置日期	2014/3/10		使用年限	直线折旧法	双倍余额递减法	年数总和法	可变余额递减法	固定余额递减法
2	资产类型	机器设备		1	¥5,520.00	¥12,000.00	¥10,036.36	¥12,000.00	¥10,035.00
3	资产名称	车床		2	¥5,520.00	¥9,600.00	¥9,032.73	¥9,600.00	¥11,142.20
4	数量	10		3	¥5,520.00	¥7,680.00	¥8,029.09	¥7,680.00	¥8,657.49
5	原值	60000		4	¥5,520.00	¥6,144.00	¥7,025.45	¥6,144.00	¥6,726.87
6	使用年限	10		5	¥5,520.00	¥4,915.20	¥6,021.82	¥4,915.20	¥5,226.78
7	净残值率	8%		6	¥5,520.00	¥3,932.16	¥5,018.18	¥3,932.16	¥4,061.20
8	净残值	4800		7	¥5,520.00	¥3,145.73	¥4,014.55	¥3,145.73	¥3,155.56
9				8	¥5,520.00	¥2,516.58	¥3,010.91	¥2,594.30	¥2,451.87
10				9	¥5,520.00	2633.16	¥2,007.27	¥2,594.30	¥1,905.10
11				10	¥5,520.00	2633.16	¥1,003.64	¥2,594.30	¥1,480.26
12				11					¥287.54

图 5-51　固定余额递减法

知识点讲解

DB 函数

DB 函数将返回利用固定余额递减法计算在一定日期内固定资产的折旧值，其语法如下。

DB(cost,salvage,life,period,[month])

该函数中，第一参指固定资产原值，即初始购置成本；第二参数指固定资产的净残值；第三参数指固定资产的使用年限；第四参数指要计算折旧的期间，必须与第三参数使用相同的单位；第五参数用于指定第 1 年的月份数，如果省略该参数，则默认其值为 12。

本例中，第 1 期是从 3 月份开始计提，所以第五参数写成 9，表示第 1 年的折旧月份数是 9 个月。由于第 1 年只计提 9 个月，所以在第 11 个会计年度还需要计提固定资产第 10 个折旧年度剩余 3 个月的折旧。即第 1 年度的折旧是 9 个月，第 11 年度的折旧是 3 个月，其余年度均为 12 个月。

【提示】使用固定余额递减法计算固定资产折旧，在使用年限结束时，固定资产的折余价值有可能与净残值不完全相等。

5.4 不同折旧计算方法的对比分析

不同的折旧计算方法得到的折旧金额有所差异，因此，企业在选择折旧方法时，需要考虑每一种折旧方法对企业自身发展的影响，需要对不同的折旧方法计算出来的折旧额进行对比分析，以从中选出最适合企业的折旧方法。不同折旧方法下的年折旧额变化情况，如图 5-52 所示。

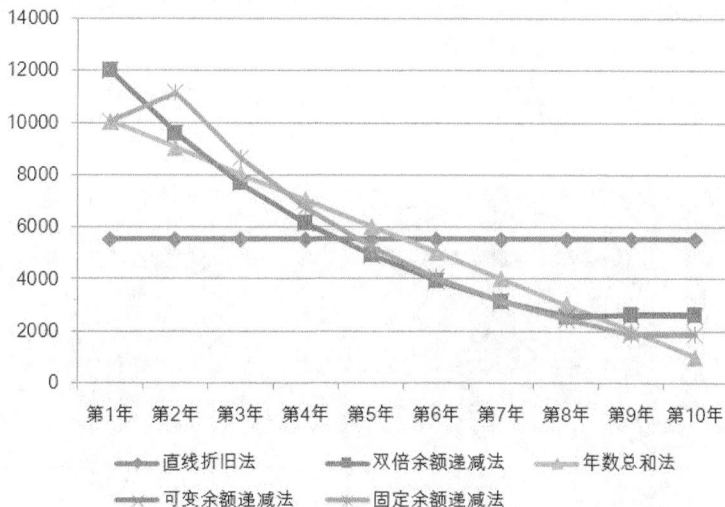

图 5-52　不同折旧计算方法对比

从以上的不同折旧计算方法对比图可以看出，利用直线折旧法是最简单的计算方法。该方法下，每一年的折旧金额相同。因此，直线折旧法也是在计提固定资产折旧时最普遍使用的方法。

年数总和法的曲线斜率固定，折旧率平稳减少。其他 3 种方法都属于加速折旧法，在初期折旧率较大，随着期数增大折旧率快速减少，到后期折旧率变化趋于平缓。

扩展知识点

突出显示数据系列的折线图

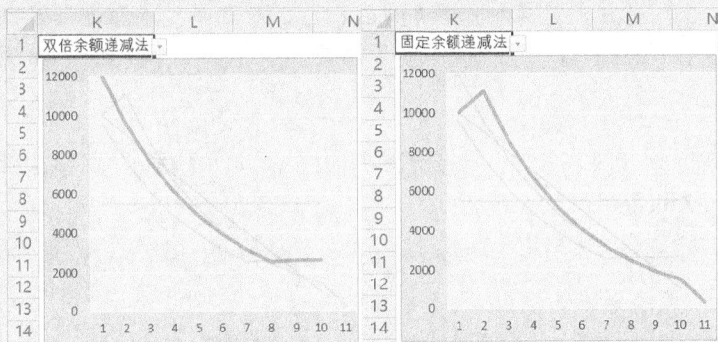

素材所在位置为："光盘：\素材\第 5 章 Excel 在固定资产管理中的应用\突出显示数据系列的折线图.xlsx"。

在图 5-52 所示的折线图中，用不同的数据系列展示不同折旧方法之间的差异。使用折线图时，如果数据系列较多，各个数据系列互相穿插，会使整个图表显得比较凌乱。可以通过设置，仅高亮显示其中指定的数据系列，使图表效果更加清晰，如图 5-53 所示。

突出显示数据系列的折线图

图 5-53　高亮显示指定数据系列

具体操作步骤如下。

步骤1　选中 E1:I12 单元格区域，在【插入】选项卡下单击【折线图】下拉按钮，在图表样式列表中选择"折线图"，如图 5-54 所示。

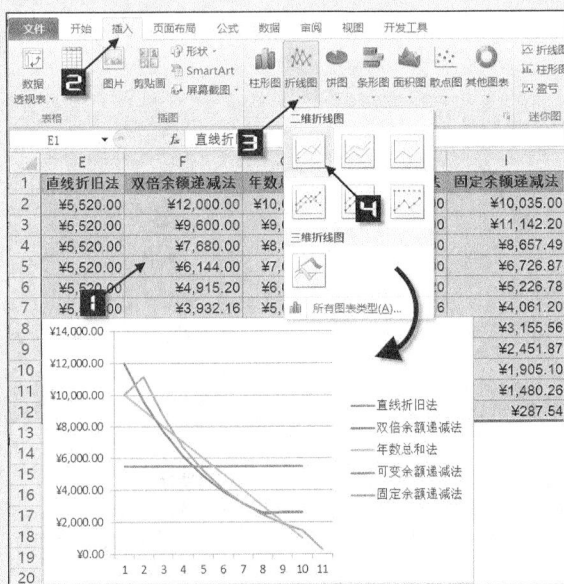

图 5-54　插入折线图

步骤2　选中图例项，按 <Delete> 键删除。

步骤3 单击图表区，在【格式】选项卡下单击【形状填充】下拉按钮，并在主题颜色面板中选择"水绿色，强调文字颜色5，淡色60%"，如图5-55所示。

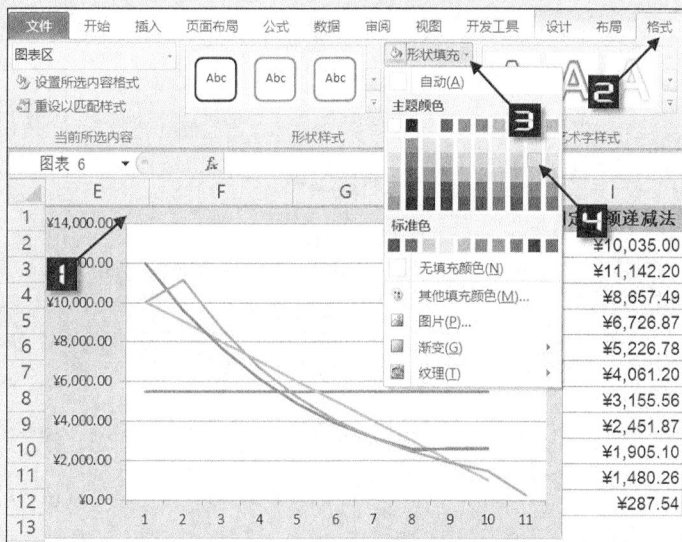

图 5-55　设置图表区填充颜色

步骤4 单击绘图区，在【格式】选项卡下单击【形状填充】下拉按钮，并在主题颜色面板中选择"水绿色，强调文字颜色5，淡色80%"。

步骤5 双击垂直轴，在弹出的【设置坐标轴格式】对话框中，单击选中"最小值"右侧的固定单选钮，在编辑框中输入0。同样的方法，将最大值设置为12 000，主要刻度单位设置为2 000。单击"主要刻度线类型"右侧的下拉按钮，在下拉列表中选择"无"，不要关闭对话框，如图5-56所示。

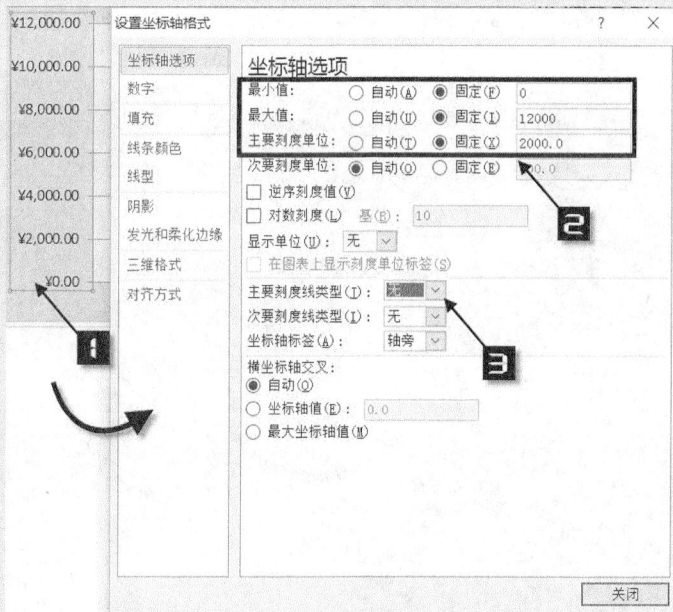

图 5-56　设置垂直轴格式

步骤6 切换到【数字】选项卡下，选中数字列表列表框中的"常规"选项，如图 5-57 所示。

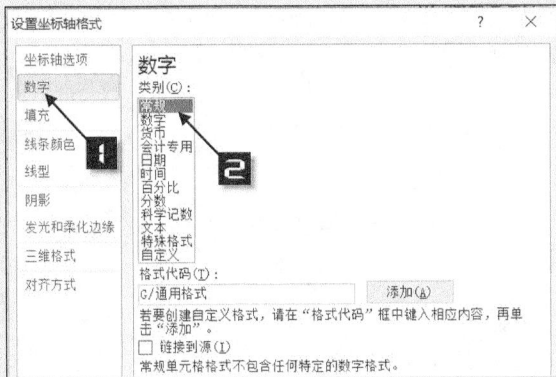

图 5-57　设置坐标轴数字格式

步骤7 切换到【线条颜色】选项卡下，单击选中"无线条"单选钮，如图 5-58 所示。

图 5-58　设置线条颜色

步骤8 单击水平轴，设置主要刻度线类型为"无"，设置线条颜色为"无线条"，单击对话框右上角的"关闭"按钮，关闭对话框，如图 5-59 所示。

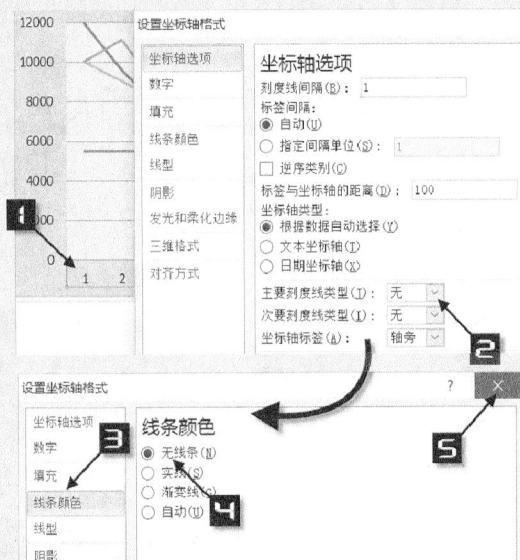

图 5-59　设置水平轴格式

步骤9 单击选中图表网格线，在【格式】选项卡下单击【形状轮廓】下拉按钮，在主题颜色面板中选择白色。然后后在【形状轮廓】下拉菜单中选择"粗细"命令，在线条样式列表中选择"1.5磅"，如图5-60所示。

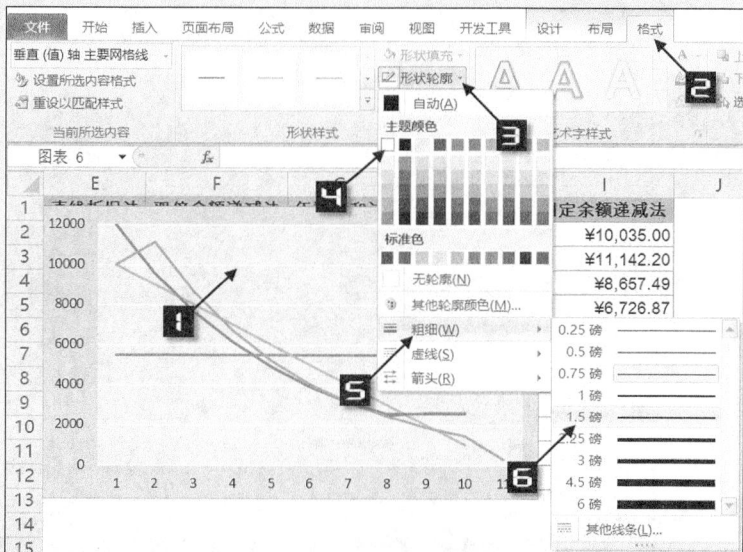

图 5-60　设置网格线形状轮廓

步骤10 单击选中任意一个数据系列，在【格式】选项卡下单击【形状轮廓】下拉按钮，在主题颜色面板中选择"水绿色，强调文字颜色5，淡色60%"，如图5-61所示。

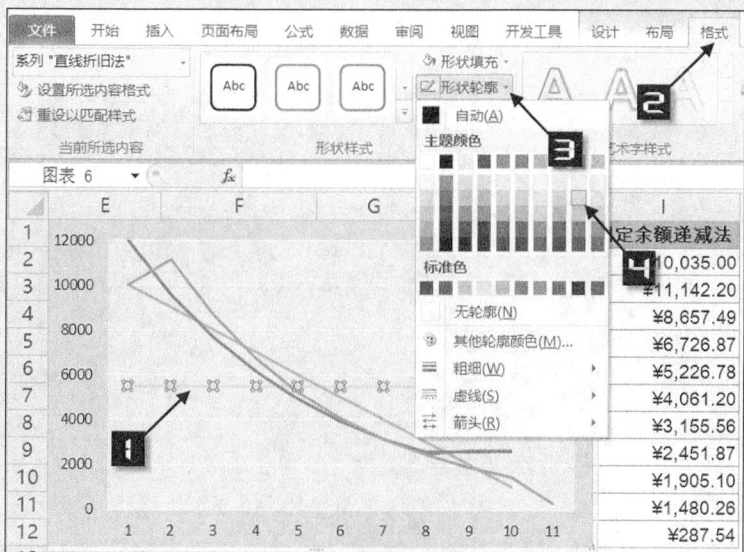

图 5-61　设置数据系列形状轮廓

步骤11 重复步骤10的操作，将其他数据系列的形状轮廓全部设置为"水绿色，强调文字颜色5，淡色60%"。对于无法直接使用鼠标选中的数据系列，可以在【格式】选项卡下单击"图表元素"下拉按钮，在下拉列表中选中对应的数据系列，然后再设置形状轮廓颜色即可，如图5-62所示。

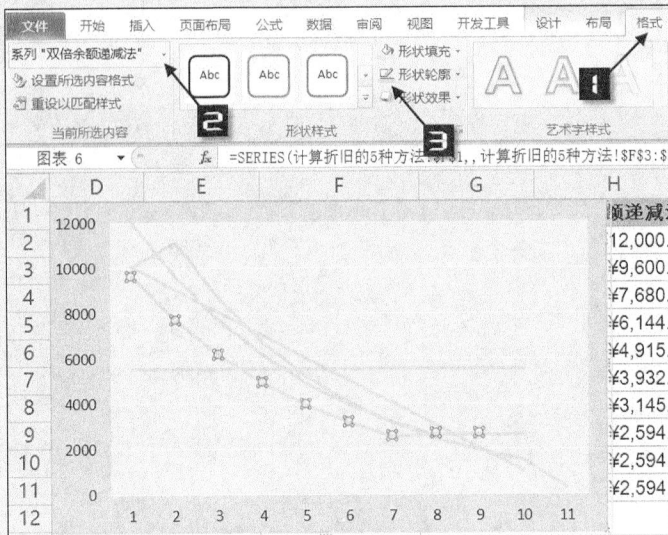

图 5-62　设置数据系列颜色

步骤12　选中 E1:I12 单元格区域，在【公式】选项卡下单击【根据所选内容创建】命令，在弹出的【以选定区域创建名称】对话框中，勾选"首行"复选框，单击【确定】按钮，如图 5-63 所示。

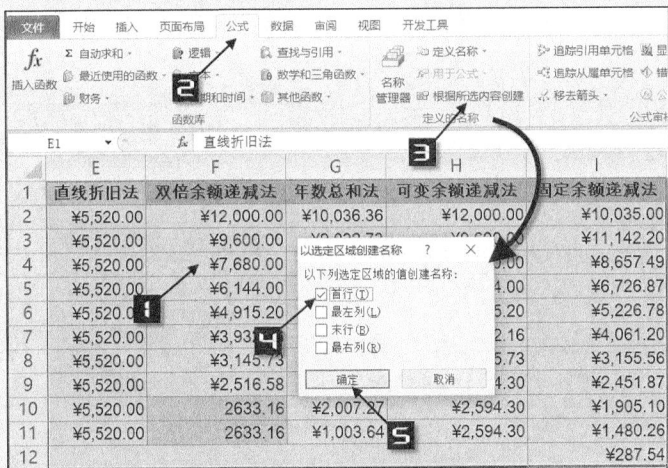

图 5-63　以选定区域创建名称

步骤13　单击 K1 单元格，在【数据】选项卡下单击【数据有效性】命令按钮，在弹出的【数据有效性】对话框中，单击"允许"右侧的下拉按钮，在下拉列表中选择"序列"。单击"来源"右侧的折叠按钮，选中 E1:I1 单元格区域，最后单击【确定】按钮，如图 5-64 所示。

步骤14　单击 K1 单元格右侧下拉按钮，在下拉列表中选择任意一种折旧法名称，如图 5-65 所示。

步骤15　在【公式】选项卡下单击【定义名称】命令按钮，在弹出的【新建名称】对话框中，在"名称"右侧的编辑框中输入自定义名称"高亮显示"，在"引用位置"编辑框中输入以下公式，最后单击【确定】按钮，如图 5-66 所示。

=INDIRECT($K$1)

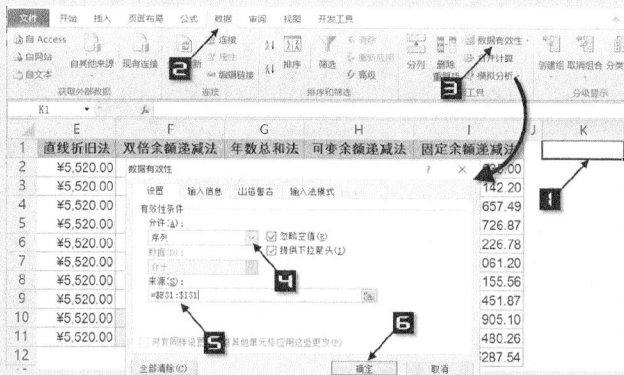

图 5-64　设置数据有效性

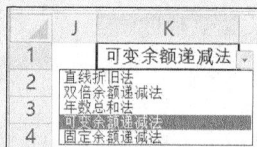

图 5-65　选择折旧法名称

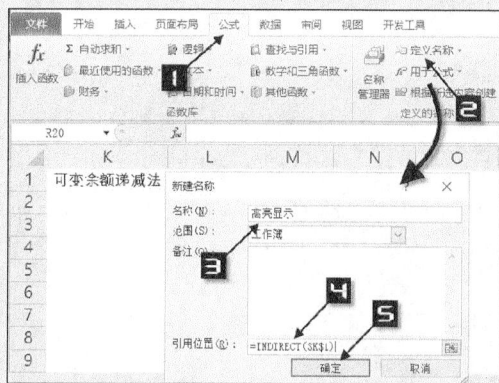

图 5-66　定义名称

步骤 16　在图表上单击鼠标右键，然后在扩展菜单中选择【选择数据】命令，弹出【选择数据源】对话框。单击该对话框左侧的【添加】按钮，打开【编辑数据系列】对话框。单击"系列值"右侧的折叠按钮，然后单击工作表标签，编辑框内会自动添加当前工作表名称和一个感叹号，然后输入刚刚定义的名称"高亮显示"，单击【确定】按钮返回【选择数据源】对话框，再次单击【确定】按钮，关闭对话框，如图 5-67 所示。

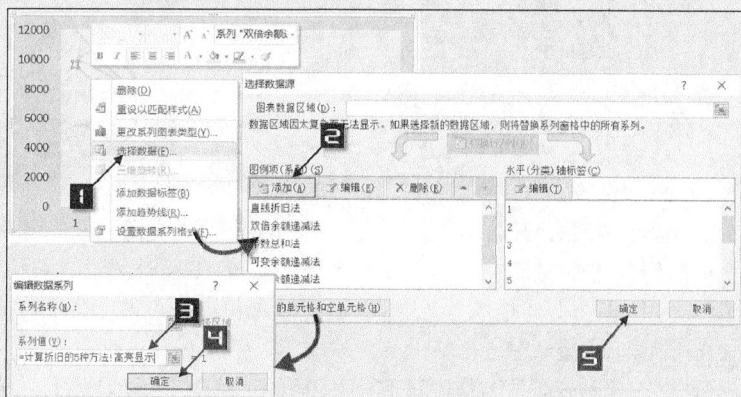

图 5-67　添加数据系列

步骤 17　单击选中高亮数据系列，在【格式】选项卡下单击【形状轮廓】下拉按钮，设置线条粗细为 3 磅，如图 5-68 所示。

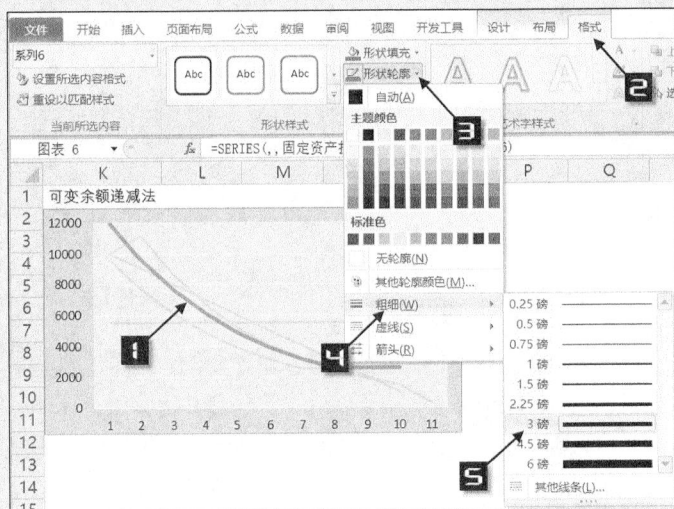

图 5-68　设置线条粗细

最后拖动图表边框调整图表大小，使绘图区接近于正方形并且高度略大于宽度。完成后的图表效果如图 5-69 所示，单击 K1 单元格的下拉按钮，图表中对应的数据系列即可高亮显示。

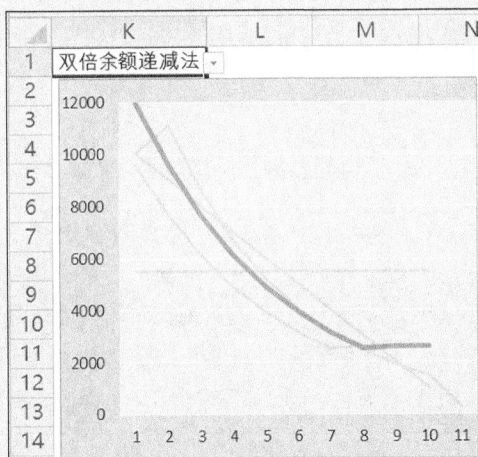

图 5-69　完成后的图表效果

5.5　制作固定资产卡片

固定资产卡片是指按固定资产项目开设，用以进行固定资产明细核算的账簿。在固定资产卡片中，一般包括固定资产编号、名称、规格、技术特征、建造年份、建造单位、开始使用日期、原值、预计残值、折旧年限等信息，另外还可以包括使用部门以及内部转移记录、原值变动和折旧记录、大修理记录、停用记录、主体及附属设备变动记录、出售记录和报废清理记录等。

固定资产卡片通常一式三份，分别由会计部门、使用部门和财产管理部门登记保管，并按固定资产类别顺序排列。在每个分类下，再按使用单位分组排列。遇有内部调动，应随时登记有关卡片，并相应转移卡片的存放位置，以便及时了解固定资产的存在和变动情况。会计部门保管的卡片，还应定期与财产保管部门和使用部门保管的卡片进行核对。

5.5.1 制作固定资产记录清单

在多数财务软件中都可以自动生成固定资产卡片。如果是没有专用财务软件的小微企业，则需要手工制作填写。本节学习使用邮件合并功能制作固定资产卡片的方法。

素材所在位置为："光盘:\素材\第 5 章 Excel 在固定资产管理中的应用\5.5.1 固定资产清单.xlsx。"

操作步骤如下。

步骤1 新建一个工作簿，删除 Sheet2 和 Sheet3 工作表，按 <Ctrl+S> 组合键，另存为"固定资产清单.xlsx"。

步骤2 如图 5-70 所示，在 Excel 工作表中输入固定资产基础信息。由于该表格不需要打印，仅作为后续使用邮件合并功能群发邮件时的数据源，所以在表格中不能使用合并单元格，并且要求同一个设备的各项信息都存放在同一行内，关闭工作簿备用。

	A	B	C	D	E	H	K	L	M
1	卡片编号	开始使用日期	使用年限(月)	原值	固定资产编号	供应商	存放地点	规格型号	固定资产名称
2	001824	2016-12-31	95	6636.00	01020001	泰州瑞龙泵	第一车间北脂肪酸罐	MZA25-200	脂肪酸泵
3	001827	2016-12-31	95	4740.00	01020002	泰州瑞龙泵	第一车间北碱罐	ML32-20-10	碱泵
4	001830	2016-12-31	95	4503.00	01020003	池州市金宇	第一车间毛油房	960-18.5	齿轮泵
5	001833	2016-12-31	95	4503.00	01020004	池州市金宇	第一车间发油房	960-18.5	齿轮泵
6	001836	2016-12-31	95	4503.00	01020005	池州市金宇	第一车间发油房	960-18.5	齿轮泵
7	001838	2016-12-31	95	2133.00	01020006	池州市金宇	第一车间发油房	200-4	齿轮泵
8	001841	2016-12-31	95	2133.00	01020007	池州市金宇	第一车间发油房	200-4	齿轮泵
9	001845	2016-12-31	95	869.00	01020008	池州市金宇	第一车间北柴油罐	33.3-2.2	齿轮泵
10	001847	2016-12-31	95	14062.00	01020009	耐驰（广州	皂角罐	NM045BYO	螺杆泵
11	001852	2016-12-31	98	2050.00	01020010	池州智能电	小包装	600*800*35	室内配电箱

图 5-70　固定资产清单

5.5.2 创建"固定资产卡片"Word 文档

接下来需要在 Word 里创建"固定资产卡片"基础样式的表格，为使用邮件合并功能制作固定资产卡片做准备。

素材所在位置为："光盘:\素材\第 5 章 Excel 在固定资产管理中的应用\5.5.2 固定资产卡片.docx"。

操作步骤如下。

步骤1 新建一个 Word 文档，按 <Ctrl+S> 组合键另存为"固定资产卡片.docx"。

步骤2 单击【插入】选项卡下的【表格】下拉箭头，在下拉菜单中拖动鼠标选择 4×7 大小的区域，在 Word 文档中单击鼠标，即可插入一个 7 行 4 列的表格，如图 5-71 所示。

步骤3 将光标移动到表格右下角，当光标变成空心的双向箭头时，拖动鼠标，适当调整表格大小，如图 5-72 所示。

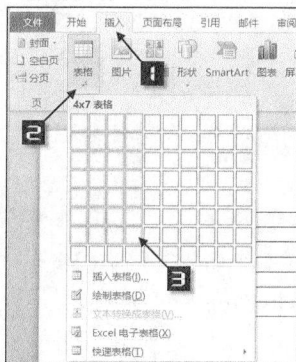

图 5-71　在 Word 中插入表格　　　图 5-72　调整表格大小

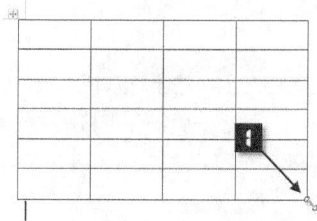

步骤 4 拖动鼠标选中第一行的四个单元格，在【布局】选项卡下单击【合并单元格】按钮，如图 5-73 所示。

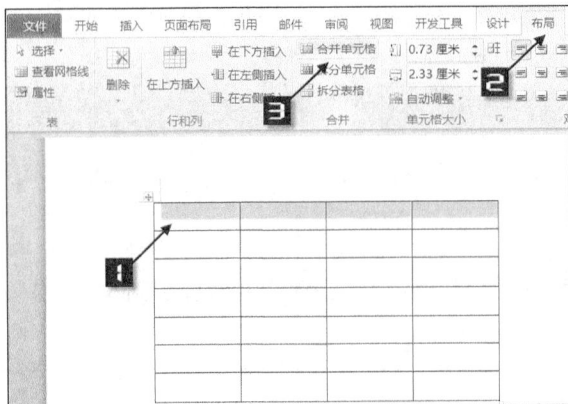

图 5-73 合并单元格

步骤 5 拖动鼠标选中第二行的 4 个单元格，以同样的方法设置合并单元格。

步骤 6 单击表格左上角的【全选】按钮，然后在【布局】选项卡下单击左侧的【查看网格线】命令。在【对齐方式】命令组中单击【水平居中】按钮，如图 5-74 所示。

步骤 7 在表格中输入基础信息，然后分别设置字体字号。光标靠近表格边框变成左右箭头形状时，按下鼠标左键调整单元格宽度，如图 5-75 所示。

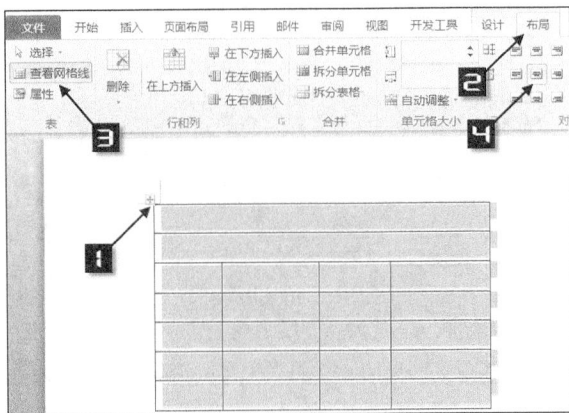

图 5-74 设置对齐方式

图 5-75 调整表格宽度

5.5.3 制作固定资产卡片

Word 表格中的样式设置完成后，即可开始使用邮件合并功能批量制作固定资产卡片。操作步骤如下。

步骤 1 单击表格左上角的全选按钮，按 <Ctrl+C> 组合键复制。

步骤 2 本例中，要在一页纸张上打印多个固定资产卡片，因此需要在【邮件】选项卡下单击【开始邮件合并】下拉按钮，并在下拉菜单中选择【标签】命令。

在弹出的【标签选项】对话框中，选择"标签供应商"为"Microsoft"，"产品编号"选择"A4（纵向）"，再单击【新建标签】按钮，如图 5-76 所示。

制作固定资产卡片

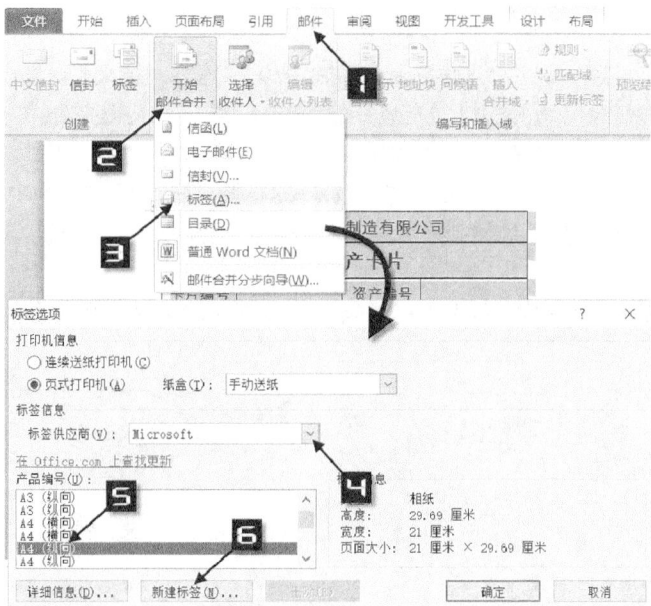

图 5-76　选择邮件合并类型

步骤 3　在弹出的【标签详情】对话框中，对标签参数进行手工调整：设置标签列数为 2，标签行数为 4，标签高度为 6 厘米，标签宽度为 9 厘米，上边距为 1 厘米，侧边距为 1 厘米，纵向跨度和横向跨度分别设置比标签高度和标签宽度多出 1 厘米，目的是为了在打印后便于裁剪。然后单击【确定】按钮关闭【标签详情】对话框，再次单击【确定】按钮，最后关闭【标签选项】对话框，如图 5-77 所示。

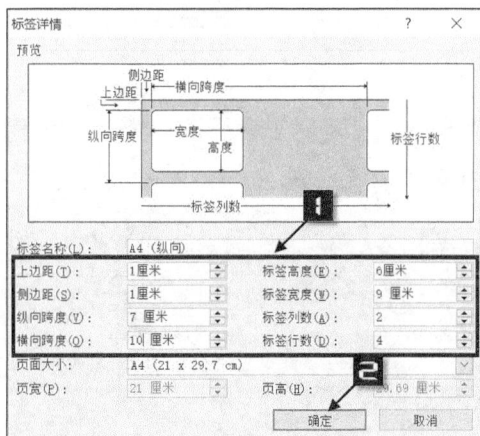

图 5-77　设置标签选项

步骤 4　此时会弹出如图 5-78 所示的【邮件合并】提示对话框，需要删除当前文档中的内容。因为在步骤 1 中已经对卡片样式表格进行了复制操作，所以此处单击【确定】按钮即可。

图 5-78　提示对话框

步骤 5 至此在 Word 中已经生成了标签的轮廓。单击左上角的标签，按 <Ctrl+V> 组合键，将之前复制的卡片样式表格粘贴到标签中，并适当调整粘贴后的表格以及外侧表格的大小，如图 5-79 所示。

步骤 6 插入合并域时，有可能因为字符太多而导致单元格变形，可以先选中左侧空白单元格，然后按住<Ctrl>键不放再选中右侧空白单元格，在【开始】选项卡下设置字号为六号，如图 5-80 所示。

步骤 7 切换到【邮件】选项卡，单击【选择联系人】下拉按钮，在下拉菜单中选择【使用现有列表】命令。在弹出的【选择数据源】对话框中，找到存放"固定资产清单.xlsx"的路径，选中文件后单击【打开】按钮，如图 5-81 所示。

步骤 8 在弹出的【选择表格】对话框中，选中存放数据的工作表名，单击【确定】按钮，如图 5-82 所示。

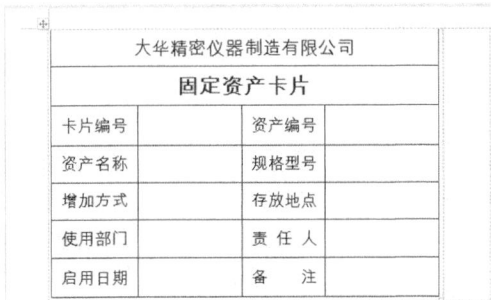

图 5-79　在标签中粘贴表格

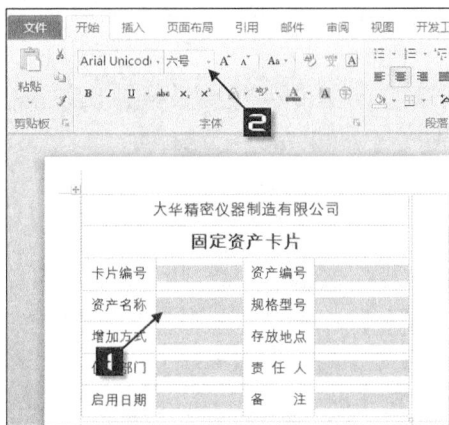

图 5-80　设置字号大小

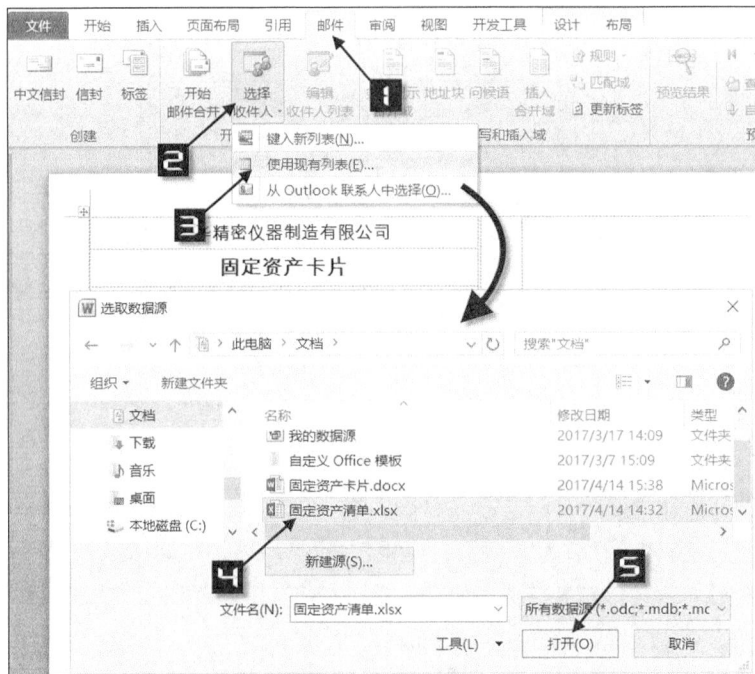

图 5-81　选取数据源

步骤 9 选中表格中需要填写卡片编号的单元格，在【邮件】选项卡下单击【插入合并域】下拉箭头，在下拉列表中添加合并域"卡片编号"。同样的方法在其他单元格中依次添加合并域，如图 5-83 所示。

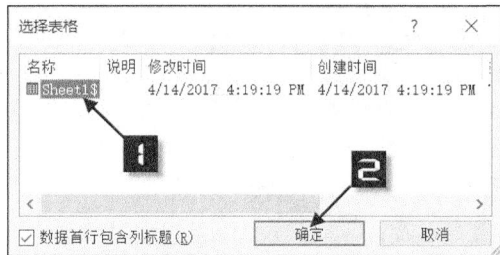

图 5-82　选择表格

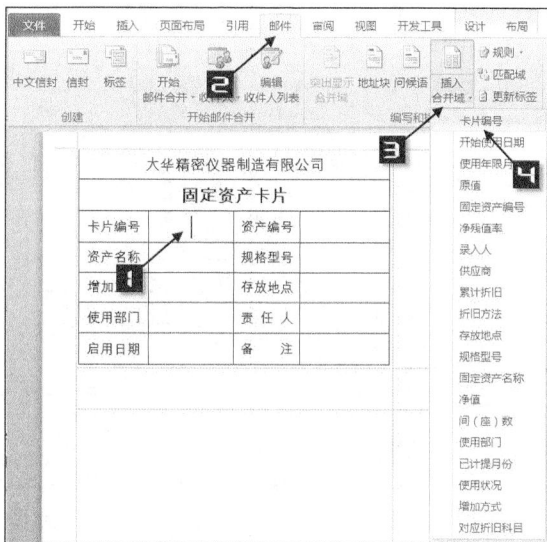

图 5-83　插入合并域

步骤 10　单击【邮件】选项卡下的【更新标签】按钮，在其他标签内更新表格内容，如图 5-84 所示。

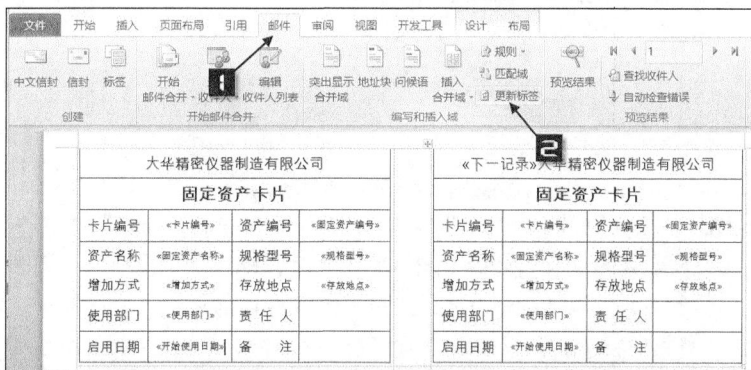

图 5-84　更新标签

步骤 11　单击【邮件】选项卡下的【完成并合并】下拉按钮，在下拉菜单中选择【编辑单个文档】命令，弹出【合并到新文档】对话框，保留默认选项，单击【确定】按钮，如图 5-85 所示。

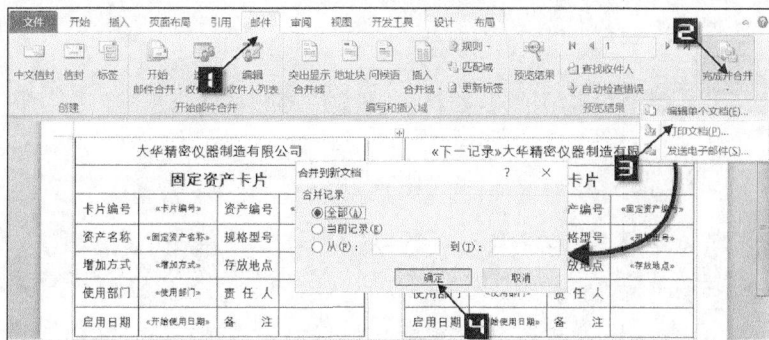

图 5-85　完成并合并

至此 Word 会自动新建一个名为"标签 1"的文档，生成了所有固定资产记录的卡片，如图 5-86 所示。按 <Ctrl+S> 组合键，将"信函 1"文档保存为"固定资产卡片完成版.docx"。

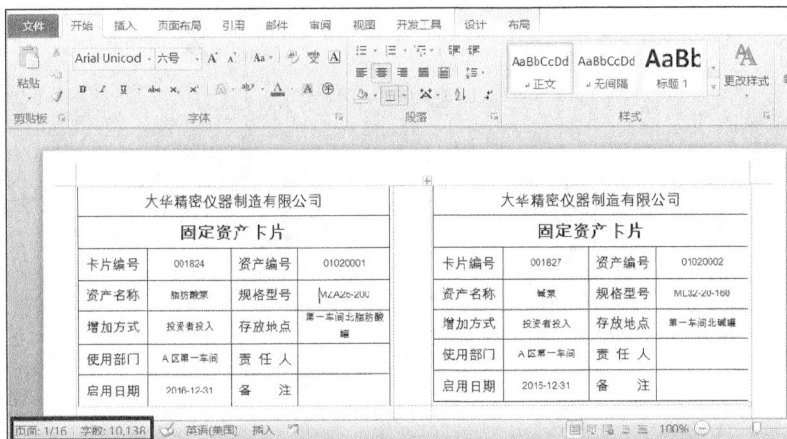

图 5-86　完成后的固定资产卡片

最后在页面设置中适当调整页边距，确认无误后输出打印即可。文档中的表格虚线仅作为文本对齐的参考，不会被打印出来。

邮件合并功能具有很强的实用性，可以批量制作具有统一样式的 Word 文档，如名片卡、录用通知书、信件封面以及企业邀请函等。

扩展知识点

使用鼠标移动或复制单元格

在日常表格编辑处理过程中，用鼠标移动或复制单元格区域的方法比使用菜单操作更加快捷。如图 5-87 所示，首先选中 B2:D4 单元格区域，光标移动至选定区域的黑色加粗边框上，当指针显示为黑色十字箭头时，拖动鼠标可以看到出现一条矩形虚线，显示目标插入位置。拖动鼠标至目标位置，释放鼠标，即可完成选定区域的移动。

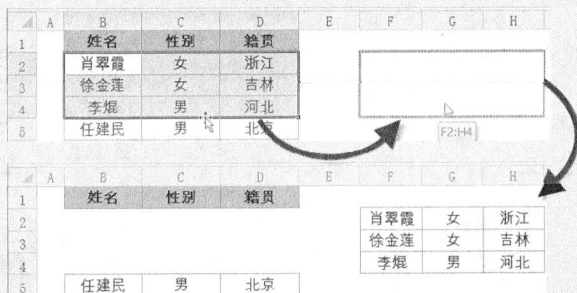

图 5-87　使用鼠标移动单元格

5.6　快速查看固定资产图片

素材所在位置为："光盘：\素材\第 5 章 Excel 在固定资产管理中的应用\5.6 快速查看固定资产图片"。

会计人员在盘点固定资产时，为了更加方便地对应实物，可以在查询固定资产信息的同时，将固定资产的实物图片同时在工作表中进行展示，如图 5-88 所示。

图 5-88　查看固定资产图片

操作步骤如下。

步骤 1　首先准备固定资产的实物图片，并将所有图片存放到同一个文件夹内。本例存放位置为 D 盘的"固定资产图片"文件夹，如图 5-89 所示。

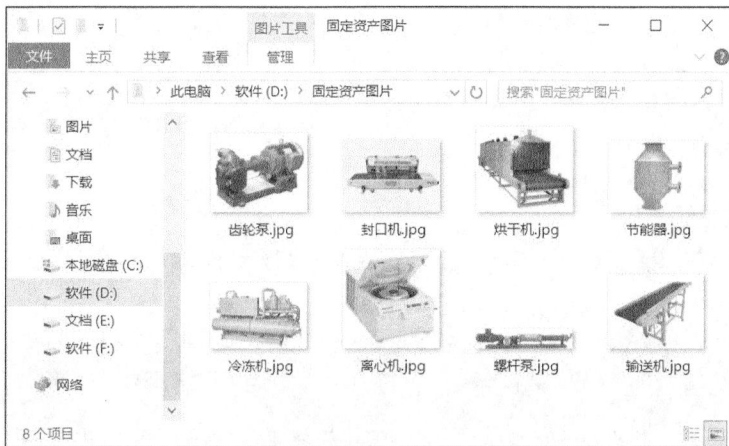

图 5-89　准备固定资产图片

步骤 2　在 F2 单元格输入以下公式，并将公式向下复制，如图 5-90 所示。

图 5-90　输入公式

=HYPERLINK("D:\固定资产图片\"&E2&".jpg",E2)

设置完成后，光标悬停到 F 列带有公式的单元格时会变成手指样式，表示该单元格具有超链接功能，单击鼠标左键即可打开对应的固定资产照片，如图 5-91 所示。

	C	D	E	F	G	H
1	存放地点	规格型号	固定资产名称	点击查看图片		
2	第一车间北	MZA25-200	烘干机	烘干机		
3	第一车间北	ML32-20-160	输送机	输送机		
4	第一车间	960-18.5	离心机	离心机		
5	第一车间	33.3-2.2	冷冻机	冷冻机		
6	第一车间	NM045BY01L06V	封口机	封口机		
7	第一车间	200-4	齿轮泵	齿轮泵		
8	第一车间二楼	NM045BY01L06V	螺杆泵	螺杆泵		
9	第一车间一楼中间	换热面积28m2	节能器	节能器		

图 5-91　点击超链接打开图片

知识点讲解

HYPERLINK 函数

HYPERLINK 函数是 Excel 中唯一一个可以生成链接的特殊函数，其语法如下。

HYPERLINK(link_location,friendly_name)

该函数中，第一参数是要打开的文档的路径和文件名，可以指向 Excel 工作表或工作簿中特定的单元格；第二参数表示单元格中显示的内容，如果省略该参数，HYPERLINK 函数建立超链接后，单元格中将显示为第一参数的内容。

上述语法可作如下理解。

HYPERLINK(要跳转的位置,要显示的内容)

本例中（5.6 的步骤 2），先使用图片所在路径 "D:\固定资产图片\" 和 E2 单元格中的固定资产名称以及图片后缀名 ".jpg"，连接成一个带有文件路径和文件名以及后缀名的字符串 "D:\固定资产图片\烘干机.jpg"，以此作为 HYPERLINK 函数的第一参数。

5.6 的步骤 2 的公式中的第二参数使用 E2，表示单元格中将显示为 E2 单元格的固定资产名称。

【提示】此外公式中的文件后缀名 ".jpg" 需要根据实际的图片格式确定。另外需要注意的是，图片名称应与工作表中的固定资产名称相同。

小技巧

制作带有超链接的工作表目录

如果同一个工作簿内包含的工作表数量较多，那么可以制作一个有超链接功能的工作表目录，单击链接即可跳转到对应的工作表，以方便用户在不同工作表之间切换查看数据。

素材所在位置为："光盘:\素材\第 5 章 Excel 在固定资产管理中的应用\制作带超链接的工作表目录.xlsx"。

操作步骤如下。

步骤1　首先插入一个新工作表，将工作表标签命名为"目录"，然后拖动"目录"工作表标签至标签区域的最左侧，然后在"目录"工作表中依次输入当前工作簿内的所有工作表名称，如图 5-92 所示。

步骤 2 在 B2 单元格输入以下公式，并向下复制至 B6 单元格，如图 5-93 所示。

`=HYPERLINK("#"&A2&"!A1",A2)`

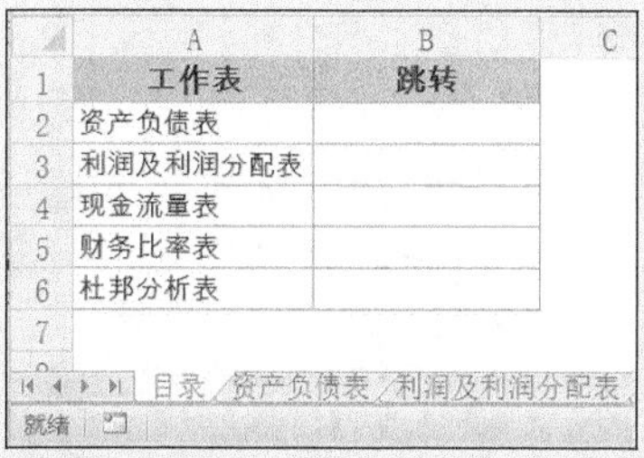

图 5-92 "目录"工作表

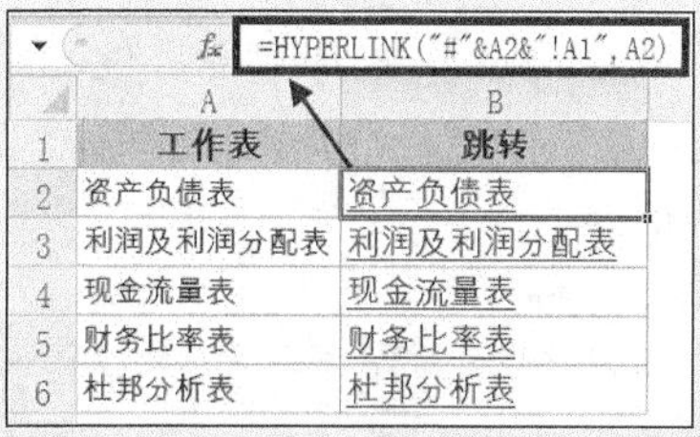

图 5-93 输入公式

公式中的""#"&A2&"!A1""部分，用前缀"#"号来代替当前工作簿名称；使用连接符 & 连接各个单元格和字符串，结果为"#资产负债表!A1"，以此指定链接跳转的具体单元格位置为当前工作簿"资产负债表"工作表 A1 单元格。

上述函数的第二参数为 A2，表示建立超链接后，将显示 A2 单元格的文字"资产负债表"。设置完成后单击超链接，即可跳转到相应工作表的 A1 单元格。

步骤 3 如图 5-94 所示，在"资产负债表"工作表的 A1 单元格内输入以下公式，生成返回目录的超链接。此处的 A1 单元格，可以是工作表中的任意空白单元格。

`=HYPERLINK("#目录!B1","返回")`

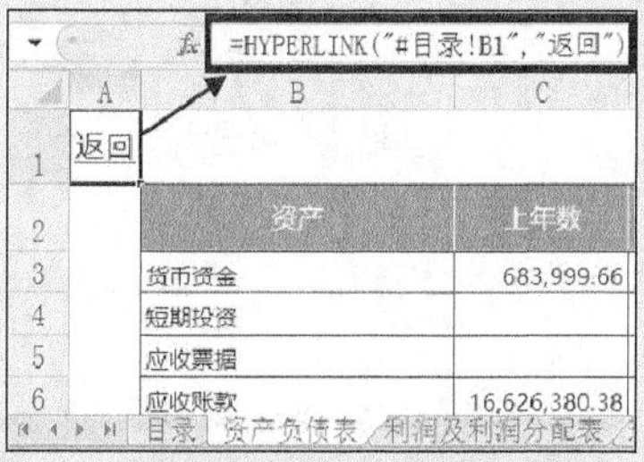

图 5-94 生成返回目录的超链接

步骤 4 单击"资产负债表"工作表的 A1 单元格后按住鼠标左键不放，直到指针变成空心十字✛时释放鼠标，选中该单元格。按 <Ctrl+C> 组合键复制，再依次粘贴到其他工作表的 A1 单元格，即可在多个工作表中生成用于返回"目录"工作表的超链接。

🏆 本章小结

本章介绍了 Excel 在固定资产管理中的应用，介绍了制作固定资产管理表的步骤以及使用高级筛选和数据透视表进行快速查询方法，并分别介绍了直线折旧法、双倍余额递减法、年数总和法、可变余额递减法以及固定余额递减法等五种不同的固定资产折旧计算方法，同时以图表来对比分析，便于企业根据自身不同的需求选择最适合的折旧计算方法。最后讲解了使用邮件合并功能批量制作固定资产卡片的方法。

思考与练习

（1）在会计实务工作中，最简单的固定资产折旧计算方法为_____。

（2）利用双倍余额递减法计算固定资产折旧需要使用的函数为_____。

（3）利用年数总和法计算固定资产折旧需要使用的函数为_____。

（4）利用固定余额递减法计算固定资产折旧，购置固定资产日期为 2016 年 5 月，DB 函数的 month 参数应设置为_____。

（5）年数总和法又可称为_____或_____。

（6）某设备原值 150 000 元，使用年限为 10 年，预计净残值为 5 000 元，请使用直线折旧法计算其折旧值。

（7）高级筛选条件值的描述区域位于同一行的各个条件表示相互之间是_____的关系。位于不同行的各个条件则表示相互之间是_____的关系。

（8）使用高级筛选，将"练习 5-1.xlsx"中的数据，筛选出职务为"经理"并且年龄小于 40 的记录，将记录放到 G1 单元格开始的区域。

（9）使用高级筛选，将"练习 5-1.xlsx"中的数据，筛选出性别为"男"，或者职务为"科长"的记录，将记录放到 G10 单元格开始的区域。

（10）熟悉制作固定资产卡片的步骤，能够独立完成从准备基础表格到生成固定资产卡片的全部操作。

（11）如需在"固定资产管理"工作表中筛选出符合条件的资产记录，并且需要将筛选结果提取到"Sheet1"工作表，需要先在_____工作表中进行高级筛选操作。

（12）请独立完成突出显示数据系列的折线图。基本步骤能完成即可，图表细节部分的颜色、线条粗细等设置可以省略。

（13）创建名称可以使用 4 种方式，请说出其中的 2 到 3 种。

（14）简述制作简单二级下拉菜单的步骤。

（15）筛选后保持连续的序号所用到的函数是_____。该函数第一参数使用 3，表示_____。

（16）Excel 中能够生成链接的函数是_____。

第 6 章

Excel 在成本费用统计分析中的应用

　　成本费用统计分析是会计人员的一项重要工作内容。及时准确地统计分析企业的各项成本和费用，可以协助企业负责人进行合理的成本控制与费用管理。成本和费用的降低，意味着企业利润的增加，因此成本费用统计也是会计核算和监督工作中非常重要的一环。

　　企业的成本和费用组成部分较多，计算频率高，统计强度大，且涉及财务管理的事前预算、事中控制、事后考核等要求。灵活应用 Excel 电子表格，可以实现成本和费用的快捷统计分析与报表更新，降低会计人员的工作量。

　　本章内容结合案例对 Excel 在成本费用统计分析中的应用方法展开介绍，提升成本费用统计分析的工作效率。

6.1 管理费用预算表

本节以制作管理费用预算表为例，介绍会计人员在制作费用预算表时常用的思路和方法。

素材所在位置为："光盘：\素材\第 6 章 Excel 在成本费用统计分析中的应用\6.1 管理费用预算表.xlsx"。

6.1.1 整理并统计去年同期数据

在管理费用预算表的编制工作开始前，会计人员应以去年同期数据为基础，给企业管理者提供参考依据。管理者应进一步结合本年企业的发展战略，制定管理费用的预算标准。

操作步骤如下。

步骤 1 新建一个 Excel 工作簿，将 Sheet1 工作表标签重命名为"去年数据"。然后根据企业实际发生的管理费用，在表格中列示费用项目的名称及各月份明细数据，最后按 <Ctrl+S> 组合键保存为"管理费用预算表.xlsx"，局部效果如图 6-1 所示。

	A	B	C	D	E	F	G	H	I
1	金额单位：元								
2	序号	费用项目	1月	2月	3月	4月	5月	6月	7月
3	1	工资及福利支出	163830	166582	168219	165614	162115	159294	165273
4	2	办公用品费	2067	1909	2508	2635	1501	1799	1558
5	3	电话费	274	282	201	137	164	112	152
6	4	邮递费	238	220	218	237	239	246	266
7	5	低值易耗品	256	230	213	225	273	271	295
8	6	差旅交通费	2834	2391	2854	1539	1814	1923	1317
9	7	公司车辆费用	3756	4527	4605	3494	4663	4285	3277
10	8	租赁费	2482	1602	1486	1962	2331	2975	2911
11	9	交际应酬费	2315	1469	1850	1829	1630	2542	2328
12	10	教育培训费	2563	2169	2345	1914	2744	2667	1929
13	11	员工保险支出	27013	22599	31547	21338	22963	21084	25109
14	12	水电费	1993	1253	1803	1419	1023	1615	1110
15	13	装卸搬运费	1878	1247	1393	1790	1284	1039	1110

图 6-1　整理管理费用去年同期数据

步骤 2 单击 C3 单元格，在【视图】选项卡下单击【冻结窗格】下拉按钮，并在下拉列表中选择"冻结拆分窗格"命令，如图 6-2 所示。

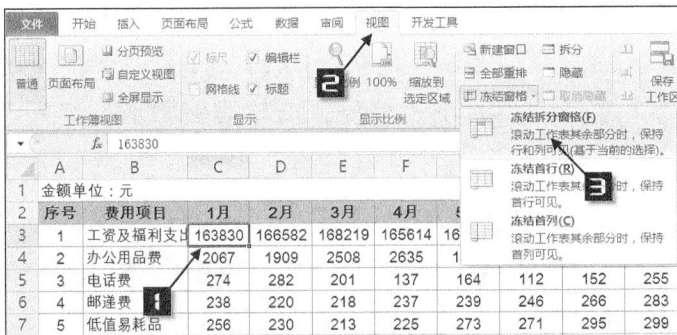

图 6-2　冻结窗格

步骤 3 在 C21 单元格输入以下公式计算各月份的管理费用合计，并将公式向右复制到 N21 单元格，如图 6-3 所示。

```
=SUM(C3:C20)
```

步骤 4 在 O3 单元格输入以下公式计算各费用项目的全年合计，并将公式向下复制到 O22 单元格，如图 6-4 所示。

`=SUM(C3:N3)`

图 6-3　计算各月份的管理费用合计

图 6-4　计算各费用项目的全年合计

6.1.2　创建本期各月份管理费用预算表

操作步骤如下。

步骤 1 分别将 Sheet2 工作表和 Sheet3 工作表标签重命名为 1 和 2，然后依次插入 10 个新工作表，并分别命名为 3~12 的自然数，作为全年各月份的预算表。

步骤 2 在工作表"1"中填写费用项目，并创建"去年全年""去年月均""去年同月""本月预算""本年累计"的汇总字段，如图 6-5 所示。

步骤 3 选中 G1 单元格，按 <Ctrl+1> 组合键调出【设置单元格格式】对话框，单击"自定义"分类，在格式代码编辑框中输入格式代码"0 月"，如图 6-6 所示。

图 6-5　创建各月份预算表

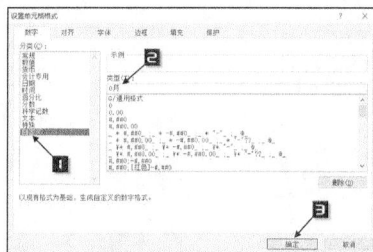

图 6-6　设置自定义格式

步骤 4 单击工作表"1"左上角的全选按钮，按 <Ctrl+C> 组合键复制，再单击工作表"2"的工作表标签，按住 <Shift> 键不放，然后单击工作表"12"的工作表标签选中多个工作表。单击 A1 单元格，按 <Ctrl+V> 组合键粘贴，将数据快速复制到"2"~"12"工作表，如图 6-7 所示。

图 6-7　在多个工作表内快速粘贴数据

步骤 5 保持多个工作表的选中状态，在 C3 单元格输入以下公式，用于调取去年全年数据作为统计依据，并将公式向下复制到 C22 单元格，如图 6-8 所示。

```
=VLOOKUP(B3,去年数据!$B$3:$O$22,14,0)
```

步骤 6 在 D3 单元格输入以下公式计算出去年月均数据，并将公式向下复制到 D22 单元格，如图 6-9 所示。

```
=INT(C3/12)
```

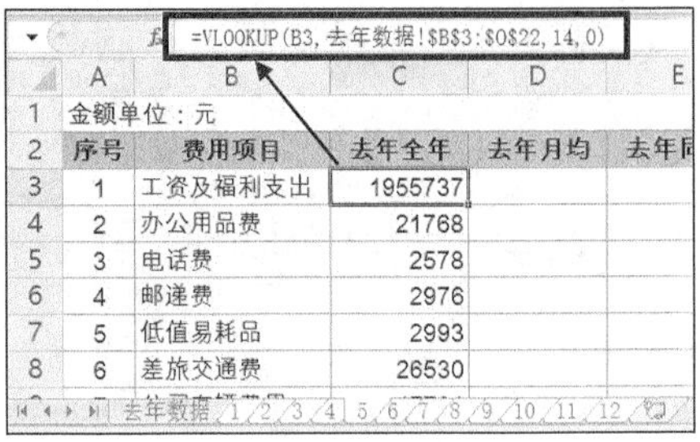

序号	费用项目	去年全年	去年月均	去年同
1	工资及福利支出	1955737		
2	办公用品费	21768		
3	电话费	2578		
4	邮递费	2976		
5	低值易耗品	2993		
6	差旅交通费	26530		

图 6-8 调取去年全年数据

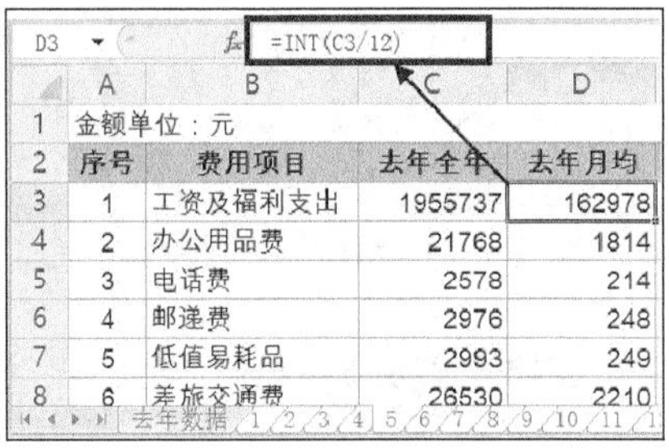

序号	费用项目	去年全年	去年月均
1	工资及福利支出	1955737	162978
2	办公用品费	21768	1814
3	电话费	2578	214
4	邮递费	2976	248
5	低值易耗品	2993	249
6	差旅交通费	26530	2210

图 6-9 计算去年月均数据

步骤 7 右键单击工作表标签，并在弹出的快捷菜单中选择【取消组合工作表】命令，如图 6-10 所示。

步骤 8 在"1"～"12"工作表的 G1 单元格中依次输入序号 1～12，由于设置了自定义格式，因此单元格中将显示对应的月份名。

步骤 9 在工作表"1"的 E3 单元格内输入以下公式计算去年同月数据，并将公式向下复制到 E22 单元格，如图 6-11 所示。

```
=VLOOKUP(B3,去年数据!B:N,$G$1+1,0)
```

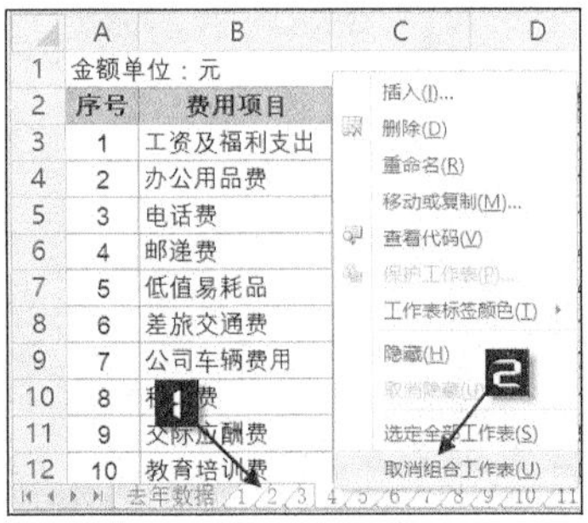

图 6-10 取消组合工作表

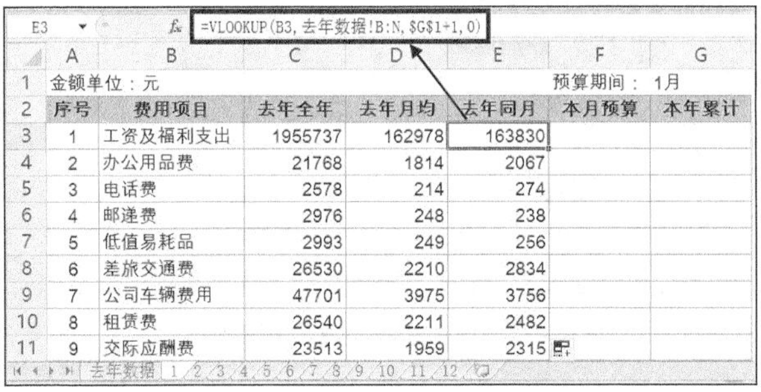

序号	费用项目	去年全年	去年月均	去年同月	本月预算	本年累计
1	工资及福利支出	1955737	162978	163830		
2	办公用品费	21768	1814	2067		
3	电话费	2578	214	274		
4	邮递费	2976	248	238		
5	低值易耗品	2993	249	256		
6	差旅交通费	26530	2210	2834		
7	公司车辆费用	47701	3975	3756		
8	租赁费	26540	2211	2482		
9	交际应酬费	23513	1959	2315		

图 6-11 计算去年同月数据

步骤 10 在 F3 单元格输入以下公式，并将公式向下复制到 F22 单元格，如图 6-12 所示。

```
=INT(AVERAGE(D3:E3))
```

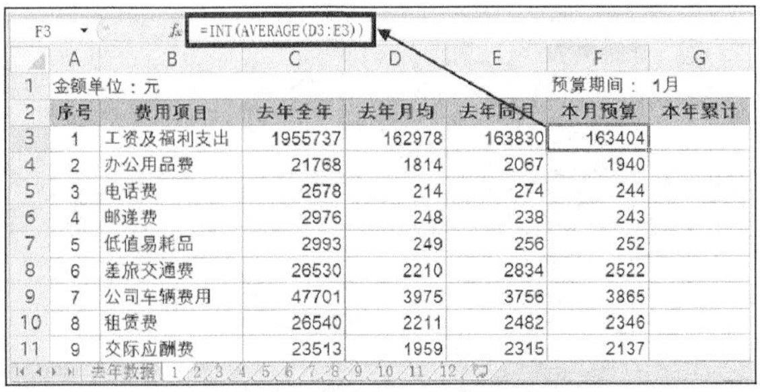

序号	费用项目	去年全年	去年月均	去年同月	本月预算	本年累计
1	工资及福利支出	1955737	162978	163830	163404	
2	办公用品费	21768	1814	2067	1940	
3	电话费	2578	214	274	244	
4	邮递费	2976	248	238	243	
5	低值易耗品	2993	249	256	252	
6	差旅交通费	26530	2210	2834	2522	
7	公司车辆费用	47701	3975	3756	3865	
8	租赁费	26540	2211	2482	2346	
9	交际应酬费	23513	1959	2315	2137	

图 6-12 估算"本月预算"数据

步骤11 选中 E2:F22 单元格区域，按 <Ctrl+C> 组合键复制。再单击工作表"2"的工作表标签，按住 <Shift> 键不放，然后单击工作表"12"的工作表标签选中多个工作表。单击当前工作表的 E3 单元格，并按 <Enter> 键粘贴，将公式快速复制到"2"～"12"工作表，如图6-13所示。

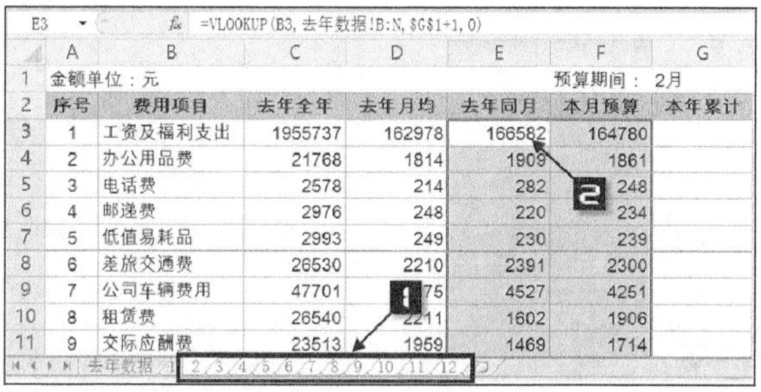

图6-13　复制公式到多个工作表

【公式讲解】

C3 单元格计算去年全年数据的公式如下。

`=VLOOKUP(B3,去年数据!$B$3:$O$22,14,0)`

该公式以 B3 单元格中的费用项目为查找值，以"去年数据"工作表的 $B$3:$O$22 单元格区域作为查找范围，在 B 列中查找到对应的项目后，返回该单元格区域内第 14 列的内容。

E3 单元格计算去年同月数据的公式如下。

`=VLOOKUP(B3,去年数据!B:N,$G$1+1,0)`

该公式以 B3 单元格中的费用项目为查找值，以"去年数据"工作表的 B:N 列为查找范围。由于要返回的列数不固定，所以使用 $G$1+1 的计算结果作为动态的参数值。因为 G1 单元格是使用了自定义格式的数值，因此可以正常的四则运算。本例中的 $G$1+1 相当于是"凑数"的作用，如果 G1 单元格是 1，$G$1+1=2，则 VLOOKUP 函数返回查找区域 B:N 列内第 2 列的内容，其他以此类推。

知识点讲解

AVERAGE 函数

AVERAGE 函数的作用是返回参数的算术平均值，如果参数中包含文本、逻辑值或空单元格，则这些值将被忽略，但包含零值的单元格将被计算在内。

扩展知识点

AVERAGEIF 和 AVERAGEIFS 函数

素材所在位置为："光盘：\素材\第 6 章 Excel 在成本费用统计分析中的应用\AVERAGEIF 和 AVERAGEIFS 函数.xlsx"。

AVERAGEIF 函数用于返回某个区域内满足给定条件的所有单元格的算术平均值，其用法与 SUMIF 函数类似。可以在条件中使用通配符，即问号"?"和星号"*"。问号匹配任意单个字符，星号匹配任意多个字符。常用方法可作如下理解。

`AVERAGEIF(条件区域,条件,计算平均值的区域)`

在图6-14所示的信息表中，要统计财务部的平均工资标准，可以使用以下公式完成。

`=AVERAGEIF(B2:B10,"财务部",D2:D10)`

上述公式的意思是：如果 B2:B10 单元格区域等于指定的条件“财务部”，则对对应的 D2:D10 单元格区域计算平均值。

AVERAGEIFS 函数用于返回满足多个条件的所有单元格的算术平均值，其用法与 SUMIFS 函数类似，常用方法可作如下理解。

AVERAGEIFS(计算平均值的区域,条件区域 1,条件 1,…,条件区域 n,条件 n)

在图 6-15 所示的信息表中，要统计部门为财务部、职务为会计的平均工资标准，可以使用以下公式完成。

```
AVERAGEIFS(D2:D10,B2:B10,"财务部",C2:C10,"会计")
```

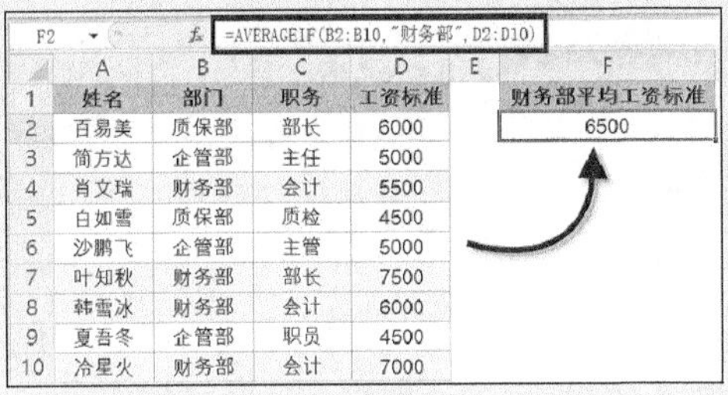
F2　=AVERAGEIF(B2:B10,"财务部",D2:D10)

	A	B	C	D	E	F
1	姓名	部门	职务	工资标准		财务部平均工资标准
2	百易美	质保部	部长	6000		6500
3	简方达	企管部	主任	5000		
4	肖文瑞	财务部	会计	5500		
5	白如雪	质保部	质检	4500		
6	沙鹏飞	企管部	主管	5000		
7	叶知秋	财务部	部长	7500		
8	韩雪冰	财务部	会计	6000		
9	夏吾冬	企管部	职员	4500		
10	冷星火	财务部	会计	7000		

图 6-14　计算指定条件的平均值

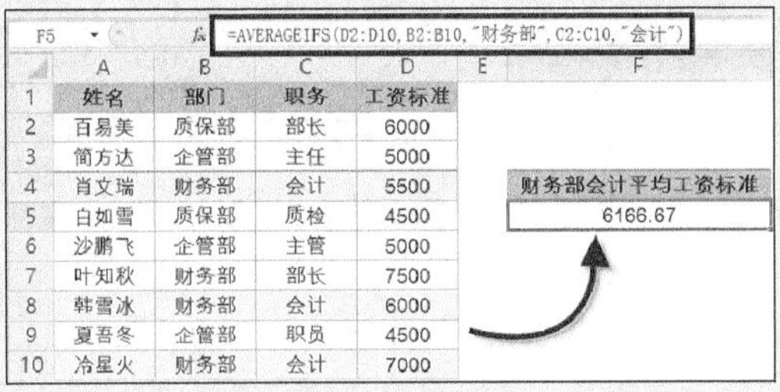
F5　=AVERAGEIFS(D2:D10,B2:B10,"财务部",C2:C10,"会计")

	A	B	C	D	E	F
1	姓名	部门	职务	工资标准		
2	百易美	质保部	部长	6000		
3	简方达	企管部	主任	5000		
4	肖文瑞	财务部	会计	5500		财务部会计平均工资标准
5	白如雪	质保部	质检	4500		6166.67
6	沙鹏飞	企管部	主管	5000		
7	叶知秋	财务部	部长	7500		
8	韩雪冰	财务部	会计	6000		
9	夏吾冬	企管部	职员	4500		
10	冷星火	财务部	会计	7000		

图 6-15　计算多个指定条件的平均值

上述公式表示：如果 B2:B10 单元格区域等于指定的条件“财务部”，并且 C2:C10 单元格区域等于指定的条件“会计”，则计算 D2:D10 单元格区域与之对应的平均值。

小技巧

在多行多列内快速输入数据

如图 6-16 所示，需要在 B2:F5 单元格区域内依次输入员工信息。

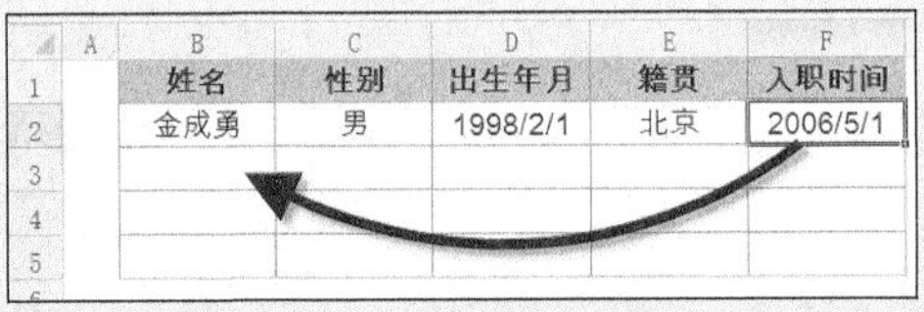

	A	B	C	D	E	F
1		姓名	性别	出生年月	籍贯	入职时间
2		金成勇	男	1998/2/1	北京	2006/5/1
3						
4						
5						

图 6-16　输入员工信息

单击 B2 单元格，输入内容后按 <Tab> 键，活动单元格跳转到 C2 单元格。输入内容后继续按 <Tab> 键，活动单元格跳转到 D2 单元格。直到在 F2 单元格中输入内容后，按 <Enter> 键，此时活动单元格会自动跳转到 B3 单元格，也就是内容输入区域最左侧列的下一行。

再重复上述步骤输入内容，可以在多行多列内快速输入数据，而不必反复调整活动单元格的位置。

6.1.3 计算本年累计数据

在 G 列的“本年累计”中需要计算从 1 月份到当前月份的各月份预算的合计数据。

1 月份的“本年累计”即 1 月份预算本身，2 月份的“本年累计”等于 1 月份和 2 月份的两个月预算合计，以此类推，12 月份的“本年累计”等于 1 至 12 月份的 12 个月预算合计。

计算“本年累计”数据的操作步骤为：单击工作表“1”的工作表标签，按住 <Shift> 键不放，然后单击工作表“12”的工作表标签选中多个工作表。在 G3 单元格输入以下公式，按 <Ctrl+Shift+Enter> 组合键后，公式两侧会自动添加一对花括号，注意不能手工输入花括号，否则公式无法运算。将公式向下复制到 G22 单元格区域，如图 6-17 所示。

```
=SUM(N(INDIRECT(ROW(INDIRECT("1:"&G$1))&"!F"&ROW())))
```

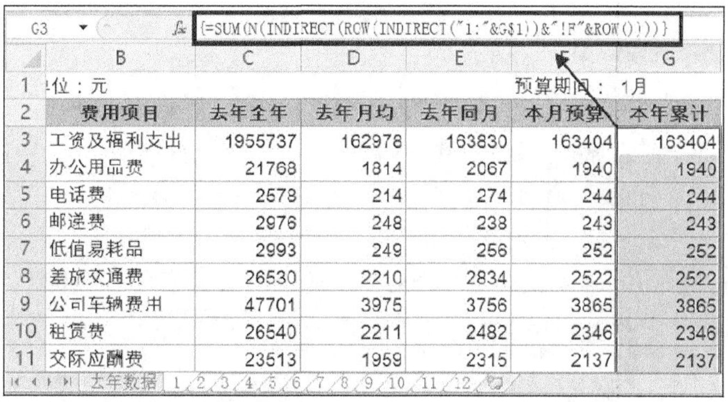

	B	C	D	E	F	G
1	位：元				预算期间：	1月
2	费用项目	去年全年	去年月均	去年同月	本月预算	本年累计
3	工资及福利支出	1955737	162978	163830	163404	163404
4	办公用品费	21768	1814	2067	1940	1940
5	电话费	2578	214	274	244	244
6	邮递费	2976	248	238	243	243
7	低值易耗品	2993	249	256	252	252
8	差旅交通费	26530	2210	2834	2522	2522
9	公司车辆费用	47701	3975	3756	3865	3865
10	租赁费	26540	2211	2482	2346	2346
11	交际应酬费	23513	1959	2315	2137	2137

图 6-17 计算本年累计数据

知识点讲解

数组公式

数组公式不同于普通公式，是以按 <Ctrl+Shift+Enter> 组合键完成编辑的特殊公式。作为数组公式的标识，Excel 会自动在数组公式的首尾添加大括号“{ }”。数组公式的实质是单元格公式的一种书写形式，用来通知 Excel 对其执行多项计算。

当编辑已有的数组公式时，大括号会自动消失，需要重新按 <Ctrl+Shift+Enter> 组合键完成编辑，否则公式将无法返回正确的结果。

在数据有效性和条件格式的自定义公式中，使用数组公式的规则和在单元格中使用有所不同，仅需输入公式即可，无需按 <Ctrl+Shift+Enter> 组合键完成编辑。

数组公式的优势是能够实现其他方法无法完成的复杂计算，但是也有一定的局限性，具体如下。

一是数组公式相对较难理解，尤其是在修改由他人编辑完成的复杂数组公式时，如果不能完全理解编辑者的思路，将会非常困难。

二是由于数组公式执行的是多项计算，如果工作簿中使用较多的数组公式，或是数组公式中的计算范围较大时，都会显著降低工作簿重新计算的速度。

【公式讲解】

上述公式中的“ROW(INDIRECT("1:"&G$1))”部分，先用字符串“1:”和 G$1 单元格连接，变成一个序号样式的文本字符串，再用 INDIRECT 函数把文本字符串变成实际的引用。ROW 函数以 INDIRECT 函数得到的结果为参数，构建出一个从 1 到当前月份数字的自然数序列。

“ROW(INDIRECT("1:"&G$1))&"!F"&ROW()”部分则使用 ROW 函数得到的序号和“!F”以及 ROW()，构建出“{"1!F3";"2!F3"}”这样的带有工作表名称和单元格地址的文本字符串。

外侧再使用一个 INDIRECT 函数，目的是把文本字符串变成实际的多个工作表中的单元格引用。

由于是多个工作表中的引用，所以 INDIRECT 函数返回的结果还无法直接求和，在外层嵌套一个 N 函数处理后，再使用 SUM 函数求和。

SUM 函数对各个月份工作表中的“本月预算”数据进行求和，从而得到了“本年累计”数据。

小技巧

工作表中输入分数

要在单元格中输入分数形式的数据，应先输入"0"和一个空格，然后再输入分数，否则 Excel 会把分数当作日期处理。例如，在单元格中输入分数"2/3"的步骤是：先输入"0"，再输入一个空格，然后接着输入"2/3"，按<Enter>键。

如果输入分数的分子大于分母，例如 14/3，Excel 会自动进行进位换算，将分数显示为"整数+真分数"的样式，如图 6-18 中的 B2 单元格所示。

Excel 还会自动对输入的分数进行约分处理，转换为最简形式，例如输入 4/24，则显示为 1/6，如图 6-18 中的 B4 单元格所示。

	A	B
1	输入	显示
2	0 14/3	4 2/3
3	0 3/4	3/4
4	0 4/24	1/6

图 6-18　输入分数

6.2　营业费用结构分析

营业费用是企业商品销售过程中发生的费用，包括运输费、装卸费、包装费、保险费、展览费、广告费，以及企业专设销售结构的职工工资和福利费、固定资产折旧费、办公费、业务开展费等。商品流通企业的营业费用还包括进货过程中的运输费、装卸费、包装费、保险费、运输途中的合理损耗以及入库前的挑选整理费等。本节学习使用数据透视图对各部门营业费用结构进行展示和分析。

素材所在位置为："光盘：\素材\第 6 章 Excel 在成本费用统计分析中的应用\ 6.2 营业费用结构分析.xlsx"。

如图 6-19 所示，是某企业 1 月份各销售部门的营业费用的部分记录，需要以图表的形式展示和分析各部门营业费用结构。

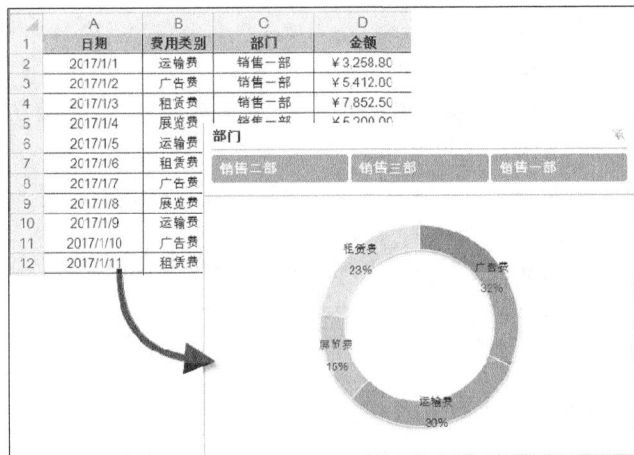

图 6-19　营业费用记录

操作步骤如下。

步骤1　单击数据区域任意单元格，如 A3，在【插入】选项卡下单击【数据透视表】下拉按钮，在下拉菜单中选择【数据透视图】命令，弹出【创建数据透视表及数据透视图】对话框。保留默认设置，单击【确定】按钮，如图 6-20 所示。

步骤2　在数据透视表字段列表中，将"部门"字段拖动到报表筛选区域，将"费用类别"字段拖动到轴字段区域，将"金额"字段拖动到数值区域，如图 6-21 所示。

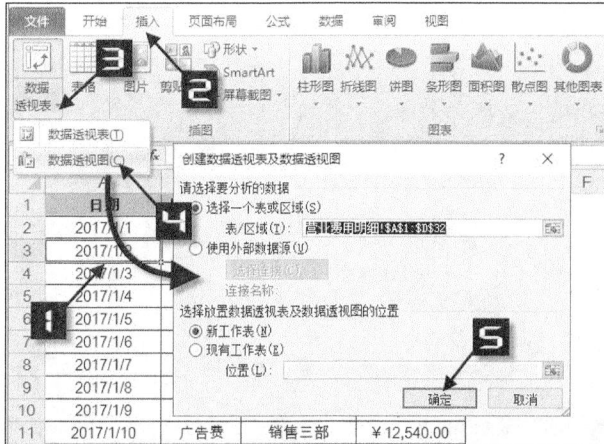

图 6-20　创建数据透视表及数据透视图

步骤 3　单击选中数据透视图，在【设计】选项卡下单击【更改图表类型】命令，打开【更改图表类型】对话框。单击选中"圆环图"，然后单击【确定】按钮，如图 6-22 所示。

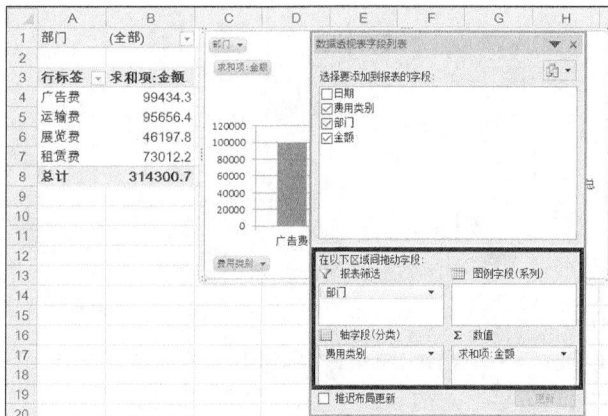

图 6-21　调整数据透视表布局

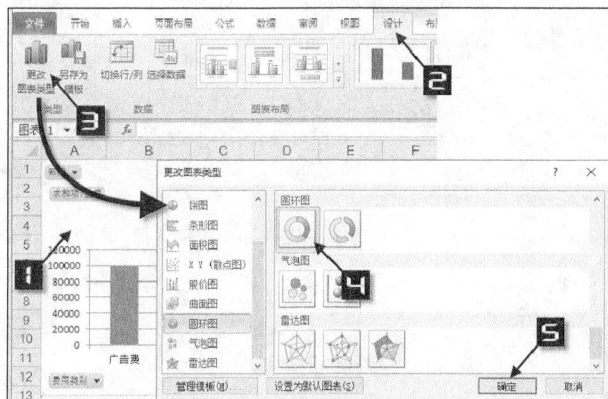

图 6-22　更改图表类型

步骤 4　如图 6-23 所示，在【设计】选项卡下单击【图表样式】命令组下拉按钮，在图表样式库中选择一种图表样式，如样式 15。

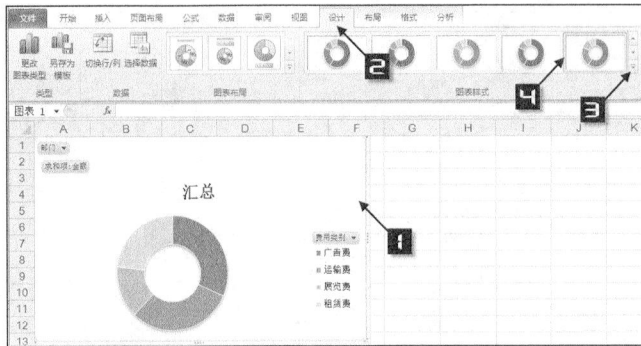

图 6-23　更改图表样式

步骤 5　单击选中图例项，按 <Delete> 键清除。选中图表标题，按 <Delete> 键清除。右键单击值字段按钮，在快捷菜单中选择【隐藏图表上的所有字段按钮】命令，如图 6-24 所示。

步骤 6　双击数据透视图中任意数据系列，打开【设置数据系列格式】对话框，在"圆环图内径大小"下的编辑框内输入 75%，单击右上角的【关闭】按钮关闭对话框，如图 6-25 所示。

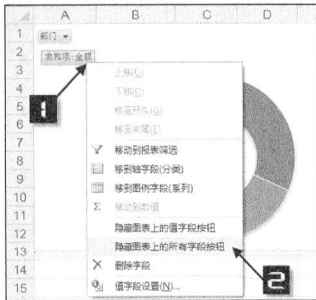

图 6-24　隐藏图表上的所有字段按钮

图 6-25　设置数据系列格式

步骤 7　在【布局】选项卡下单击【数据标签】下拉按钮，在下拉列表中选择【其他数据标签选项】命令，打开【设置数据标签格式】对话框。依次选中"标签包括"区域下的"类别名称"和"百分比"复选框，最后单击右上角【关闭】按钮关闭对话框，如图 6-26 所示。

步骤 8　在【分析】选项卡下单击【插入切片器】下拉按钮，并在下拉列表中选择【插入切片器】命令，打开【插入切片器】对话框，勾选"部门"字段名，最后单击【确定】按钮，如图 6-27 所示。

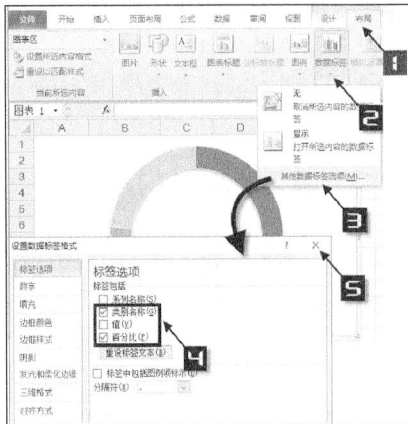

图 6-26　设置数据标签格式

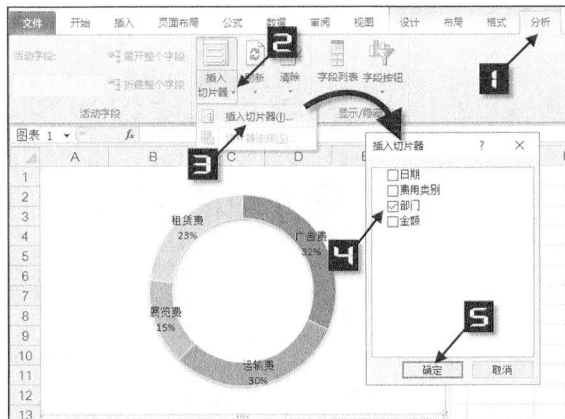

图 6-27　插入切片器

步骤 9 调整切片器大小和位置,然后在【选项】选项卡下,调整"列"右侧的微调按钮,使其按照实际部门数显示,本例设置为 3。然后单击【切片器样式】下拉按钮,在切片器样式库中选择一种样式,如"切片器样式深色 5",如图 6-28 所示。

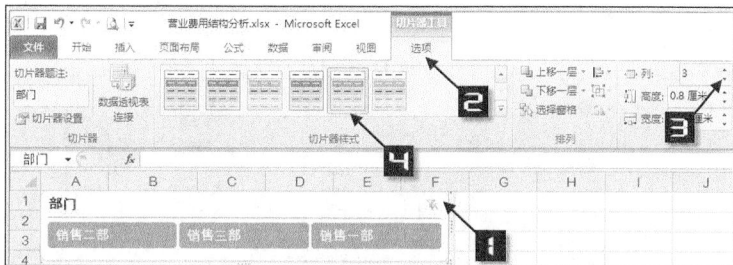

图 6-28 调整切片器样式

步骤 10 单击选中图表标签,在【开始】选项卡下设置字体为"Arial Unicode MS",如图 6-29 所示。

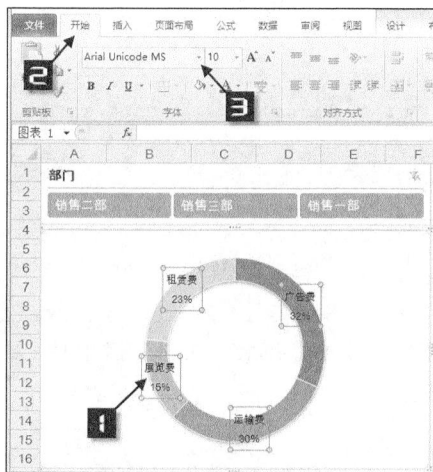

图 6-29 设置图表标签字体

完成设置后,单击切片器中的按钮,即可查看不同部门各项销售费用的占比情况,如图 6-30 所示。

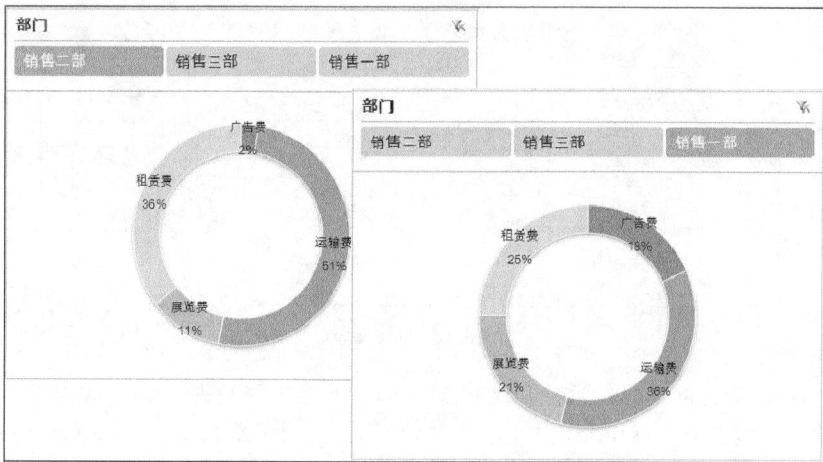

图 6-30 查看不同部门销售费用占比

6.3 按科目汇总费用总额

素材所在位置为："光盘：\素材\第 6 章 Excel 在成本费用统计分析中的应用\6.3 按科目汇总费用总额.xlsx。"

如图 6-31 所示，是从系统导出的凭证记录部分内容，需要根据不同月份，汇总各会计科目金额。

	A	B	C	D	E
1	日期	凭证号数	会计科目	科目编码	金额
2	2017/1/5	记-1006	管理费用/办公费	550201	332.00
3	2017/1/6	记-1008	管理费用/办公费	550201	210.00
4	2017/1/6	记-1008	管理费用/车辆费	550204	300.00
5	2017/1/7	记-1009	管理费用/车辆费	550204	340.00
6	2017/1/7	记-1009	管理费用/业务招待费	550202	92.50
7	2017/1/8	记-1012	管理费用/通讯费	550205	200.00
8	2017/1/8	记-1012	管理费用/业务招待费	550202	480.00
9	2017/1/9	记-1013	管理费用/业务招待费	550202	199.50
10	2017/1/10	记-1016	管理费用/业务招待费	550202	920.00
11	2017/1/10	记-1016	管理费用/办公费	550201	80.00
12	2017/1/11	记-1017	管理费用/维修费	550209	180.00

图 6-31 凭证记录

本节分别讲解使用函数公式和数据透视表进行汇总统计的方法。

6.3.1 使用函数公式法汇总费用总额

使用函数公式进行汇总时，首先需要制作一个汇总表的框架，然后再使用公式进行汇总，操作步骤如下。

步骤 1 单击 C 列列标，按 <Ctrl+C> 组合键复制，然后单击 G1 单元格，按 <Enter> 键粘贴。

步骤 2 单击 G 列任意单元格，如 G2，在【数据】选项卡下单击【删除重复项】命令按钮，打开【删除重复项】对话框。保留其中的默认选项，单击【确定】按钮，在弹出的 Excel 提示对话框中再次单击【确定】按钮，完成不重复科目的提取，如图 6-32 所示。

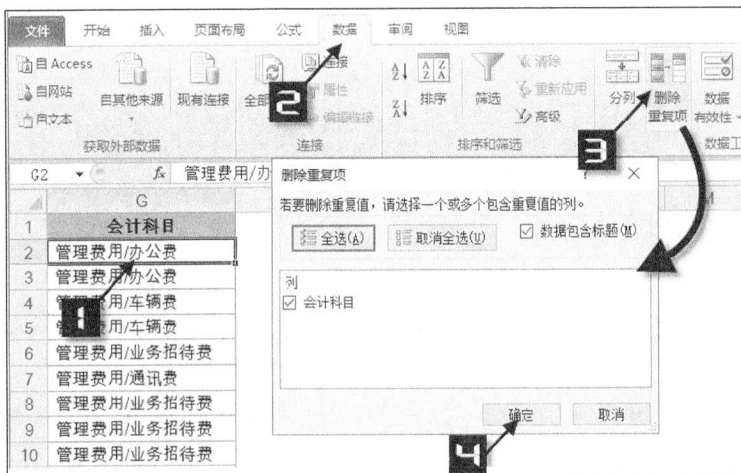

图 6-32 删除重复项

步骤 3 在 H1 单元格中输入"1 月"，然后拖动 H1 单元格右下角的填充柄，向右复制到 M1 单元格。单击 H1 单元格，按 <Ctrl+A> 组合键选中当前连续数据区域，在【开始】选项卡下设置单元格边框，最终效果如图 6-33 所示。

步骤 4 在 H2 单元格输入以下公式,拖动 H2 单元格右下角填充柄,向右复制到 M2 单元格,保持 H2:M2

单元格区域的选中状态，再双击 M2 单元格右下角的填充柄，将公式快速填充到当前数据区域的最后一行，如图 6-34 所示。

`=SUMPRODUCT((MONTH($A$2:$A$635)&"月"=H$1)*($C$2:$C$635=$G2),$E$2:$E$635)`

	G	H	I	J	K	L	M
1	会计科目	1月	2月	3月	4月	5月	6月
2	管理费用/办公费						
3	管理费用/车辆费						
4	管理费用/业务招待费						
5	管理费用/通讯费						
6	管理费用/维修费						
7	营业费用/港务费						
8	财务费用/银行手续费						
9	管理费用/交通费						
10	管理费用/广告费						
11	管理费用/社保						
12	管理费用/其他费用						
13	营业费用/安全评价费						

图 6-33　汇总表框架

	G	H	I	J	K	L	M
1	会计科目	1月	2月	3月	4月	5月	6月
2	管理费用/办公费	11914	30774.6	84128.85	8528.4	0	0
3	管理费用/车辆费	997	7655	85784.8	36195	0	0
4	管理费用/业务招待费	41137	14626	125042	50554.4	0	0
5	管理费用/通讯费	2175.44	2236.37	8762.64	9055.88	0	0
6	管理费用/维修费	7849.9	16900.5	40556.9	33546.44	0	0
7	营业费用/港务费	1758.7	1992.7	3005.2	1604.9	0	0
8	财务费用/银行手续费	1364.9	1928.44	5878.21	13568.2	0	0
9	管理费用/交通费	27	918	1841	2059	0	0
10	管理费用/广告费	400	420	0	585	0	0
11	管理费用/社保	0321.34	0	21601.10	53579.21	0	0
12	管理费用/其他费用	1760	194	1760	490	0	0

图 6-34　使用公式汇总

步骤 5　保持当前单元格区域的选中状态，按 <Ctrl+1> 组合键，调出【设置单元格格式】对话框。切换到【数字】选项卡下，在左侧的分类列表中单击选中"会计专用"，然后单击右侧的"货币符号"下拉按钮，在下拉列表中选择"无"，最后单击【确定】按钮，如图 6-35 所示。

完成后的表格局部效果如图 6-36 所示。

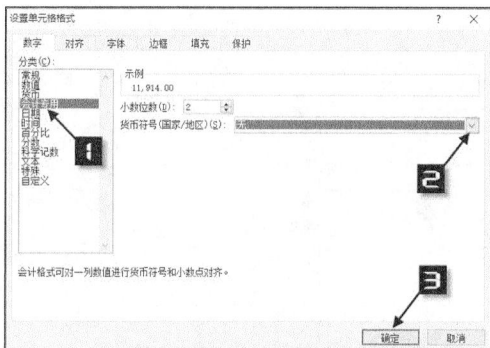

图 6-35　设置数字格式

	G	H	I	J	K	L	M
1	会计科目	1月	2月	3月	4月	5月	6月
2	管理费用/办公费	11,914.00	30,774.60	84,128.85	8,528.40	-	-
3	管理费用/车辆费	997.00	7,655.00	85,784.80	36,195.00	-	-
4	管理费用/业务招待费	41,137.00	14,626.00	125,042.00	50,554.40	-	-
5	管理费用/通讯费	2,175.44	2,236.37	8,762.64	9,055.88	-	-
6	管理费用/维修费	7,849.90	16,900.50	40,556.90	33,546.44	-	-
7	营业费用/港务费	1,758.70	1,992.70	3,005.20	1,604.90	-	-
8	财务费用/银行手续费	1,364.90	1,928.44	5,878.21	13,558.20	-	-
9	管理费用/交通费	27.00	918.00	1,841.00	2,059.00	-	-
10	管理费用/广告费	400.00	420.00	-	585.00		

图 6-36　汇总结果

MONTH 函数和 SUMPRODUCT 函数

1. MONTH 函数

MONTH 函数返回以序列号表示的日期中的月份。该函数的语法如下。

`MONTH(serial_number)`

参数可以是单个的单元格引用，也可以是多个单元格区域的引用。

2. SUMPRODUCT 函数

素材所在位置为："光盘:\素材\第 6 章 Excel 在成本费用统计分析中的应用\SUMPRODUCT 函数.xlsx"。

SUMPRODUCT 函数可以在给定的几组数组参数中，将各参数对应的元素相乘，并返回乘积之和。公式的通用写法如下。

`=SUMPRODUCT(条件 1*条件 2*…*条件 n,求和区域)`

以图 6-37 为例，可以使用以下公式计算所有商品的总金额。

```
=SUMPRODUCT(B2:B4,C2:C4)
```

SUMPRODUCT 函数将两个参数的对应元素相乘，再对乘积进行求和汇总。计算过程如图 6-38 所示。

E2 =SUMPRODUCT(B2:B4,C2:C4)

	A	B	C	D	E
1	商品	数量	单价		总金额
2	白菜	3	0.85		18.05
3	地瓜	4	1.25		
4	土豆	6	1.75		

图 6-37 计算商品总金额

数量		单价		金额	
3	×	0.85	=	2.55	
4	×	1.25	=	5	=2.55+5+10.5 =18.05
6	×	1.75	=	10.5	

图 6-38 SUMPRODUCT 函数计算过程

在实际应用时，还可以将两个参数直接相乘，具体如下。

```
=SUMPRODUCT(B2:B4*C2:C4)
```

需要注意的是，当求和区域中包含文本时，这种形式的公式会返回错误值。而使用第一种用法，以逗号间隔两个数组时，SUMPRODUCT 函数仍然可以返回正确结果。

SUMPRODUCT 函数不仅能进行条件求和，还可以进行条件计数统计。多条件计数的通用写法如下。

```
=SUMPRODUCT(条件1*条件2*…条件n)
```

如图 6-39 所示，需要在登记表中统计薪资标准大于 5 000 的女性人数，可以使用以下公式。

```
=SUMPRODUCT((B2:B10="女")*(C2:C10>5000))
```

E2 =SUMPRODUCT((B2:B10="女")*(C2:C10>5000))

	A	B	C	D	E
1	姓名	性别	薪资标准		薪资5000元以上的女性人数
2	何文轩	男	6000		3
3	杜咏梅	女	5000		
4	陆嘉诚	男	5500		
5	窦文慧	女	6000		
6	文家萍	女	5500		
7	白云飞	男	8000		
8	叶知秋	女	4500		
9	简书雨	男	5000		
10	金玉娇	女	5500		

图 6-39 SUMPRODUCT 函数多条件计数

上述公式中的“B2:B10="女"”部分，返回如下由逻辑值 TRUE 和 FALSE 构成的数组。

```
{FALSE;TRUE;FALSE;TRUE;TRUE;FALSE;TRUE;FALSE;TRUE}
```

上述公式中的“C2:C10>5000”部分也返回由逻辑值 TRUE 和 FALSE 构成的数组，具体如下。

```
{TRUE;FALSE;TRUE;TRUE;TRUE;TRUE;FALSE;FALSE;TRUE}
```

再将两个内存数组对应的元素相乘，如果对应元素都是逻辑值 TRUE，相乘之后返回 1，否则返回 0，结果如下。

```
{0;0;0;1;1;0;0;0;1}
```

最后使用 SUMPRODUCT 函数对其求和，计算结果为 3。

【公式讲解】

本例中使用的多条件汇总公式如下。

```
=SUMPRODUCT((MONTH($A$2:$A$635)&"月"=H$1)*($C$2:$C$635=$G2),$E$2:$E$635)
```

该公式使用了两组条件分别进行判断，第一组条件为“(MONTH($A$2:$A$635)&"月"=H$1)”，第二组条件为“($C$2:$C$635=$G2)”。

第一组条件中的“MONTH($A$2:$A$635)”部分，先使用 MONTH 函数分别返回 A2:A635 单元格中日期的月份值，然后将函数结果连接字符“月”，使其变成类似“1 月、1 月……2 月、2 月……”的字符串。

最后将这些字符串分别与 H1 单元格中的字符进行比较，返回逻辑值 TRUE 或是 FALSE。

第二组条件中，直接使用等号判断 C2:C635 单元格区域中的会计科目是否等于 G2 单元格中指定的科目名称，返回逻辑值 TRUE 或是 FALSE。

将两组条件的逻辑值结果相乘，如果两个条件同时符合，最终结果返回 1，否则返回 0。

最后使用 SUMPRODUCT 函数进行求和汇总，得到两个条件同时符合条件下对应的 E2:E635 单元格区域之和。

【注意】MONTH 函数会将被引用的空单元格识别为一个不存在的日期 1900 年 1 月 0 日，因此返回月份 1。实际使用时，可以加上非空单元格的判断条件。

【提示】本例中，凭证日期均为同一年中的数据，因此不需要对年份进行判断。如果实际数据中包含多个年份的数据，还需要使用 YEAR 函数对年份判断。YEAR 函数返回日期的年份值，使用方法与 MONTH 函数完全相同。

6.3.2 | 使用数据透视表汇总费用总额

相对于使用函数公式，使用数据透视表进行汇总更加简单快捷。操作步骤如下。

步骤 1 单击数据区域任意单元格后，单击【插入】选项卡下的【数据透视表】按钮，保留弹出的【创建数据透视表】对话框中的默认设置，然后单击【确定】按钮，便可在新工作表中插入数据透视表。

步骤 2 在数据透视表字段列表中，分别将"日期"和"会计科目"字段拖动到行标签区域，将"金额"字段拖动到数值区域，如图 6-40 所示。

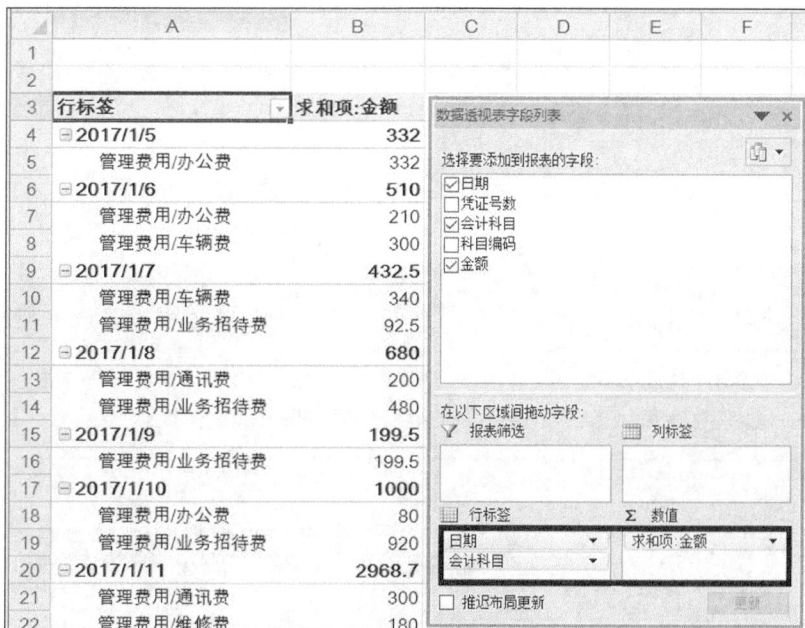

图 6-40　调整数据透视表布局

步骤 3 在【设计】选项卡下单击【报表布局】下拉按钮，在下拉列表中选择【以表格形式显示】命令，如图 6-41 所示。

步骤 4 在【设计】选项卡下单击【分类汇总】下拉按钮，并在下拉列表中选择【不显示分类汇总】命令，如图 6-42 所示。

图 6-41 调整报表布局

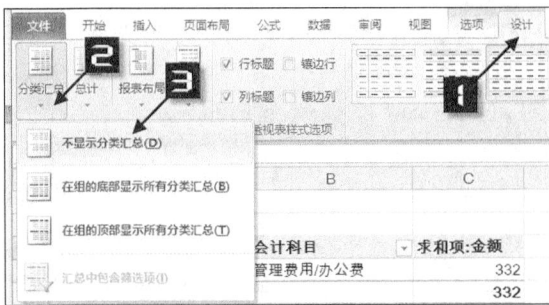

图 6-42 不显示分类汇总

步骤 5 右键单击"日期"字段任意单元格后，在快捷菜单中选择【创建组】命令，打开【分组】对话框。单击选中步长列表中的"月"，最后单击【确定】按钮，如图 6-43 所示。

【提示】使用数据透视表对日期进行分组时，如果数据源中包含多个年份的数据，需要在分组对话框中同时选择"年"，否则分组时，将不区分年份，直接按季度或是月份进行分组汇总。

步骤 6 在数据透视表字段列表中，将"日期"字段从行标签区域拖动到列标签区域，如图 6-44 所示。

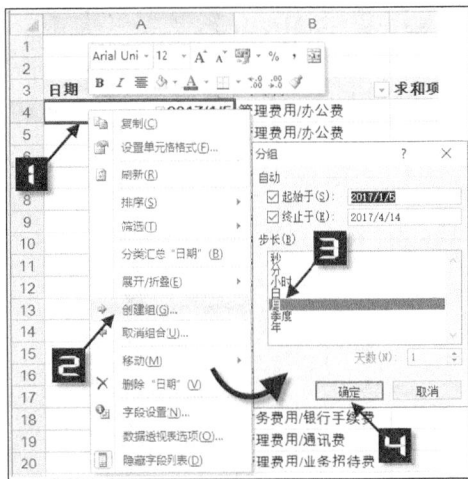

图 6-43 对日期字段分组

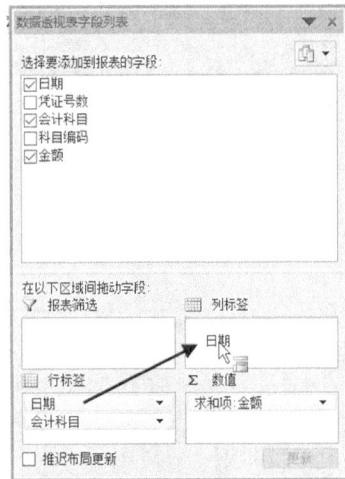

图 6-44 调整数据透视表布局

步骤 7 在【设计】选项卡下，单击【数据透视表样式】命令组的下拉按钮，在数据透视表样式库中选择一种样式，如"数据透视表样式深色 2"，完成后的局部效果如图 6-45 所示。

	A	B	C	D	E	F
1						
2						
3	求和项:金额	日期				
4	会计科目	1月	2月	3月	4月	总计
5	财务费用/利息支出			12002.17	375047.65	387049.82
6	财务费用/银行手续费	1364.9	1928.44	5878.21	13558.2	22729.75
7	管理费用/办公费	11914	30774.6	84128.85	8528.4	135345.85
8	管理费用/差旅费		7094.5	686		7780.5
9	管理费用/车辆费	997	7655	85784.8	36195	130631.8
10	管理费用/服务费			9448.8	6689.3	16138.1
11	管理费用/福利费				4356	4356
12	管理费用/广告费	400	420		585	1405
13	管理费用/会务费		30000	61760		91760

图 6-45 完成后的局部汇总效果

扩展知识点

在数据透视表中显示无数据的项目

在 6.2.2 小节中，由于数据源中只有 1 月～4 月的数据，因此生成的数据透视表也只能显示 1 月～4 月的汇总结果。如果要制作同时显示 1 月～6 月数据的汇总表格，则可以按以下步骤操作。

步骤 1 重复 6.2.2 小节步骤 1～步骤 4，插入数据透视表并设置透视表的报表布局，并且取消分类汇总。

步骤 2 右键单击"日期"字段任意单元格，在快捷菜单中选择【创建组】命令，打开【分组】对话框。在"起始于"编辑框中输入开始日期"2017/1/1"，在"终止于"编辑框中输入截止日期"2017/6/30"，单击选中步长列表中的"月"，最后单击【确定】按钮，如图 6-46 所示。

步骤 3 在数据透视表字段列表中，将"日期"字段从行标签区域拖动到列标签区域。

步骤 4 右键单击数据透视表任意列字段标题后，在快捷菜单中选择【字段设置】命令，打开【字段设置】对话框。切换到【布局和打印】选项卡下，单击选中"显示无数据的项目"复选框，最后单击【确定】按钮，如图 6-47 所示。

图 6-46　创建组

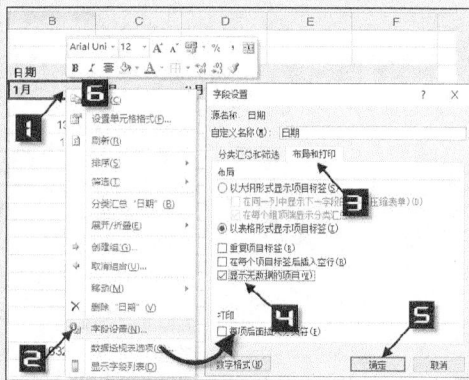

图 6-47　显示无数据的项目

步骤 5 单击数据透视表列字段的筛选按钮，并在下拉列表中先去掉"全部"的勾选，然后依次单击选中 1 月～6 月的复选框，最后单击【确定】按钮，如图 6-48 所示。

最后设置数据透视表样式，完成后的局部效果如图 6-49 所示。

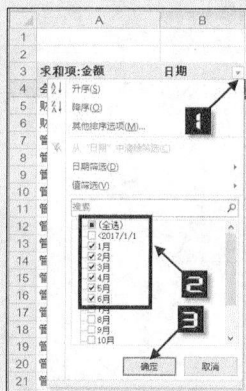

图 6-48　列字段筛选

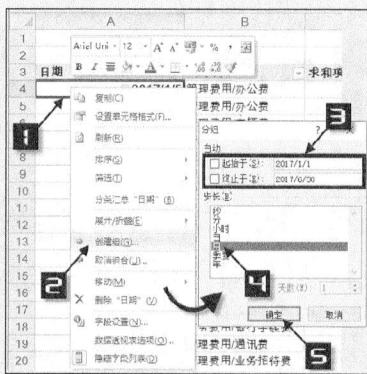

图 6-49　完成后的数据透视表局部效果

6.4 按月统计凭证张数

素材所在位置为："光盘：\素材\第 6 章 Excel 在成本费用统计分析中的应用\6.4 按月统计凭证张数.xlsx"。

记账凭证附件张数的计算方法有两种：一种是按构成记账凭证金额的原始凭证计算张数，如转账业务原始凭证的张数计算；二是以所附原始凭证的自然张数为准，即凡与经济业务内容相关的每一张凭证，都作为记账凭证的附件。本节学习使用函数公式按月份统计原始凭证张数的方法。

如图 6-50 所示，是某公司上年度凭证记录的部分内容，需要按不同月份统计每月的原始凭证张数。

在记录中可以看到，C 列的凭证号数会有多次重复出现，需要根据月份和凭证号数两个条件，统计不重复的凭证张数。如果使用数组公式直接进行计算，则用到的公式会比较复杂，不容易理解和编辑，而且在数据量比较大的情况下，数组公式的运算速度会有显著下降。如果使用辅助列，则将使公式更容易理解，而且也比数组公式的运算速度更快。操作方法如下。

步骤 1 以 G 列作为辅助列，在 G2 单元格中输入以下公式，然后双击 G2 单元格右下角的填充柄，将公式向下复制到数据区域最后一行，如图 6-51 所示。

```
=COUNTIFS($A$2:A2,A2,$C$2:C2,C2)
```

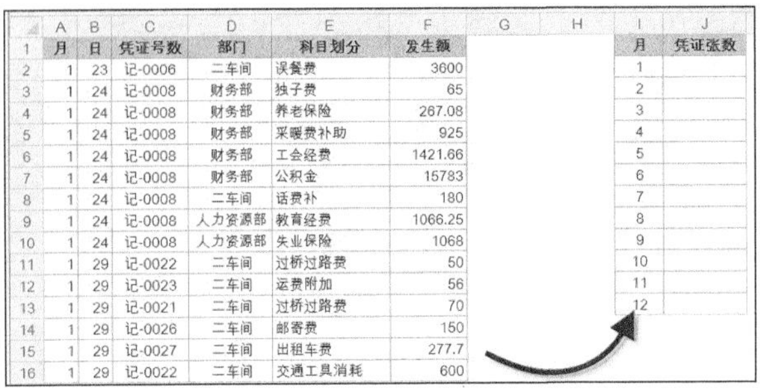

	A	B	C	D	E	F	G	H	I	J
1	月	日	凭证号数	部门	科目划分	发生额			月	凭证张数
2	1	23	记-0006	二车间	误餐费	3600			1	
3	1	24	记-0008	财务部	独子费	65			2	
4	1	24	记-0008	财务部	养老保险	267.08			3	
5	1	24	记-0008	财务部	采暖费补助	925			4	
6	1	24	记-0008	财务部	工会经费	1421.66			5	
7	1	24	记-0008	财务部	公积金	15783			6	
8	1	24	记-0008	二车间	话费补	180			7	
9	1	24	记-0008	人力资源部	教育经费	1066.25			8	
10	1	24	记-0008	人力资源部	失业保险	1068			9	
11	1	29	记-0022	二车间	过桥过路费	50			10	
12	1	29	记-0023	二车间	运费附加	56			11	
13	1	29	记-0021	二车间	过桥过路费	70			12	
14	1	29	记-0026	二车间	邮寄费	150				
15	1	29	记-0027	二车间	出租车费	277.7				
16	1	29	记-0022	二车间	交通工具消耗	600				

图 6-50　凭证记录的部分内容

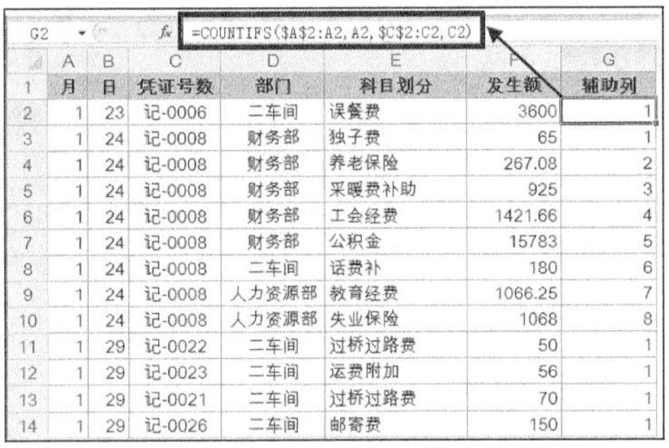

G2　=COUNTIFS($A$2:A2,A2,$C$2:C2,C2)

	A	B	C	D	E	F	G
1	月	日	凭证号数	部门	科目划分	发生额	辅助列
2	1	23	记-0006	二车间	误餐费	3600	1
3	1	24	记-0008	财务部	独子费	65	1
4	1	24	记-0008	财务部	养老保险	267.08	2
5	1	24	记-0008	财务部	采暖费补助	925	3
6	1	24	记-0008	财务部	工会经费	1421.66	4
7	1	24	记-0008	财务部	公积金	15783	5
8	1	24	记-0008	二车间	话费补	180	6
9	1	24	记-0008	人力资源部	教育经费	1066.25	7
10	1	24	记-0008	人力资源部	失业保险	1068	8
11	1	29	记-0022	二车间	过桥过路费	50	1
12	1	29	记-0023	二车间	运费附加	56	1
13	1	29	记-0021	二车间	过桥过路费	70	1
14	1	29	记-0026	二车间	邮寄费	150	1

图 6-51　在辅助列中输入公式

步骤 2 在 J2 单元格输入以下公式计算每个月不重复凭证号的个数，也就是实际的凭证张数，然后将公式向下复制到 J13 单元格，如图 6-52 所示。

```
=COUNTIFS(A:A,I2,G:G,1)
```

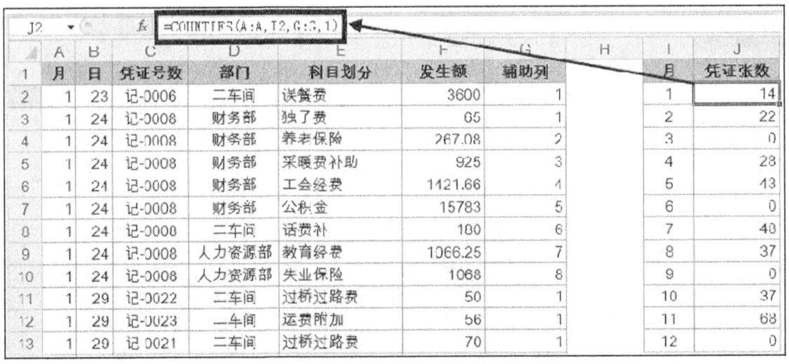

J2　=COUNTIFS(A:A,I2,G:G,1)

	A	B	C	D	E	F	G	H	I	J
1	月	日	凭证号数	部门	科目划分	发生额	辅助列		月	凭证张数
2	1	23	记-0006	二车间	误餐费	3600	1		1	14
3	1	24	记-0008	财务部	独子费	65	1		2	22
4	1	24	记-0008	财务部	养老保险	267.08	2		3	0
5	1	24	记-0008	财务部	采暖费补助	925	3		4	28
6	1	24	记-0008	财务部	工会经费	1421.66	4		5	43
7	1	24	记-0008	财务部	公积金	15783	5		6	0
8	1	24	记-0008	二车间	话费补	180	6		7	40
9	1	24	记-0008	人力资源部	教育经费	1066.25	7		8	37
10	1	24	记-0008	人力资源部	失业保险	1068	8		9	0
11	1	29	记-0022	二车间	过桥过路费	50	1		10	37
12	1	29	记-0023	二车间	运费附加	56	1		11	68
13	1	29	记-0021	二车间	过桥过路费	70	1		12	0

图 6-52　统计凭证张数

【公式讲解】

本例辅助列的公式如下。

```
=COUNTIFS($A$2:A2,A2,$C$2:C2,C2)
```

COUNTIFS 函数的第一参数 \$A\$2:A2 和第三参数 \$C\$2:C2 两个统计区域，都使用了数据区域动态扩展的技巧。

以 \$C\$2:C2 为例，第一个 \$C\$2 使用了绝对引用，也就是条件区域的起始位置始终是 C2 单元格，而第二个 C2 则使用了相对引用。当公式向下复制时，会依次变成 \$C\$2:C3、\$C\$2:C4……，最终实现自 C2 单元格到公式所在行。这个动态扩展的范围内的符合指定凭证号数的个数。

同样，第一参数使用 \$A\$2:A2，在动态扩展的范围内统计符合指定月份的个数。

COUNTIFS 函数对月份和凭证号数两个条件进行判断，并返回同时符合两个条件的个数。如果相同的月份和凭证号数是首次出现，公式结果返回 1。

J2 单元格的公式如下。

```
=COUNTIFS(A:A,I2,G:G,1)
```

上述公式用 COUNTIFS 函数统计 A 列月份等于指定 I2 单元格的月份，并且 G 列的辅助列结果为 1 的个数。

通过两个 COUNTIFS 函数，迂回实现了最终需要的统计结果。

6.5 材料成本计算

材料成本计算包括先进先出法和月末一次加权平均法两种。在实际工作中，由于先进先出法计算过程较为复杂，所以以月末一次加权平均法应用较为广泛。

6.5.1 什么是先进先出法

先进先出法根据先入库先发出的原则，对于发出的存货以先入库存货的单价计算发出存货成本的方法。采用这种方法的具体做法是先按存货的期初余额的单价计算发出的存货的成本，领发完毕后，再按第一批入库的存货的单价计算，依此从前向后类推，计算发出存货和结存货的成本。

使用该方法，当物价上涨时会高估企业当期利润和库存存货价值，反之则会低估企业存货价值和当期利润。在通货膨胀情况下，先进先出法会虚增利润，增加企业的税收负担，不利于企业资本保全。另外，先进先出法对发出的材料要逐笔进行计价并登记明细账的发出与结存，核算手续比较烦琐。该方法适用于市场价格普遍处于下降趋势的商品。

6.5.2 月末一次加权平均法

月末一次加权平均法，是指以本月全部进货数量加上月初存货数量作为权数，去除以本月全部进货成本加上月初存货成本，以计算出存货的加权平均单位成本，并以此为基础计算出本月发出存货的成本和期末存货成本的一种方法。

使用该方法只需在月末计算加权平均单价，操作比较简单，而且在市场价格上涨或下跌时所计算出来的单位成本平均化，对存货成本的分摊较为折中。

素材所在位置为："光盘:\素材\第 6 章 Excel 在成本费用统计分析中的应用\6.5.2 月末一次加权平均法.xlsx"。

如图 6-53 所示，为某企业的期初库存表和入库表，包含各种原材料在期初以及入库时的数量和单价，需要计算各种原材料的平均单价。

在 G2 单元格中输入以下公式，将公式向下复制到 G4 单元格，如图 6-54 所示。

```
=ROUND((SUMPRODUCT(($B$2:$B$8=F2)*$C$2:$C$8,$D$2:$D$8)+SUMPRODUCT((期初库存!$A$2:$A$4=F2)*期初库存!$B$2:$B$4,期初库存!$C$2:$C$4))/(SUMIF(B:B,F2,C:C)+SUMIF(期初库存!A:A,F2,期初库存!B:B)),2)
```

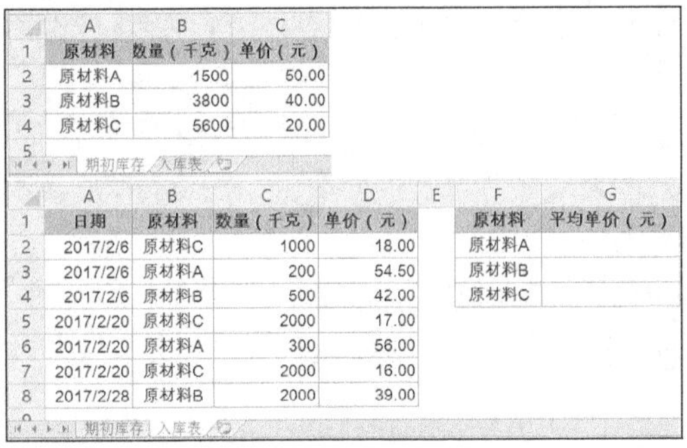

	A	B	C
1	原材料	数量（千克）	单价（元）
2	原材料A	1500	50.00
3	原材料B	3800	40.00
4	原材料C	5600	20.00

	A	B	C	D	E	F	G
1	日期	原材料	数量（千克）	单价（元）		原材料	平均单价（元）
2	2017/2/6	原材料C	1000	18.00		原材料A	
3	2017/2/6	原材料A	200	54.50		原材料B	
4	2017/2/6	原材料B	500	42.00		原材料C	
5	2017/2/20	原材料C	2000	17.00			
6	2017/2/20	原材料A	300	56.00			
7	2017/2/20	原材料C	2000	16.00			
8	2017/2/28	原材料B	2000	39.00			

图 6-53　期初库存和入库表

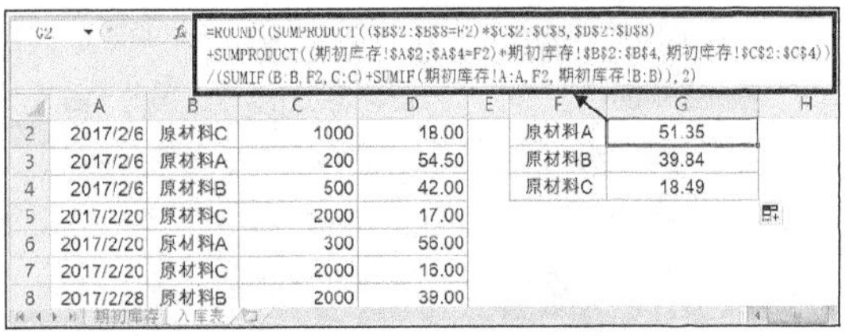

=ROUND((SUMPRODUCT(($B$2:$B$8=F2)*$C$2:$C$8,$D$2:$D$8)+SUMPRODUCT((期初库存!$A$2:$A$4=F2)*期初库存!$B$2:$B$4,期初库存!$C$2:$C$4))/(SUMIF(B:B,F2,C:C)+SUMIF(期初库存!A:A,F2,期初库存!B:B)),2)

	A	B	C	D	E	F	G
2	2017/2/6	原材料C	1000	18.00		原材料A	51.35
3	2017/2/6	原材料A	200	54.50		原材料B	39.84
4	2017/2/6	原材料B	500	42.00		原材料C	18.49
5	2017/2/20	原材料C	2000	17.00			
6	2017/2/20	原材料A	300	56.00			
7	2017/2/20	原材料C	2000	16.00			
8	2017/2/28	原材料B	2000	39.00			

图 6-54　月末一次加权平均法计算材料成本

【公式讲解】

月末一次加权平均法的计算方式如下。

存货平均单价=存货总金额/存货总数量

上述公式中的“存货总金额”和“存货总数量”的计算方式如下。

存货总金额=期初存货金额+本期入库金额

存货总数量=期初存货数量+本期入库数量

由此可得以下公式。

存货平均单价=（期初存货金额+本期入库金额）/（期初存货数量+本期入库数量）

本例中，使用以下公式计算月末一次加权平均法计算材料成本。

```
=ROUND((SUMPRODUCT(($B$2:$B$8=F2)*$C$2:$C$8,$D$2:$D$8)+SUMPRODUCT((期初库存!$A$2:$A$4=F2)*期初库存!$B$2:$B$4,期初库存!$C$2:$C$4))/(SUMIF(B:B,F2,C:C)+SUMIF(期初库存!A:A,F2,期初库存!B:B)),2)
```

上述公式中的相关成分的含义如下。

（1）公式中的“SUMPRODUCT(($B$2:$B$8=F2)*$C$2:$C$8,$D$2:$D$8)”部分，对符合条件的原材料，用每笔入库数量乘以入库单价，得到本期入库金额。

（2）公式中的“SUMPRODUCT((期初库存!$A$2:$A$4=F2)*期初库存!$B$2:$B$4,期初库存!$C$2:$C$4)”部分的作用是得到符合条件的期初存货金额。

（3）公式中的“SUMIF(B:B,F2,C:C)”部分的作用是得到本期入库数量。

（4）公式中的“SUMIF(期初库存!A:A,F2,期初库存!B:B)”部分的作用是得到期初存货数量。

将以上 4 部分分别导入存货平均单价的公式中，最后利用 ROUND 函数对结果四舍五入保留两位小数，即得到了各种原材料的加权平均单价。

小技巧

快速将页面设置应用到多个工作表

（1）如果工作簿中的多个工作表都没有进行过页面设置，可以使用以下方法。

单击最左侧的工作表标签，然后按住 <Shift> 键不放，单击最右侧的工作表标签，同时选中多个工作表。然后在【页面布局】选项卡下打开【页面设置】对话框进行页面设置，完成设置后，即可将页面设置应用到全部工作表，如图 6-55 所示。

（2）如果工作簿中存在已经进行了页面设置的工作表，可以快速将当前设置应用到所有工作表。

图 6-55　将页面设置应用到所有工作表

在工作簿中先选择已经进行了页面设置的工作表，然后按住 <Ctrl> 键依次单击需要进行设置的工作表标签选中多个工作表。然后在【页面布局】选项卡下打开【页面设置】对话框。这时，不需要进行任何设置，直接单击【确定】按钮关闭对话框，即可将当前页面设置快速应用到所选工作表。

6.6　年度生产成本分析

素材所在位置为："光盘：\素材\第 6 章 Excel 在成本费用统计分析中的应用\6.6 年度生产成本分析.xlsx"。

生产成本是企业为生产一定种类和数量的产品所发生各种的耗用，可以是一定时期生产产品的单位成本，也可以是生产一定产品而发生的成本总额。生产成本一般由直接材料费、直接人工费和其他费用构成。

实际工作中，年度成本分析包括对各月成本结构比例、各生产成本要素的比例等要素的分析。通过产品成本的分析，能了解企业整体生产经营管理水平的高低。

6.6.1　制作年度生产成本分析表

首先需要准备年度生产成本分析的基础数据，操作步骤如下。

步骤 1　新建一个 Excel 工作簿，按 <Ctrl+S> 组合键保存为"年度生产成本分析.xlsx"。将 Sheet1 工作表重命名为"基础数据"，删除 Sheet2 和 Sheet3 工作表。

步骤 2　在"基础数据"工作表内输入基础数据，项目包括直接材料、直接人工、制造费用和其他，如图 6-56 所示。

	A	B	C	D	E	F	G	H	I	J	K	L	M
1	项目	1月	2月	3月	4月	5月	6月	7月	8月	9月	10月	11月	12月
2	直接材料	605750	631850	653850	684650	634650	556350	524650	680150	554650	675810	504710	884730
3	直接人工	49276	55122	52216	53144	53144	49950	49140	52950	43140	54144	43144	53050
4	制造费用	10558	98720	89527	85950	77954	70750	68954	85954	56054	85950	55750	85950
5	其他	1250	1200	1380	1450	1800	1680	2400	1340	1990	1450	1500	2770

图 6-56　输入基础数据

6.6.2　计算各项成本占比

将各月的成本项目以百分比形式显示，能够更为直观地看出差异状况。创建数据透视表后，使用不同值显示方式，能够快速实现这一要求。如图 6-57 所示，分别展示了每个月各项目的占比以及每个项目在各月份的占比状况。

项目	1月	2月	3月	4月	5月	6月	7月	8月	9月	10月	11月	12月	总计
直接材料	90.84%	80.30%	82.04%	82.97%	82.69%	81.97%	81.32%	82.91%	84.57%	82.68%	83.41%	86.19%	83.50%
直接人工	7.39%	7.01%	6.55%	6.44%	6.92%	7.36%	7.62%	6.45%	6.58%	6.62%	7.13%	5.17%	6.69%
制造费用	1.58%	12.55%	11.23%	10.42%	10.16%	10.42%	10.69%	10.48%	8.55%	10.52%	9.21%	8.37%	9.59%
其他	0.19%	0.15%	0.17%	0.18%	0.23%	0.25%	0.37%	0.16%	0.30%	0.18%	0.25%	0.27%	0.22%
总计	100.00%	100.00%	100.00%	100.00%	100.00%	100.00%	100.00%	100.00%	100.00%	100.00%	100.00%	100.00%	100.00%

项目	1月	2月	3月	4月	5月	6月	7月	8月	9月	10月	11月	12月	总计
直接材料	7.98%	8.32%	8.61%	9.02%	8.36%	7.33%	6.91%	8.96%	7.31%	8.90%	6.65%	11.65%	100.00%
直接人工	8.10%	9.06%	8.58%	8.73%	8.73%	8.21%	8.08%	8.70%	7.09%	8.90%	7.09%	8.72%	100.00%
制造费用	1.21%	11.32%	10.27%	9.86%	8.94%	8.11%	7.91%	9.86%	6.43%	9.86%	6.39%	9.86%	100.00%
其他	6.19%	5.94%	6.83%	7.17%	8.91%	8.31%	11.88%	6.63%	9.85%	7.17%	7.42%	13.71%	100.00%
总计	7.33%	8.65%	8.77%	9.08%	8.44%	7.46%	7.10%	9.02%	7.21%	8.99%	6.65%	11.29%	100.00%

图 6-57　计算各项成本占比

1．计算每个月各成本项目的占比

本例中的基础数据使用了二维数据表的形式，因此，在插入数据透视表时，需要使用"多重合并计算数据区域"功能，操作步骤如下。

步骤1　依次按 <Alt><D><P> 键，打开【数据透视表和数据透视图向导—步骤 1】对话框。单击选中"多重合并计算数据区域"单选钮，然后单击【下一步】按钮。在弹出的【数据透视表和数据透视图向导—步骤 2a】对话框中再次单击【下一步】按钮，如图 6-58 所示。

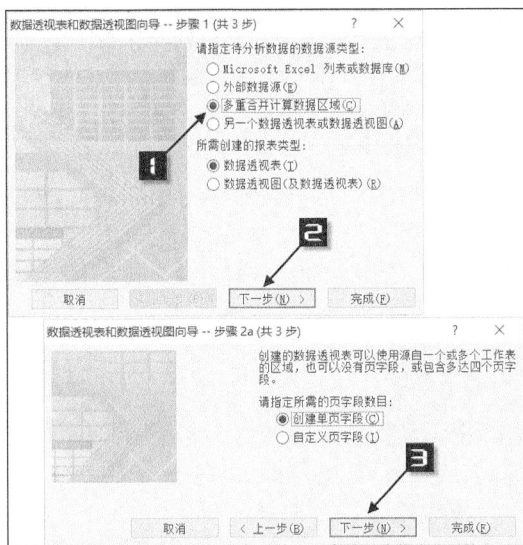

图 6-58　数据透视表和数据透视图向导

步骤 2 在弹出的【数据透视表和数据透视图向导—步骤 2a】对话框中，单击"选定区域"右侧的折叠按钮，然后选中数据表中的 A1:M5 单元格区域，然后单击【添加】按钮，再单击【下一步】按钮，如图 6-59 所示。

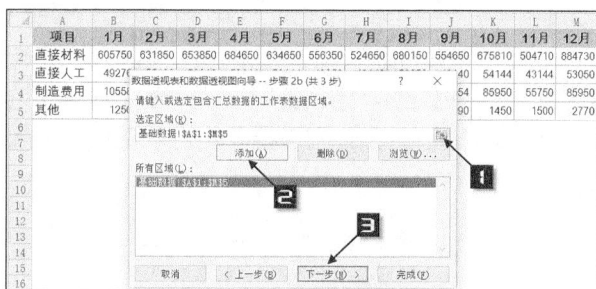

图 6-59　选择数据区域

步骤 3 在弹出的【数据透视表和数据透视图向导—步骤 3】对话框中，单击选中"新工作表"单选钮，然后单击【完成】按钮，如图 6-60 所示。

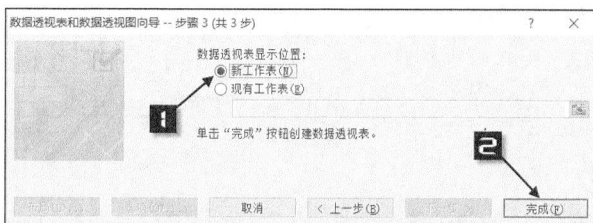

图 6-60　指定数据透视表显示位置

步骤 4 Excel 在新工作表中生成一个数据透视表，样式如图 6-61 所示。

图 6-61　数据透视表

步骤 5 拖动"其他"项目所在单元格的边框，将其拖动到底部。同时，选中 10 月、11 月和 12 月的字段标题，将其拖动到最右侧，如图 6-62 所示。

步骤 6 右键单击筛选区域的 B1 单元格，在扩展菜单中单击"删除'页 1'"，如图 6-63 所示。

图 6-62　调整项目位置

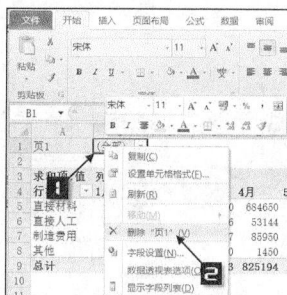

图 6-63　删除"页 1"

步骤7 单击数据透视表任意单元格，在【设计】选项卡下选择一种数据透视表样式，如"数据透视表样式中等深浅 2"。然后按 <Ctrl+A> 组合键，全选数据透视表，在【开始】选项卡下设置字体字号。

步骤8 单击数据透视表左上角的"求和项：值"，输入一个空格。然后依次修改行标签和列标签为"项目"和"月份"，如图 6-64 所示。

步骤9 右键单击数据透视表任意单元格，如 B4，在弹出的扩展菜单中选择"数据透视表选项"命令，打开【数据透视表选项】对话框，在【布局和格式】选项卡下勾选"合并且居中排列带标签的单元格"复选框，然后去掉"更新时自动调整列宽"复选框，最后单击【确定】按钮，如图 6-65 所示。

图 6-64　修改数据透视表字段标题

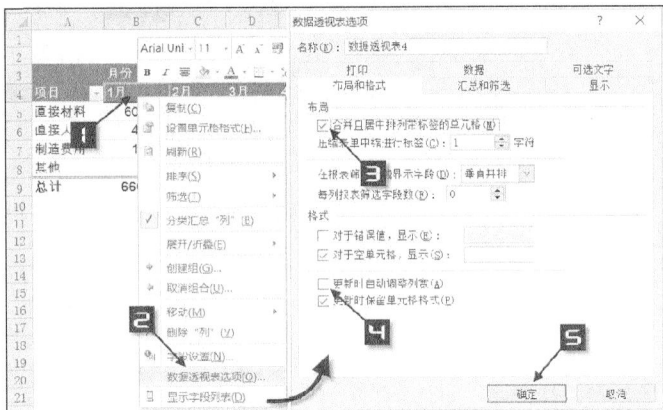

图 6-65　数据透视表选项

步骤10 单击数据透视表值区域任意单元格，如 C5，在扩展菜单中依次选择"值显示方式"→"列汇总的百分比"，如图 6-66 所示。

图 6-66　设置值显示方式 1

设置完成后，数据透视表中即可显示各月份不同成本的占比，如图 6-67 所示。

项目	1月	2月	3月	4月	5月	6月	7月	8月	9月	10月	11月	12月	总计
直接材料	90.84%	80.30%	82.04%	82.97%	82.69%	81.97%	81.32%	82.91%	84.57%	82.68%	83.41%	86.19%	83.50%
直接人工	7.39%	7.01%	6.55%	6.44%	6.92%	7.36%	7.62%	6.45%	6.58%	6.62%	7.13%	5.17%	6.69%
制造费用	1.58%	12.55%	11.23%	10.42%	10.16%	10.42%	10.69%	10.48%	8.55%	10.52%	9.21%	8.37%	9.59%
其他	0.19%	0.15%	0.17%	0.18%	0.23%	0.25%	0.37%	0.16%	0.30%	0.18%	0.25%	0.27%	0.22%
总计	100.00%	100.00%	100.00%	100.00%	100.00%	100.00%	100.00%	100.00%	100.00%	100.00%	100.00%	100.00%	100.00%

图 6-67　每个月各成本项目的占比

2. 每个项目在各月份的占比状况

步骤 1 　单击数据透视表中的任意单元格，按 <Ctrl+A> 组合键选中整个数据透视表，然后按 <Ctrl+C> 组合键复制。

步骤 2 　单击 A14 单元格，按 <Enter> 键粘贴数据透视表。

步骤 3 　单击数据透视表值区域任意单元格，如 C16，在扩展菜单中依次选择"值显示方式"→"行汇总的百分比"，如图 6-68 所示。

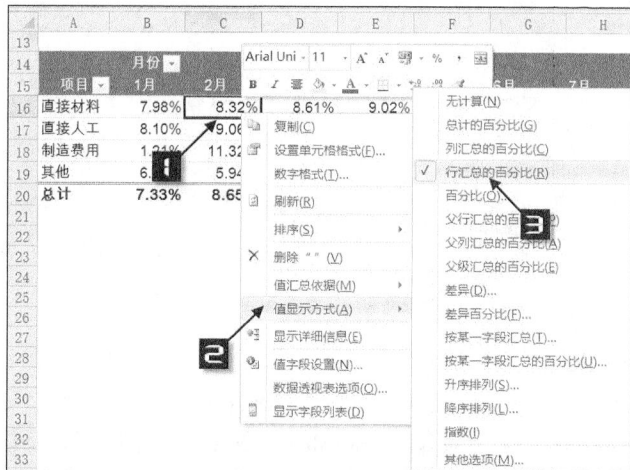

图 6-68　设置值显示方式 2

设置完成后，数据透视表中即可显示每个项目在各月份的占比状况，如图 6-69 所示。

项目	1月	2月	3月	4月	5月	6月	7月	8月	9月	10月	11月	12月	总计
直接材料	7.98%	8.32%	8.61%	9.02%	8.36%	7.33%	6.91%	8.96%	7.31%	8.90%	6.65%	11.65%	100.00%
直接人工	8.10%	9.06%	8.58%	8.73%	8.73%	8.21%	8.08%	8.70%	7.09%	8.90%	7.09%	8.72%	100.00%
制造费用	1.21%	11.32%	10.27%	9.86%	8.94%	8.11%	7.91%	9.86%	6.43%	9.86%	6.39%	9.86%	100.00%
其他	6.19%	5.94%	6.83%	7.17%	8.91%	8.31%	11.88%	6.63%	9.85%	7.17%	7.42%	13.71%	100.00%
总计	7.33%	8.65%	8.77%	9.08%	8.44%	7.46%	7.10%	9.02%	7.21%	8.99%	6.65%	11.29%	100.00%

图 6-69　每个项目在各月份的占比状况

知识点讲解

一维表格和二维表格

素材所在位置为："光盘：\素材\第 6 章 Excel 在成本费用统计分析中的应用\一维表和二维表.xlsx"。

根据表格内容的布局情况不同，习惯上将数据表格分为一维表格和二维表格。两者的区别是：一维表格每一列中的数据都是不同的类别，而二维表格的同一类数据分布在不同的列，如图 6-70 所示。

图 6-70　一维表格和二维表格

扩展知识点

二维表格转换为一维表格

如果存放基础数据的表格为二维表格样式，则会对后续的汇总分析以及图表制作等操作带来诸多不便。使用数据透视表的多重合并计算数据区域功能，能够快速将二维表格转换为一维表格。

操作步骤如下。

步骤1 依次按 <Alt><D><P> 键，打开【数据透视表和数据透视图向导—步骤1】对话框。然后参考 6.6.2 所示的计算每个月各成本项目占比的步骤 1～步骤 4，以二维表格为数据源生成一个数据透视表，如图 6-71 所示。

图 6-71　以二维表格为数据源生成的数据透视表

步骤2 双击透视表右下角的汇总单元格，本例为 M12，Excel 即可自动插入一个新工作表，并且将数据透视表数据源的明细数据显示为一维表格样式，如图 6-72 所示。

步骤3 单击 D 列列标，然后按 <Ctrl+-> 删除"页 1"所在列，然后依次修改列标题为"姓名""项目"和"金额"，如图 6-73 所示。

图 6-72　自动插入一个新工作表　　　　图 6-73　处理完成后的表格

6.6.3　各月份成本占比状况分析

如图 6-74 所示，使用柱形图展示各月份成本占比状况，在图表中添加一条平均值的水平线，使各个月份的成本比例高低状况更加直观。

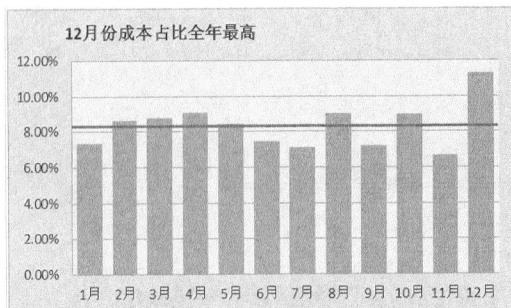

图 6-74　用图表展示成本占比状况

操作步骤如下。

步骤1 在 B23 单元格输入以下公式，从数据透视表中提取出每个月的成本占比，将公式向右复制到 M23 单元格。

```
=B20
```

步骤2 在 B24 单元格输入以下公式，计算各月份的成本平均占比，将公式向右复制到 M24 单元格，如图 6-75 所示。

```
=AVERAGE($B$23:$M$23)
```

步骤3 选中 B23:M24 单元格区域，在【插入】选项卡下单击【柱形图】下拉按钮，在图表样式列表中选择簇状柱形图，如图 6-76 所示。

图 6-75 计算各月份的成本平均占比

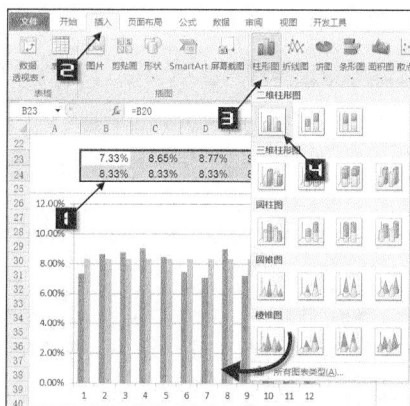

图 6-76 插入柱形图

步骤4 单击图表中的数据系列 2，在【设计】选项卡下单击【更改图表类型】命令按钮，在弹出的【更改图表类型】对话框中选择折线图，如图 6-77 所示。

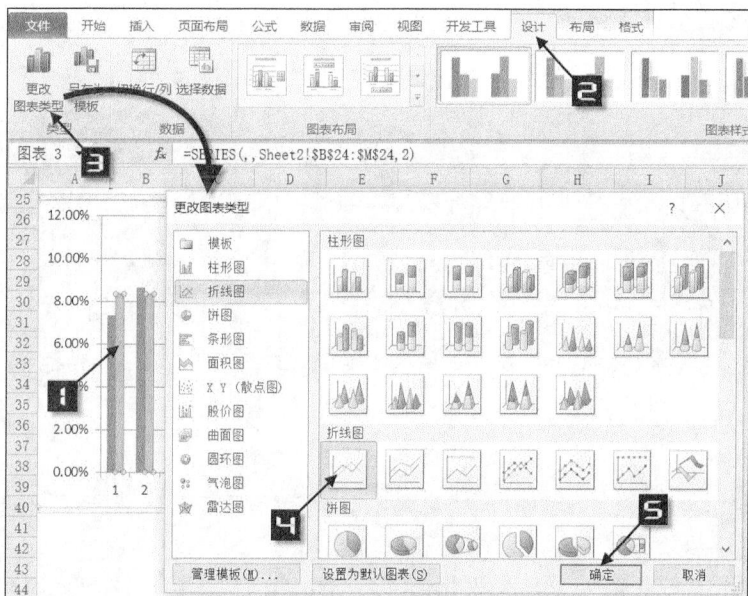

图 6-77 更改图表类型

步骤5 单击图例项，按 <Delete> 键删除，如图 6-78 所示。

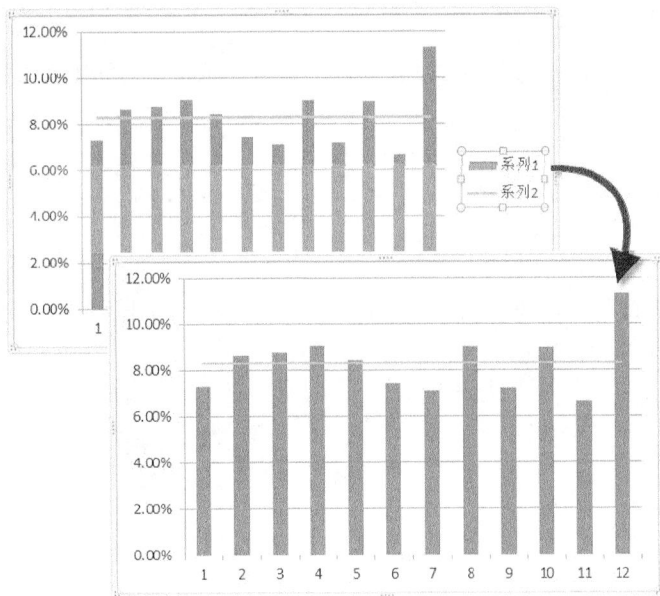

图 6-78　删除图例项

此时图表中的折线图已经有了平均线的基本样式，但是左右两侧都有一段空白区，无法到达绘图区边缘。

步骤6　单击选择折线图，在【布局】选项卡下单击【趋势线】下拉按钮，在下拉菜单中选择"其他趋势线选项"命令，如图 6-79 所示。

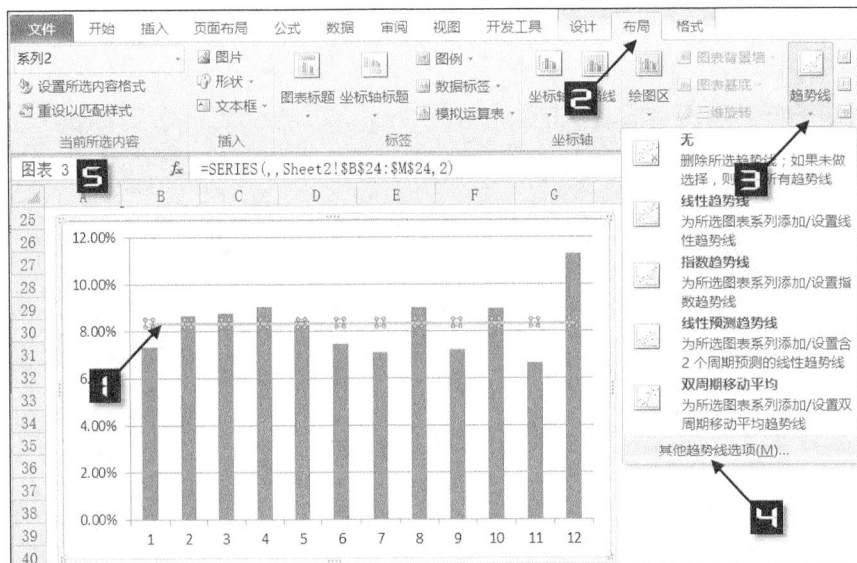

图 6-79　添加趋势线

步骤7　在弹出的【设置趋势线格式】对话框中，趋势预测设置为前推 0.5 周期，倒推 0.5 周期，不要关闭对话框，如图 6-80 所示。

步骤8　切换到【线条颜色】选项卡，单击"实线"单选钮，然后单击"颜色"右侧的下拉按钮，在主题颜色面板中选择红色。再切换到【线型】选项卡，然后单击"宽度"右侧的调节按钮，设置为 2 磅，如图 6-81 所示。

图 6-80　设置趋势线格式 1

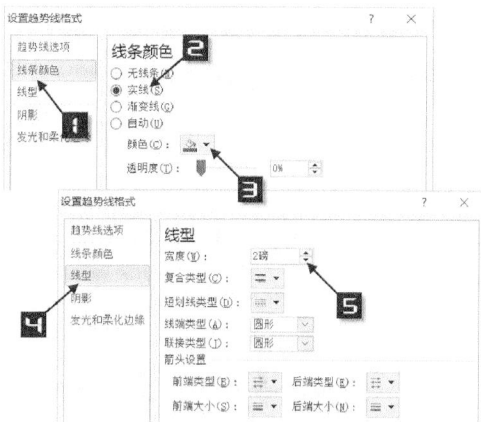

图 6-81　设置趋势线格式 2

步骤 9　单击选中图表中的柱形图数据系列，【设置趋势图格式】对话框自动转换为【设置数据系列格式】对话框，将分类间距设置为 40%，如图 6-82 所示。

步骤 10　切换到【填充】选项卡下，单击选中"纯色填充"单选钮，然后单击"颜色"右侧的下拉按钮，在主题颜色面板中选择"水绿色，强调文字颜色 5"，如图 6-83 所示。

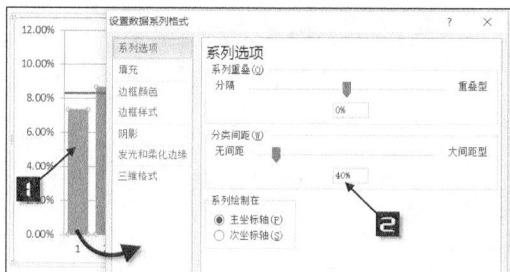

图 6-82　设置分类间距

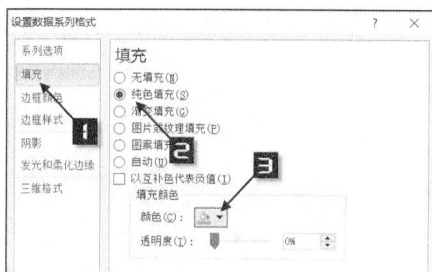

图 6-83　设置填充颜色

步骤 11　单击选中图表中的垂直轴，【设置数据系列格式】对话框自动转换为【设置坐标轴格式】对话框，单击"主要刻度线类型"右侧的下拉按钮，并在下拉列表中选择"无"。然后单击选中图表中的水平轴，以同样的方法设置主要刻度线类型为无，如图 6-84 所示。

步骤 12　保持水平轴的选中状态，在【设置坐标轴格式】对话框中切换到【数字】选项卡。在格式代码编辑框中输入格式代码"0 月"，然后单击【添加】按钮。设置完成后，水平轴标签中的数字将显示为 1 月、2 月……。最后单击对话框右上角的关闭按钮关闭对话框，如图 6-85 所示。

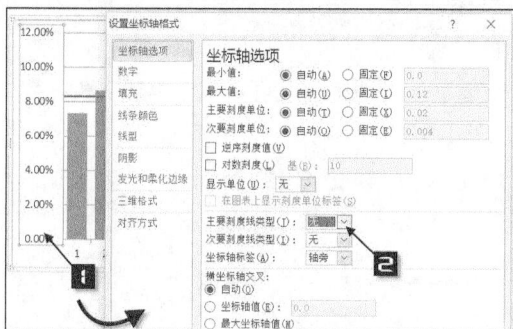

图 6-84　设置坐标轴格式

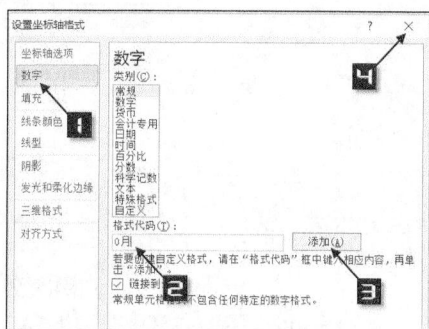

图 6-85　设置自定义格式

步骤13 如图 6-86 所示，单击图表区，在【格式】选项卡下单击【形状填充】下拉按钮，在主题颜色面板中选择"水绿色，强调文字颜色 5，淡色 60%"。同样的方法，设置绘图区的形状填充为"水绿色，强调文字颜色 5，淡色 80%"。

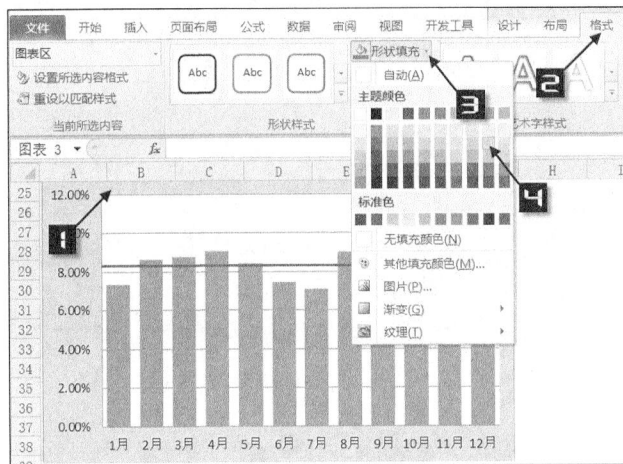

图 6-86　设置形状填充

步骤14 在【布局】选项卡下单击【图表标题】下拉按钮，并在下拉菜单中选择"图表上方"命令，如图 6-87 所示。

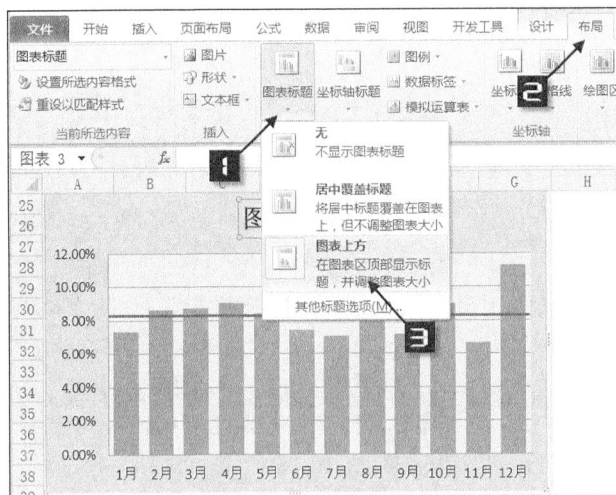

图 6-87　添加图表标题

步骤15 修改图表标题为"12 月份成本占比全年最高"，然后拖动标题调整位置。最后设置字体字号，图表制作完成。

扩展知识点

使用次坐标轴展示差异较大的数据

素材所在位置为："光盘：\素材\第 6 章 Excel 在成本费用统计分析中的应用\使用次坐标轴展示差异较大的数据.xlsx"。

如果同一个图表中两个数据系列表示的意义不同，或者是两组数据的差异较大，那在默认情况下，较小的数据系列在图表中往往无法显示。对于这种情况，可以通过设置次坐标轴，使图表能够完整展示全部数据系列。

如图 6-88 所示，是某企业上年度的销售及同比增长数据，需要以此为数据源制作图表。

	A	B	C
1	季度	销售收入	同比增长
2	一季度	3365	6.50%
3	二季度	2743	3.30%
4	三季度	3160	8.70%
5	四季度	3577	11.20%

操作步骤如下。

图 6-88 销售和同比增长数据

步骤 1 单击数据区域任意单元格，插入一个簇状柱形图。由于数据差异较大，所以"同比增长"的数据系列在图表中无法显示，如图 6-89 所示。

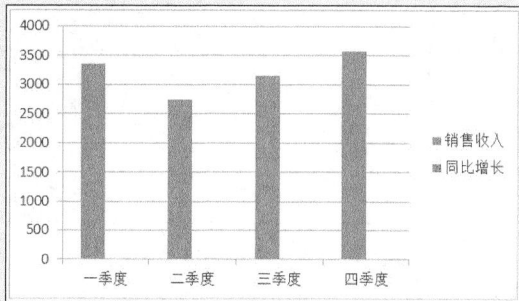

图 6-89 默认的簇状柱形图效果

步骤 2 单击图表区，然后在【布局】选项卡下单击"图表元素"右侧的下拉按钮，在下拉列表中选择"系列"同比增长""。然后单击【设置所选内容格式】命令按钮，在弹出的【设置数据系列格式】对话框中，单击选中"次坐标轴"单选钮。最后单击右上角的关闭按钮，关闭对话框，如图 6-90 所示。

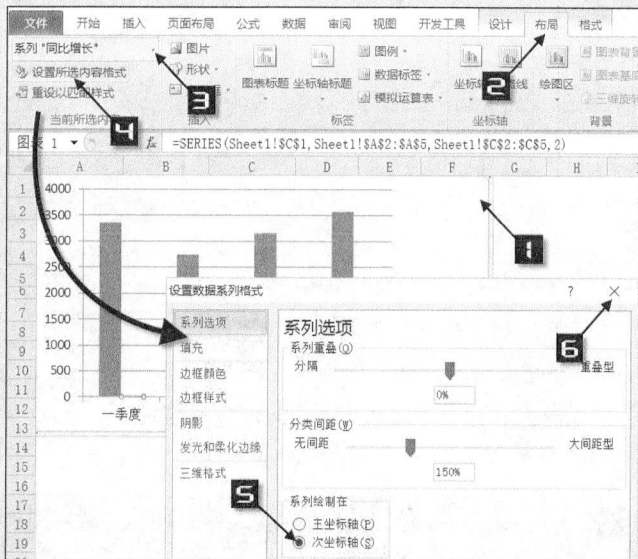

图 6-90 设置次坐标轴

步骤 3 保持同比"增长系列"的选中状态，在【设计】选项卡下单击【更改图表类型】命令按钮。在弹出的【更改图表类型】对话框中选择"折线图"，最后单击【确定】按钮，如图 6-91 所示。

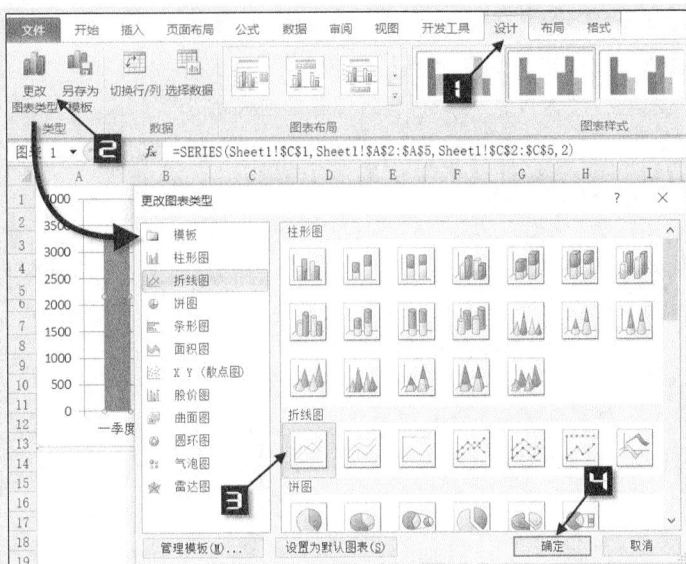

图6-91　更改图表类型

设置完成后的图表显示效果如图6-92所示，左侧的垂直轴为主坐标轴，用于"销售收入"数据系列的参照。右侧的垂直轴为次坐标轴，用于"同步增长"数据系列的参照。

对图表进行适当美化，最终效果如图6-93所示。

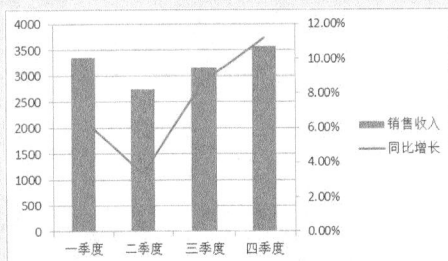

图6-92　使用次坐标轴的图表效果

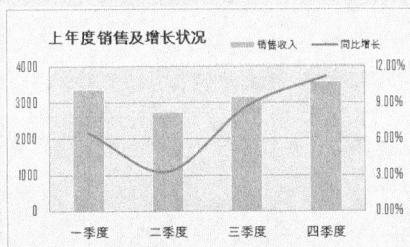

图6-93　完成后的图表效果

小技巧

快速打开多个常用工作表

财会人员每天上班后，经常需要打开多个常用Excel表格开始一天的工作。使用Excel 2010的保存工作区功能，能够一次打开多个常用Excel表格。操作步骤如下。

步骤1　首先打开多个常用工作簿，如图6-94所示。

图6-94　打开多个常用工作簿

步骤2　在任意工作簿中，单击【视图】选项卡下的【保存工作区】命令按钮，在弹出的【保存工作区】对话框中，选择工作区文件保存位置，并将文件命名为"常用工作簿"，然后单击【保存】按钮，如图6-95所示。

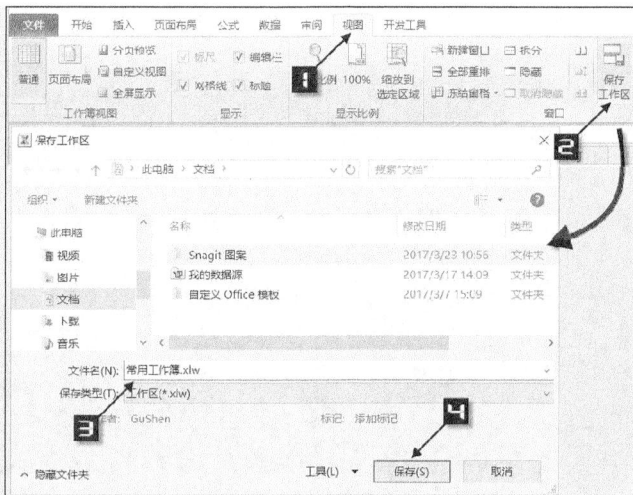

图 6-95　保存工作区

以后只要双击工作区文件"常用工作簿.xlw"，即可快速打开多个常用工作簿。

6.7　生产成本预测

　　素材所在位置为："光盘：\素材\第 6 章 Excel 在成本费用统计分析中的应用\6.7 生产成本预测.xlsx"。

　　成本预测是指运用一定的科学方法，对未来成本水平及其变化趋势做出科学的估计。通过成本预测，掌握未来的成本水平及其变动趋势，有助于减少决策的盲目性，使经营管理者易于选择最优方案，做出正确决策。本节学习使用 Excel 函数公式进行简单生产成本预测的方法。

6.7.1　使用 TREND 函数预测生产成本

　　插值法又称"内插法"，在财务、工程等领域中有广泛的应用。如图 6-96 所示，A 列为某产品的生产数量，B 列是对应的单个产品成本。需要计算生产数量为 194 个时相对应的成本。

	A	B	C	D	E
1	生产数量	单个成本		生产数量	单个成本
2	170	31.32		194	?
3	180	27.04			
4	190	22.77			
5	200	18.49			

图 6-96　预测单个成本 1

E2 单元格输入以下公式，计算结果为 21.0566。

```
=TREND(B2:B5,A2:A5,D2)
```

知识点讲解

TREND 函数

　　TREND 函数根据已知 x 序列的值和 y 序列的值，构造线性回归直线方程，然后根据构造好的直线方程，计算 x 值序列对应的 y 值序列。该函数的语法如下。

```
TREND(known_y's,[known_x's],[new_x's],[const])
```

该函数中的相关参数的含义如下。

（1）第一参数是关系表达式 $y=mx+b$ 中已知的 y 值集合。

（2）第二参数是关系表达式 $y=mx+b$ 中已知的 x 值集合。

（3）第三参数表示给出的新 x 值，也就是需要计算预测值的变量 x。

（4）第四参数可选，用逻辑值 TRUE 或是 FALSE 指定是否将常量 b 强制设为 0。一般情况下该参数省略，表示 b 将按正常计算。

使用 TREND 函数时，应注意检查数据的拟合优度。操作步骤如下。

步骤1 单击数据区域任意单元格，如 A3，在【插入】选项卡下单击【散点图】下拉按钮，并在下拉列表中选择【带平滑线的散点图】，如图 6-97 所示。

步骤2 选中图表，在【布局】选项卡下单击【趋势线】下拉按钮，并在下拉菜单中选择"其他趋势线选项"命令。在弹出的【设置趋势图格式】对话框中，保持"线性"默认选项，勾选"显示 R 平方值"复选框，最后单击【关闭】按钮，如图 6-98 所示。

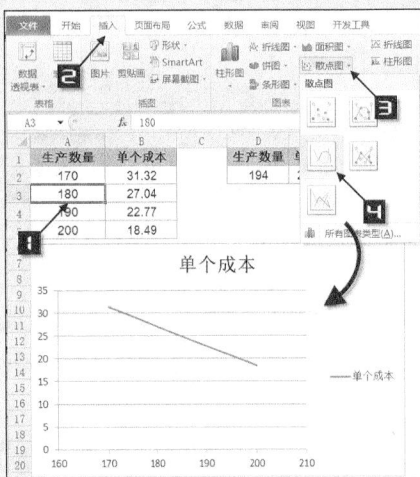

图 6-97 插入散点图

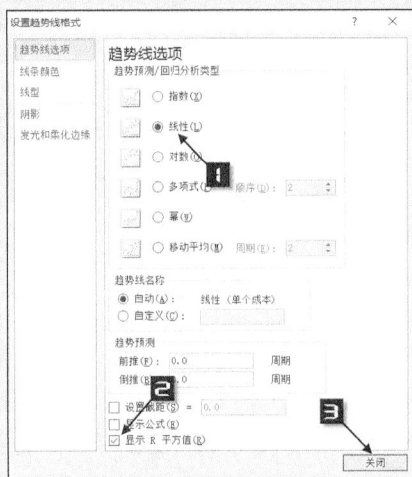

图 6-98 趋势线选项

R 平方值是趋势线拟合程度的指标，范围在 0～1 之间。它的数值大小可以反映趋势线的估计值与对应的实际数据之间的拟合程度，当趋势线的 R 平方值等于 1 或接近 1 时，其可靠性最高，反之则可靠性较低。

设置完成后的图表中，R 平方值等于 1，如图 6-99 所示。

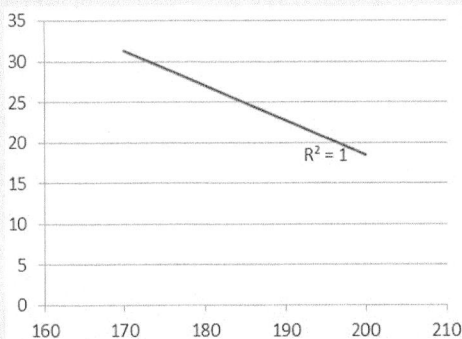

图 6-99 R 平方值

本例中，TREND 函数第一参数和第二参数为已知 y 值集合和已知 x 值集合，分别对应于 B 列的单个成本和 A 列的生产数量，第三参数为需要计算插值的新 x 值，公式计算结果为 21.0566。

6.7.2 分段预测生产成本

如果数据的线性回归分析模型拟合优度较差，在进行预测时应分段进行计算。

图 6-100 展示了一份生产数量与单个成本的记录表，需要用插值法根据 D2 单元格中的生产数量预测单个成本。

首先插入一个带平滑线的散点图，检查数据是否符合线性关系，效果如图 6-101 所示。

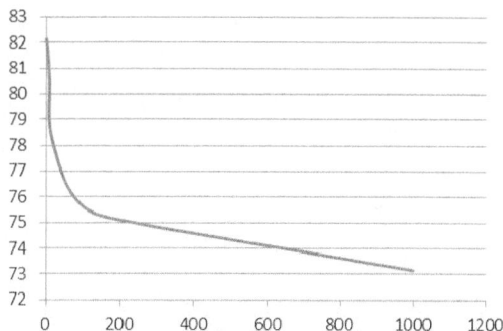

图 6-100 预测单个成本 2

图 6-101 带平滑线的散点图

图 6-101 中可见整体数据仅每两个点之间可以近似看作一段直线。因此，直接使用 TREND 函数将无法得到准确结果。可将整个数据表分成若干段，在每段内进行线性插值的计算。在 E2 单元格输入以下公式预测单个成本，结果为 75.14118203。

```
=TREND(OFFSET(B1,MATCH(D2,A2:A8),0,2),OFFSET(A1,MATCH(D2,A2:A8),0,2),D2)
```

知识点讲解

OFFSET 函数

素材所在位置为："光盘:\素材\第 6 章 Excel 在成本费用统计分析中的应用\OFFSET 函数.xlsx"。

OFFSET 函数以指定的引用为参照，通过给定的偏移量得到新的引用。该函数的基本语法如下。

```
OFFSET(reference,rows,cols,[height],[width])
```

该函数中，第一参数是要进行偏移的基点；第二参数是指定偏移的行数；第三参数是指定偏移的列数；第四参数是要返回的新引用区域的行数；第五参数是要返回的新引用区域的列数。第四参数和第五参数都是可选参数，如果省略时，新引用区域的行列数与第一参数相同。

如图 6-102 所示，以下公式将返回一个内存数组，得到对 C4:E8 单元格的引用。

```
=OFFSET(A2,2,2,5,3)
```

此公式中，A2 单元格为 OFFSET 函数的引用

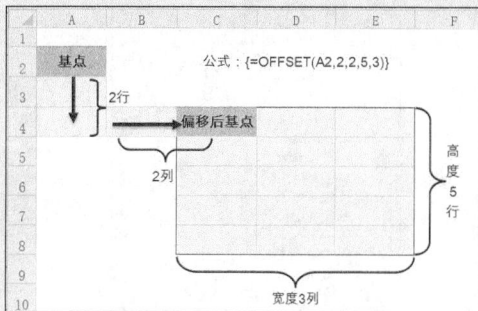

图 6-102 图解 OFFSET 函数

基点；第二参数为 2，表示以 A2 单元格为基点向下偏移两行，至 A4 单元格；第三参数为 2，表示再从 A4 单元格向右偏移两列，至 C4 单元格；第四参数为 5，第五参数为 3，表示 OFFSET 函数返回的是 5 行 3 列的单元格区域，也就是以新的基点 C4 单元格为左上角的 5 行 3 列的单元格区域，即 C4:E8 单元格区域的引用。

OFFSET 函数结合 COUNTA 等函数，可以构建动态的引用区域，常用于数据验证中的动态下拉菜单，以及在图表中构建动态的数据源等。

【公式讲解】

本例中计算内插值的公式如下。

=TREND(OFFSET(B1,MATCH(D2,A2:A8),0,2),OFFSET(A1,MATCH(D2,A2:A8),0,2),D2)

首先看 "MATCH(D2,A2:A8)" 部分：MATCH 函数省略第三参数，表示查找方式为升序查找；MATCH 函数在 A2:A8 单元格区域中查找小于或等于 D2 的最大值，结果为 154，并返回 154 在 A2:A8 中的相对位置 6；MATCH 函数的结果用作 OFFSET 函数的行偏移参数。

再看 "OFFSET(B1,MATCH(D2,A2:A8),,2)" 部分：表示 OFFSET 函数以 B1 单元格为基点，向下偏移 6 行，向右偏移 0 列，新引用的行数为两行，即 B7:B8 单元格区域；OFFSET 函数的引用结果用作 TREND 函数的已知 y 值集合。"OFFSET(A1,MATCH(D2,A2:A10),,2)" 部分的计算原理与之相同，最终返回 A7:A8 单元格区域的引用，结果用作 TREND 函数的已知 x 轴集合。

TREND 函数的计算结果为 75.14118203，用户可以根据需要使用 ROUND 函数将计算结果四舍五入保留到指定的小数位。

【提示】 使用此公式时，如果需要计算插值的数值超出 A 列数据范围或等于 A 列最大值时，则会由于 OFFSET 函数引用了范围以外的区域，将导致公式返回错误值。必要时可嵌套 IFERROR 函数进行除错。

6.8 年度利润构成分析

素材所在位置为："光盘：\素材\第 6 章 Excel 在成本费用统计分析中的应用\6.8 年度利润构成分析.xlsx"。

利润是指企业在一定会计期间的经营成果，包括收入减去费用后的净额、直接计入当期利润的利得和损失等。

如图 6-103 所示，是某企业的上年度利润表，包含各个项目的详细记录。

使用图表能够更加直观的展示各个项目的变化关系，如图 6-104 所示。

图 6-103　利润表

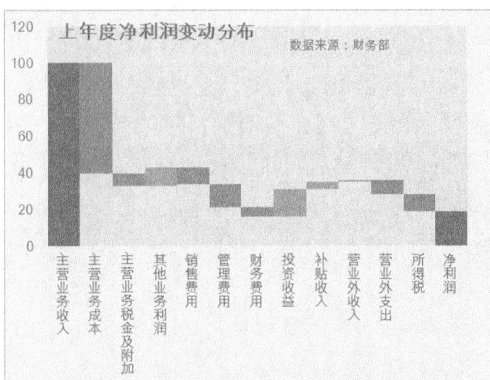

图 6-104　使用图表展示各项目变化关系

图 6-104 中使用的图表，是在 Excel 默认堆积柱形图基础上做的更进一步的处理，因为形似瀑布流水而称之为“瀑布图”。这种图表类型是由麦肯锡顾问公司所独创，适用于表达多个特定数值之间的数量变化关系。

本例中，左右两侧的柱子分别表示主营业务收入和净利润，橙色数据系列表示收入项目，水绿色数据系列表示支出项目。

操作步骤如下。

步骤 1 首先对利润表进行整理。将利润表中的各个项目依次填写到 D3~D15 单元格。在 E 列写入合计金额，收入部分以正数表示，支出部分以负数表示，并且依次在 F1~J1 单元格中输入“累计”“占位”“结余”“正数”和“负数”的字段标题，如图 6-105 所示。

利润表

项目	合计（万元）
一、主营业务收入	100
减:主营业务成本	60
主营业务税金及附加	7
二、主营业务利润	33
加：其他业务利润	10
减：销售费用	9
管理费用	13
财务费用	5
三、营业利润	16
加:投资收益	15
补贴收入	4
营业外收入	1
减:营业外支出	8
四、利润总额	28
减:所得税	9
五、净利润	19

项目	合计（万元）	累计	占位	结余	正数	负数
主营业务收入	100					
主营业务成本	-60					
主营业务税金及附加	-7					
其他业务利润	10					
销售费用	-9					
管理费用	-13					
财务费用	-5					
投资收益	15					
补贴收入	4					
营业外收入	1					
营业外支出	-8					
所得税	-9					
净利润	-19					

图 6-105　对利润表进行整理

步骤 2 在 F3 单元格输入以下公式计算累计金额，将公式向下复制到 F15 单元格，如图 6-106 所示。

```
=SUM(E$3:E3)
```

步骤 3 在 G3 单元格输入 0，然后在 G4 单元格输入以下公式，所得结果用作图表中的占位数据系列。再将公式向下复制到 G15 单元格，如图 6-107 所示。

```
=IF(E4>0,F3,F4)
```

F3　=SUM(E$3:E3)

项目	合计（万元）	累计
主营业务收入	100	100
主营业务成本	-60	40
主营业务税金及附加	-7	33
其他业务利润	10	43
销售费用	-9	34
管理费用	-13	21
财务费用	-5	16
投资收益	15	31
补贴收入	4	35
营业外收入	1	36
营业外支出	-8	28
所得税	-9	19
净利润	-19	0

图 6-106　计算累计金额

G4　=IF(E4>0,F3,F4)

项目	合计（万元）	累计	占位
主营业务收入	100	100	0
主营业务成本	-60	40	40
主营业务税金及附加	-7	33	33
其他业务利润	10	43	33
销售费用	-9	34	34
管理费用	-13	21	21
财务费用	-5	16	16
投资收益	15	31	16
补贴收入	4	35	31
营业外收入	1	36	35
营业外支出	-8	28	28
所得税	-9	19	19
净利润	-19	0	0

图 6-107　计算图表占位数据

步骤 4 在 H3 单元格中输入“=F3”，然后在 H15 单元格中输入“=-E15”，结果用作图表中的结余数据系列。

步骤5 在 I4 单元格输入以下公式，所得结果用作图表中的正数数据系列，并将公式向下复制至 I14 单元格，如图 6-108 所示。

```
=IF(E4>0,E4,"")
```

步骤6 在 J4 单元格输入以下公式，所得结果用作图表中的负数数据系列，并将公式向下复制至 J14 单元格，如图 6-109 所示。

```
=IF(E4<0,-E4,"")
```

	项目	合计（万元）	累计	占位	结余	正数
3	主营业务收入	100	100	0	100	
4	主营业务成本	-60	40	40		
5	主营业务税金及附加	-7	33	33		
6	其他业务利润	10	43	33		10
7	销售费用	-9	34	34		
8	管理费用	-13	21	21		
9	财务费用	-5	16	16		
10	投资收益	15	31	16		15
11	补贴收入	4	35	31		4
12	营业外收入	1	36	35		1
13	营业外支出	-8	28	28		
14	所得税	-9	19	19		
15	净利润	-19	0	0		19

图 6-108 计算图表正数数据系列

	项目	合计（万元）	累计	占位	结余	正数	负数
3	主营业务收入	100	100	0	100		
4	主营业务成本	-60	40	40			60
5	主营业务税金及附加	-7	33	33			7
6	其他业务利润	10	43	33		10	
7	销售费用	-9	34	34			9
8	管理费用	-13	21	21			13
9	财务费用	-5	16	16			5
10	投资收益	15	31	16		15	
11	补贴收入	4	35	31		4	
12	营业外收入	1	36	35		1	
13	营业外支出	-8	28	28			8
14	所得税	-9	19	19			9
15	净利润	-19	0	0	19		

图 6-109 计算图表负数数据系列

步骤7 先选中 D2:D15 单元格区域，然后按住 <Ctrl> 键不放，拖动鼠标选中 G2:J15 单元格区域。在【插入】选项卡下单击【柱形图】下拉按钮，在下拉列表中选择堆积柱形图，如图 6-110 所示。

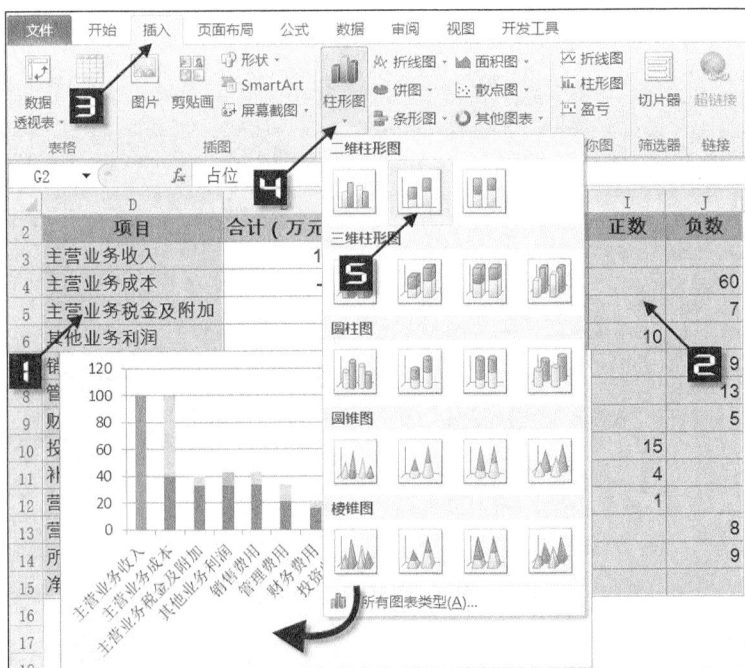

图 6-110 插入堆积柱形图

步骤8 选中图例项，按 <Delete> 键删除。然后选中图表网格线，按 <Delete> 键删除。

步骤9 双击图表中的"占位"数据系列，弹出【设置数据系列格式】对话框。将分类间距调整为 0%，不要关闭对话框，如图 6-111 所示。

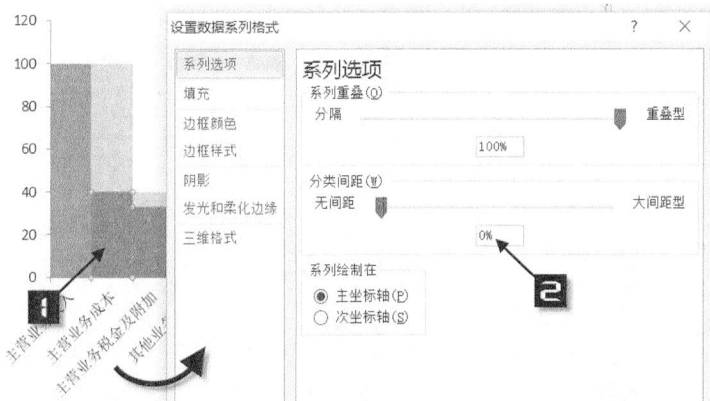

图 6-111　调整分类间距

步骤 10　保持"占位"数据系列的选中状态，在【设置数据系列格式】对话框中切换到【填充】选项卡，单击选中"无填充"单选钮，如图 6-112 所示。

图 6-112　设置"占位"数据系列填充效果

步骤 11　单击选中图表中的"正数"数据系列，在【设置数据系列格式】对话框的【填充】选项卡下，单击选中【纯色填充】单选钮，然后单击"颜色"右侧的下拉按钮，在主题颜色面板中选择"橙色，强调文字颜色 6，深色 25%"，如图 6-113 所示。

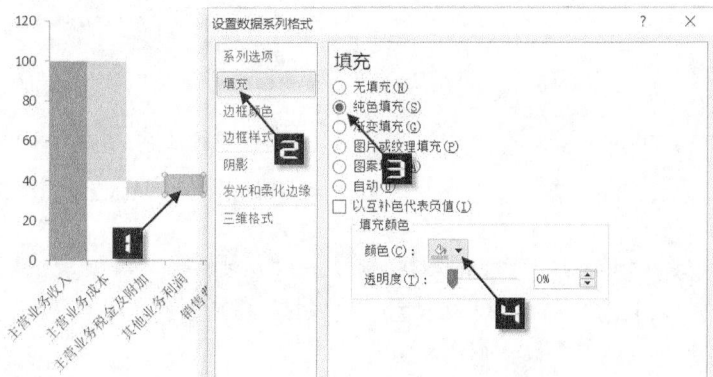

图 6-113　设置"正数"数据系列填充效果

步骤 12　同样的方法，将图表中的"负数"数据系列填充颜色设置为"水绿色，强调文字颜色 6"，将图表中的"结余"数据系列填充颜色设置为"紫色"。

步骤13 单击图表水平轴，【设置数据系列格式】对话框自动转换为【设置坐标轴格式】对话框。单击"主要刻度线类型"右侧的下拉按钮，在下拉列表中选择"无"，如图6-114所示。

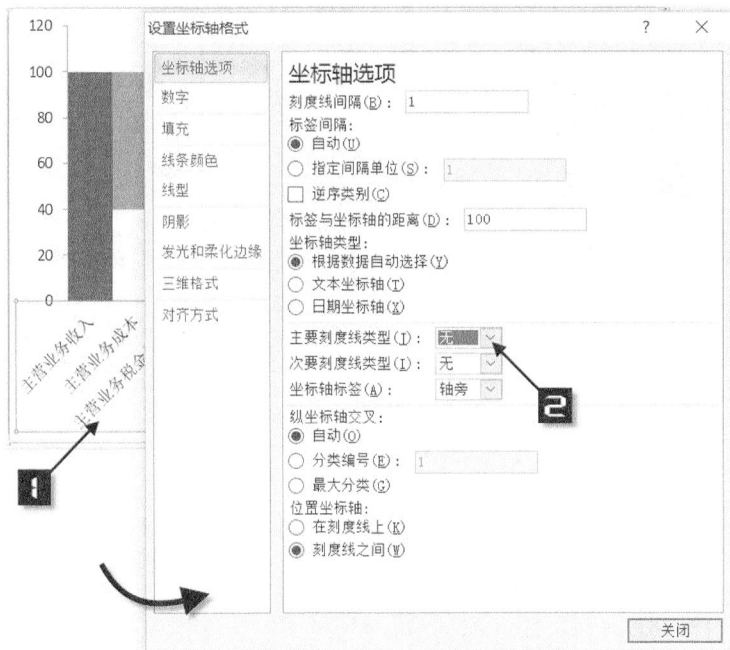

图6-114　设置坐标轴格式1

步骤14 切换到线条颜色选项卡下，单击选中"无线条"单选钮，如图6-115所示。

步骤15 切换到【对齐方式】选项卡下，将文字方向设置为"竖排"，如图6-116所示。

图6-115　设置坐标轴格式2

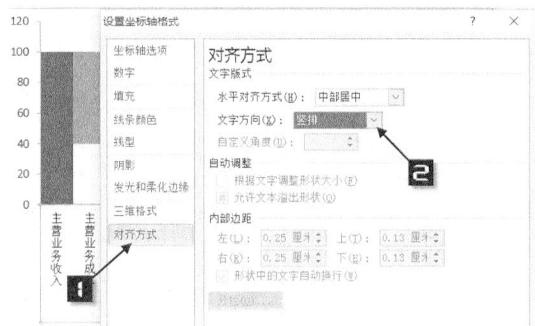

图6-116　设置坐标轴格式3

步骤16 参考步骤13和步骤14所示的方法，将图表垂直轴的"主要刻度线类型"设置为"无"，将"线条颜色"设置为"无线条"。

步骤17 依次设置图表区和绘图区的填充颜色，然后添加图表标题，设置图表字体和字号。

步骤18 在【插入】选项卡下单击【文本框】下拉按钮，在下拉列表中选择"横排文本框"，拖动鼠标在图表中画出一个矩形文本框，如图6-117所示。

步骤19 单击选中文本框，在【格式】选项卡下单击【形状填充】下拉按钮，在下拉列表中选择"无填充颜色"命令，如图6-118所示。

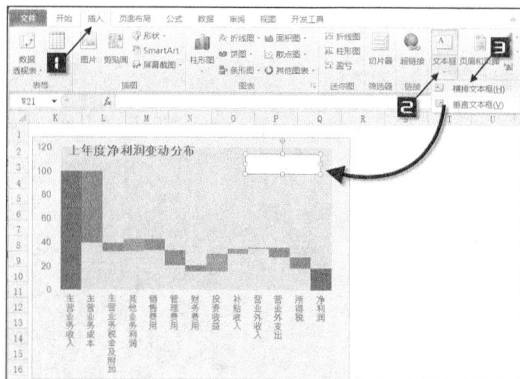

图 6-117　插入文本框

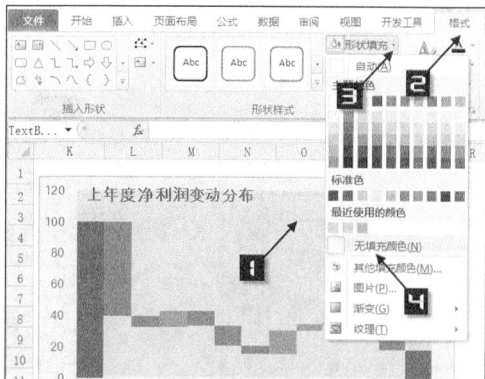

图 6-118　设置文本框形状填充

步骤 20　保持文本框的选中状态，在【格式】选项卡下单击【形状轮廓】下拉按钮，在下拉列表中选择"无轮廓"命令。

步骤 21　在文本框中输入"数据来源：财务部"，然后调整字体和字号。

步骤 22　单击文本框，然后按住 <Ctrl> 键单击图表，同时选中文本框和图表。单击鼠标右键，在弹出的扩展菜单中依次单击【组合】→【组合】命令，完成瀑布图的制作，如图 6-119 所示。

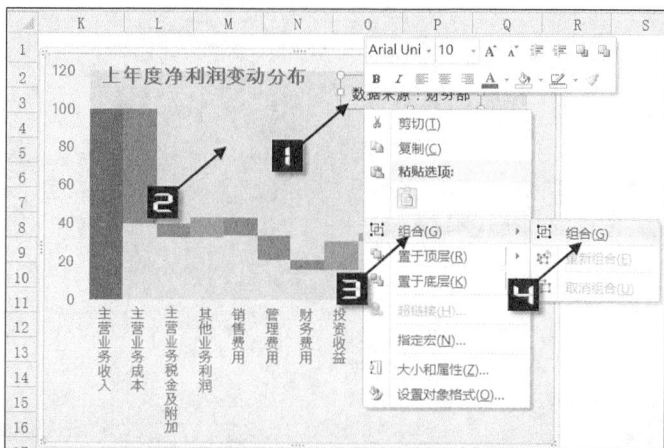

图 6-119　设置组合

小技巧

在页眉中添加公司 logo

素材所在位置为："光盘：\素材\第 6 章 Excel 在成本费用统计分析中的应用\在页眉中添加公司 logo"。

在公司的宣传手册或者其他 Excel 文档中添加公司的 Logo 作为页眉，会起到非常好的宣传作用。操作步骤如下。

步骤 1　首先准备一张公司 logo 的图片。

步骤 2　在【页面布局】选项卡下，单击【页面设置】命令组右下角的对话框启动器按钮，打开【页面设置】对话框。在该对话框中，单击【页眉/页脚】选项卡下的【自定义页眉】按钮，如图 6-120 所示。

在页眉中添加
公司 logo

233

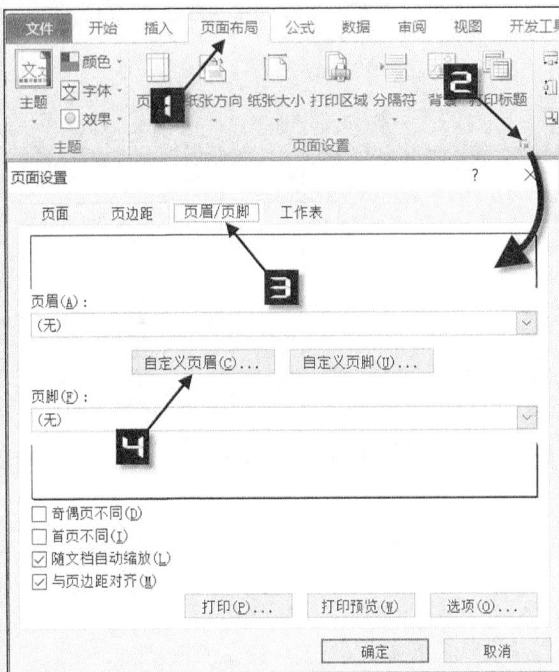

图 6-120　页眉设置对话框

步骤3　在弹出的【页眉】对话框中，首先单击"中"编辑框，然后单击控件区域的"插入图片"按钮。在弹出的【插入图片】对话框中选择 logo 图片，然后单击【插入】按钮关闭【插入图片】对话框，再单击【确定】按钮返回【页面设置】对话框，然后最后单击【确定】按钮关闭【页面设置】对话框，如图 6-121 所示。

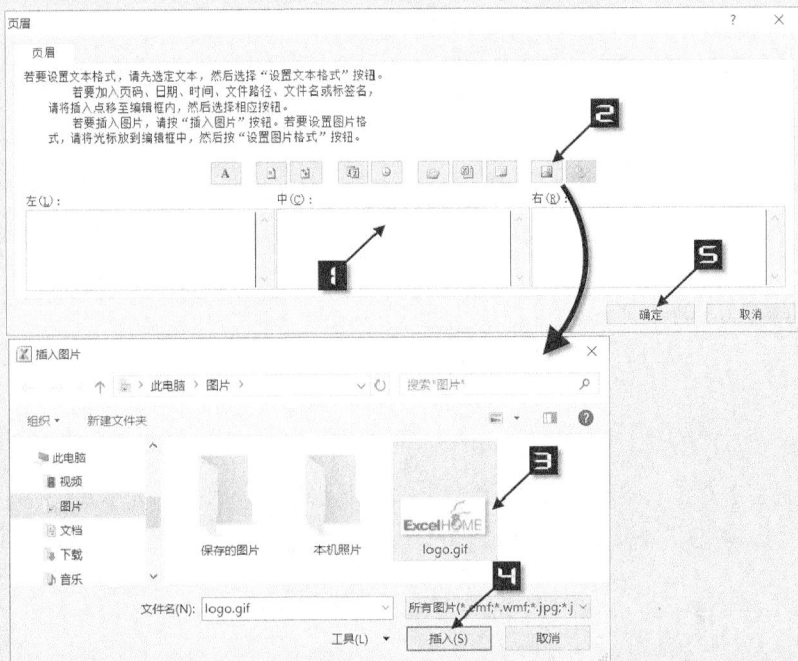

图 6-121　在页眉中插入图片

设置完成后，单击快速访问工具栏的打印预览按钮，可查看打印效果，如图 6-122 所示。

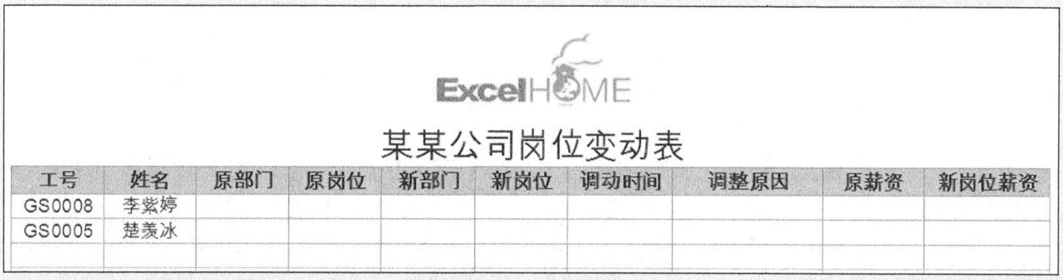

某某公司岗位变动表

工号	姓名	原部门	原岗位	新部门	新岗位	调动时间	调整原因	原薪资	新岗位薪资
GS0008	李紫婷								
GS0005	楚羡冰								

图 6-122　打印预览效果

本章小结

本章内容结合案例对 Excel 在成本费用统计分析中的应用方法展开介绍，内容包括制作费用管理预算表、使用月末一次加权平均法计算材料成本、使用数据透视表和图表进行年度生产成本分析以及使用函数进行简单的生产成本预测，同时讲解了使用瀑布图进行年度利润构成分析的方法。通过本章的学习，能够提升成本费用统计分析的水平，提高数据处理的效率。

思考与练习

（1）_____函数的作用是返回参数的算术平均值，如果参数中包含文本、逻辑值或空单元格，则这些值将被忽略，但包含零值的单元格将被计算在内。

（2）在公式中使用通配符时，问号"?"匹配任意_____个字符，星号"*"匹配任意_____个字符。

（3）数组公式不同于普通公式，是以按下_____组合键完成编辑的特殊公式。

（4）要在单元格中输入分数形式的数据，应先输入_____和一个空格，然后再输入分数，否则 Excel 会把分数当作日期处理。

（5）什么是先进先出法？实际工作中，使用该方法有哪些弊端？

（6）什么是月末一次加权平均法？

（7）SUMPRODUCT 函数不仅能进行条件求和，还可以进行条件计数统计。多条件计数的通用写法是_____，多条件求和的通用写法是_____。

（8）月末一次加权平均法的计算方式为_____。

（9）根据表格内容的布局情况不同，习惯上将数据表格分为一维表格和二维表格。两者的区别是_____。

（10）在使用数据透视表将二维表格转换为一维表格时，依次按____、____和____键可调出【数据透视表和数据透视图向导】对话框。

235

（11）模拟一组数据，制作含平均线的柱形图，仅制作出基本图表效果即可，美化过程可以省略。

（12）如果同一个图表中两个数据系列表示的意义不同，或者是两组数据的差异较大，可以通过设置_____，使图表能够完整展示全部数据系列。

（13）使用 TREND 函数时，应注意检查数据是否为线性。如果事先不知道两者之间的具体关系如何，可以生成一个_____图来判断其可能符合的模型。

（14）OFFSET 函数以指定的引用为参照，通过给定的偏移量得到新的引用。函数有 5 个参数，第一参数的作用是_____，第二参数作用是_____，第三参数作用是_____，第四参数作用是_____，第五参数作用是_____。其中第四参数和第五参数都是可选参数，如果省略时，新引用区域的行列数与第一参数相同。

（15）制作带有负值的瀑布图，关键是对基础数据源的处理。需要准备的字段应包括"累计""占位""结余"_____和_____。

（16）新建一个工作簿，在页眉中插入 logo 图片。

第 7 章

Excel 在进销存统计中的应用

企业在采购、生产和销售业务发生的同时，需要及时统计原材料以及库存商品的出库、入库和结存情况，即进销存统计。

企业的进销存业务发生频繁，数据源分散，统计条件多，给会计人员手工统计数据的工作带来诸多困难，容易造成企业账目混乱、库存不准、统计结果反馈不及时等问题。借助 Excel 可以较快捷地统计进销存数据，可避免以上问题的发生。

本章内容结合案例对 Excel 在进销存统计中的应用方法展开介绍，帮助会计人员及时、准确地统计入库、出库和结存数据，提升工作效率。

7.1 Excel 在出入库统计中的应用

企业中的入库业务主要包括采购原材料、物料入库和经销商退货入库。出库业务主要包括销售产品出库和物料消耗出库。结合企业管理的实际需求，会计人员需要根据不同的入库表结构，在多种条件下进行入库数据统计。

素材所在位置为："光盘：\素材\第 7 章 Excel 在进销存统计中的应用\7.1 Excel 在出入库统计中的应用.xlsx"。

7.1.1 按日期分类统计入库数

在图 7-1 所示的入库表中，包含多种商品的入库明细记录，需要在 F 列计算各商品在当前日期的累计入库数量。

F2 =SUMIF(C$2:C2,C2,E$2:E2)

	A	B	C	D	E	F
1	供货商	入库日期	产品名称	单位	数量	累计入库
2	金士鹏	2016/12/26	棉花糖	包	20	20
3	金士鹏	2016/12/26	蜜桃汁	箱	30	30
4	金士鹏	2016/12/26	薯条	箱	42	42
5	金士鹏	2016/7/27	温馨奶酪	公斤	20	20
6	孙建林	2017/1/18	意大利奶酪	公斤	25	25
7	王同伟	2016/2/15	糖果	公斤	5	5
8	王同伟	2016/2/15	棉花糖	包	30	50
9	王同伟	2016/2/15	鸡肉	公斤	24	24
10	金士鹏	2015/11/29	苹果汁	桶	10	10
11	金士鹏	2015/11/29	花生	包	30	30
12	刘英玫	2016/5/25	蜜桃汁	箱	4	34
13	郑建杰	2016/6/21	温馨奶酪	公斤	30	50

图 7-1　按日期分类统计入库数

在 F2 单元格输入以下公式，并将公式向下复制。

```
=SUMIF(C$2:C2,C2,E$2:E2)
```

【公式讲解】

SUMIF 函数的第一参数条件区域和第三参数求和区域，都使用了数据区域动态扩展的技巧。以 C$2:C2 为例，第一个 C$2 使用了行绝对引用，也就是条件区域的起始位置始终是 C2 单元格，而第二个 C2 则使用了相对引用，当公式向下复制时，会依次变成 C$2:C3、C$2:C4……。也就是统计自 C2 到公式所在行。这个动态扩展的范围内的符合指定商品名称的数量。

7.1.2 查询各商品最近一次入库日期

如需根据入库表中的数据，统计各商品最近一次入库日期，可以按以下步骤操作。

步骤 1 单击数据区域任意单元格，插入一个数据透视表。

步骤 2 在【数据透视表字段列表】中，将"商品名称"字段拖动到行标签区域，将"日期"字段拖动到数值区域，如图 7-2 所示。

步骤 3 右键单击数据透视表日期字段任意单元格，如 B4，在扩展菜单中依次单击"值字段设置"命令，在弹出的【值字段设置】对话框中单击选中计算类型列表中的"最大值"，然后单击【数字格式】按钮，如图 7-3 所示。

步骤 4 在弹出的【设置单元格格式】对话框中，单击选中分类列表中的"日期"，然后单击【确定】按钮返回【值字段设置】对话框，再次单击【确定】按钮，关闭对话框，如图 7-4 所示。

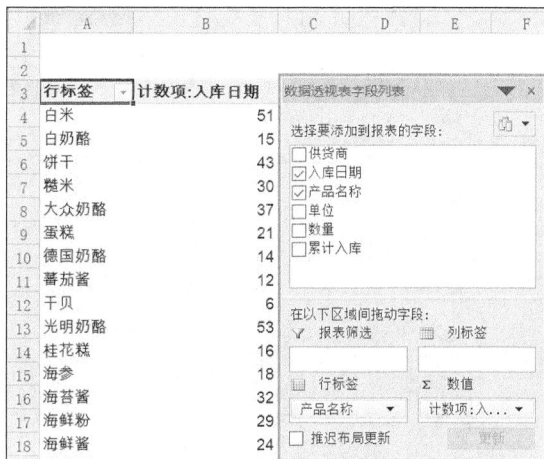

图 7-2　调整数据透视表布局

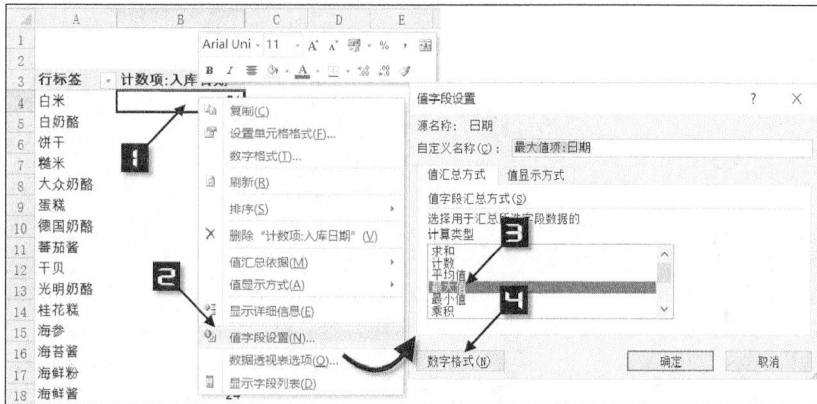

图 7-3　值字段设置

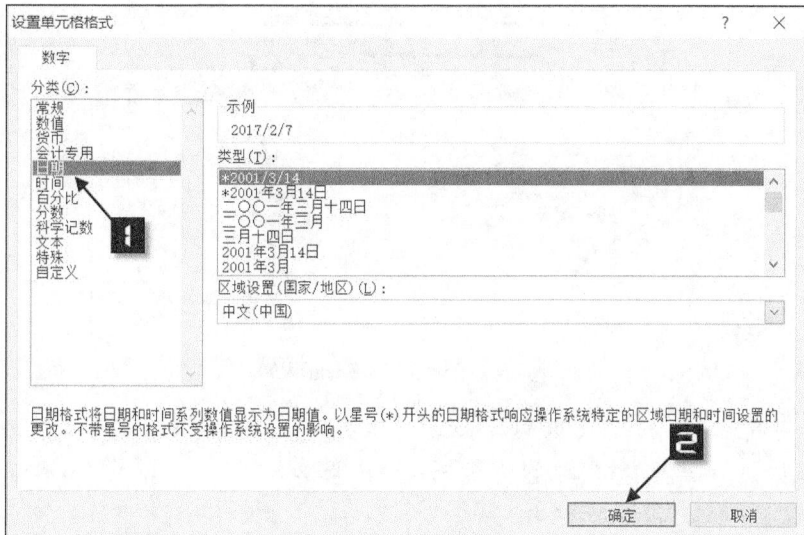

图 7-4　设置单元格格式

步骤 5 右键单击数据透视表中的总计单元格，在扩展菜单中选择"删除总计"命令，如图 7-5 所示。最后修改数据透视表字段标题，设置数据透视表样式，完成后的局部效果如图 7-6 所示。

图 7-5 删除总计

	A	B
3	商品名称	最近入库日期
4	白米	2017/3/7
5	白奶酪	2017/3/27
6	饼干	2017/3/27
7	糙米	2017/3/11
8	大众奶酪	2017/3/26
9	蛋糕	2017/2/14
10	德国奶酪	2017/3/27
11	蕃茄酱	2017/3/27
12	干贝	2017/2/8
13	光明奶酪	2017/3/11
14	桂花糕	2017/3/27
15	海参	2017/2/28

图 7-6 完成后的效果

扩展知识点

使用公式计算符合条件的最大值和最小值

除了使用数据透视表计算指定项目的最大值和最小值，还可以使用公式完成同样的计算。操作步骤如下。

步骤 1 首先需要提取不重复的商品名称：单击 C 列列标，按 <Ctrl+C> 组合键复制，然后单击 H1 单元格，按 <Enter> 键粘贴；单击 H 列数据区域任意单元格，如 F3，使用【数据】选项卡下的【删除重复项】命令，提取出不重复的商品名称。

步骤 2 在 I1～J2 单元格内依次输入字段标题"最高入库数量"和"最低入库数量"，然后在 I2 输入以下数组公式，并按 <Ctrl+Shift+Enter> 组合键，将公式向下复制，如图 7-7 所示。

`=MAX(IF(C$2:C$2141=H2,E$2:E$2141))`

图 7-7 计算指定条件的最大值

首先使用 IF 函数，判断 C\$2:C\$12 单元格区域是否等于 H2 单元格指定的商品名称。IF 函数第三参数省略，如果符合指定的商品名称，返回 C\$2:C\$12 单元格区域中对应的内容，否则返回逻辑值 FALSE。再使用 MAX 函数忽略其中的逻辑值，计算出的结果就是符合指定商品名称的最大值。

步骤 3 MIN 函数计算时同样会忽略数组或引用中的逻辑值。在 H2 单元格输入以下数组公式，并按 <Ctrl+Shift+Enter> 组合键，将公式向下复制，如图 7-8 所示。

```
=MIN(IF(C$2:C$2141=H2,E$2:E$2141))
```

J2 fx {=MIN(IF(C$2:C$2141=H2,E$2:E$2141))}

	C	D	E	F	G	H	I	J
1	产品名称	单位	数量	累计入库		产品名称	最高入库数量	最低入库数量
2	棉花糖	包	20	20		棉花糖	130	2
3	蜜桃汁	箱	30	30		蜜桃汁	100	3
4	薯条	箱	42	42		薯条	60	2
5	温馨奶酪	公斤	20	20		温馨奶酪	70	1
6	意大利奶酪	公斤	25	25		意大利奶酪	60	2
7	糖果	公斤	5	5		糖果	80	1
8	棉花糖	包	30	50		鸡肉	80	3
9	鸡肉	公斤	24	24		苹果汁	80	2
10	苹果汁	桶	10	10		花生	65	3

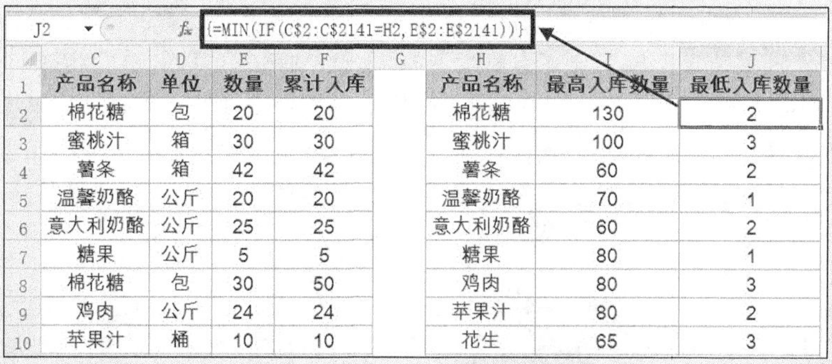

图 7-8 计算指定条件的最小值

公式的计算原理与使用 MAX 函数计算指定条件最大值的原理相同。

7.1.3 按时间区间统计入库数

在实际工作中，经常需要按照指定的时间区间统计某一种产品的入库数量。如图 7-9 所示，需要根据 H2 单元格指定的产品名称，以及 H3 单元格指定的起始日期和 H4 单元格指定的截止日期，计算该日期区间内的入库数量。

H5 fx =SUMIFS(E:E,B:B,">="&H3,B:B,"<="&H4,C:C,H2)

	B	C	D	E	F	G	H
1	入库日期	产品名称	单位	数量			
2	2016/12/26	棉花糖	包	20		产品名称	白米
3	2016/12/26	蜜桃汁	箱	30		起始日期	2016/7/1
4	2016/12/26	薯条	箱	42		截止日期	2016/12/31
5	2016/7/27	温馨奶酪	公斤	20		入库数量	486
6	2017/1/18	意大利奶酪	公斤	25			
7	2016/2/15	糖果	公斤	5			
8	2016/2/15	棉花糖	包	30			
9	2016/2/15	鸡肉	公斤	24			
10	2015/11/29	苹果汁	桶	10			
11	2015/11/29	花生	包	30			
12	2016/5/25	蜜桃汁	箱	4			
13	2016/6/21	温馨奶酪	公斤	30			

图 7-9 按时间区间统计入库数

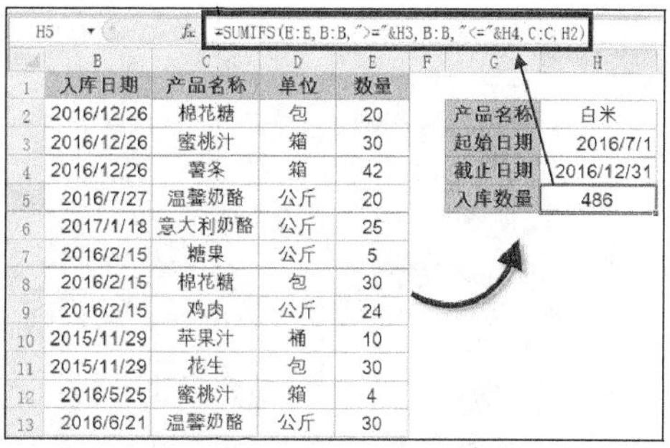

在 F5 单元格输入以下公式。

```
=SUMIFS(E:E,B:B,">="&H3,B:B,"<="&H4,C:C,H2)
```

计算结果为 486，即在 2016 年 7 月 1 日至 2016 年 12 月 31 日期间，白米的入库数量为 486。

【公式讲解】

本例是一个多条件求和问题。SUMIFS 函数第一参数求和区域为 E:E，所使用到的 3 个求和条件分别是 B 列的入库日期大于等于 H3 的起始日期、B 列的入库日期小于等于 H4 的截止日期以及 C 列的产品名称等于 H2 单元格指定的产品名称。

当同时符合以上 3 项条件时，SUMFIS 对 E 列对应的入库数量进行求和。

【提示】在公式中使用比较运算符时，在运算符外侧要添加一对半角引号。如果需要以单元格中的内容进行比较大小的参照，还需要将添加半角引号的运算符使用文本连接符 & 与单元格地址进行连接，如本例中的“">="&H3”和“"<="&H4”。

扩展知识点

计算文本算式

Lotus 1-2-3 是 Lotus Software（美国莲花软件公司）于 1983 年推出的电子试算表软件，在 DOS 时期广为个人电脑使用者所使用。随着 Windows 的兴起，微软借助操作系统平台的优势，Excel 逐渐取代了 Lotus 1-2-3，成为主流的电子试算表软件，但是微软到目前还保持着与 Lotus 1-2-3 的兼容。用户可以通过 Excel 的兼容性设置，实现一些特殊的计算要求。

计算文本算式

素材所在位置为：“光盘：\素材\第 7 章 Excel 在进销存统计中的应用\计算文本算式.xlsx”。

如图 7-10 所示，A2:A10 单元格区域中是部分四则运算的文本算式，需要在 B 列计算出对应的算式结果。

步骤1 依次单击【文件】→【选项】，打开【Excel 选项】对话框。切换到【高级】选项卡，在【Lotus 1-2-3 兼容性设置】下，勾选【转换 Lotus 1-2-3 公式】复选框，然后单击【确定】按钮，如图 7-11 所示。

图 7-10　计算文本算式

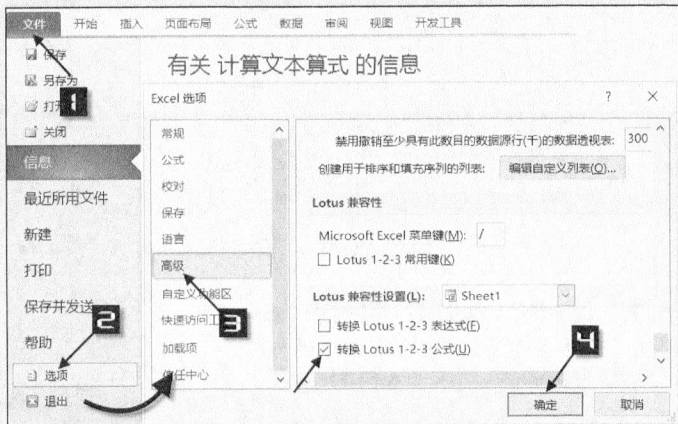

图 7-11　Excel 选项对话框

步骤2 选中 A2:A10 单元格区域，按住 <Ctrl> 键，拖动右下角的填充柄，将内容复制到 B2:B10 单元格区域。

步骤3 选中 B2:B10 单元格区域，在【数据】选项卡下单击【分列】按钮，在弹出的【文本分列向导–第 1 步，共 3 步】对话框中单击【完成】按钮，如图 7-12 所示。

完成后的效果如图 7-13 所示。

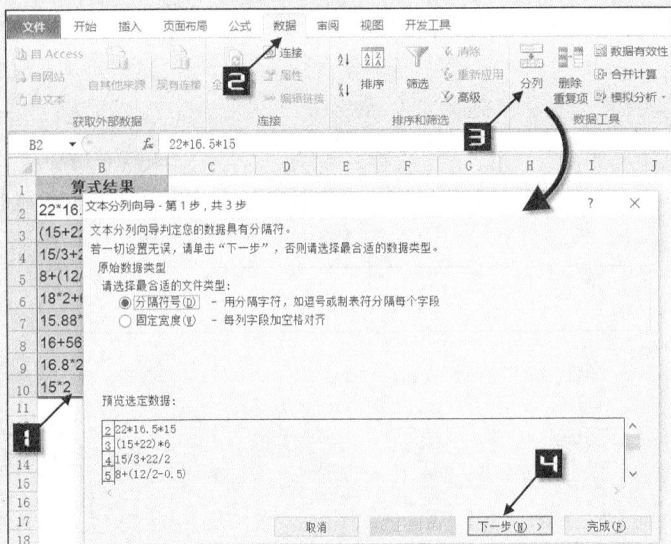

图 7-12　使用【分列】功能，转换文本算式结果

图 7-13　文本算式结果

【提示】操作完成后，需要在【Excel 选项】的【高级】选项卡下，去掉【转换 Lotus 1-2-3 公式】复选框的勾选，否则会影响日期等内容的正常输入。

7.1.4 根据产品出库记录提取滞销产品列表

素材所在位置为："光盘:\素材\第 7 章 Excel 在进销存统计中的应用\7.1.4 根据产品出库记录提取滞销产品列表.xlsx"。

在会计实务工作中，为了减少资金占用，规避存货风险，需要定期根据销售记录提取出某个时期内未销售成功的产品，制作滞销产品列表。

如图 7-14 所示，是某超市近 30 天的小食品销售记录和全部的小食品商品列表，需要使用公式提取出未产生销售的产品。

在商品列表工作表的 C2 单元格中输入以下数组公式，按 <Ctrl+Shift+Enter> 组合键，然后将公式向下复制，直到单元格显示空白为止，如图 7-15 所示。

```
=INDEX(A:A,SMALL(IF(COUNTIF(近 30 天销售记录!B:B,$A$1:$A$9)=0,ROW($1:$9),4^8),ROW(A1)))&""
```

图 7-14　近 30 天销售记录和商品列表

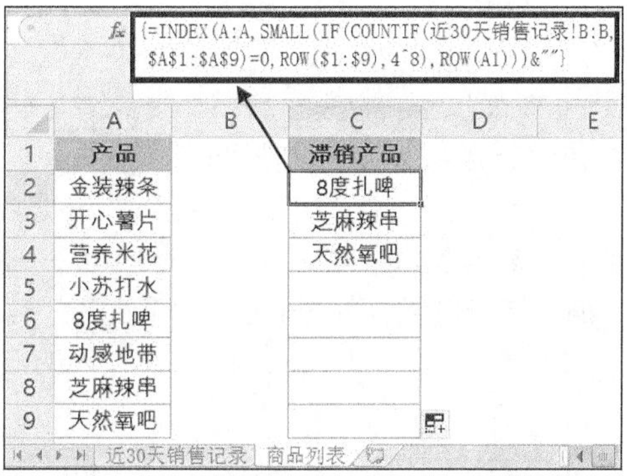

图 7-15　提取滞销产品

SMALL 和 LARGE 函数

SMALL 函数用于返回数据集中的第 k 个最小值，其基本语法如下。

```
SMALL(array,k)
```

该函数中，第一参数是需要找到第 k 个最小值的数组或数值数据区域；第二参数是指定要返回第几个最小值。

LARGE 函数的作用是返回数据集中第 k 个最大值，参数特性和使用方法与 SMALL 函数相同。

如图 7-16 所示，要计算 3 个销量最高的销售额之和，可以使用以下公式计算。

```
=SUM(LARGE(B2:B10,{1,2,3}))
```

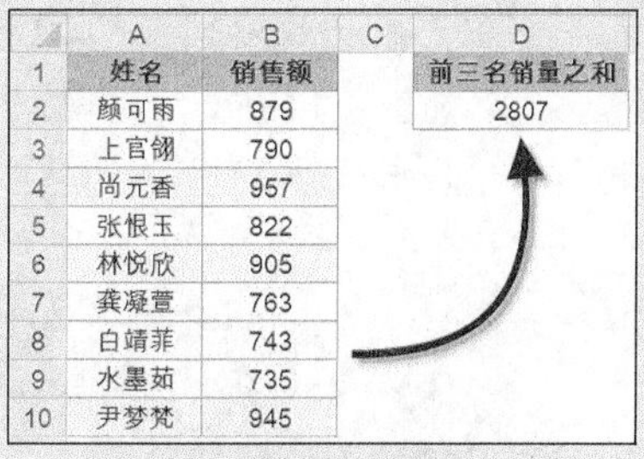

图 7-16　统计前三名销量之和

该公式使用数组常量 {1,2,3} 作为 LARGE 函数的第二参数，表示分别提取 B2:B10 单元格区域中的第 1 个、第 2 个和第 3 个最大值，返回结果

为 {957,945,905}。

最后使用 SUM 函数，对 LARGE 函数的提取结果进行求和汇总。

【公式讲解】

本例中，使用以下公式提取滞销产品列表。

`=INDEX(A:A,SMALL(IF(COUNTIF(近30天销售记录!B:B,$A$1:$A$9)=0,ROW($1:$9),4^8),ROW(A1)))&""`

公式中，"COUNTIF(近 30 天销售记录!B:B,$A$1:$A$9)"部分，首先使用 COUNTIF 函数在"近 30 天销售记录"工作表 B 列中，分别统计 $A$1:$A$9 中商品名称的个数，返回结果如下。

`{1;5;3;4;3;0;1;0;0}`

上述结果表示 A1 在"近 30 天销售记录"工作表 B 列中出现了 1 次，A2 出现了 5 次，A3 出现了 3 次……A9 出现了 0 次。

接下来使用 IF 函数判断 COUNTIF 函数的结果是否等于 0。如果等于 0，说明在没有产生销售。

公式中，"IF(COUNTIF(近 30 天销售记录!B:B,$A$1:$A$9)=0,ROW($1:$9),4^8)"部分表示：如果 COUNTIF 函数的结果等于 0，公式返回"ROW($1:$9)"中对应的行号，否则返回 4^8 的计算结果，也就是 65536 具体如下。

`{65536;65536;65536;65536;65536;6;65536;8;9}`

再使用 SMALL 函数从这个内存数组中提取第 K 个最小值。SMALL 函数的第二参数使用"ROW(A1)"，公式向下复制时，"ROW(A1)"的计算结果会从 1 开始依次递增，依次变成 2、3、4、5……也就是给 SMALL 函数一个动态的第二参数，实现在内存数组中从小到大依次取值。

在 C2 单元格中，SMALL 函数要提取出的是内存数组中的第 1 个最小值，计算结果是 6。INDEX 函数再以此计算结果为索引值，返回第一参数"A:A"中第 6 行的内容。

在 C3 单元格中，SMALL 函数计算结果是 8，INDEX 函数返回第一参数"A:A"中第 8 行的内容。

在 C5 单元格中，SMALL 函数计算结果是 65 536，INDEX 函数返回第一参数"A:A"中第 65 536 行的内容。

一般情况下，在工作表的第 65 536 行是没有任何数据的，因此公式会返回一个无意义的 0。在公式的最后部分使用文本连接符 &，来连接一个空文本，目的是屏蔽无意义的 0 值，使单元格显示为空白。

扩展知识点

提取记录

1. 提取符合条件的多个记录

实际工作中，提取汇总符合某个条件的多项记录时，除了使用筛选以外，还可以使用数组公式。如图 7-17 所示，需要在"近 30 天销售记录"工作表中，提取出销售员为"夏吾冬"的所有销售记录。

在 C2 单元格输入以下数组公式，并按<Ctrl+Shift+Enter>组合键，将公式复制到 F9 单元格区域。然后选中 F2:F9 单元格区域，将数字格式设置为常规，如图 7-18 所示。

`=IF(COUNTIF(近30天销售记录!$C:$C,$A$2)>=ROW(A1),INDEX(近30天销售记录!A:A,SMALL(IF(近30天销售记录!$C$2:$C$17=$A$2,ROW($2:$17),4^8),ROW(A1))),"")`

本例中要提取的内容中包含日期，如果再使用连接符(&)和厘文本("")的方法屏蔽无意义的 0 值时，日期所在列的结果会显示为日期序列值。

图 7-17　提取符合条件的多个记录 1

图 7-18　提取符合条件的多个记录 2

这时可先使用"COUNTIF(近 30 天销售记录!\$C:\$C,\$A\$2)"统计出"近 30 天销售记录"工作表 C 列中有多少个 A2 指定销售员的记录，结果为 3。

然后使用 COUNTIF 函数的计算结果与"ROW(A1)"进行比较。公式向下复制时，"ROW(A1)"的结果依次变成 1、2、3……，相当于统计出当前使用的公式有多少行。

最外层使用 IF 函数进行判断，如果 COUNTIF 函数的计算结果大于或等于公式的行数，返回 INDEX+SAMLL+IF 数组公式部分的计算结果，否则返回空文本。

公式中的 INDEX+SAMLL+IF 数组公式部分，是模式化的一对多提取方法。此用法可以作如下概括。

INDEX(要提取的数据区域,SMALL(IF(条件区域=指定条件,条件区域的行号,4^8),ROW(A1)))

2. 提取符合多个条件的多个记录

如果要提取符合多条件的多个记录，可以对"INDEX+SAMLL+IF"数组公式进行简单的处理。如图 7-19 所示，要在"近 30 天销售记录"工作表中，提取销售员为 A2 单元格中的"夏吾冬"、日期小于 A5 单元格中的"2017-2-5"，可以使用以下公式完成。

=INDEX(近 30 天销售记录!B:B,SMALL(IF((近 30 天销售记录!\$C\$2:\$C\$17=\$A\$2)*(近 30 天销售记录!\$A\$2:\$A\$17<\$A\$5),ROW(\$2:\$17),4^8),ROW(A1)))&""

图 7-19　提取符合多条件的多个记录

公式中的"(近 30 天销售记录!\$C\$2:\$C\$17=\$A\$2)*(近 30 天销售记录!\$A\$2:\$A\$17<\$A\$5)"部分，将两个要同时符合的条件进行相乘，作为 IF 函数的第一参数。如果两个条件同时符合，则返回对应的行号，否则返回 65 536。公式中的其他部分解题思路不变，不再赘述。

7.2　Excel 在结存统计中的应用

企业中产品的结存统计，需要根据期初数据、入库数据和出库数据综合汇总。而在实际工作中，这些数据可能放置在不同的工作表中，会计人员在对这些存在勾稽关系的数据进行合并汇总时，使用常规的方法会遇到诸多困扰。这时可运用 Excel 中的函数公式、合并计算、多重合并计算区域的数据透视表等功能，以快捷处理结存统计中遇到的问题，提升工作效率。

7.2.1　利用合并计算统计进销存数据

素材所在位置为："光盘:\素材\第 7 章 Excel 在进销存统计中的应用\7.2.1 利用合并计算统计进销存数据.xlsx"。

如图 7-20 所示，为某企业的期初库存表、入库表和出库表，需要统计每种产品的结存数据。

操作步骤如下。

步骤1　插入一个新工作表，并双击工作表标签，将其重命名为"结存表"。

图 7-20　期初库存、入库表和出库表

步骤2　选中"结存表"工作表的 A1 单元格，在【数据】选项卡下单击【合并计算】按钮，弹出【合并计算】对话框，如图 7-21 所示。

图 7-21　【合并计算】对话框

步骤3　单击【引用位置】编辑框右侧的折叠按钮，选择"期初库存"工作表中的 A1:B8 单元格区域，然后单击【添加】按钮，完成期初库存数据的添加。如图 7-22 所示。

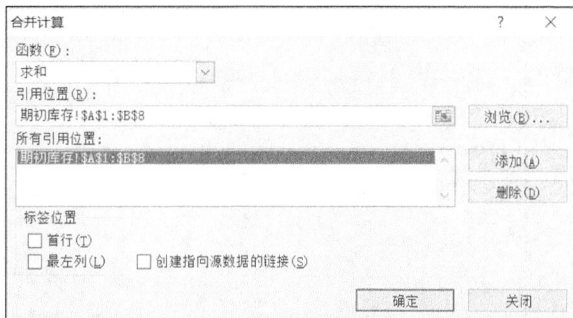

图 7-22　添加"期初库存"数据

步骤 4　用同样方法依次添加"入库表"工作表的 B1:C9 单元格区域和"出库表"工作表的 B1:C17 单元格区域，如图 7-23 所示。

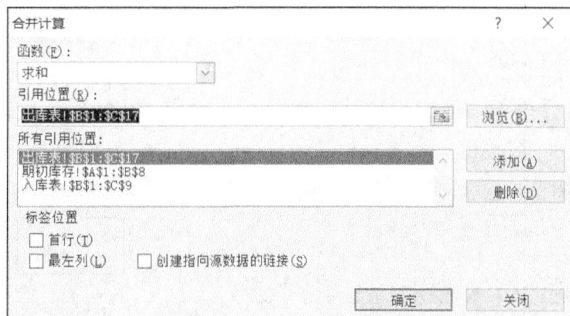

图 7-23　添加各工作表数据

步骤 5　在【合并计算】对话框中的"标签位置"区域依次勾选【首行】复选框和【最左列】复选框，并单击【确定】按钮，即可利用合并计算对多个工作表数据进行汇总统计，如图 7-24 所示。

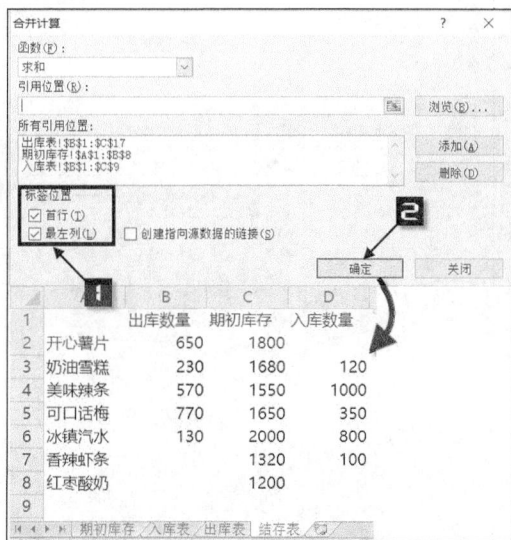

图 7-24　合并计算

步骤 6　单击"结存表"工作表 B 列的列标，光标靠近所选区域右侧的黑色边框，按住 <Shift> 键的同时，按下鼠标左键不放，向右拖动到 D 列之后的位置释放鼠标，如图 7-25 所示。

步骤 7 设置表格边框和字体字号，然后在 E1 单元格输入“结存数量”，如图 7-26 所示。

步骤 8 在 E2 单元格输入以下公式，将公式向下复制至 E8 单元格，如图 7-27 所示。

```
=B2+C2-D2
```

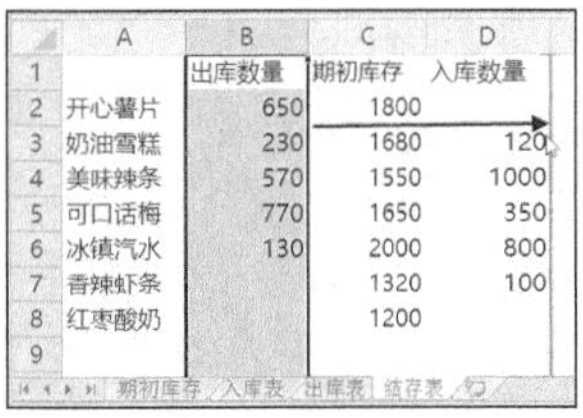

	A	B	C	D
1		出库数量	期初库存	入库数量
2	开心薯片	650	1800	
3	奶油雪糕	230	1680	120
4	美味辣条	570	1550	1000
5	可口话梅	770	1650	350
6	冰镇汽水	130	2000	800
7	香辣虾条		1320	100
8	红枣酸奶		1200	
9				

图 7-25　拖动“出库数量”字段位置

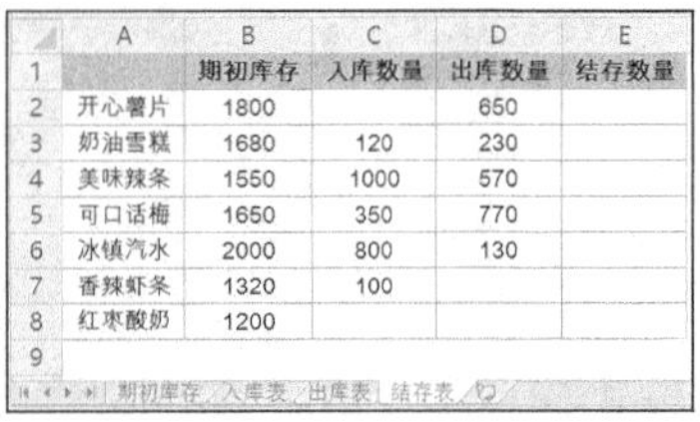

	A	B	C	D	E
1		期初库存	入库数量	出库数量	结存数量
2	开心薯片	1800		650	
3	奶油雪糕	1680	120	230	
4	美味辣条	1550	1000	570	
5	可口话梅	1650	350	770	
6	冰镇汽水	2000	800	130	
7	香辣虾条	1320	100		
8	红枣酸奶	1200			
9					

图 7-26　新增“结存数量”字段

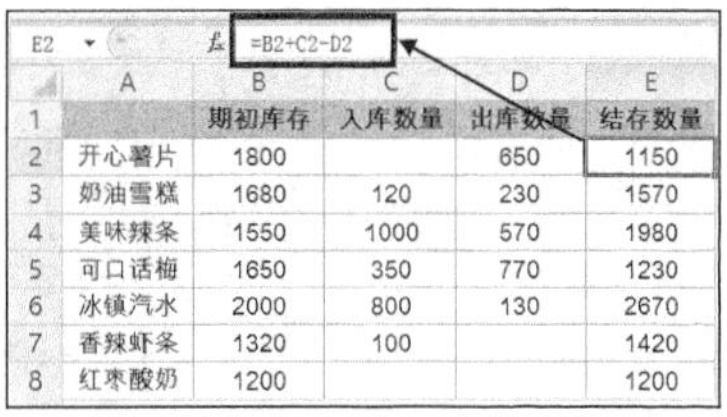

E2　=B2+C2-D2

	A	B	C	D	E
1		期初库存	入库数量	出库数量	结存数量
2	开心薯片	1800		650	1150
3	奶油雪糕	1680	120	230	1570
4	美味辣条	1550	1000	570	1980
5	可口话梅	1650	350	770	1230
6	冰镇汽水	2000	800	130	2670
7	香辣虾条	1320	100		1420
8	红枣酸奶	1200			1200

图 7-27　利用公式计算“结存数量”

至此，利用 Excel 中的合并计算和简单的公式实现了进销存数据汇总统计。

知识点讲解

上述步骤 5 中，在【合并计算】对话框中勾选【首行】复选框和【最左列】复选框，是为了让 Excel 根据位于最左列的产品名称和位于首行的数量进行同类项合并。

步骤 8 中所使用到的结存数量公式的计算规则如下。

结存数量=期初库存+入库数量-出库数量

7.2.2 利用多重合并计算区域统计进销存数据

素材所在位置为：“光盘：\素材\第 7 章 Excel 在进销存统计中的应用\7.2.2 利用多重合并计算区域统计进销存数据.xlsx”。

如图 7-28 所示，需要根据原材料的期初库存、入库表和出库表，统计每种原材料的结存数据。

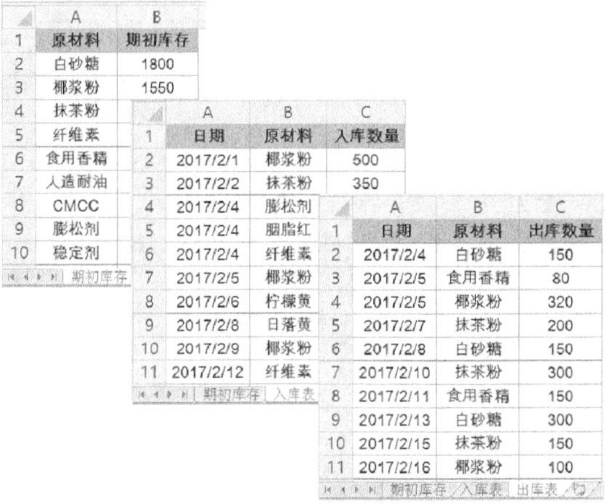

	A	B
1	原材料	期初库存
2	白砂糖	1800
3	椰浆粉	1550
4	抹茶粉	
5	纤维素	
6	食用香精	
7	人造耐油	
8	CMCC	
9	膨松剂	
10	稳定剂	

	A	B	C
1	日期	原材料	入库数量
2	2017/2/1	椰浆粉	500
3	2017/2/2	抹茶粉	350
4	2017/2/4	膨松剂	
5	2017/2/4	胭脂红	
6	2017/2/4	纤维素	
7	2017/2/5	椰浆粉	
8	2017/2/6	柠檬黄	
9	2017/2/8	日落黄	
10	2017/2/9	椰浆粉	
11	2017/2/12	纤维素	

	A	B	C
1	日期	原材料	出库数量
2	2017/2/4	白砂糖	150
3	2017/2/5	食用香精	80
4	2017/2/5	椰浆粉	320
5	2017/2/7	抹茶粉	200
6	2017/2/8	白砂糖	150
7	2017/2/10	抹茶粉	300
8	2017/2/11	食用香精	150
9	2017/2/13	白砂糖	300
10	2017/2/15	抹茶粉	150
11	2017/2/16	椰浆粉	100

图 7-28　期初库存、入库表和出库表

操作步骤如下。

步骤 1 插入一个新工作表，双击工作表标签，重命名为“结存表”。

步骤 2 依次按下 <Alt><D><P> 键，调出【数据透视表和数据透视图向导-步骤 1】对话框。在该对话框中，单击选中“多重合并计算数据区域”单选按钮，保持“数据透视表”单选按钮的勾选状态，然后单击【下一步】按钮，如图 7-29 所示。

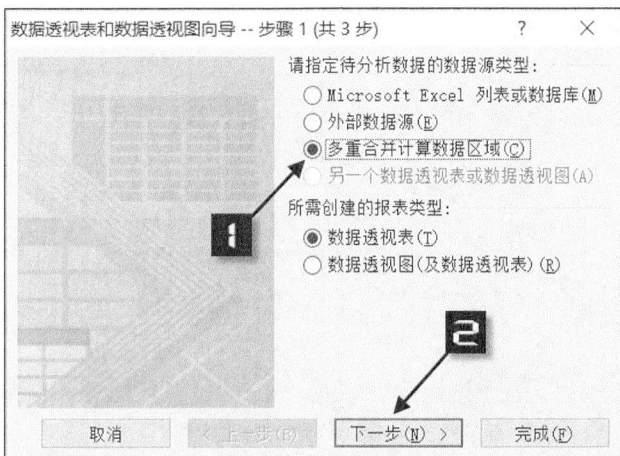

图 7-29　数据透视表和数据透视图向导 1

步骤 3　在弹出的【数据透视表和数据透视图向导-步骤 2a】对话框中，保持 "创建单页字段" 的默认选中状态，单击【下一步】按钮，如图 7-30 所示。

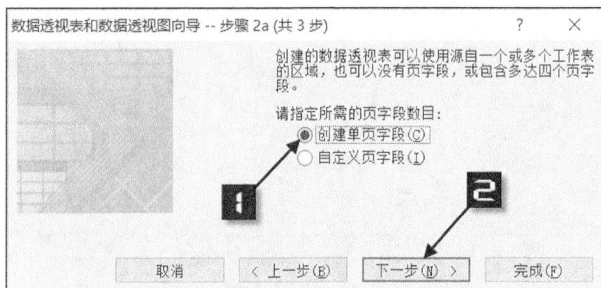

图 7-30　数据透视表和数据透视图向导 2

步骤 4　在弹出的【数据透视表和数据透视图向导-步骤 2b】对话框中，单击 "选定区域" 右侧的折叠按钮，然后单击 "期初库存" 工作表标签，选中 "期初库存" 工作表的 A1:B15 单元格区域，最后单击【添加】按钮，如图 7-31 所示。

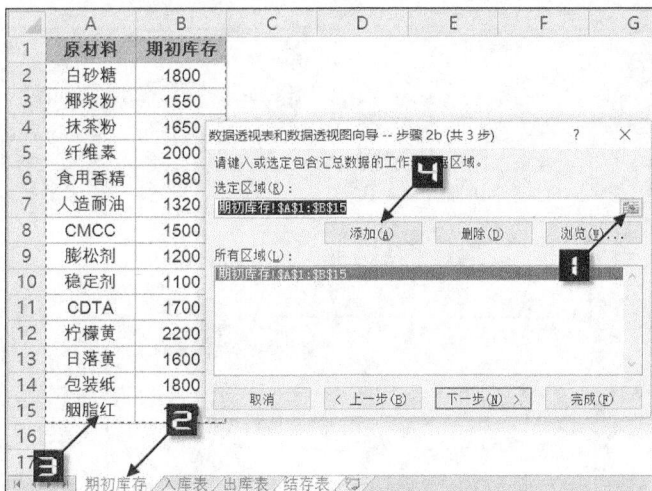

图 7-31　添加 "期初库存" 数据

步骤5 用同样的方法，依次添加"入库表!$B$1:$C$16"和"出库表!$B$1:$C$17"，单击【下一步】按钮，如图 7-32 所示。

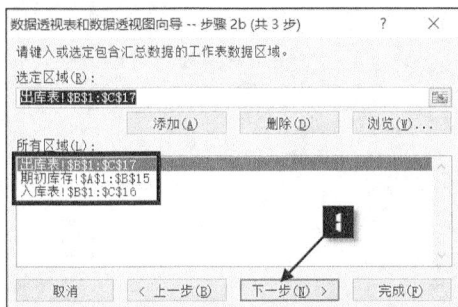

图 7-32 数据透视表和数据透视图向导 3

步骤6 在弹出的【数据透视表和数据透视图向导-步骤 3】对话框中，保持"现有工作表"单选框的勾选，单击选中 A1 单元格，最后单击【完成】按钮，如图 7-33 所示。

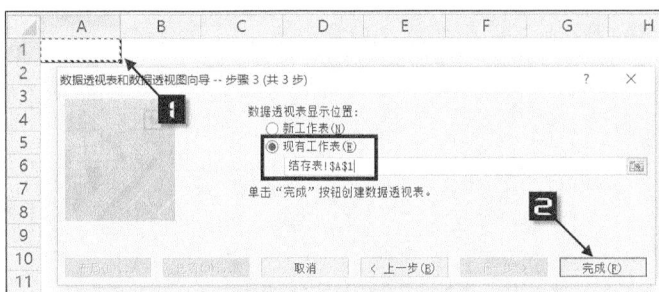

图 7-33 创建多重合并计算数据区域的数据透视表

步骤7 单击数据透视表中的"入库数量"列标签，即 D4 单元格，在【选项】选项卡下单击【域、项目和集】下拉按钮，并在下拉列表中选择"计算项"命令。在弹出【在"列"中插入计算字段】对话框中的"名称"编辑框中输入"结存数量"，在"公式"编辑框中清除等号后面的 0，然后双击"项"区域的"期初库存"，再输入加号"+"，双击"项"区域的"入库数量"，再输入加号"-"，双击"项"区域的"出库数量"，单击【添加】按钮，最后单击【确定】按钮，如图 7-34 所示。

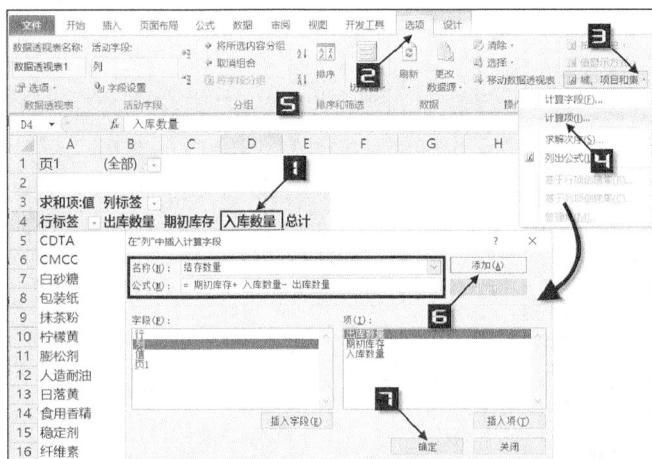

图 7-34 在数据透视表中插入计算项

步骤 8 单击选中数据透视表，在【样式】选项卡下的数据透视表样式命令组中，选择"数据透视表样式中等深浅 9"。然后按 <Ctrl+A> 组合键全选数据透视表，在【开始】选项卡下设置字体字号，效果如图 7-35 所示。

步骤 9 右键单击数据透视表筛选器区域，如 A1 单元格，在弹出的扩展菜单中选择"删除"页 1""命令。

步骤 10 单击数据透视表任意单元格，如 F4 单元格，在【设计】选项卡下单击【总计】下拉按钮，并在下拉菜单中选择"仅对列启用"命令，如图 7-36 所示。

	A	B	C	D	E	F
1	页1	(全部)				
2						
3	求和项:值	列标签				
4	行标签	出库数量	期初库存	入库数量	结存数量	总计
5	CDTA		1700		1700	3400
6	CMCC		1500		1500	3000
7	白砂糖	650	1800		1150	3600
8	包装纸		1800	760	2560	5120
9	抹茶粉	770	1650	350	1230	4000
10	柠檬黄		2200	800	3000	6000
11	膨松剂		1200	650	1850	3700
12	人造耐油		1320	100	1420	2840
13	日落黄		1600	500	2100	4200
14	食用香精	230	1680	320	1770	4000
15	稳定剂		1100	520	1620	3240
16	纤维素	130	2000	800	2670	5600
17	胭脂红		1400	2000	3400	6800
18	椰浆粉	570	1550	1200	2180	5500
19	总计	2350	22500	8000	28150	61000

图 7-35 插入计算项的数据透视表

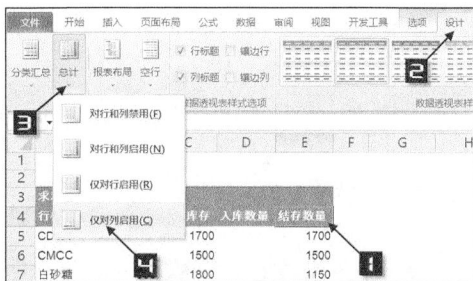

图 7-36 删除数据透视表的行总计

步骤 11 单击 B4 单元格中的"出库数量"字段标题，按住 B4 单元格边框向右拖曳到"入库数量"右侧，释放鼠标，如图 7-37 所示。

步骤 12 分别修改数据透视表的行标签标题和列标签标题，然后在 A3 单元格中输入一个空格。完成后的数据透视表如图 7-38 所示。

	A	B	C	D	E
1					
2					
3	求和项:值	列标签			D4:D19
4	行标签	出库数量	期初库存	入库数量	结存数量
5	CDTA		1700		1700
6	CMCC		1500		1500
7	白砂糖	650	1800		1150
8	包装纸		1800	760	2560
9	抹茶粉	770	1650	350	1230
10	柠檬黄		2200	800	3000

图 7-37 拖曳"出库数量"字段到"入库数量"右侧

	A	B	C	D	E
1					
2					
3		项目			
4	原料名称	期初库存	入库数量	出库数量	结存数量
5	CDTA	1700			1700
6	CMCC	1500			1500
7	白砂糖	1800		650	1150
8	包装纸	1800	760		2560
9	抹茶粉	1650	350	770	1230
10	柠檬黄	2200	800		3000
11	膨松剂	1200	650		1850
12	人造耐油	1320	100		1420
13	日落黄	1600	500		2100
14	食用香精	1680	320	230	1770
15	稳定剂	1100	520		1620
16	纤维素	2000	800	130	2670
17	胭脂红	1400	2000		3400
18	椰浆粉	1550	1200	570	2180
19	总计	22500	8000	2350	28150

图 7-38 完成后的数据透视表效果

【提示】 使用数据透视表的多重合并计算区域功能时，默认将数据区域最左侧列作为数据透视表的行字段，使用多重合并计算区域功能生成的数据透视表只能有一个行字段。

扩展知识点

自动重算和手动重算

在第一次打开工作簿以及编辑工作簿时，工作簿中的公式会默认执行重新计算。当工作簿中使用了大量的公式时，在录入数据期间会因为不断地重新计算而导致工作表运行缓慢。通过设置 Excel 重新计算公式的时间和方式，可以避免不必要的公式重算，减少对系统资源的占用。

开启手工重算有以下两种方法。

方法1 单击【公式】选项卡下的【计算选项】下拉按钮，在下拉菜单中选择【手动】，如图 7-39 所示。

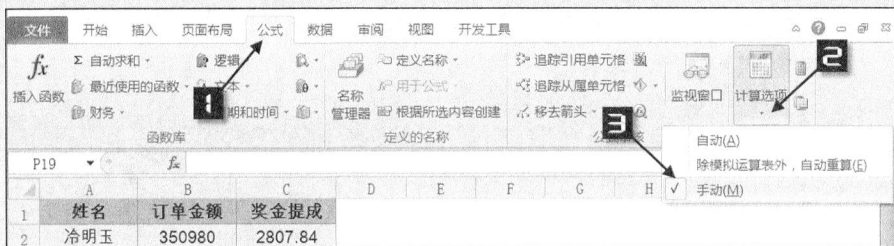

图 7-39 手动重算

方法2 在【文件】选项卡下单击【选项】按钮，打开【Excel 选项对话框】。在【公式】选项卡下的计算选项中，选择【手动重算】单选钮，如图 7-40 所示。

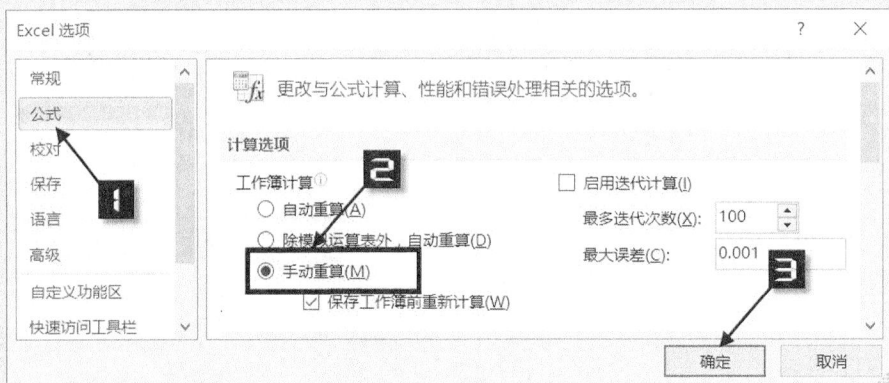

图 7-40 在 Excel 选项中设置手动重算

本章小结

本章内容结合案例对 Excel 在进销存统计中的应用方法展开介绍，讲解了使用数据透视表、函数公式、合并计算等功能对原材料、库存商品的出库、入库和结存情况进行统计计算的方法。通过本章的学习，读者应能够利用 Excel 及时、准确地统计入库、出库和结存数据，提升工作效率。

思考与练习

（1）统计产品结存数量的公式为________

（2）Excel 中的合并计算工具位于______选项卡的______选项组中。

（3）在 Excel 中创建多重合并计算数据区域的数据透视表，需要依次按下_____、_____和_____键。

（4）如果报表中的某一列存在重复数据，要获得不重复内容，可以利用______选项卡下的______工具。

（5）简述当原材料存在多个批次不同进价时，采用加权平均法计算存货平均单价的方法。

（6）根据“练习 7-1.xlsx”提供的数据，在 D 列输入公式，按产品统计累计数量，如图 7-41 所示。

	A	B	C	D
1	日期	产品	入库数量	累计数量
2	2017/1/1	产品A	849	
3	2017/1/2	产品B	251	
4	2017/1/3	产品A	454	
5	2017/1/4	产品B	471	
6	2017/1/5	产品C	416	
7	2017/1/6	产品B	739	
8	2017/1/7	产品A	399	
9	2017/1/8	产品B	660	

图 7-41 练习 7-1

（7）根据“练习 7-2.xlsx”提供的数据，要求在 F5 单元格中输入公式，根据“查询产品”“起始日期”和“截止日期”查询日期区间内的入库数量，如图 7-42 所示。

	A	B	C	D	E	F
1	日期	产品	入库数量			
2	2017/1/1	产品A	840		查询产品	产品B
3	2017/1/2	产品B	850		起始日期	2017/1/5
4	2017/1/3	产品A	787		截止日期	2017/1/10
5	2017/1/4	产品B	754		区间内入库	
6	2017/1/5	产品C	576			
7	2017/1/6	产品B	736			
8	2017/1/7	产品A	689			
9	2017/1/8	产品B	661			

图 7-42 练习 7-2

（8）根据“练习 7-3.xlsx”提供的数据，要求利用合并计算统计各产品的入库数量、出库数量和结存数量。

（9）根据“练习 7-4.xlsx”提供的数据，要求使用数组公式提取“青年店”的所有销售记录，如图 7-43 所示。

	A	B	C	D
1	日期	门店	产品	数量
2	2017/1/13	青年店	产品A	561
3	2017/1/5	莲花店	产品C	576
4	2017/1/8	青年店	产品B	661
5	2017/1/7	和平店	产品A	689
6	2017/1/6	和平店	产品B	736
7	2017/1/16	和平店	产品C	749
8	2017/1/4	和平店	产品B	754
9	2017/1/3	府前店	产品A	787

图 7-43 练习 7-4

第 8 章

Excel 在会计中的综合应用

　　本章从 Excel 在财务会计和管理会计的实际应用角度出发，讲解使用 Excel 从数字中提炼出更多有价值的信息的方法，以便为决策者提供数据和信息支持。

8.1 使用图表展示各季度销售情况

素材所在位置为：“光盘：\素材\第 8 章 Excel 在会计中的综合应用\8.1 使用图表展示各季度销售情况.xlsx”。

如图 8-1 所示，要将全年销售数据绘制成柱形图，并且对不同季度的数据点使用不同的颜色进行区分。

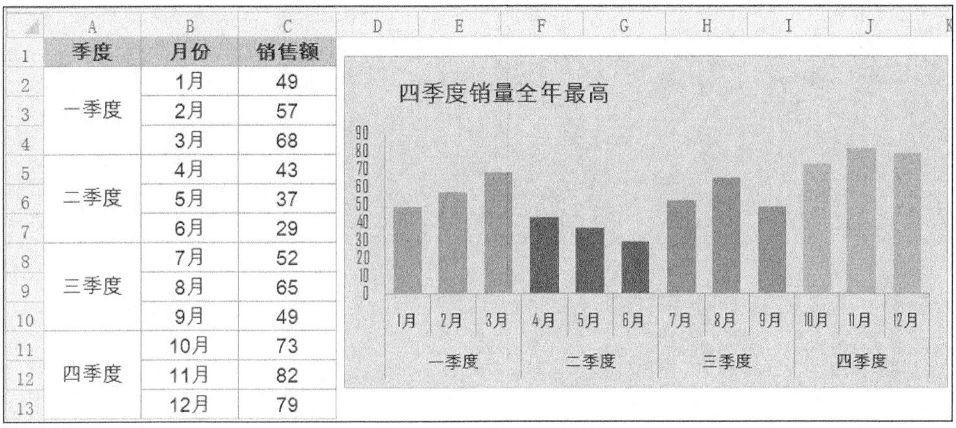

季度	月份	销售额
一季度	1月	49
	2月	57
	3月	68
二季度	4月	43
	5月	37
	6月	29
三季度	7月	52
	8月	65
	9月	49
四季度	10月	73
	11月	82
	12月	79

图 8-1　使用图表展示各季度销售情况

Excel 在绘制柱形图时，会将不同列的数据作为柱形图中不同的数据系列，因此，需要首先对数据源进行调整，将不同季度的数据单独存放到一列内。

操作步骤如下。

步骤 1 如图 8-2 所示，将二季度的销售额存放到 D 列对应区域，将三季度和四季度的销售额分别存放到 E 列和 F 列对应区域内。

步骤 2 选中 A2:F13 单元格区域，并在【插入】选项卡下单击【柱形图】下拉按钮，然后在下拉列表中选择簇状柱形图，效果如图 8-3 所示。

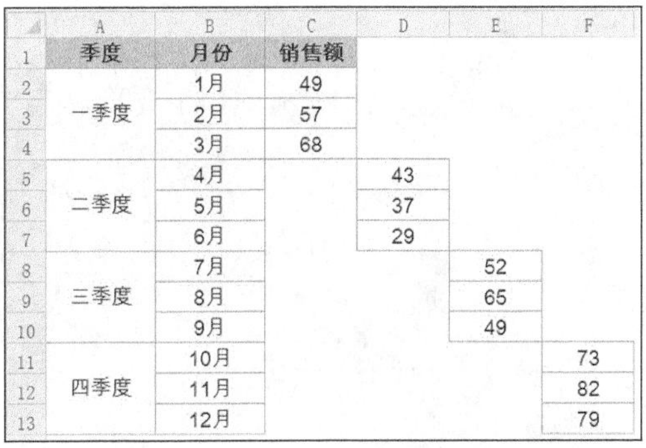

季度	月份	销售额			
一季度	1月	49			
	2月	57			
	3月	68			
二季度	4月		43		
	5月		37		
	6月		29		
三季度	7月			52	
	8月			65	
	9月			49	
四季度	10月				73
	11月				82
	12月				79

图 8-2　修改数据源

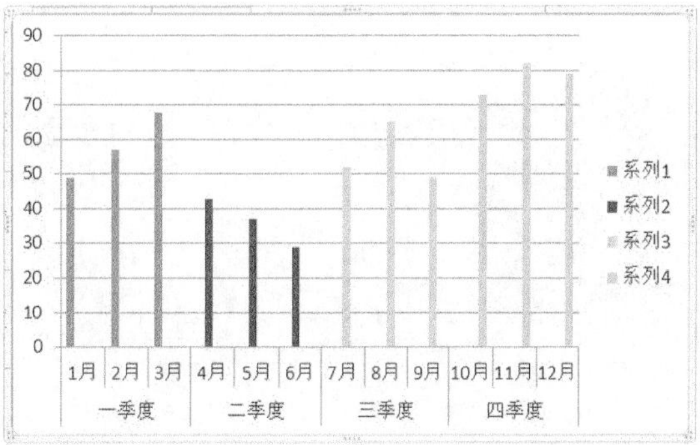

图 8-3　簇状柱形图

步骤 3 单击图例项，按 <Delete> 键清除。同样的方法，清除网格线。

步骤 4 双击任意数据系列，打开【设置数据系列格式】对话框，在【系列选项】选项卡下，将“系列重叠”设置为 100%，“分类间距”设置为 60%，不要关闭对话框，如图 8-4 所示。

步骤 5 单击选中垂直轴，在【设置坐标轴格式】对话框中的【坐标轴选项】选项卡下，将主要刻度线类型设置为“无”，然后单击【关闭】按钮，关闭对话框，如图 8-5 所示。

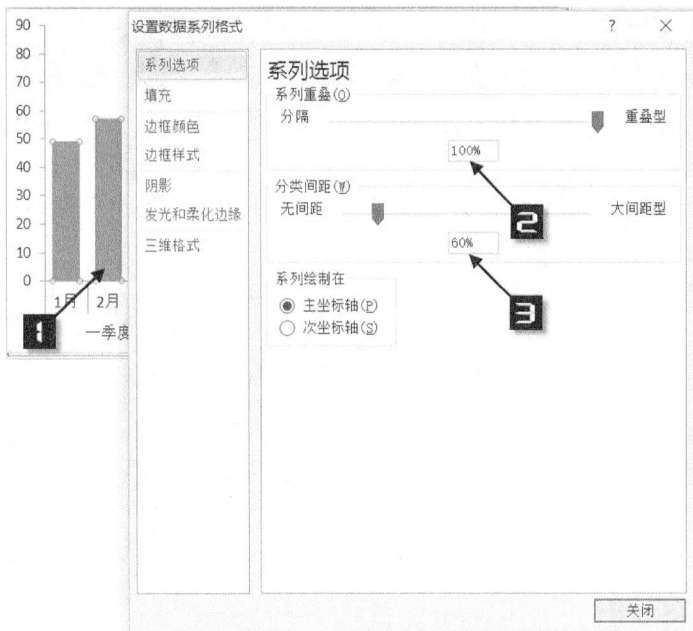

图 8-4　设置数据系列格式

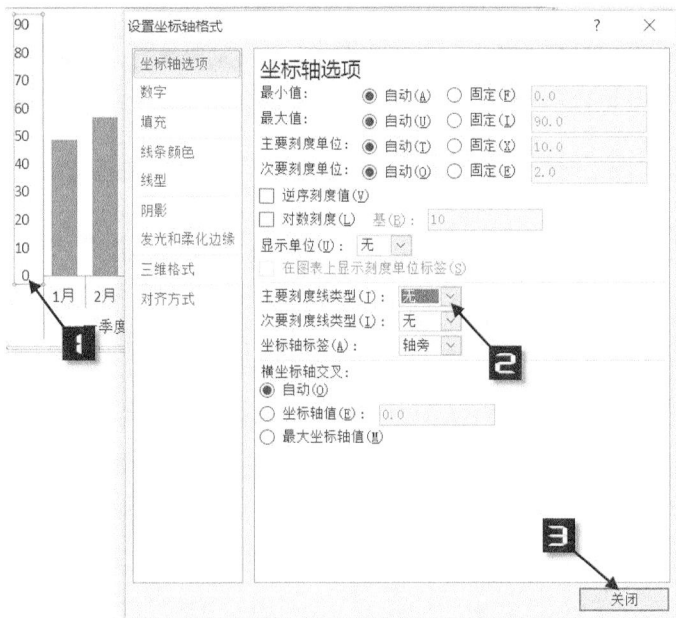

图 8-5　设置坐标轴格式

步骤 6　除了 Excel 主题颜色面板中的默认主题颜色，还可以使用自定义的配色方案。单击图表中的系列 1，在【格式】选项卡下单击【形状填充】下拉按钮，在下拉列表中选择"其他填充颜色"命令，如图 8-6 所示。

步骤 7　在弹出的【颜色】对话框中切换到【自定义】选项卡，保留颜色模式的默认选项，依次输入填充颜色的 RGB 值：在"红色"右侧的编辑框中输入 94，在"绿色"右侧的编辑框中输入 146，在"蓝色"右侧的编辑框中输入 167。然后单击【确定】按钮，如图 8-7 所示。

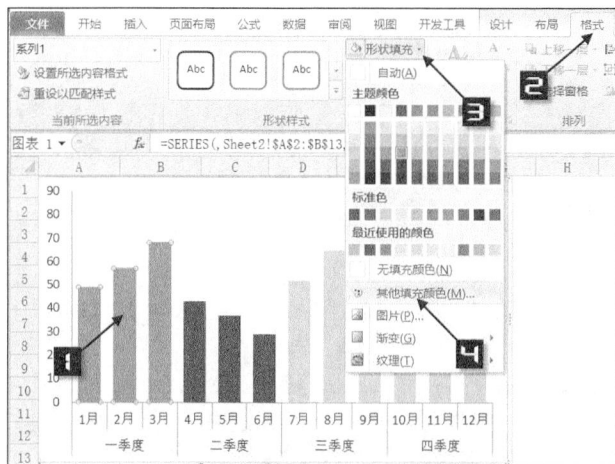

图 8-6　设置形状填充

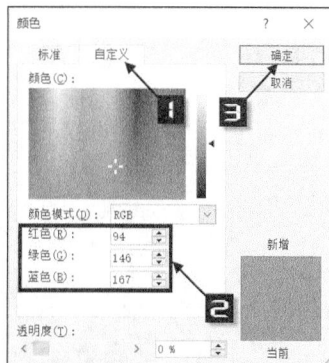

图 8-7　设置颜色

步骤 8　重复步骤 6 和步骤 7，依次将图表数据系列 2 填充颜色的 RGB 值设置为 124、42、26；将图表数据系列 3 填充颜色的 RGB 值设置为 0、163、218；将图表数据系列 4 填充颜色的 RGB 值设置为 249、124、111；将图表区和绘图区填充颜色的 RGB 值设置为 186、208、221。

步骤 9　为图表添加标题，依次设置图表标题和坐标轴标签的字体、字号，完成图表制作。

8.2　使用图表展示工资增幅变化

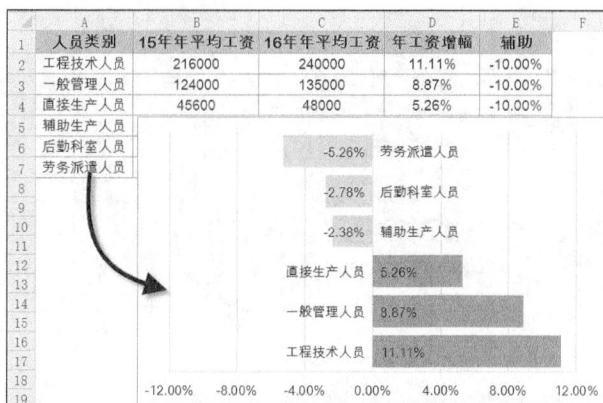

　　素材所在位置为："光盘：\素材\第 8 章 Excel 在会计中的综合应用\8.2 使用图表展示工资增幅变化.xlsx"。

　　年度工资结构分析通常包括薪资增长状况、不同薪资结构对比、不同职位和级别的薪资数据、奖金福利状况、长期激励措施以及未来薪资走势分析等。本节以工资增幅数据为例，学习使用图表展示不同部门工资增幅变化的情况，效果如图 8-8 所示。

使用图表展示
工资增幅变化

图 8-8　不同部门工资增幅变化

操作步骤如下。

步骤 1　新建一个工作簿，删除 Sheet2 和 Sheet3 工作表，按 <Ctrl+S> 组合键，存储为"不同部门工资增幅变化.xlsx"。

步骤 2　在工作表中输入基础信息，设置字体、字号，添加单元格边框，效果如图 8-9 所示。

	A	B	C	D
1	人员类别	15年年平均工资	16年年平均工资	年工资增幅
2	直接生产人员	45600	48000	5.26%
3	辅助生产人员	42000	41000	-2.38%
4	一般管理人员	124000	135000	8.87%
5	工程技术人员	216000	240000	11.11%
6	劳务派遣人员	38000	36000	-5.26%
7	后勤科室人员	36000	35000	-2.78%

图 8-9　基础表格

步骤3　在 E 列增加辅助列，E2 单元格输入以下公式，向下复制到 E7 单元格，如图 8-10 所示。

```
=IF(D2>0,-10%,10%)
```

E2		fx	=IF(D2>0,-10%,10%)		
	A	B	C	D	E
1	人员类别	15年年平均工资	16年年平均工资	年工资增幅	辅助
2	直接生产人员	45600	48000	5.26%	-10.00%
3	辅助生产人员	42000	41000	-2.38%	10.00%
4	一般管理人员	124000	135000	8.87%	-10.00%
5	工程技术人员	216000	240000	11.11%	-10.00%
6	劳务派遣人员	38000	36000	-5.26%	10.00%
7	后勤科室人员	36000	35000	-2.78%	10.00%

图 8-10　在辅助列内使用公式

步骤4　按住 <Ctrl> 键不放，依次选中 A1:A7 和 D1:E7 单元格区域，并在【插入】选项卡下单击【条形图】下拉按钮，然后在下拉列表中选择簇状条形图，如图 8-11 所示。

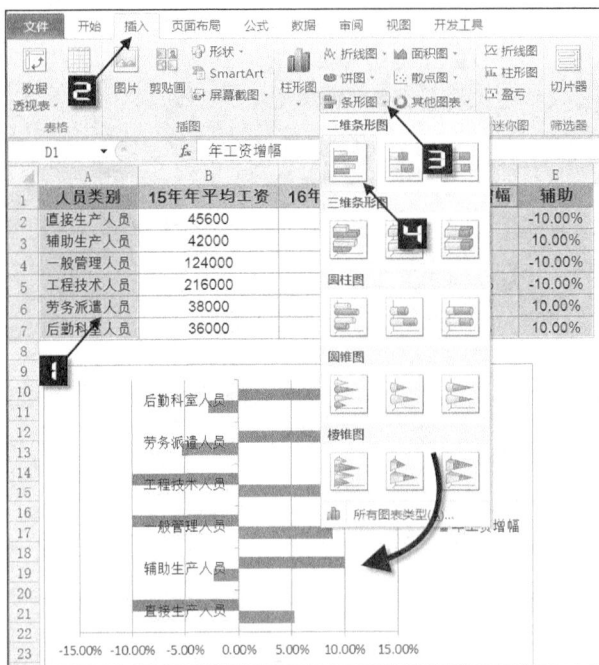

图 8-11　插入条形图

步骤5　单击选中主要纵坐标轴标签，按 <Delete> 删除。单击选中图例项，按 <Delete> 删除，如图 8-12 所示。

步骤6　双击"辅助"数据系列，打开【设置数据系列格式】对话框，在【系列选项】选项卡下，将系列重叠设置为 100%，将分类间距设置为 50%，如图 8-13 所示。

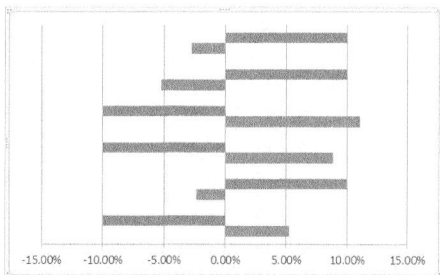

图 8-12 删除不需要的图表元素

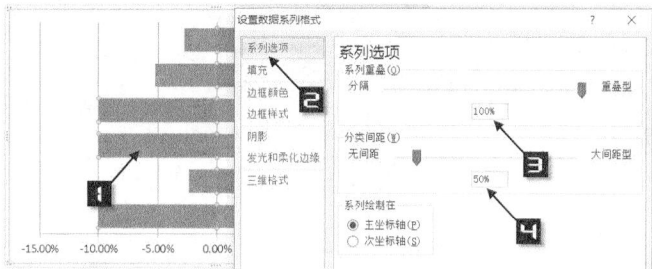

图 8-13 设置系列重叠和系列间距

步骤 7 切换到【填充】选项卡下，单击【无填充】单选钮，不要关闭对话框，如图 8-14 所示。

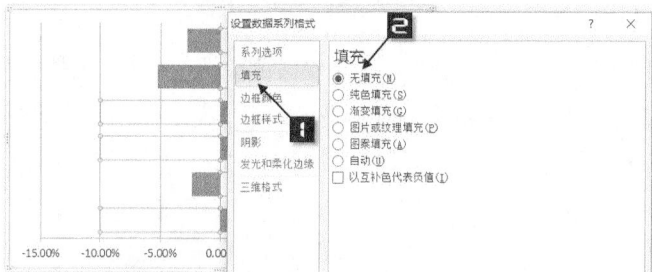

图 8-14 设置"辅助"系列填充颜色

步骤 8 单击图表中的"年工资增幅"系列，再次切换到【填充】选项卡。单击【纯色填充】单选钮，勾选【以互补色代表负值】复选框。此时"颜色"右侧会出现两个主题颜色的下拉按钮，分别表示图表中的正数系列填充颜色和负数系列填充颜色。依次单击下拉按钮，选择两个颜色接近但是深浅不同的颜色，如图 8-15 所示。

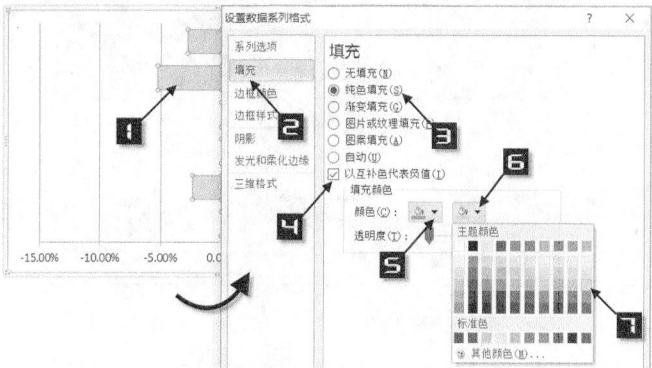

图 8-15 设置以互补色代表负值

步骤9 单击图表中的水平轴，在【设置坐标轴格式】对话框中将最小值设置为固定-0.12，最大值设置为固定0.12，主要刻度单位为固定0.04，然后单击【关闭】按钮，如图8-16所示。

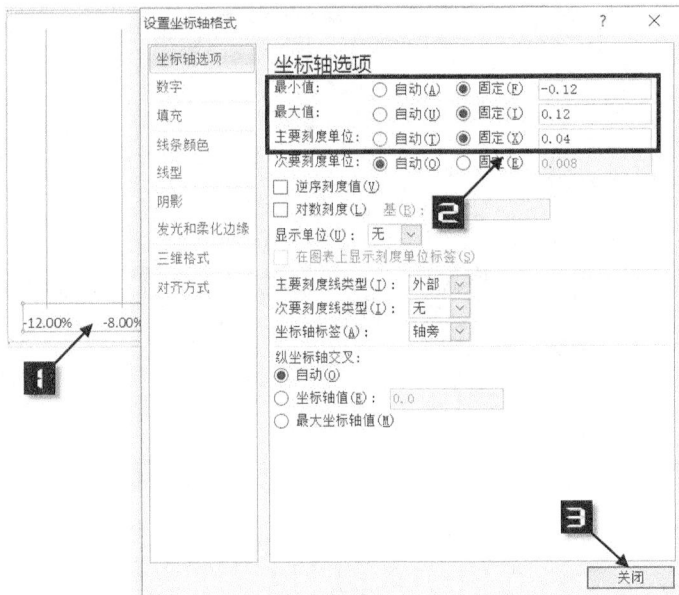

图8-16　设置坐标轴格式

【提示】 设置坐标轴最大值和最小值时，需要以实际数据为参考，选择略大于实际数据值即可。

步骤10 右键单击"辅助"数据系列，然后在【布局】选项卡下单击【数据标签】下拉按钮，并在下拉列表中单击【其他数据标签选项】，打开【设置数据标签格式】对话框，如图8-17所示。

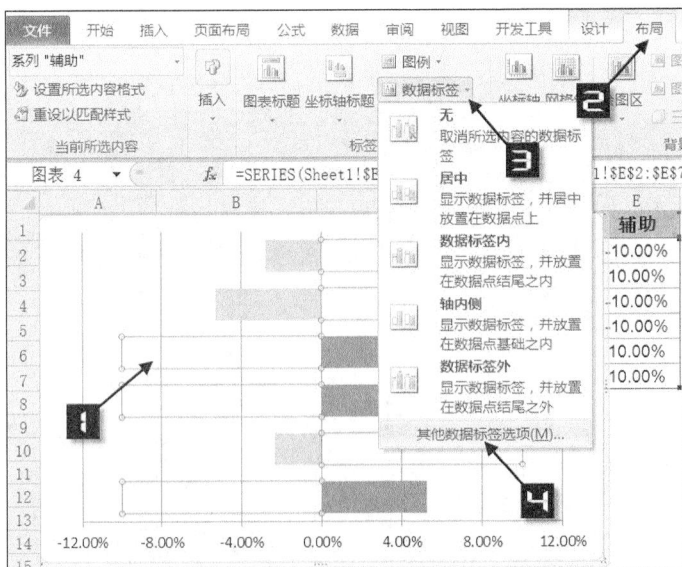

图8-17　添加数据标签

步骤11 在【设置数据标签格式】对话框中，去掉【值】的勾选，然后勾选【类别名称】复选框。在【标签位置】区域，选中【轴内侧】复选框，然后单击【关闭】按钮，如图8-18所示。

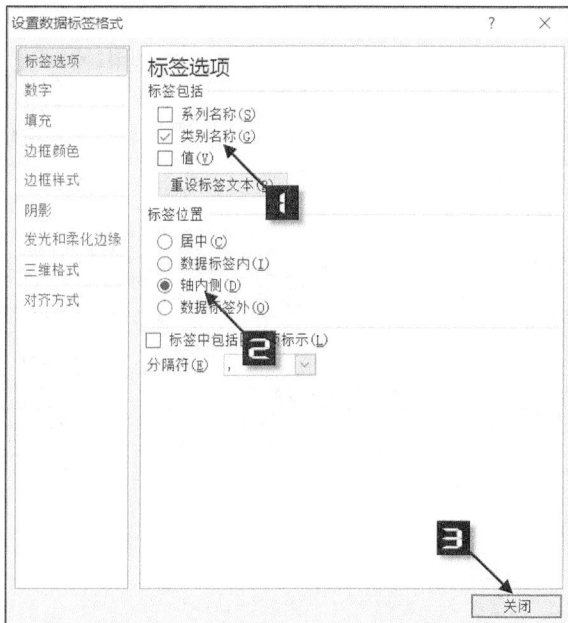

图 8-18　设置数据标签格式

步骤12　使用条形图时，数据点的排列次序与数据表中的次序相反，因此在对数据表中的数据降序排序时，在条形图图表中的数据点会从小到大显示。这里单击数据表中的"年工资增幅"所在列任意单元格，如D3，在【数据】选项卡下单击【降序】按钮，如图 8-19 所示。

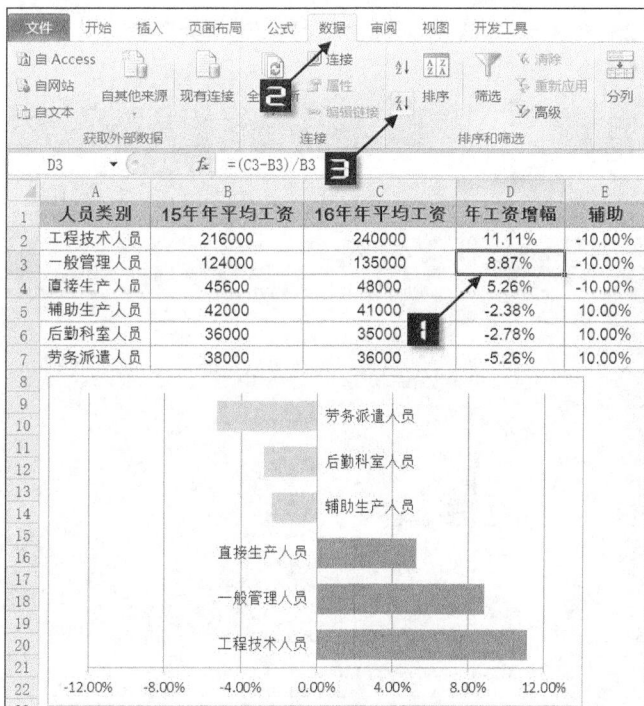

图 8-19　对数据排序

步骤13　单击图表中的网格线，然后在【格式】选项卡下单击【形状轮廓】下拉按钮，在主题颜色面板中选择"白色，背景 1，深色 15%"，如图 8-20 所示。

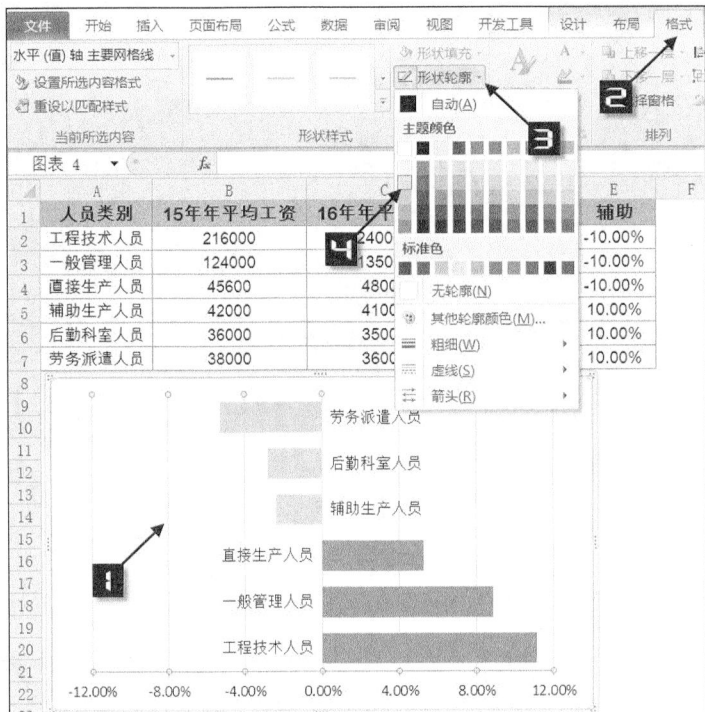

图 8-20　设置网格线颜色

步骤 14　选中"年工资增幅"数据系列，然后在【布局】选项卡下单击【数据标签】下拉按钮，并在下拉菜单中选择【轴内侧】命令，如图 8-21 所示。

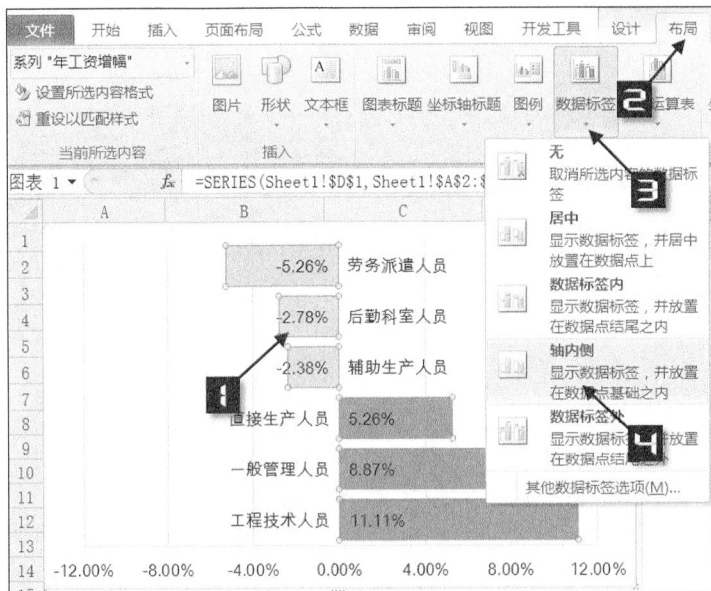

图 8-21　添加数据标签

步骤 15　最后设置图表字体，完成制作。

知识点讲解

　　本图表的主要技巧是添加一个由正数和负数组成的辅助列，目的是在图表中添加一个占位的数据系列。设置该数据系列无轮廓、无填充色，并且仅显示数据标签，以实现左右显示图表标签的效果。

8.3 制作简单的销售分析看板

　　素材所在位置为："光盘：\素材\第 8 章 Excel 在会计中的综合应用\8.3 制作简单的销售分析看板.xlsx"。

　　图 8-22 所示的是根据下半年的销售记录，使用 Excel 中的数据透视表、数据透视图以及迷你图来制作的销售分析看板。通过单击切片器中的选项按钮，能够从多个角度观察销售数据。

图 8-22 简单的销售分析看板

　　准备下半年的销售记录表，并且在数据区域右侧的空白列内输入列标题"各月销售额分布"，如图 8-23 所示。

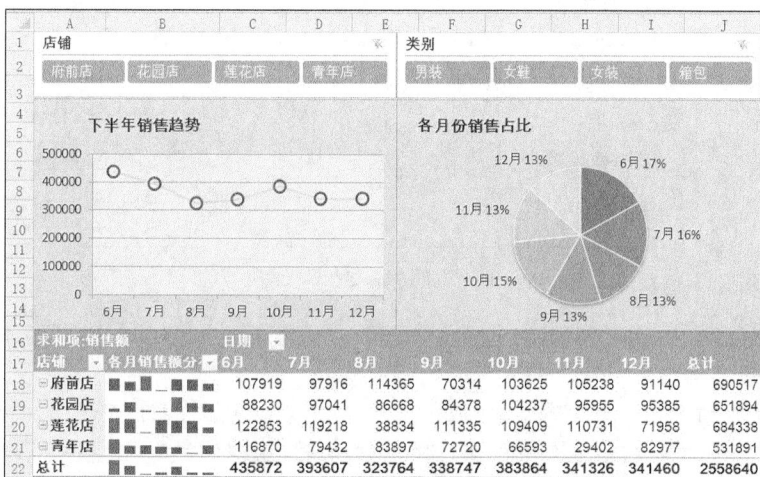

图 8-23 销售记录表

8.3.1 制作展示下半年销售趋势的折线图

首先插入数据透视图，用于展示下半年销售趋势。

操作步骤如下。

步骤 1 单击数据区域任意单元格，如 A4，然后在【插入】选项卡下单击【数据透视表】下拉按钮，并在下拉列表中选择【数据透视图】命令。在弹出的【创建数据透视表及数据透视图】对话框中，保持默认选项，然后单击【确定】按钮，如图 8-24 所示。

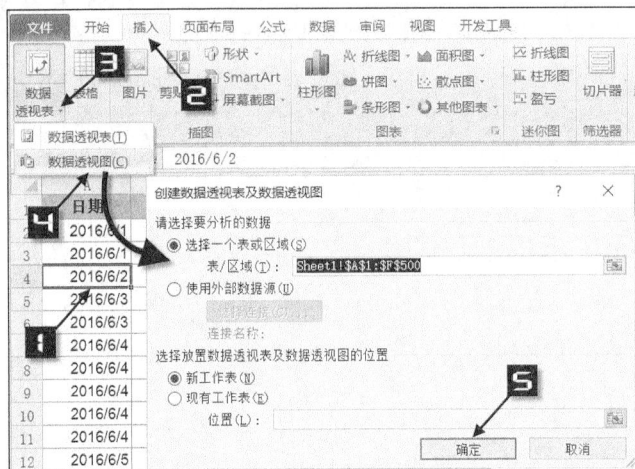

图 8-24 插入数据透视图

步骤 2 在【数据透视表字段列表】中，将"日期"字段拖动到"轴字段（分类）"区域，将"销售额"字段拖动到数值区域，如图 8-25 所示。

步骤 3 右键单击数据透视表行标签的任意单元格，如 A2，在弹出的扩展菜单中单击【创建组】命令，打开【分组】对话框。在步长区域中单击选中"月"，然后单击【确定】按钮，如图 8-26 所示。

步骤 4 右键单击数据透视表，然后在扩展菜单中选择"数据透视表选项"命令，弹出【数据透视表选项】对话框。在该对话框中，去掉"更新时自动调整列宽"复选框的勾选后，单击【确定】按钮关闭对话框，如图 8-27 所示。

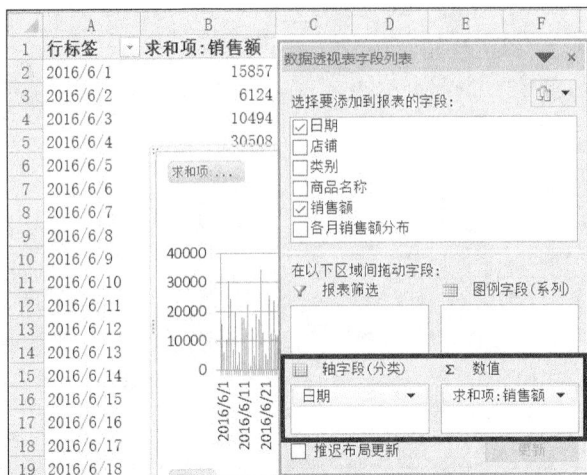

图 8-25 调整数据透视表布局

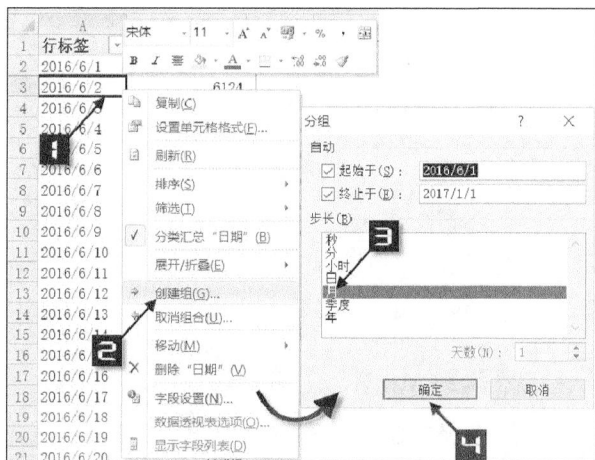

图 8-26　创建组

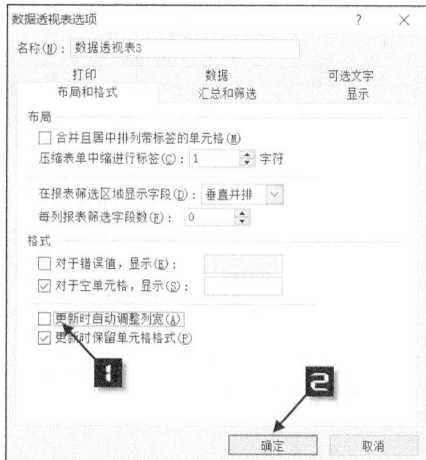

图 8-27　数据透视表选项

步骤 5　单击数据透视图，在【设计】选项卡下单击【更改图表类型】命令按钮，在弹出的【更改图表类型】对话框中，单击选中"带数据标记的折线图"，然后单击【确定】按钮，如图 8-28 所示。

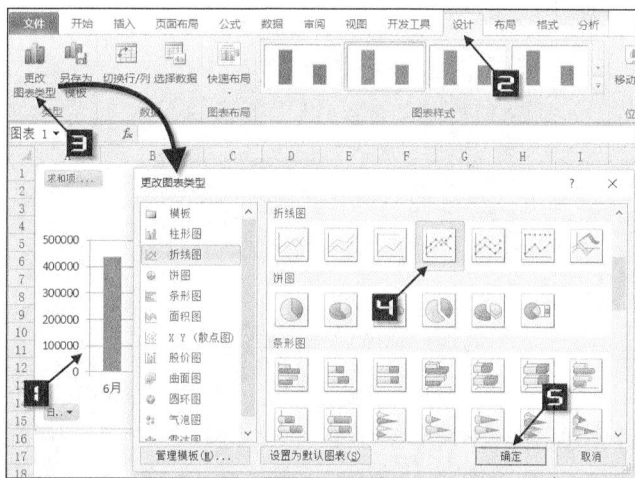

图 8-28　更改图表类型

步骤 6　双击数据透视图中的数据系列，在弹出的【设置数据系列格式】对话框中，切换到【数据标记选项】选项卡下，勾选"数据标记类型"区域的"内置"单选钮。然后单击"类型"右侧的下拉按钮，选择圆形。然后单击"大小"右侧的下拉按钮，选择 9，不要关闭对话框。如图 8-29 所示。

步骤 7　切换到【数据标记填充】选项卡下，单击选中"无填充"单选钮，如图 8-30 所示。

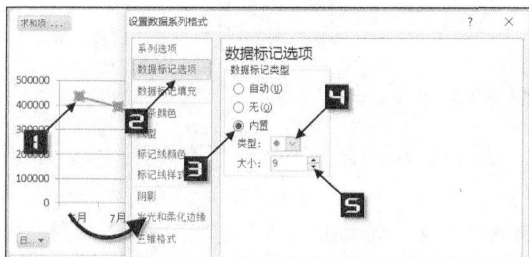

图 8-29　设置数据标记选项

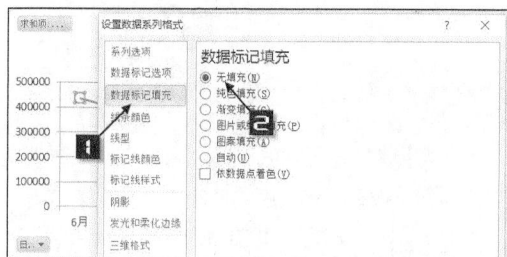

图 8-30　设置数据标记填充

步骤8 切换到【线条颜色】选项卡下，单击选中"实线"单选钮，然后单击"颜色"右侧的下拉按钮，在主题颜色面板中选择"水绿色，强调文字颜色5，淡色60%"，如图8-31所示。

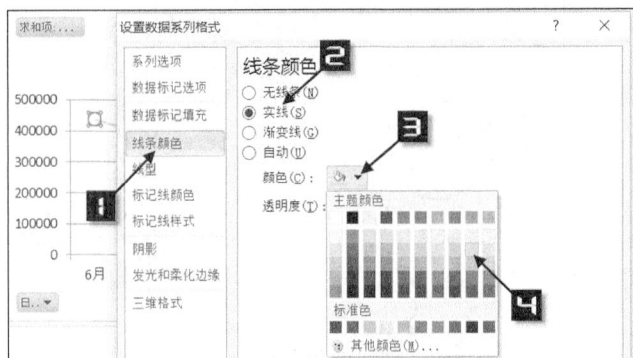

图8-31　设置线条颜色

步骤9 切换到【标记线颜色】选项卡下，单击选中"实线"单选钮，然后单击"颜色"右侧的下拉按钮，在主题颜色面板中选择"深红色"，如图8-32所示。

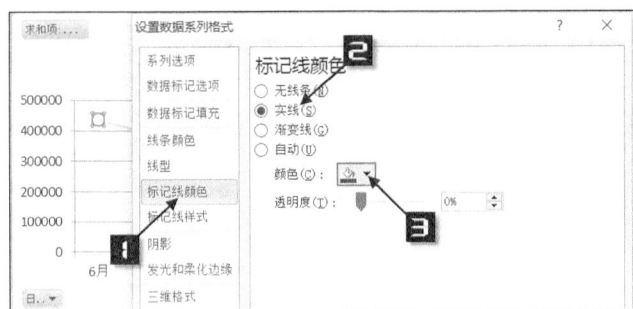

图8-32　设置标记线颜色

步骤10 切换到【标记线样式】选项卡下，单击"宽度"右侧的微调按钮，设置为2磅。最后单击右上角的关闭按钮，关闭对话框，如图8-33所示。

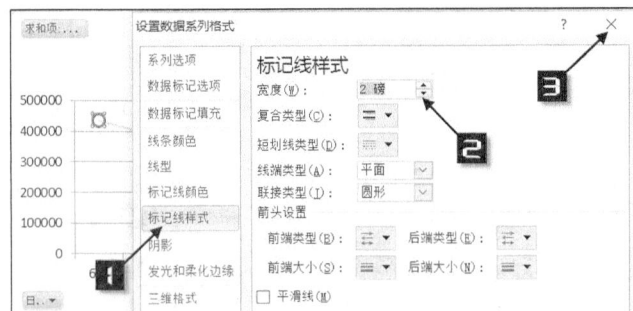

图8-33　设置标记线样式

步骤11 单击选中图例项，按<Delete>键删除，然后将图表标题修改为"下半年销售趋势"，适当调整标题位置，设置字体、字号，如图8-34所示。

步骤12 右键单击数据透视图字段按钮，在扩展菜单中选择"隐藏图表上的所有字段按钮"命令，如图8-35所示。

步骤 13 选中绘图区，在【格式】选项卡下单击【形状填充】下拉按钮，在主题颜色面板中选择"水绿色，强调文字颜色 5，淡色 80%"。同样的方法，将图表区的填充颜色设置为"水绿色，强调文字颜色 5，淡色 60%"，如图 8-36 所示。

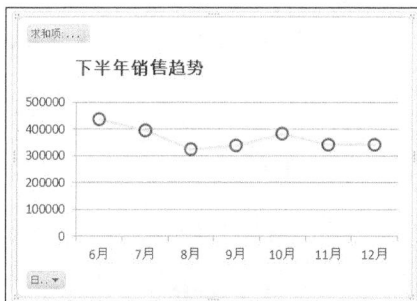

图 8-34 修改图表标题

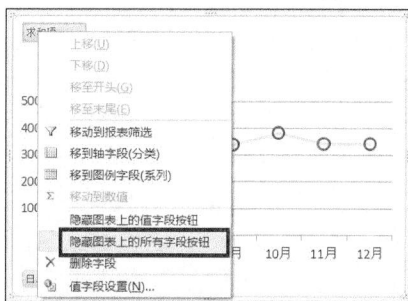

图 8-35 隐藏字段按钮

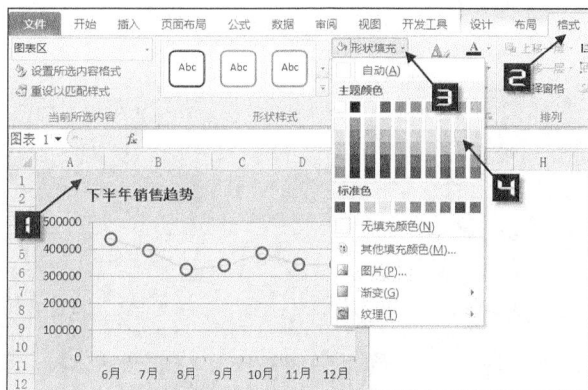

图 8-36 设置图表填充颜色

至此，下半年销售趋势折线图制作完成。

8.3.2 制作展示各月份销售占比的饼图

接下来继续插入数据透视图，用于展示各月份销售占比。操作步骤如下。

步骤 1 单击数据源工作表中的任意单元格，插入数据透视图。在弹出的【创建数据透视表及数据透视图】对话框中，单击选中"现有工作表"单选钮，然后单击位于编辑框右侧的折叠按钮，并选择首个数据透视图所在工作表的 F1 单元格，最后单击【确定】按钮，如图 8-37 所示。

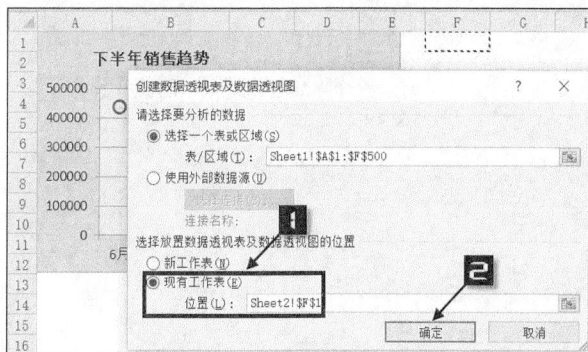

图 8-37 插入数据透视图

步骤 2 在【数据透视表字段列表】中，将"日期"字段拖放到"轴字段（分类）"区域，将"销售额"字段拖放到数值区域。

步骤 3 右键单击数据透视表，参考 8.3.1 步骤 4，在【数据透视表选项】对话框中去掉"更新时自动调整列宽"复选框的勾选。

步骤 4 单击数据透视图，参考 8.3.1 步骤 5，将图表类型更改为饼图。然后删除图例项，隐藏图表上的所有字段按钮。

步骤 5 在【设计】选项卡下的"图表样式"命令组中，选择图表样式 15，如图 8-38 所示。

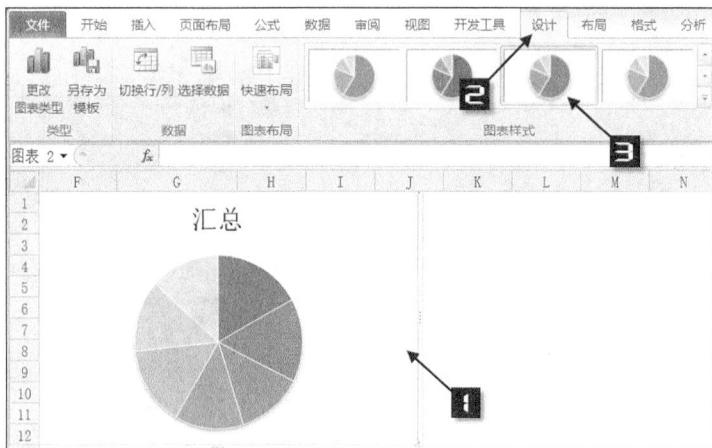

图 8-38　选择图表样式

步骤 6 将图表区填充颜色设置为"水绿色，强调文字颜色 5，淡色 60%"。

步骤 7 在【布局】选项卡下单击【数据标签】下拉按钮，并在下拉列表中选择"其他数据标签选项"命令，如图 8-39 所示。

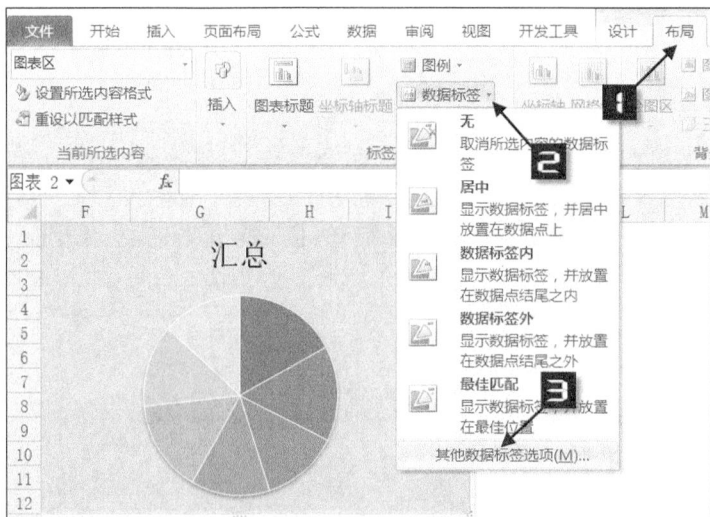

图 8-39　添加图表标签

步骤 8 在弹出的【设置数据标签格式】对话框中，依次勾选"标签包括"区域的"类别名称""百分比"和"显示引导线"复选框。然后在"标签位置"区域单击选中"数据标签外"单选钮，分隔符选择"（空格）"，最后单击【关闭】按钮，如图 8-40 所示。

步骤 9 将图表标题修改为"各月份销售占比",设置字体字号,然后适当调整标题位置,调整图表的位置,效果如图 8-41 所示。

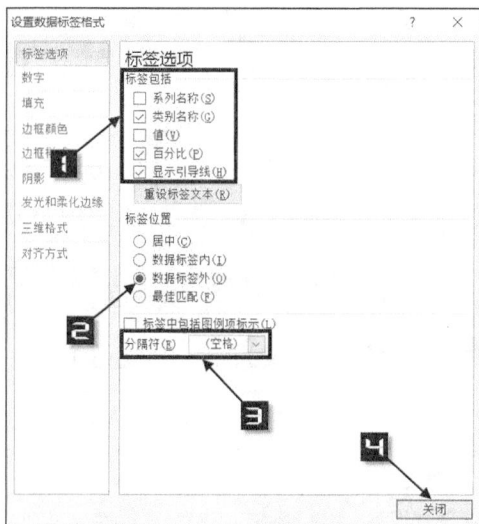

图 8-40 设置数据标签格式

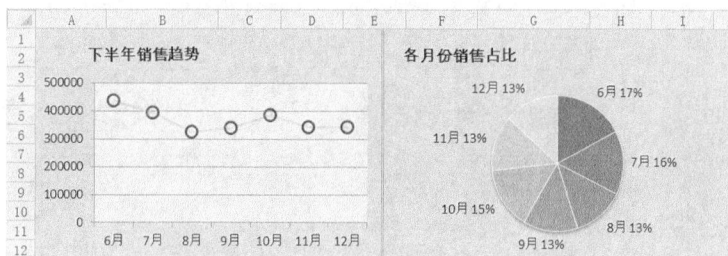

图 8-41 完成后的折线图和饼图效果

8.3.3 制作带有迷你图的数据透视表

接下来继续插入数据透视表,用于展示各月份的销售汇总金额。操作步骤如下。

步骤 1 单击数据源工作表中的任意单元格,插入数据透视表。在弹出的【创建数据透视表】对话框中,单击选中"现有工作表"单选钮,然后单击位置编辑框右侧的折叠按钮,选择数据透视图所在工作表的 A13 单元格,最后单击【确定】按钮,如图 8-42 所示。

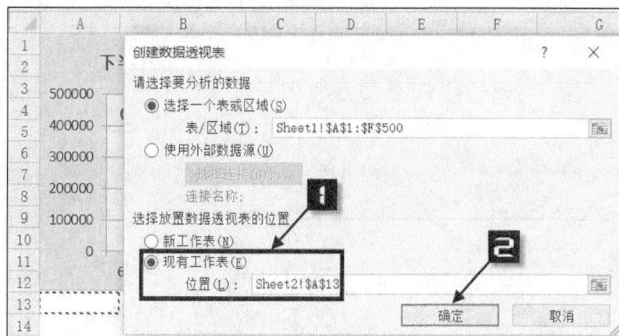

图 8-42 创建数据透视表

步骤2 在【数据透视表字段列表】中，将"店铺"字段和"各月销售额分布"字段拖放到"行标签"区域，将"日期"字段拖放到列标签区域，将"销售额"字段拖放到数值区域。

步骤3 单击数据透视表任意单元格，如 A15，在【设计】选项卡下选择"数据透视表样式中等深浅 13"，然后单击【分类汇总】下拉按钮，并在下拉列表中选择"不显示汇总"。再单击【报表布局】下拉按钮，并在下拉列表中选择"以表格形式显示"命令，如图 8-43 所示。

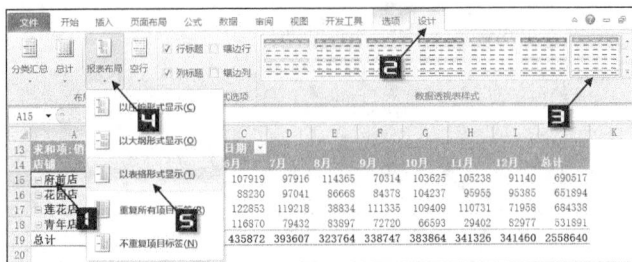

图 8-43　设置数据透视表样式和布局

步骤4 按 <Ctrl+A> 组合键全选数据透视表，设置字体为 Arial Unicode MS。

步骤5 按 <Ctrl+H> 组合键，将数据透视表中的"（空白）"字样替换为空格，如图 8-44 所示。

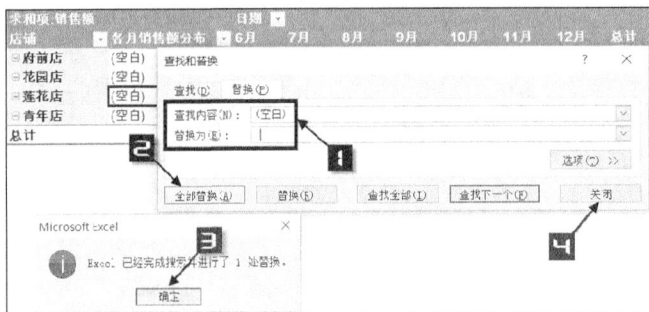

图 8-44　替换字符

步骤6 右键单击数据透视表，参考 8.3.1 步骤 4，在【数据透视表选项】对话框中去掉"更新时自动调整列宽"复选框的勾选。

步骤7 选中数据透视表中的"各月销售额分布"字段，即 B15:B19 单元格区域，在【插入】选项卡下单击迷你图命令组中的"柱形图"命令，弹出【创建迷你图】对话框。在该对话框中，单击"数据范围"右侧的折叠按钮，选择 C15:I19 单元格区域。单击"位置范围"右侧的折叠按钮，选择 B15:B19 单元格区域，最后单击【确定】按钮，如图 8-45 所示。

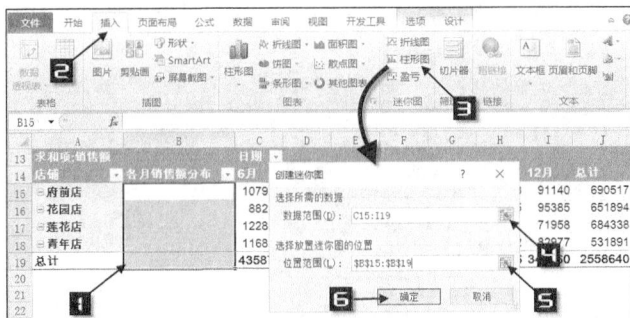

图 8-45　创建迷你图

步骤 8   保持 B15:B19 单元格区域的选中状态，在【设计】选项卡下单击【颜色标记】下拉按钮，并在下拉列表中设置"高点"颜色为红色，如图 8-46 所示。

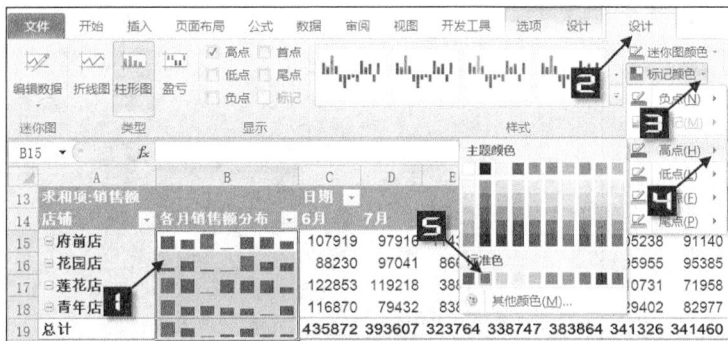

图 8-46   设置迷你图高点颜色

步骤 9   在工作表最上端插入 3 个空行。

步骤 10   单击任意一个数据透视图，在分析选项卡下单击【插入切片器】→【插入切片器】命令。在弹出的【插入切片器】对话框中，勾选"店铺"和"类别"字段的复选框，最后单击【确定】按钮，插入两个切片器，如图 8-47 所示。

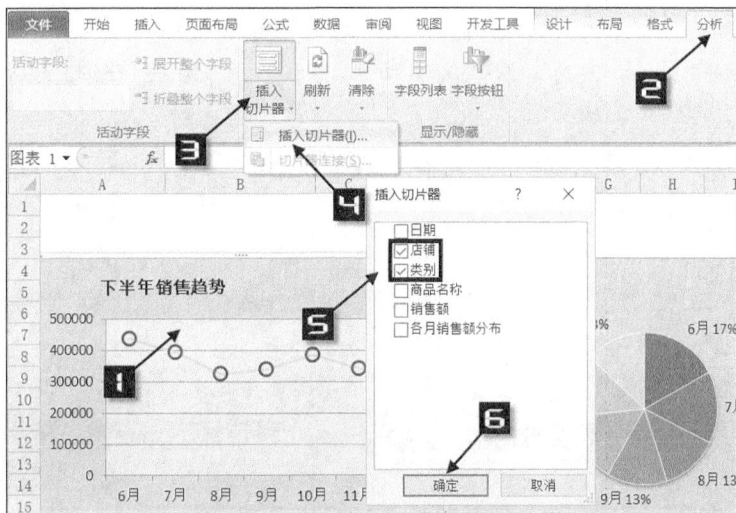

图 8-47   插入切片器

步骤 11   按住 <Ctrl> 键不放，依次单击选中两个切片器，在【选项】选项卡下单击"列"右侧的微调按钮，设置为 4，然后在右侧的大小命令组中设置高度和宽度，如图 8-48 所示。

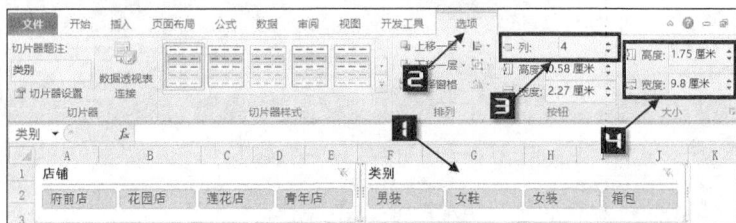

图 8-48   调整切片器大小

步骤 12 单击左侧切片器，在【选项】选项卡下的切片器样式命令组中选择"切片器样式深色 5"，然后单击"数据透视表连接"命令按钮。在弹出的【数据透视表连接】对话框中，依次勾选所有数据透视表名称前的复选框，最后单击【确定】按钮，如图 8-49 所示。

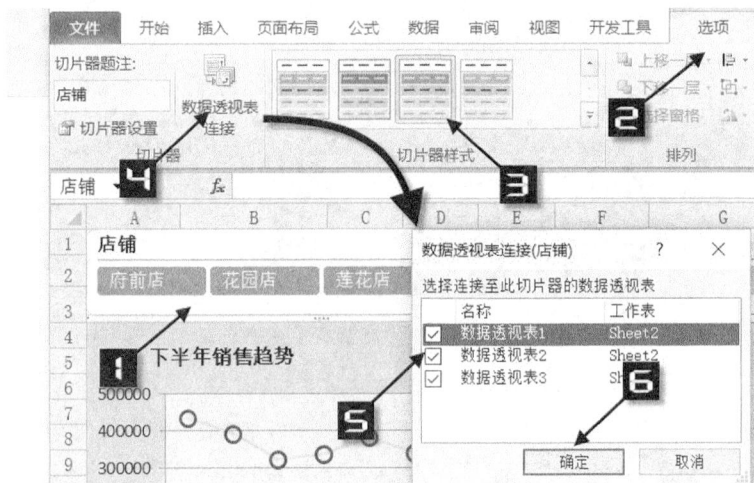

图 8-49 数据透视表连接

步骤 13 重复步骤 12 的方法，设置右侧切片器的样式和数据透视表连接。

步骤 14 按住 <Ctrl> 键不放，依次单击选中两个数据透视图，然后在【选项】选项卡下的大小命令组中设置高度和宽度，如图 8-50 所示。

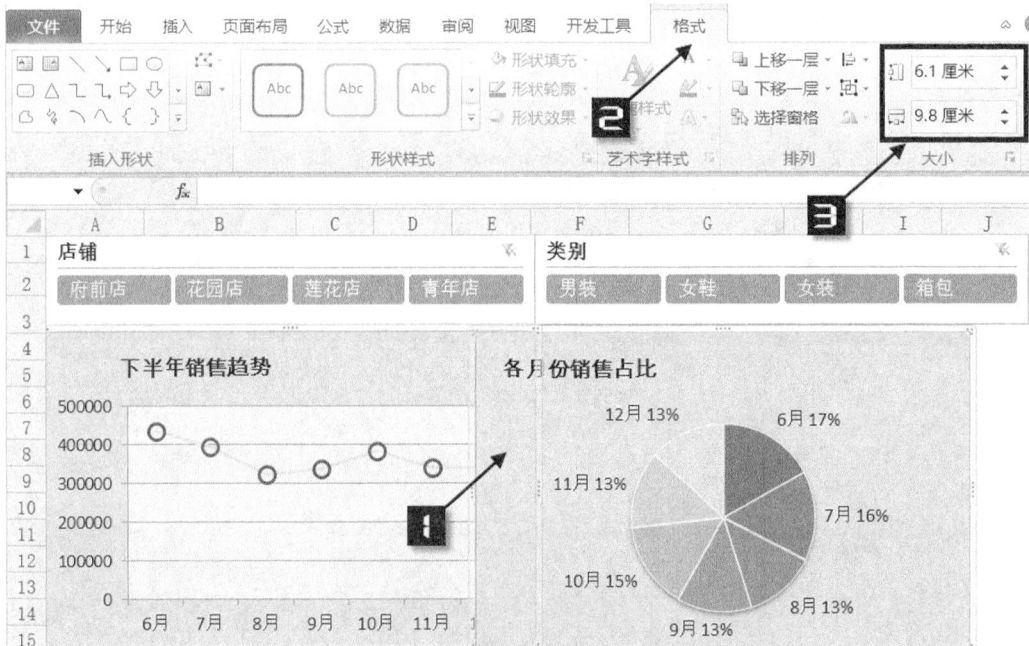

图 8-50 设置数据透视图大小

步骤 15 适当调整数据透视图位置，完成销售看板的制作。
单击切片器中的项目按钮，即可展示不同角度的数据信息，如图 8-51 所示。

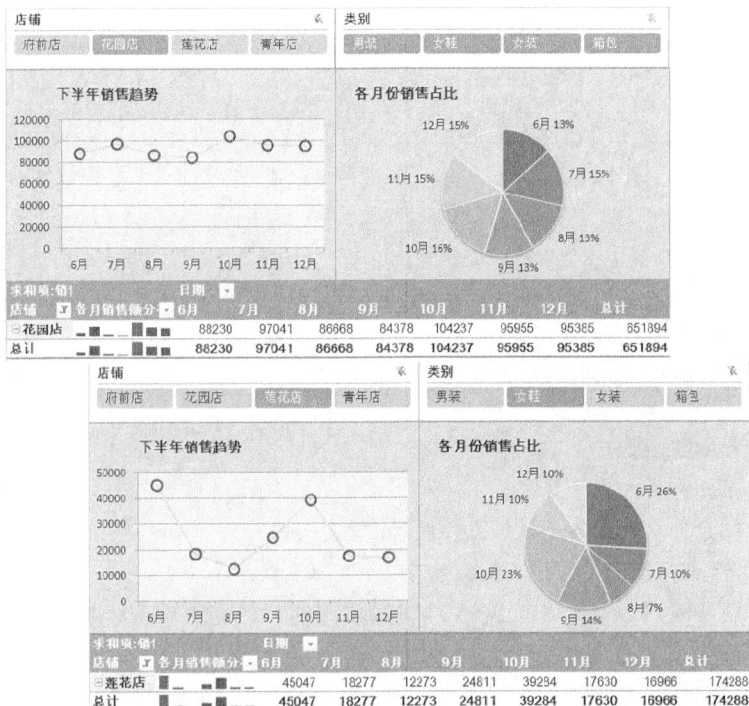

图 8-51　多角度观察数据

知识点讲解

迷你图

1. 认识迷你图

素材所在位置为：光盘：\素材\第 8 章 Excel 在会计中的综合应用\认识迷你图.xlsx

迷你图是工作表单元格中的微型图表，包括柱形图、折线图和盈亏 3 种类型。通常在数据表格的一侧显示迷你图，可以清晰地反映一系列数据变化的趋势，如图 8-52 所示。

	A	B	C	D	E	F
1	姓名	一季度	二季度	三季度	四季度	迷你图
2	柳若馨	84	89	99	82	
3	白鹤天	45	71	45	50	
4	冷语嫣	93	46	83	96	
5	苗冬雪	79	53	62	46	
6	夏之春	78	83	63	72	

图 8-52　迷你图

迷你图的图形比较简洁，没有坐标轴、图表标题、图例、网格线等图表元素，主要体现数据的变化趋势或对比。创建一个迷你图之后，可以通过填充功能，快速创建一组图表。

单个迷你图只能使用一行或是一列数据作为数据源。

2. 更改迷你图类型

如需改变迷你图的图表类型，可以选中迷你图中的任意一个单元格，单击【设计】选项卡下的【柱形图】按钮，即可将一组迷你图全部更改为柱形迷你图，如图 8-53 所示。

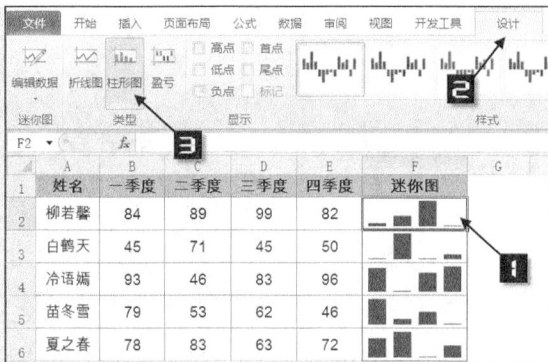

图 8-53　更改迷你图类型

3. 突出显示数据点

用户可以根据需要，为折线迷你图添加标记，或是突出显示迷你图的高点、低点、负点、首点和尾点，并且可以设置各个数据点的显示颜色。

如图 8-54 所示，选中迷你图中的任意一个单元格，在【设计】选项卡下，勾选"高点""低点"和"标记"复选框，然后单击【标记颜色】下拉按钮为各数据点设置自定义颜色。

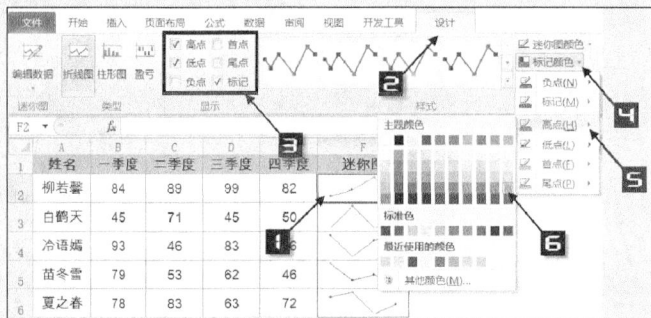

图 8-54　突出显示数据点

4. 设置迷你图样式

Excel 提供了 36 种迷你图颜色样式组合供用户选择。选中迷你图中的任意一个单元格，然后单击【设计】选项卡中的【样式】下拉按钮，打开迷你图样式库，再单击样式图标，即可将样式应用到一组迷你图中，如图 8-55 所示。

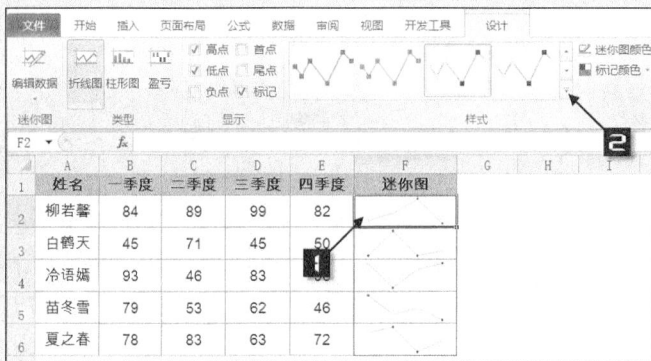

图 8-55　设置迷你图样式

5. 清除迷你图

清除迷你图有以下几种方法。

方法 1 选中迷你图所在单元格区域，单击鼠标右键，然后在弹出的快捷菜单上依次单击【迷你图】→【清除所选的迷你图】命令。

方法 2 选中迷你图所在单元格区域，然后单击【设计】选项卡中的【清除】命令。

扩展知识点

分级显示数据列表

素材所在位置为：光盘：\素材\第 8 章 Excel 在会计中的综合应用\分极显示数据列表.xlsx

分级显示功能可以将包含类似标题且行列数较多的数据表进行组合汇总，分级后会自动产生+、-和 1、2、3 等符号。单击这些符号，则可以显示或隐藏明细数据，如图 8-56 所示。

使用分级显示可以快速显示摘要行或摘要列，或者显示每组的明细数据。可以单独创建行或列的分级显示，也可以同时创建行和列的分级显示。通常采用自动建立分级显示的方式。

1. 自动建立分级显示

如图 8-57 所示，需要将数据列表自动建立分级显示，实现如图 8-56 所示的效果。

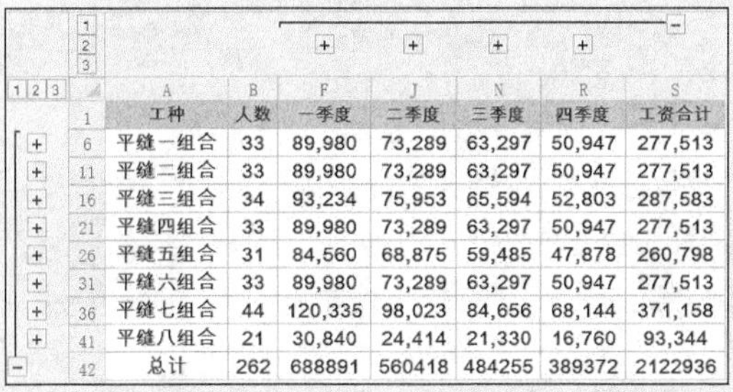

行	工种	人数	一季度	二季度	三季度	四季度	工资合计
6	平缝一组合	33	89,980	73,289	63,297	50,947	277,513
11	平缝二组合	33	89,980	73,289	63,297	50,947	277,513
16	平缝三组合	34	93,234	75,953	65,594	52,803	287,583
21	平缝四组合	33	89,980	73,289	63,297	50,947	277,513
26	平缝五组合	31	84,560	68,875	59,485	47,878	260,798
31	平缝六组合	33	89,980	73,289	63,297	50,947	277,513
36	平缝七组合	44	120,335	98,023	84,656	68,144	371,158
41	平缝八组合	21	30,840	24,414	21,330	16,760	93,344
42	总计	262	688891	560418	484255	389372	2122936

图 8-56 分级显示效果

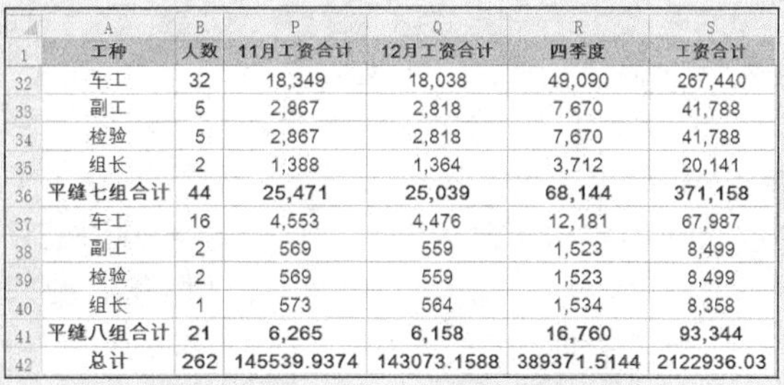

行	工种	人数	11月工资合计	12月工资合计	四季度	工资合计
32	车工	32	18,349	18,038	49,090	267,440
33	副工	5	2,867	2,818	7,670	41,788
34	检验	5	2,867	2,818	7,670	41,788
35	组长	2	1,388	1,364	3,712	20,141
36	平缝七组合计	44	25,471	25,039	68,144	371,158
37	车工	16	4,553	4,476	12,181	67,987
38	副工	2	569	559	1,523	8,499
39	检验	2	569	559	1,523	8,499
40	组长	1	573	564	1,534	8,358
41	平缝八组合计	21	6,265	6,158	16,760	93,344
42	总计	262	145539.9374	143073.1588	389371.5144	2122936.03

图 8-57 需要建立分级显示的数据表

单击输入区域任意单元格，如 P38，然后在【数据】选项卡中，单击【创建组】按钮，并在下拉菜单中单击【自动建立分级显示】命令即可，如图 8-58 所示。

行	工种	人数	11月工资合计	12月工资合计	四季度	工资合计
32	车工	32	18,349	18,038	49,090	267,440
33	副工	5	2,867	2,818	7,670	41,788
34	检验	5	2,867	2,818	7,670	41,788
35	组长	2	1,388	1,364	3,712	20,141
36	平缝七组合计	44	25,471	25,039	68,144	371,158
37	车工	16	4,553	4,476	12,181	67,987
38	副工	2	569	559	1,523	8,499
39	检验	2	569	559	1,523	8,499
40	组长	1	573	564	1,534	8,358
41	平缝八组合计	21	6,265	6,158	16,760	93,344
42	总计	262	145539.9374	143073.1588	389371.5144	2122936.03

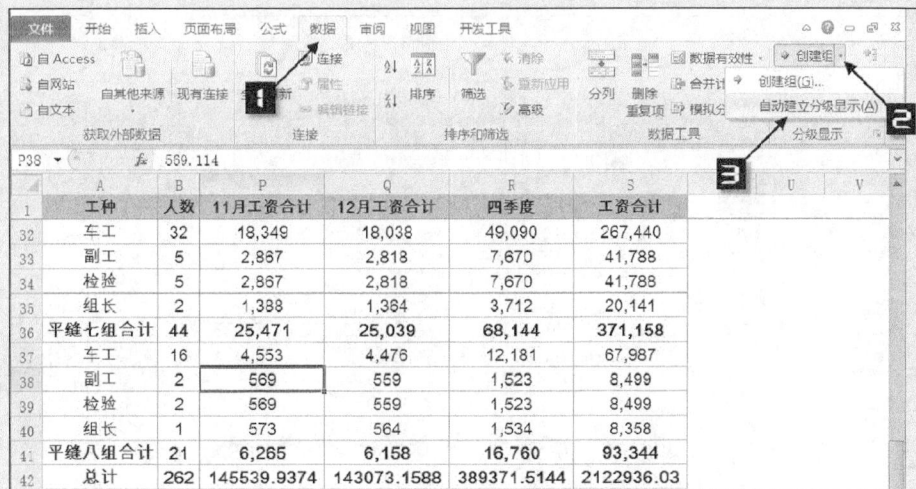

图 8-58 自动建立分级显示

建立分级显示后，分别单击行、列分级显示符号，即可快速查看不同分级的汇总数据。

2. 清除分级显示

如果用户希望将已经创建了分级显示的工作表恢复到分级显示前的状态，可以在【数据】选项卡下单击【取消组合】按钮，并在下拉菜单中单击"清除分级显示"命令即可，如图 8-59 所示。

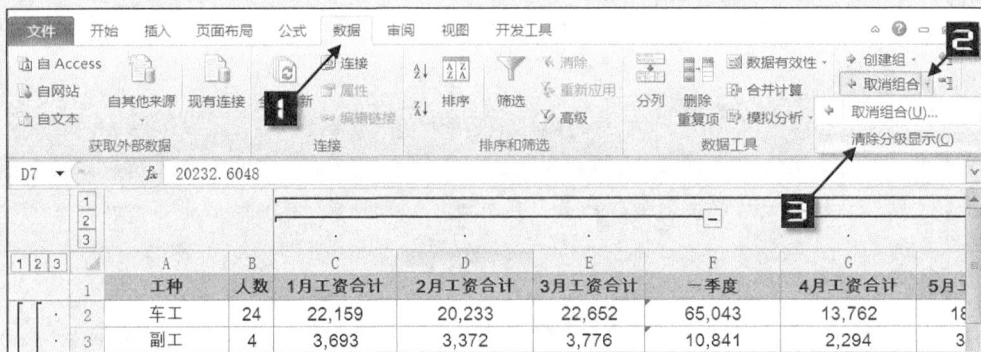

图 8-59　清除分级显示

8.4　按指定条件导入销售数据

日常会计工作中，经常需要从数据量比较大的一些销售记录或是采购中提取出部分需要的数据。如果使用数组公式提取，则运算速度会非常慢，甚至造成 Excel 程序假死无响应。而使用筛选或是高级筛选处理，在数据源发生变化时结果又会无法更新。

本节讲解使用 Microsoft Query 导入指定条件的外部数据的方法。该方法不但处理速度快，而且在数据源发生变化时，能够获得最新的结果。

素材所在位置为："光盘：\素材\第 8 章 Excel 在会计中的综合应用\8.4 按指定条件导入销售数据"。

按指定条件导入
销售数据

如图 8-60 所示，是某公司的销售流水记录，包含 8 000 多条记录，每条记录有 20 多个字段。需要在新工作簿中提取出客户为"广东博大进出口有限公司"且金额在 100 000 元以上的记录。

	销售部门	业务员	客户	存货编码	存货名称	规格型号	批号	件数	主计量单位	数量	单价	金额
7665	集团本部	张清玉	广东博大进出口有限公司	04020124	分离钙奶MSS5100	10kg/件	01170514A1	262	kg	2620	24.2863	37430.11
7666	集团本部	张清玉	广东博大进出口有限公司	04020124	分离钙奶MSS5100	10kg/件	01170514A3	305	kg	1050	24.2862	15000.51
7667	集团本部	张清玉	广东博大进出口有限公司	04020124	分离钙奶MSS5100	10kg/件	01170514A4	392	kg	1920	24.2862	27429.5
7668	集团本部	张清玉	广东博大进出口有限公司	04020124	分离钙奶MSS5100	10kg/件	01170515A2	232	kg	2120	24.2863	30286.96
7669	集团本部	张清玉	广东博大进出口有限公司	04020124	分离钙奶MSS5100	10kg/件	01170515A4	245	kg	2450	24.2862	35001.19
7670	集团本部	张清玉	广东博大进出口有限公司	04020124	分离钙奶MSS5100	10kg/件	01170516A1	398	kg	1980	24.2863	28286.87
7671	集团本部	张清玉	广东博大进出口有限公司	04020124	分离钙奶MSS5100	10kg/件	01170516A3	386	kg	1860	24.2862	26572.33
7672	集团本部	张清玉	广东博大进出口有限公司	04020124	分离钙奶MSS5100	10kg/件	01170516A4	272	kg	2720	24.2863	38858.74
7673	集团本部	张清玉	广东博大进出口有限公司	04020124	分离钙奶MSS5100	10kg/件	01170516A5	245	kg	2450	24.2862	35001.19
7674	集团本部	张清玉	广东博大进出口有限公司	04020124	分离钙奶MSS5100	10kg/件	01170516A6	83	kg	830	24.2863	11857.63
7675	集团本部	张清玉	广东博大进出口有限公司	04020128	分离钙奶MSS5200	10kg/件	01170518A2	32	kg	120	24.9226	1790.59
7676	集团本部	张清玉	广东博大进出口有限公司	04020124	分离钙奶MSS5100	10kg/件	01170518A3	388	kg	1880	24.9226	28052.61
7677	集团本部	张清玉	广东博大进出口有限公司	04020124	分离钙奶MSS5100	10kg/件	01170514A2	236	kg	2160	24.2862	30858.19
7678	集团本部	张清玉	广东博大进出口有限公司	04020124	分离钙奶MSS5100	10kg/件	01170501A6	244	kg	2440	24.2863	34858.57

图 8-60　销售记录

操作步骤如下。

步骤 1　新建一个工作簿，删除 Sheet2 和 Sheet3 工作表，按 <Ctrl+S> 组合键将文档保存为"重要客户记录.xlsx"。

步骤 2　单击 A1 单元格，在【数据】选项卡下单击【自其他来源】下拉按钮，在下拉列表中选择"来自

Microsoft Query"命令，如图 8-61 所示。

步骤 3 在弹出的【选择数据源】对话框中，单击选中"Excel Files*"，然后单击【确定】按钮，如图 8-62 所示。

图 8-61 导入外部数据

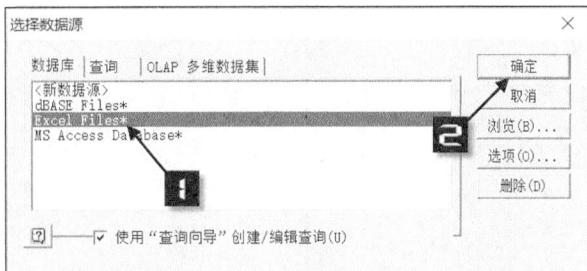

图 8-62 选择数据源

步骤 4 在弹出的【选择工作簿】对话框中，单击【驱动器】下拉按钮，选择存放数据源的驱动器盘符。如果数据源文件是存放在某个文件夹内，还需要在目录列表中选择对应的文件夹，然后单击左侧的工作簿名称，单击【确定】按钮，如图 8-63 所示。

此时可能会弹出如图 8-64 所示的提示对话框，提示用户"数据源中没有包含可见的表格"，直接单击【确定】按钮，进入【查询向导-选择列】对话框。

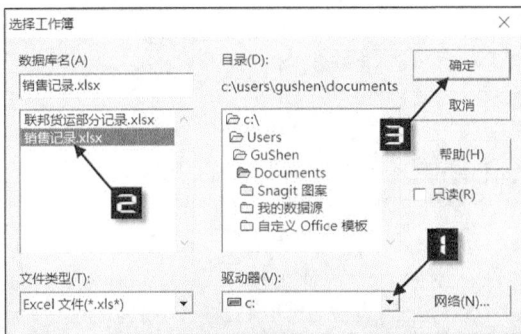

图 8-63 选择工作簿

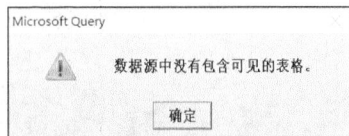

图 8-64 提示对话框

步骤 5 单击【查询向导-选择列】对话框中的【选项】按钮，并在弹出的【表选项】对话框中勾选"系统表"复选框，然后单击【确定】按钮，如图 8-65 所示。

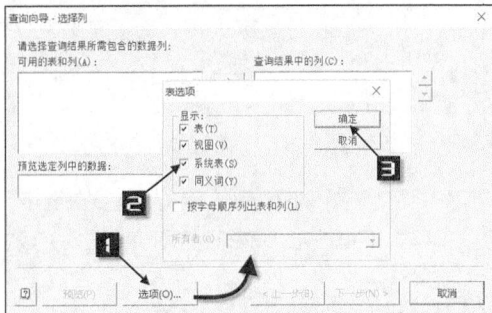

图 8-65 查询向导 1

步骤6 依次单击左侧"可用的表和列"列表中的字段标题，然后单击中间的【＞】按钮，将字段添加到右侧"查询结果中的列"区域，然后单击【下一步】按钮，如图 8-66 所示。

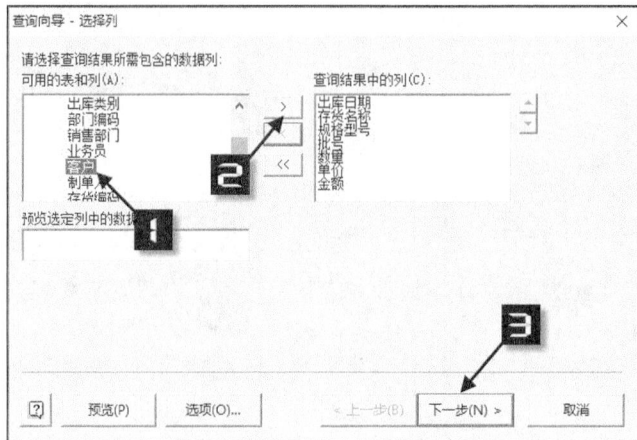

图 8-66　查询向导 2

实际操作时，可以根据需要选择查询结果字段名称。

步骤7 在弹出的【查询向导-筛选数据】对话框中，单击选中左侧"待筛选的列"列表中的字段名称"客户"，然后单击右侧的下拉按钮设置条件为"等于""广东博大进出口有限公司"。单击选中左侧"待筛选的列"列表中的字段名称"金额"，然后单击右侧的下拉按钮设置条件为"大于"，再输入自定义的筛选条件 100000，最后单击【下一步】按钮，如图 8-67 所示。

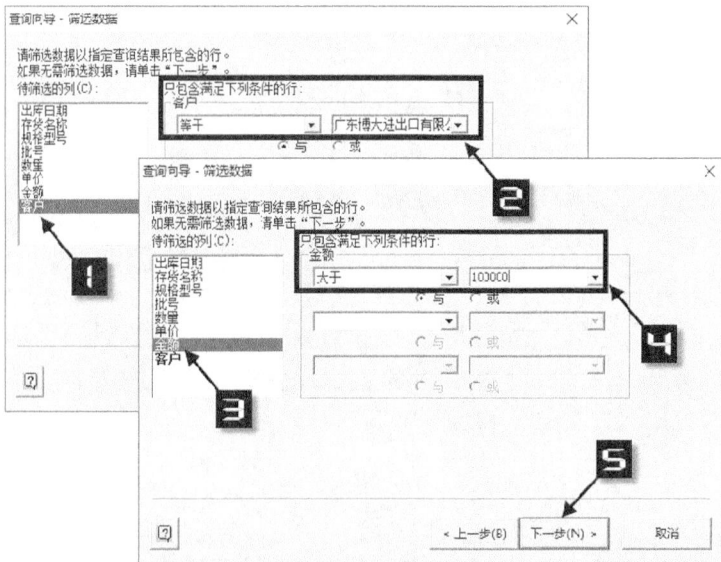

图 8-67　查询向导 3

步骤8 在弹出的【查询向导-排序顺序】对话框中，单击"主要关键字"下拉按钮，在下拉列表中选择字段名"存货名称"。单击"次要关键字"下拉按钮，并在下拉列表中选择字段名"金额"。然后单击【下一步】按钮，如图 8-68 所示。

步骤9 在弹出的【查询向导-完成】对话框中，保留"将数据返回 Microsoft Excel"的默认选项，单击【完成】按钮，如图 8-69 所示。

步骤 10 在弹出的【导出数据】对话框中，保留 Excel 的默认选项，然后单击"现有工作表"右侧的折叠按钮选择 A1 单元格，最后单击【属性】按钮，如图 8-70 所示。

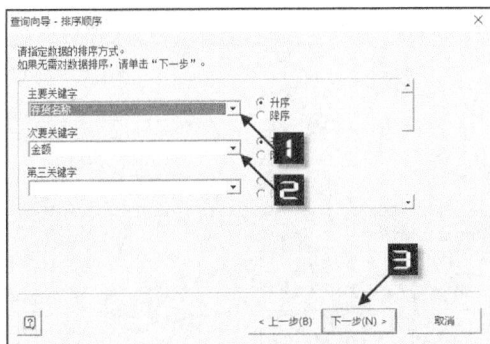

图 8-68　查询向导 4

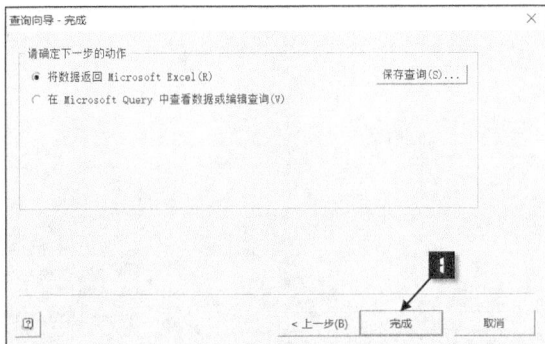

图 8-69　查询向导 5

步骤 11 在弹出的【连接属性】对话框中，勾选"允许后台刷新"和"打开文件时刷新数据"复选框后，单击【确定】按钮返回【导出数据】对话框。再次单击【确定】按钮，即可完成数据的导入，如图 8-71 所示。

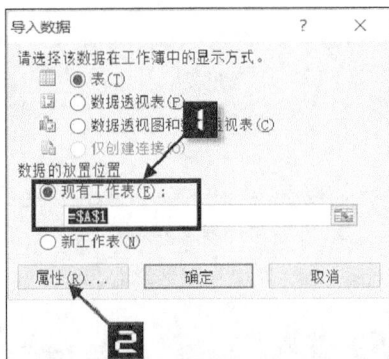

图 8-70　导入数据

图 8-71　连接属性

导入完成后的数据如图 8-72 所示，提取出了客户"广东博大进出口有限公司"、总价在 100 000 以上的所有记录，并且按照存货名称和金额进行排序，如图 8-72 所示。

	A	B	C	D	E	F	G	H
	出库日期	存货名称	规格型号	批号	数量	单价	金额	客户
2	2017/2/23 0:00	分离钙奶MSS5000	10kg/件	01170213A1	4180	27.2975	114103.55	广东博大进出口有限公司
3	2017/3/16 0:00	分离钙奶MSS5100	25kg/件	04170315A2	3960	25.2756	100091.376	广东博大进出口有限公司
4	2017/2/20 0:00	分离钙奶MSS5100	25kg/件	04170218A4	3860	25.9826	100292.836	广东博大进出口有限公司
5	2017/4/3 0:00	分离钙奶MSS5100	25kg/件	04170403A1	4000	25.2267	100906.8	广东博大进出口有限公司
6	2017/1/1 0:00	分离钙奶MSS5100	25kg/件	04161203B6	3900	25.922	101095.8	广东博大进出口有限公司
7	2017/3/17 0:00	分离钙奶MSS5100	25kg/件	04170304A3	4000	25.2756	101102.4	广东博大进出口有限公司
8	2017/3/16 0:00	分离钙奶MSS5100	25kg/件	04170315A4	4000	25.2756	101102.4	广东博大进出口有限公司
9	2017/3/17 0:00	分离钙奶MSS5100	25kg/件	04170316A2	4000	25.2756	101102.4	广东博大进出口有限公司
10	2017/3/17 0:00	分离钙奶MSS5100	25kg/件	04170304A5	4000	25.2756	101102.4	广东博大进出口有限公司
11	2017/5/6 0:00	分离钙奶MSS5100	25kg/件	02170505A2	4240	23.8762	101235.088	广东博大进出口有限公司
12	2017/4/17 0:00	分离钙奶MSS5100	25kg/件	04170413A4	4020	25.2267	101411.334	广东博大进出口有限公司
13	2017/4/2 0:00	分离钙奶MSS5100	25kg/件	04170401A4	4040	25.2267	101915.868	广东博大进出口有限公司

图 8-72　导入后的数据

此时 A 列中的日期会默认显示带有日期和时间的格式。可以单击 A 列列标选中 A 列日期，然后设置数字格式为短日期。再次打开"重要客户记录.xlsx"工作簿时，Excel 会弹出如图 8-73 所示的数据连接安全警告，单击【启用内容】按钮即可。

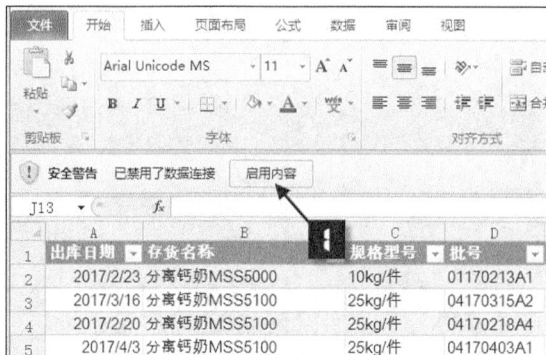

图 8-73　安全警告

🏆 本章小结

图表在数据展示方面具有独特的优势，合理使用图表，能够使数据更具有说服力。本章主要讲解了使用图表展示各季度销售情况和工资增幅变化，以及使用数据透视图和数据透视表结合迷你图制作简单的销售分析看板的方法，最后介绍了使用 Microsoft Query 导入外部数据的方法。

🏆 思考与练习

（1）迷你图是工作表单元格中的微型图表，包括_____、_____和_____3 种图表类型。

（2）Excel 在绘制柱形图时，会将不同列的数据作为柱形图中_____的数据系列。

（3）清除迷你图有哪几种方法？

（4）分级显示功能可以将包含类似标题且行列数较多的数据表进行组合汇总，分级后会自动产生_____、_____和_____、_____、_____等数字符号，单击这些符号，则可以显示或隐藏明细数据。

（5）模拟一组数据，制作一个展示各季度销售状况的图表。

（6）模拟一组数据，制作一个展示工资增幅变化的图表。

（7）在制作销售看板时，先在数据表右侧的空白列内输入列标题"各月销售额分布"；用于在数据透视表中显示_____。

（8）根据"练习 8-1.xlsx"提供的数据，使用 Microsoft Query 导入外部数据。指定的条件为运货商为"统一包裹"，并且总价在 600 元以上的记录。导入数据的排序顺序按总价降序排序，设置刷新频率为 60 分钟。